信用担保概论与实务

(修订版)

主　编　刘新来
副主编　张立平　马占春　徐　捷

经济科学出版社

图书在版编目（CIP）数据

信用担保概论与实务／刘新来主编. —2版. —北京：经济科学出版社，2006.1
ISBN 978－7－5058－5379－9

Ⅰ. 信… Ⅱ. 刘… Ⅲ. 信用－担保 Ⅳ. F830.5

中国版本图书馆 CIP 数据核字（2006）第 000820 号

第一版序言

放在我们面前的这本《信用担保概论与实务》，可以说是一部关于信用担保的百科全书和实用手册。

中国的改革开放在20多年前开始时，信用和信用担保还是人们十分生疏的字眼。然而随着市场经济的逐步展开，信用缺失成为妨碍我国经济发展的一大公害，建设国民信用体系和提升社会诚信水平就成为当务之急；作为国民信用体系的重要环节和提升社会诚信水平的重要手段，信用担保的发展也成为人们关注的一个焦点。

中国自古是一个讲究诚信即诚实待人、遵守诺言和实践成约的国家。孔子说，"民无信不立"，"人而无信，不知其可也"。管子也说，"诚信者，天下之结也"。不过，古代信用关系的应用范围和社会意义是和现代社会不可同日而语的。在中国古代社会里，诚信主要运用在君臣、父子、亲属、乡党之间的非经济关系中；即使在经济关系中，由于现金交易和人格化的交易占主要地位，信用交易一则范围比较小，二则可以靠人与人之间的血缘、邻里等关系来支撑，诚信大体上是一种伦理的要求。在计划经济中，政府信用几乎取代了一切个人信用、企业信用等非政府信用，信用和与信用有关的诚信、信誉等问题也不被人们所重视。

在现代市场经济中，信用交易占了支配地位，而且这种信用交易大部分是高度非人格化的。这样，信用问题就成为决定社会经济活动能否顺畅进行的关键，而信用体系建设和诚信缺失病态的克服也成为关系我国经济兴衰的大问题。

　　现代市场经济之所以会发生信用问题，症结有两个：第一是授信人和受信人之间的信息不对称；第二是随之而来的激励不兼容。这样，为了使得社会经济生活中有较高的守信度和履约率，就要设法弱化信息的不对称性；同时，使失信者受到惩罚，或者说，使因失信而受损者得到补偿。与此相适应，需要做出适当的制度安排来加以落实。于是在市场经济的发展过程中出现了两种最重要的第三方信用服务：一个是资信调查（征信）和信用评级；另一个是信用担保。最近期间，社会上对前者有热烈的讨论，有关当局也正在采取措施，使我国征信机构和证信市场能够比较快地建立起来和健康地发展。本书所讨论的，则是后一方面的问题。

　　实际上，我国经济界对信用担保问题的理论探讨和实践探索10年前就开始了。早在1993年11月，国家经贸委和财政部就报请国务院批准建立中国经济技术投资担保有限公司（简称中投保）。中投保1994年3月正式成立后在进行业务探索的同时，对世界各国的信用担保业进行了全面的研究和深入的考察。这些研究报告后来汇集成《各国信用担保业概况》一书在2000年由中国财政经济出版社出版，成为正在起步的我国信用担保业的重要参考文献。

　　信用担保机构的大量建立和迅速发展，是在1998年中期国务院决定大力促进中小企业的发展和普遍建立中小企业信用担保机构以后的事情。由于信用担保的业务范围十分广阔，有一个逐步开拓的过程，各种业务的专业技术又十分复杂精深，有一个学习积累的过程，因此，直到最近我们才可以说我国信用担保业对它们有了基本的掌握。本书就是已经掌握的有关信用担保业专业知识的结晶。

第一版序言

我国信用担保产业从中小企业信用担保这种带有某种政策性金融性质的信用担保业务起步发展，以后逐步向商业性担保，例如货物买卖履约担保、工程担保中的投标担保、履约担保、预付金返还担保和预扣担保等领域扩展。在这种发展中，中投保充当了先行者和排头兵的角色，在业务开展中积累了经营管理和专业技术方面的大量经验。经过提炼，这些宝贵的经验被集结在本书之中。

信用担保业是现代市场经济的一个极具重要性和可以大有作为的行业，同时又是一个具有很大风险的行业，需要有复杂精湛的拓展经营能力和防范化解风险的专业技巧才能立于不败之地。中投保将它多年积累起来的知识编纂成书，形成这本既是关于信用担保理论和历史的百科全书，也是开展各种信用担保业务的实用手册和同业共享，无疑将对我国信用担保业的健康发展起积极的推动作用。

信用担保是一个方兴未艾的产业。直到目前，还存在一些有争议的理论问题〔例如本书提到的诚信（good faith）作为道德规范和作为法律规范的关系问题〕和实践问题有待解决。至于需要进一步开拓的业务领域和进一步开发的专业技巧，就更是学海无涯，要由信用担保业的同仁在今后的学习和实践中不断总结、交流和共同提高。因此，我在本书出版之际，衷心祝愿今后有更多信用担保著作问世。

吴敬琏

2003年11月12日

技术背后的文化和追求

——第一版序言二

《信用担保概论与实务》是一部技术性很强的专业著作,它的价值自会有使用它的业内人士来感受,毋庸我置喙。我在这里要介绍的是这部专著背后的东西,即它折射出来的文化和追求。

毛泽东主席曾在著名的《实践论》中说过:"感觉到了的东西,我们不能立刻理解它,只有理解了的东西才能更深刻地感觉它。"我对中国经济技术投资担保有限公司(中投保公司)的认识也经历了这样一个过程。早在1986年,由于工作关系我要经常跑财政部和国家经委,这样就结识了在这两个部门工作、后来成为中投保公司创始人及领导人的蒋乐民、刘新来同志,以及十几位在这两个部门工作、后来陆续成为中投保公司骨干的其他同志。1994年3月,我作为部门代表在人民大会堂三楼小礼堂参加了中投保公司开业典礼,之后几年我的工作和中投保公司没有什么关联,我对中投保公司的关注也仅限于熟人之间的互相关心、嘘寒问暖而已,这一阶段我对中投保公司的认识可以称之为"感觉"阶段。没有想到2000年我作为国务院派出的国有重点大型企业监事会主席进驻中投保公司,至2003年止代表国有资产出资人对中投保公司进行了为期4年的监督检查。近距离看中投保公司，而且一看就是4年，这样对中投保公司的认识就从"感觉"阶段进入到了"理解"阶段。

  作为一个企业，刘新来总裁和他的同事们自然要尽心打理，因为这是他们的生存基础。在夯实基础的同时，他们将更多的精力和资源放在推动社会信用文化建设上。传统的信用文化本是中国悠久社会文明中的重要部分，"一诺千金"、"一言九鼎"、"言而无信，未知其可也"、"言必信，行必果"、"童叟无欺"等这些流传几千年脍炙人口的格言，至今仍闪烁着诚信价值的光芒，使今人慨慷万千。纸币、票号、钱庄的出现，证明中国又是把信用文化引入商品交换制度建设最早的国家之一。然而，一段时间内由于中国特殊的生产方式和浩劫十年的文化大革命，从实际需要和价值观两个方面极大地摧毁了社会的信用文化和人们的信用观念。致使触目惊心的信用缺失成为中国建设社会主义市场经济、实现全面建设小康社会的宏伟目标绕不过去的障碍。以至党中央在经济体制改革、公民道德建设等多个不同的文件中郑重地向全社会提出：共铸诚信。

  中投保公司是中国第一家专业信用担保机构，创立之初非常艰难，多数员工不知信用担保为何物，没有制度，没有专业知识，一切从空白开始。他们积极汲取国外经验，认真研究中国国情，边干边总结边提高，很快制度制定出来了，运作规范形成了，担保品种不断开发推出，市场网络建立了，国际合作卓有成效，人才不断聚集，电子担保登上了互联网，这一切本是中投保公司巨大的无形资产，是公司的经营机密，但是中投保人又把这些毫无保留地推向社会，无偿地传授给同业者。在向国务院汇报工作时，更多地是为行业的发展向国务院建言。刘新来、蒋乐民、田安本等公司领导和公司员工始终深怀一个坚定的信念，通过中投保公司的发展带动中国专业担保行业的发展，通过担保行业的发展推动中国信用文化和信用制度的建设。这也是受人尊敬的朱镕基总理对中投保公司的勉励和希望。

刘新来和中投保人10年的不懈追求结出了丰硕的果实，专业性担保已从中投保公司一家企业发展成了上千家企业、几百亿营业额的新兴行业，担保品种已从单一的融资担保发展成与商品交换方方面面并随的各种形式，国家的行政管理制度、财政制度和金融制度已有专业性担保的一席之地，中投保公司向国务院提出的关于为下岗工人再就业提供小额贷款担保的建议，已成为国家的正式政策。与此同时，中投保公司自身也在不断发展、壮大，成为行业带头人和示范者。

"无产阶级只有解放全人类，才能最后解放无产阶级自己。"这句话现在人们已经不说了，但是它揭示的历史唯物主义的真理始终是中国共产党人和社会先进分子的追求和价值观。中投保公司作为一个普通的企业，却有不普通的文化价值观和追求，10年来始终把社会价值放在企业价值之上，以公司自己独特的方式实践着这一真理，这就是中投保公司对国家、对社会最大的贡献。

4年的监督检查工作有以上感言，值此中投保公司成立10年之际，是为贺，亦为序。

2003年11月13日

第一版前言

信用担保是市场经济发展的产物,在国际上已有160多年的发展历史,业务体系、专有技术及相应的制度规范已相当成熟。而在我国,担保行业仍处于初创阶段,仅仅有10年的历史。近几年来,随着市场经济的发展,我国担保业呈现了快速发展的局面,成为一个新兴的、初显活力的朝阳行业。

我国信用担保随着市场经济发展目标的确立应运而生,伴随着计划经济向市场经济的转型而发展。中投保公司作为国务院批准特例试办的首家全国性信用担保机构,亲身经历了行业发展的艰难险阻和酸甜苦辣,切身体验了担保创业的艰辛,真正领悟到"诚信"二字是担保业的生命线,防范、控制和化解风险是担保业的永恒主题。

信用担保是社会信用体系的重要组成部分。社会信用体系完善与否,直接关系到担保行业能否健康发展。社会信用体系可以大体概括为三个方面:一是基础信用,即以个人信用为根本、以市场交易为主体的信用,是以合同为纽带、以诚信为原则、以信用为保障的资源配置机制;二是制度信用,即以法律制度、国际惯例、商业习惯为主的信用;三是监督信用,即以政府监督、公共行政为主体的信用。中投保公司10年的创业实践,从根本上讲,就是为了我国社会信用体系的建设而进行的积极努力和有益尝试。1993~2003年,中投保公司共受理

7 000多个担保项目，累计担保总额超过150亿元，在改善社会基础信用，提升企业信用水平，提高市场运行效率方面做出了积极贡献。在制度信用建设方面，积极参与担保法及其司法解释和有关政策文件的制定，发挥了一定的推动作用。在政府监督信用方面，1998年我们提出了《关于深化投融资体制改革，建立信用担保体系的思考》一文，得到了国务院的重视，对建立中小企业担保制度，推动中小企业发展，产生了重要作用。此外，我们看到各种不同类型的担保机构不断涌现，开始形成行业雏形，于2000年联合了14家担保及法律、信息服务机构发起倡议，缔结了目前已有125家担保机构加入的"中国担保业联盟"，展示了中国担保业的社会形象，奠定了行业自律、知识交流与业务合作的平台。

近几年来，社会信用体系的建设日益得到政府和社会各界的重视，并取得一定的成果，信用环境有所改善，但仍然很不完善。主要表现为：基础信用还很薄弱，制度信用尚不健全，监督信用仍未解决定位和到位的问题。社会信用体系建设和完善，需要经过长期的、甚至几代人的努力。同样，担保行业的成熟和发展，也需要一个长期的过程，可谓任重而道远。我们对中国担保业在这一历史进程中所发挥的重要作用和发展前景充满信心。

中投保公司之所以取得今天的成就，得益于原国家经贸委、财政部、人民银行、外交部、建设部、国家外汇管理局、国务院发展研究中心、国务院法制办公室、最高人民法院和北京市、上海市政府的支持，特别是得到原国务院总理朱镕基、原国务委员王忠禹，以及刘仲黎、项怀诚、杨昌基、张佑才、陈清泰、王岐山、陈良宇、李荣融、徐鹏航、楼继伟、金莲淑等领导同志和公司首席顾问、著名经济学家吴敬琏教授的悉心关怀、指导和帮助。正因如此，我们才不敢忘记自己所肩负的责任，面对困难险阻，矢志不渝，奋发图强，努力进取。时值公司成立10周年，将10年来的业务经验和技术做了较为系统的总结，编纂成书，以为志庆，并希望该书能成为促进我国信用体系建设和担保行业发展的一份献礼。

中国经济技术投资担保有限公司　总裁

2003年11月10日

再版前言

自本书 2003 年 11 月问世以来，我国担保行业又有了新的发展变化，主要表现在机构数量快速增加，资金来源更加广泛，机构的经营和探索的品种与市场结合的越来越紧密。大量机构在业务规模不断扩大的同时，面临着业务发展和风险控制的双重压力。

中国经济技术投资担保有限公司（中投保公司）作为首家全国性担保机构，其业务探索的步伐一直没有停止，担保规模和收益保持了较快的发展势头。除中小企业担保业务规模继续在全国保持领先外，商业性担保业务也有了快速发展。从 2004 年起公司实现了以担保业务收入支持公司正常运营。2005 年全年公司完成担保业务规模 60.3 亿元，其中，中小企业担保 23.2 亿元。

本次再版，我们结合国内外担保行业的发展情况，特别是中投保公司三年来业务探索中的新成果，在内容上重点做了以下修订和补充：对担保业务品种重新进行了梳理，更新了担保行业的最新数据；增加了世界银行/全球环境基金/中国节能促进项目二期贷款担保计划项目情况介绍、国内工程保证业务现状及中投保公司推动工程保证制度建设情况等内容；结合信息管理技术的发展与实践，对"担保机构的信息管理"等章节进行了一定的调整；修正了"中投保公司参与上海市小企业融资担保体系建设情况介绍"中相关数字，增加了与国家开发银行、上海银行建立再担保体系等内容。

中投保公司愿意一如既往地把自身业务探索中的成果与广大担保业同仁共享，并真诚地希望通过本书的再版为我国信用担保业的健康发展尽绵薄之力。

编　者

2006 年 1 月

概 论 篇

第一章 各国（地区）信用担保业发展概况 …………………… (3)
第一节 信用担保的起源及专业担保的特点 …………………… (3)
一、信用担保的起源及属性 …………………………… (3)
二、国外担保业主要特点 ……………………………… (5)
三、主要业务品种 ……………………………………… (7)
第二节 中小企业信用担保概述 …………………………………… (9)
一、担保机构的产生与发展 …………………………… (9)
二、担保机构的基本特点 ……………………………… (10)
三、担保机制比较 ……………………………………… (14)
四、担保作用的衡量 …………………………………… (16)
五、政府对中小企业资金扶持的其他政策 …………… (18)
第三节 中小企业担保的政策性运作模式 ……………………… (19)
一、美国小企业贷款担保制度 ………………………… (19)
二、加拿大小企业融资担保制度 ……………………… (23)
三、日本的信用保证制度 ……………………………… (26)
四、奥地利财政担保公司（FGG） …………………… (34)
五、中国台湾省中小企业信用保证基金 ……………… (35)
第四节 商业性担保概述 ………………………………………… (39)
一、商业性担保发展概况 ……………………………… (39)
二、欧洲商业担保市场发展概况 ……………………… (43)

— 1 —

三、拉丁美洲商业担保概况……………………………（46）
　　　四、担保行业管理………………………………………（48）
　第五节　部分商业性担保机构介绍……………………………（49）
　　　一、美国 F&D 公司………………………………………（49）
　　　二、美国债券担保机构…………………………………（54）
　　　三、格宁 NCM 信用和金融公司…………………………（56）
　　　四、意大利担保公司（SIC）……………………………（59）

第二章　我国信用担保业的发展与实践……………………（63）
　第一节　我国信用担保业发展历程……………………………（63）
　　　一、担保业产生的历史背景……………………………（63）
　　　二、担保业主要发展过程………………………………（64）
　第二节　我国信用担保业现状…………………………………（71）
　　　一、担保业发展特征……………………………………（71）
　　　二、担保机构的基本状况………………………………（76）
　　　三、担保业面临的主要问题……………………………（80）
　第三节　我国信用担保业发展趋势……………………………（84）
　　　一、担保体系建设的基本思路…………………………（84）
　　　二、担保体系建设的发展趋势…………………………（85）
　　　三、信用担保机构的发展趋势…………………………（88）
　第四节　担保业经营理念………………………………………（91）
　　　一、担保业面临的困惑…………………………………（91）
　　　二、重视担保业务能力建设……………………………（92）
　　　三、讲求担保经营策略…………………………………（93）
　　　四、树立担保产品设计理念……………………………（93）
　　　五、人力资本是担保机构发展的重要保障……………（94）

第三章　信用与信用担保……………………………………（95）
　第一节　信用担保与信用体系…………………………………（95）
　　　一、信用的概念和作用…………………………………（95）
　　　二、信用体系……………………………………………（98）
　　　三、信用担保与信用体系的关系………………………（100）
　第二节　担保与信用担保………………………………………（101）
　　　一、担保…………………………………………………（101）

二、信用担保 ························· (103)
　　三、担保与保险的区别 ····················· (105)
第三节　担保法律调整 ························ (109)
　　一、担保及反担保 ······················· (109)
　　二、担保的方式 ························ (110)
　　三、担保法律关系 ······················· (110)
　　四、担保法律规范 ······················· (111)

实　务　篇

第四章　担保业务流程与操作 ····················· (119)
第一节　担保业务流程 ························ (119)
第二节　担保项目受理 ························ (121)
　　一、项目选择的基本原则 ···················· (121)
　　二、项目受理人的设置 ····················· (125)
　　三、项目的申报资料 ······················ (127)
　　四、风险分担原则 ······················· (133)
第三节　担保项目审查与评估 ····················· (136)
　　一、现场考察 ························· (136)
　　二、资料审查 ························· (137)
　　三、项目评估 ························· (142)
第四节　担保项目决策与实施 ····················· (152)
　　一、项目的决策 ························ (152)
　　二、反担保措施设置 ······················ (154)
　　三、担保费及其他费用的收取 ·················· (156)
　　四、担保合同签署 ······················· (158)
第五节　担保项目后期监督与管理 ··················· (159)
　　一、在保项目的监督与管理 ··················· (159)
　　二、担保责任的解除与代偿 ··················· (161)
　　三、代偿项目的追偿 ······················ (162)

第五章　担保项目评估 ························ (164)
第一节　担保项目评估概述 ······················ (164)

一、项目评估的概念……………………………………（164）
　　二、项目评估的作用……………………………………（164）
　　三、项目评估的分类……………………………………（165）
　　四、项目评估的特点……………………………………（166）
　　五、项目评估的步骤……………………………………（167）
　　六、项目评估的主要内容………………………………（168）
第二节　担保项目企业资信评估……………………………（169）
　　一、资信评估的一般概念………………………………（169）
　　二、担保项目资信评估的特点…………………………（169）
　　三、担保项目资信评估主要分析方法…………………（171）
　　四、担保项目资信评估内容……………………………（175）
　　五、担保项目资信评估主要指标………………………（175）
　　六、财务状况分析表格样式……………………………（187）
　　七、担保项目资信评估结论……………………………（190）
第三节　建设项目评估………………………………………（192）
　　一、建设项目评估概述…………………………………（193）
　　二、建设项目评估的内容及方法………………………（195）
　　三、建设项目评估结论…………………………………（209）
第四节　担保项目评估的模式………………………………（210）
　　一、担保项目评估业务操作现状………………………（210）
　　二、担保项目风险评估的模式…………………………（211）

第六章　反担保措施评估……………………………………（215）
第一节　反担保措施评估概述………………………………（215）
　　一、反担保的概念………………………………………（215）
　　二、反担保措施评估的概念及必要性…………………（215）
　　三、反担保措施的审核…………………………………（216）
　　四、反担保措施的生效…………………………………（217）
　　五、反担保措施评估的原则……………………………（218）
　　六、反担保措施评估的特点……………………………（219）
第二节　反担保措施评估的方法……………………………（220）
　　一、市场价格比较法……………………………………（220）
　　二、重置成本法…………………………………………（221）
　　三、收益现值法…………………………………………（222）
　　四、清算价格法…………………………………………（223）

目　录

　　　　五、评估方法的比较与选择……………………………………（224）
　第三节　机器设备的评估………………………………………………（225）
　　　　一、方法一——重置成本法……………………………………（225）
　　　　二、方法二——市场价格比较法………………………………（228）
　　　　三、方法三——清算价格法……………………………………（229）
　　　　四、机器设备评估的相关问题…………………………………（229）
　第四节　房地产评估……………………………………………………（230）
　　　　一、房地产的概念………………………………………………（230）
　　　　二、房地产的评估方法…………………………………………（231）
　　　　三、房地产评估的相关问题……………………………………（232）
　第五节　土地使用权评估………………………………………………（233）
　　　　一、土地使用权评估概述………………………………………（234）
　　　　二、地产的分类…………………………………………………（234）
　　　　三、土地使用权的评估方法……………………………………（235）
　　　　四、土地使用权评估的相关问题………………………………（238）
　第六节　在建工程评估…………………………………………………（239）
　　　　一、在建工程的概念……………………………………………（239）
　　　　二、基本评估方法………………………………………………（239）
　　　　三、在建工程评估的相关问题…………………………………（240）
　第七节　未来收益权评估………………………………………………（241）
　　　　一、评估方法及适用范围………………………………………（241）
　　　　二、影响未来收益的基本因素…………………………………（242）
　　　　三、测算项目未来收益及收益现值……………………………（242）
　　　　四、未来收益权评估的相关问题………………………………（243）
　第八节　无形资产评估…………………………………………………（243）
　　　　一、无形资产概述………………………………………………（244）
　　　　二、无形资产评估方法…………………………………………（245）
　　　　三、无形资产评估的相关问题…………………………………（247）
　第九节　债券评估………………………………………………………（247）
　　　　一、债券评估概述………………………………………………（247）
　　　　二、债券价值评估的基本假设…………………………………（249）
　　　　三、上市流通债券的评估………………………………………（249）
　　　　四、非上市债券的评估…………………………………………（250）
　　　　五、债券评估的相关问题………………………………………（252）
　第十节　股权质押与企业价值评估……………………………………（253）

一、股权质押概述……………………………………………(253)
　　二、企业的价值……………………………………………(254)
　　三、企业价值评估的基本方法……………………………(254)
　　四、企业价值评估和股权质押的相关问题………………(256)

第七章　担保法律实务……………………………………………(258)
第一节　担保合同的概念和特征…………………………………(258)
　　一、债、债权、债务………………………………………(258)
　　二、债权担保………………………………………………(259)
　　三、担保合同及其特征……………………………………(259)
　　四、反担保合同及其特点…………………………………(260)
第二节　担保合同的种类及法律适用……………………………(261)
　　一、担保的种类……………………………………………(261)
　　二、担保合同的种类………………………………………(262)
　　三、担保合同的法律适用…………………………………(262)
第三节　保证………………………………………………………(263)
　　一、保证人的资格…………………………………………(263)
　　二、保证的方式……………………………………………(265)
　　三、保证合同………………………………………………(265)
　　四、保证期间与诉讼时效…………………………………(268)
　　五、保证的范围及责任的免除……………………………(270)
　　六、保证人的追偿权………………………………………(272)
　　七、最高额保证……………………………………………(273)
　　八、委托保证合同的使用…………………………………(273)
第四节　金融机构出具的《保证合同》存在的问题……………(274)
　　一、担保合同的从属性问题………………………………(275)
　　二、保证担保的范围问题…………………………………(275)
　　三、见索即付问题…………………………………………(275)
　　四、保证人债权的保全问题………………………………(276)
　　五、直接扣划保证人款项的问题…………………………(276)
第五节　抵押………………………………………………………(277)
　　一、抵押及抵押合同的概念………………………………(277)
　　二、抵押合同的成立及抵押权的设立……………………(278)
　　三、抵押财产的范围………………………………………(279)
　　四、最高额抵押……………………………………………(281)

　　　　五、签订抵押合同时应注意的问题……………………………（282）
第六节　质押……………………………………………………………（283）
　　　　一、质押与质押合同的概念……………………………………（283）
　　　　二、质押的种类…………………………………………………（284）
　　　　三、质权的设立与取得…………………………………………（284）
　　　　四、质权的行使…………………………………………………（285）
　　　　五、质押的有关问题……………………………………………（286）
第七节　留置及定金……………………………………………………（286）
　　　　一、留置…………………………………………………………（286）
　　　　二、定金…………………………………………………………（287）
第八节　担保法律实务应注意的几个问题……………………………（288）
　　　　一、反担保问题…………………………………………………（288）
　　　　二、担保合同主体问题…………………………………………（289）
　　　　三、对外担保问题………………………………………………（289）
　　　　四、主合同与从合同的关系问题………………………………（291）
　　　　五、保证合同中保证人的抗辩权………………………………（292）
第九节　担保纠纷案件的诉讼程序及法律适用………………………（292）
　　　　一、担保纠纷案件的管辖………………………………………（292）
　　　　二、担保纠纷案件保证人的诉讼地位…………………………（293）
　　　　三、抵押权实现所涉及的诉讼程序……………………………（293）

第八章　担保项目风险分类管理与损失资产处理……………（294）

第一节　担保项目的风险分类管理……………………………………（294）
　　　　一、项目风险分类标准…………………………………………（295）
　　　　二、项目风险分类工作的实施…………………………………（298）
第二节　担保风险项目的认定…………………………………………（299）
　　　　一、风险项目的提出……………………………………………（300）
　　　　二、风险项目报告………………………………………………（301）
　　　　三、风险项目及其风险控制方案的确认………………………（302）
第三节　担保项目的代偿与追偿………………………………………（302）
　　　　一、担保代偿的操作程序………………………………………（302）
　　　　二、对担保代偿项目的追偿……………………………………（304）
第四节　化解担保项目风险的其他措施………………………………（309）
　　　　一、控制企业账户………………………………………………（309）

— 7 —

二、行使代位权……………………………………………（309）
　　三、债务重组……………………………………………（309）
　　四、债权证券化…………………………………………（310）
　　五、打包出售……………………………………………（311）
第五节　担保机构资产损失的处理………………………………（311）
　　一、担保机构资产损失确认的标准和条件……………（311）
　　二、担保机构资产损失的核实程序及审批原则………（312）
　　三、报损的后续工作……………………………………（312）
　　四、担保业务的风险责任及绩效评价…………………（313）

机　构　篇

第九章　担保机构的风险管理和持续经营………………………（317）
　第一节　风险管理概述……………………………………………（317）
　　一、风险管理的基本程序………………………………（317）
　　二、风险管理理念及风险处理方法……………………（319）
　第二节　担保机构的风险管理……………………………………（321）
　　一、担保机构发生风险的原因…………………………（321）
　　二、担保机构风险的种类………………………………（323）
　　三、担保机构风险控制和风险管理的措施……………（325）
　第三节　担保能力与担保放大比例………………………………（332）
　　一、担保能力与担保放大比例的关系…………………（333）
　　二、决定担保机构担保能力的因素……………………（334）
　　三、最大担保能力和最大担保放大比例的计算方法…（335）
　第四节　担保机构业绩考核与风险管理评价指标体系…………（337）
　　一、业绩考核和风险管理评价的作用和意义…………（337）
　　二、经营业绩考核指标…………………………………（338）
　　三、风险管理评价指标…………………………………（342）
　第五节　担保机构的持续经营……………………………………（347）
　　一、担保机构持续经营的重要性………………………（347）
　　二、影响担保机构持续经营的因素……………………（348）
　　三、担保机构的持续经营水平…………………………（354）
　　四、担保机构如何实现可持续经营……………………（356）

第十章 担保机构的会计核算 ……………………………………… (359)
第一节 概述 ……………………………………………………… (359)
一、担保机构的会计制度背景 ………………………………… (359)
二、担保机构会计的对象及特点 ……………………………… (360)
第二节 或有事项会计核算 ……………………………………… (361)
一、或有事项的概念 …………………………………………… (361)
二、或有事项的特征 …………………………………………… (361)
三、对担保或有事项的会计处理方式 ………………………… (362)
四、新会计制度对或有事项的规定 …………………………… (363)
五、新会计制度的适用性 ……………………………………… (365)
六、对担保机构会计核算问题的探讨 ………………………… (366)
第三节 担保准备金的会计核算 ………………………………… (368)
一、短期责任准备金 …………………………………………… (368)
二、长期责任准备金 …………………………………………… (369)
三、担保赔偿准备金 …………………………………………… (369)
四、代位赔偿基金 ……………………………………………… (370)
五、担保风险基金 ……………………………………………… (370)
第四节 担保费收支的会计核算 ………………………………… (371)
一、担保费收入 ………………………………………………… (371)
二、分担保费支出 ……………………………………………… (371)
三、担保赔偿支出 ……………………………………………… (371)
第五节 担保质押、抵押资产的会计核算 ……………………… (372)
一、质押资产的会计核算 ……………………………………… (372)
二、抵押资产的会计核算 ……………………………………… (373)
三、担保保证金的会计核算 …………………………………… (374)
第六节 会计报告 ………………………………………………… (374)
一、资产负债表 ………………………………………………… (374)
二、利润表 ……………………………………………………… (377)
三、资产减值准备明细表 ……………………………………… (378)

第十一章 担保机构组织结构与职能管理 ………………………… (380)
第一节 担保机构组织结构设立的主要依据 …………………… (380)
一、组织理论 …………………………………………………… (381)
二、组织结构的基本模式 ……………………………………… (381)

三、影响担保机构组织结构设立的主要因素 …………… (384)
    第二节 担保机构组织结构设立的一般原则 ………………………… (386)
          一、与企业战略目标一致 …………………………………… (386)
          二、组织设置精干高效 ……………………………………… (386)
          三、组织职能整体协调 ……………………………………… (387)
          四、提高组织运行效率 ……………………………………… (387)
          五、集权与分权相结合 ……………………………………… (388)
          六、责、权、利相结合 ……………………………………… (388)
          七、稳定性与适应性相结合 ………………………………… (389)
    第三节 担保机构组织结构的设立 ………………………………… (389)
    第四节 担保机构的组织职能及人员配置 ………………………… (392)
          一、担保机构组织职能划分的原则 ………………………… (392)
          二、担保机构业务人员应具备的基本素质 ………………… (393)
          三、担保机构主要业务部门职能划分及人员配置 ………… (395)

第十二章 担保机构的信息管理 ……………………………………… (400)
    第一节 担保机构信息管理的作用与特点 ………………………… (400)
          一、信息管理的必要性 ……………………………………… (400)
          二、信息化建设的目标 ……………………………………… (402)
          三、信息化建设的规划 ……………………………………… (403)
          四、信息化建设整体架构和发展阶段 ……………………… (404)
          五、担保业务信息管理的作用 ……………………………… (405)
          六、担保业务信息管理的特点 ……………………………… (406)
    第二节 担保机构信息化实施前的评估工作 ……………………… (407)
          一、评估工作的重要性 ……………………………………… (407)
          二、评估工作的具体内容 …………………………………… (408)
    第三节 担保机构信息管理系统的基本模块和功能 ……………… (410)
          一、工作流管理 ……………………………………………… (410)
          二、基本信息项载入 ………………………………………… (414)
          三、公式计算 ………………………………………………… (415)
          四、监控界面 ………………………………………………… (415)
          五、统计查询 ………………………………………………… (416)
          六、知识管理 ………………………………………………… (416)
          七、权限管理 ………………………………………………… (417)
          八、安全策略 ………………………………………………… (417)

	九、系统开放接口	(417)
	十、其他担保业务品种模块	(417)
第四节	担保机构信息系统建设的实施	(418)
	一、系统需求分析	(418)
	二、业务流程的确定	(419)
	三、实施开发	(420)
	四、反馈、调整、测试	(421)
	五、培训、使用、验改	(421)
	六、维护、升级	(422)
第五节	担保行业信息系统产品化及选型	(422)
	一、担保机构信息系统产品化及选型	(422)
	二、担保机构信息系统产品选型	(423)

附　录

附录1　中投保公司推进中国担保业发展若干重要事项 (427)

关于深化投融资体制改革，建立信用担保
体系的思考 (427)

中投保公司参与上海市小企业融资担保体系建设
情况介绍 (432)

中投保公司承担世界银行"EMCo贷款担保计划"
项目情况介绍 (442)

中投保公司参与工程合同担保制度建设情况介绍 (451)

关于以《上海协定》为基础缔结"中国担保业联盟"
的联合声明 (473)

上海协定 (478)

附录2　其他担保品种及相关业务介绍 (486)

贸易融资担保 (486)

工程保证 (490)

诉讼财产保全担保 (501)

忠诚担保 (506)

保付代理 (510)

贸易信用保险 …………………………………………… (520)

附录3 担保业务法律法规及政策文件 ……………… (526)
 中华人民共和国担保法 ………………………………… (526)
 最高人民法院关于适用《中华人民共和国担保法》
  若干问题的解释 ……………………………………… (539)
 中小企业融资担保机构风险管理暂行办法 …………… (555)
 境内机构对外担保管理办法 …………………………… (558)
 下岗失业人员小额担保贷款管理办法 ………………… (561)
 国家经济贸易委员会《关于建立中小企业信用担保体系
  试点的指导意见》 …………………………………… (564)
 关于加强地方财政部门对中小企业信用担保机构财务
  管理和政策支持若干问题的通知 …………………… (571)
 国家税务总局《关于中小企业信用担保、再担保机构免征
  营业税的通知》 ……………………………………… (574)
 国际商会《无条件担保通则》 ………………………… (575)

主要参考文献 …………………………………………… (584)
再版后记 ………………………………………………… (587)

概论篇

第一章

各国（地区）信用担保业发展概况

本章提要：担保的概念古已有之。专业信用担保机构随着西方资本主义经济的发展而出现。第二次世界大战以后，许多国家由政府出资成立了政策性担保机构。当今发达国家的专业信用担保机构均有自己特定的专业领域和运作方式。担保业务涉及投资、生产、流通、分配、服务和个人消费领域。本章系统地介绍了世界主要国家和地区政策性担保机构和商业性担保机构的发展状况、业务特点和运作模式。

第一节 信用担保的起源及专业担保的特点

一、信用担保的起源及属性

（一）信用担保的起源

信用担保是经济活动中保证债权实现的一项重要民事法律制度，是市场经济条件下各种交易活动对信用和社会性风险管理的客观要求。在商品交换活动的社会，担保制度总是以不同的表现方式，程度不同地发挥作用。当人类社会生产力的发展推动社会生产分成农业和手工业两大部分时，便产生了一些直接以交换为目的的商品生产活动，商品生产者通过商品交换活动来实现其商品的价值追求。由此便产生了简单的债权债务关系，犹如孪生兄弟，担保现象也随之产生。

经济活动中的担保行为在古罗马时代就已经发展的相当成熟。人类历史上第一个商品生产者世界性法律——《罗马法》，第一次以法律形式对担保现象做出了较为系统、完善的规定。为担保债的履行，《罗马法》设有各种办法,如为保证给付能按约发生设有违约金契约、定金和副债权人,针对债务人发生无力清偿,设有连带保证,以及如出现欺诈担保责任可撤销等等。

(二)现代信用担保制度的产生

《法国民法典》是以《罗马法》为基础制定的第一部资本主义成文民法典,以其为先导,近代资本主义国家的民商法均对担保制度做了规定。现代意义上的专业担保机构最早于1840年出现在瑞士,距今已有160多年的历史。20世纪以来,信用担保主要发展和成熟于美国。在20世纪30、40年代,现代信用担保业获得了较快发展。当时的世界经济危机,使西方国家经济制度经历了一场重要变革,自由资本主义发展为国家垄断资本主义。为了重整国民经济,西方各国制定了一系列的经济复兴计划,创建政策性信用担保制度成为这些国家经济复兴计划的重要内容。第二次世界大战后,政策性信用担保制度不仅在西方国家,而且在亚洲、拉丁美洲等许多国家和地区有了进一步的发展,成为政府调节资源分配、维持社会公正、推动经济发展和促进对外贸易的重要经济杠杆。与此同时,商业性担保机构也在不断调整的过程中找到了适合自身发展的领域。

信用担保业务及担保机构的产生,从根本上说是市场和政府政策共同作用的结果,是市场经济条件下各种交易活动对信用和社会性风险管理的客观要求,与一个国家或地区的市场化程度、市场秩序等环境因素有密不可分的关系。在市场配置资源有"缺陷"的领域,政府可以通过对信用担保机构的政策引导和财力支持来加以弥补和调节。

随着社会对信用需求的不断增加,各国的信用担保领域越来越广泛,担保品种也不断增加和创新,除贷款担保外,相继出现了工程招投标担保、履约担保、纳税担保、银行结算担保、雇员忠诚担保等等。现代专业信用担保机构的出现,既反映了市场经济条件下各种交易活动对信用和风险管理的客观要求,同时也反映了由于市场配置资源能力的不足,须由政府加以弥补的一面。这一点对于建立有中国特色的信用担保体系具有重要的参考价值。

一般而言,企业在经营过程中若有资金需求,首先会求助于商业银行,在各种融资渠道中,银行仍是众多企业的首选。而银行作为一种古老的金融机构,强调的是资金的安全性和流动性,回避金融风险是其首要原则,这样就与现代企业成长过程中的融资需求发生了矛盾。根据商业银行的惯例,凡是信用等级在AA以上的企业,可以根据企业的实际情况发放信用贷款,而信用等级在AA以下的企业则必须提供抵押、质押、保证才能获得银行贷款,实际上后者的情况居多。对许多中小企业而言,由于其经营规模较小、经营时间不长、财务记录不全,在银行看来,对其贷款不仅风险大而且管理成本高。这类企业信用等级较低,达不到银行信用贷款的标准,银行不可能为其提供无抵押、无担保的贷款,而这类企业大多数自身又缺乏银行可以接受的抵押物。上述因素造成了中小企业贷款难的尖锐问题,于是作为第三方的专业担保机构的介入便成为必然。由于信用担保机构提升了被担保企业的信用,使企业的贷款渠道变得通畅,银行资产的安全性也得到了保证。

（三）信用担保的属性

信用担保介入银行与企业、企业与企业的交易之间,是担保方向第三方担保债务方履行债务合同或其他资金契约的责任和义务。其担保效力来自于担保方的信用。业务性质上,信用担保属于一种特殊的信用中介服务,具有金融性和中介性的双重属性。他首先具有银行业、保险业那样金融服务的性质。按照《中国经济大百科全书》的解释,"金融"既包括货币资金与信用的融通,也包括货币资金与信用的授受。另一方面,信用担保又具有会计事务所、律师事务所那样传递信息、提供咨询,促成交易双方（如银行与企业）成交,并通过提供此项服务而收取佣金（即保费）那样的中介服务性质。与一般中介服务的区别在于:在担保合作关系中,担保的投保方和受益方都无须通过担保公司来寻找对方,而是在相互找到对方之后甚至在合同上达成一致之后,只是因为交易的一方感到对方的信用不足,而将提供担保函作为合同生效的一个必要条件。

二、国外担保业主要特点

目前,发达国家的专业信用担保机构已进入到有特定目标和专业化发展的阶段,不仅在投资、生产、流通、分配、服务和个人消费领域发挥作用,而且进入了资本市场领域。随着现代经济关系的发展和日趋复杂化,社会对信用的需求也在不断增加,信用担保的领域越来越广泛。

担保种类就其大类而言，有专门从事政治风险担保的，也有专门从事经济风险担保的。在经济风险担保方面，包括投融资担保、工程担保、商业交易担保、缴纳税费担保和与政策制度相配套的特别担保等等，细小的担保品种则更为繁多。而伴随着贸易自由化、经济全球化趋势，担保品种的创新将进一步加强。

（一）担保机构的基本类型

在经济发达国家，现代担保业经过近一个世纪的发展，其担保种类、担保机构、运行机制等方面都越来越成熟。从担保机构的性质看，有政府机构、政府出资创立的社团法人性质的非营利性机构、政府有关方面和商业银行等出资成立的股份公司和私营企业。从担保机构的运行机制来看，基本上可以分为两类：一类是政策性的；另一类是纯商业性的。从风险性质角度可以划分为政治风险担保和经济风险担保。在一个国家中往往同时存在着上述两种不同性质的担保机构，分工有序地从事着多种多样的担保活动。但由于各国经济体制、信用制度和经济政策的不同，其担保业又有着各自的特色。目前，各国的贷款信用担保基本上属于非营利的政策性业务，由政府机构或准政府机构、政府出资创立的非营利性社团、公司、基金法人操作，由政府承担最终风险责任，主要目的或是为了支持本国重大设备和重要商品出口，或是扶持本国中小企业的创立与发展。各种商务活动中的履约担保及其他担保，则由商业性担保机构或其他企业法人按营利原则开展。

（二）担保机构的功能

由于各国担保机构成立的背景以及运营所依赖的经济环境各不相同，所以功能也有所不同。许多国家已形成了自己的担保体系，担保机构有比较明确的分工，还有的担保机构同时承担政策性和商业性两种不同性质的担保业务，不过两者的运作机理完全不同，在业务操作和核算上也有明确的区分。以营利为目的的商业性担保机构一般不从事贷款担保业务，但可以代理政策性业务。如总部设在德国汉堡的海尔梅斯担保公司，除了从事自身的商业性担保业务外，还受联邦政府的委托从事出口信贷担保业务，为德国大型设备出口提供服务，但这部分业务单独核算，根据业务开展情况，每年由联邦政府拨付一定额度的代偿准备金。

在美国，除了联邦小企业管理局外，成立于20世纪30年代的美国进出口银行是美国政府为鼓励本国商品出口而设立的政策性银行，其主要业务有出口信贷、投资担保和贷款担保等等。

（三）风险防范与化解机制

无论是政策性担保机构，还是商业性担保机构，都有各自的风险防范和化解机制。尽管他们的做法不同，但所起的作用是一样的，就是要保证其能够持续稳定地开展担保业务。从化解担保风险的方式上看，商业性担保机构主要通过对被担保人的资信和履约能力进行严格评审，首先从准入角度把好风险控制和防范的关口，并且普遍采用分保、再保险和不断提取风险准备金的办法，分散和抵御担保风险，有的还同时开展一些营利性业务，以其收入来支持担保业务的发展。而政策性担保机构则由其他保险机构提供再保险，国家给予免税政策进行支持，并以政府财力作最终后盾，解决代偿或赔付资金的来源问题。在实际业务中，不管是政策性担保机构，还是商业性担保机构，都遵循各自的担保业务准则，对被担保人设定若干项履约的先决条件，并制定各自的化解代偿风险的办法，如开展比例担保、以财产作抵押、以有价证券或股权作质押，以及由第三方进行担保等。

三、主要业务品种

担保是伴随商品交换及商业信用的发展而产生的，随着社会对信用需求的不断增加，随着经济工具的日益专业化和衍生工具的交叉综合，各国的信用担保领域，越来越广泛，担保品种也不断增加。从担保业发展的历史看，任何一个担保品种的产生、发展和消失都是与一个国家和地区的社会经济发展相适应的。在某个特定历史时期，有些担保品种可能成为主要品种，但随着客观环境的变化，它可能不再有市场和需求或变得风险与收益不对等而不再有开展的经济价值，但也有的担保品种随着时代的发展不断完善，历经百年而不衰。很多担保机构同时承做信用保险业务和再保险业务，其业务理念和运作方式对中国担保业具有重要的借鉴意义。

图1-1归纳了国际信用担保机构的主要业务品种。

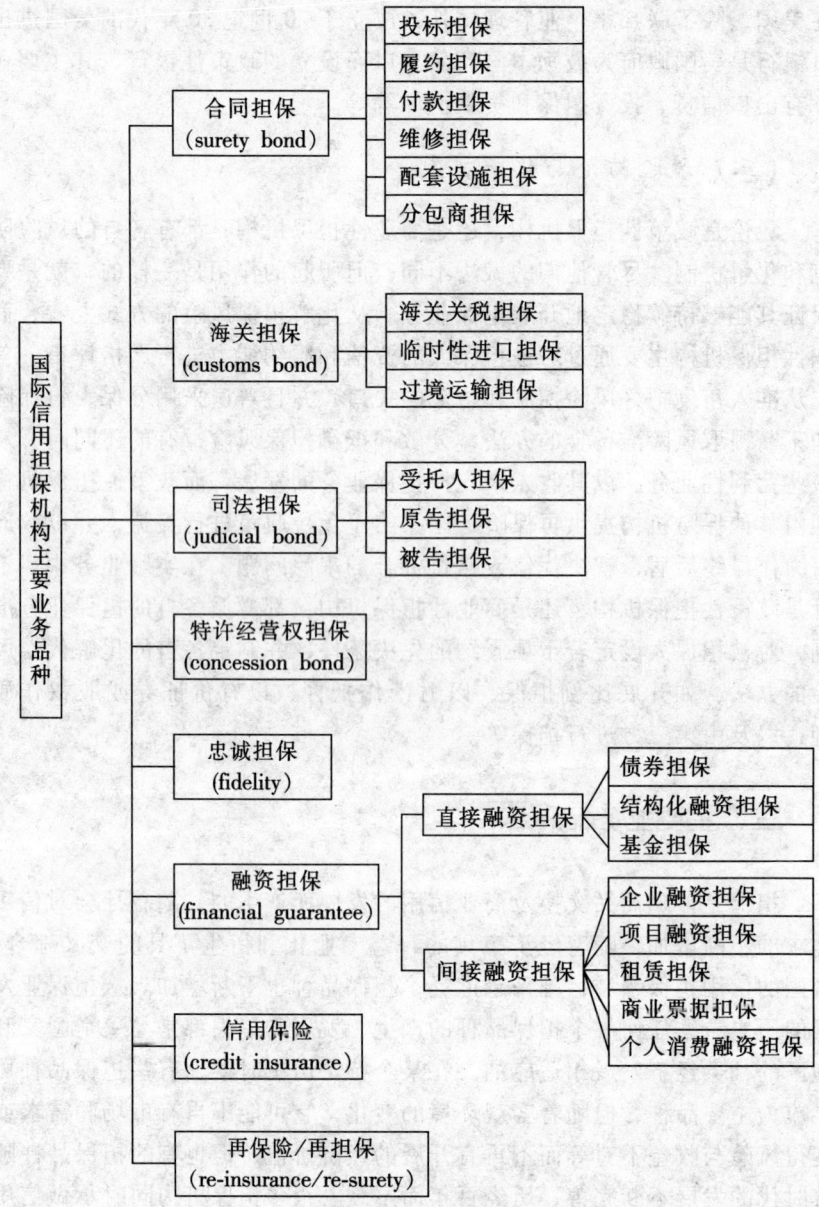

图 1-1 国际信用担保机构主要业务品种

第二节 中小企业信用担保概述

一、担保机构的产生与发展

中小企业点多面广,不仅是劳动就业的主要场所,社会大生产体系中不可缺少的组成部分,高新科技成果孵化、转化的重要摇篮,也是国家税收的重要来源。但是中小企业融资难是一个世界性的问题,为此,各国政府特别是经济发达国家的政府都将中小企业信用担保作为一项扶持中小企业发展的重大社会经济政策。世界上大多数国家和地区已经或正在建立专门的担保基金。正规的担保基金的历史可以追溯到19世纪,比利时的一家担保基金成立于1848年,目前仍然从事着担保业务。经过若干年的运作,许多国家和地区的信用担保法律、法规、运作模式日臻完善,在扶持本国或本地区中小企业发展、保障政府有关政策目标的实施等方面发挥着重要的作用。表1-1为世界各地小型、微型企业贷款担保机构的分布情况。

表1-1 小型、微型企业贷款担保机构在世界不同地区的分布状况

	OECD及其类似地区	中欧和东欧	前苏联	中东	拉丁美洲	加勒比	亚洲	非洲	总数
目前有担保基金的国家和地区	23 85%	7 64%	2 13.5%	3 18%	15 71%	5 50%	11 36%	19 42%	85 48%
没有担保基金的国家	1 4%	1 9%	2 13.5%	2 12%	2 10%	1 10%	2 6%	3 7%	14 8%
不能确定的国家	2 7%	3 27%	11 73%	12 70%	4 19%	4 40%	18 58%	22 49%	76 43%
担保基金已停止的国家和地区	1 4%	0 0%	0 0%	0 0%	0 0%	0 0%	0 0%	1 2%	2 1%
国家和地区总数	27	11	15	17	21	10	31	45	177
担保基金总数	32	12	2	3	37	6	22	32	146

资料来源:国际劳工局:《小型/微型企业担保基金操作指南》,经济科学出版社2002年中文版。表中某些国家或地区拥有一个以上担保基金。以上所列出的百分比代表所涉及的国家和地区数与该区域国家和地区总数的百分比。

1997年英国的一家评审调查机构GB&P公司对146个国家和地区的中小企业信用担保机构进行了调查和分析。该公司根据调查分析结果，出版了两卷本的关于为小企业贷款进行担保的情况报告，其中评出11个最佳机构。在前5个最佳机构中有4个出自亚洲，见表1-2。

表1-2　　　　　　　　世界最佳担保机构排名

国家或地区	承保数额	承保金额（百万美元）	成立日期	名　称
日本	1 491 154	136 918	1937	CIC&NFCGS
中国台湾	114 294	7 033	1974	SMBCGF
韩国	69 521	7 392	1976	KCGF
美国	53 592	7 800	1953	Small Business Administration (SBA)
马来西亚	17 510	742	1972	CGC Berhad
加拿大	13 092	363	1961	Small Business Loans Act Administration (SBLAA)
意大利	8 827	1 449	1964	Mutual Guarantee Schemes (MGS)
英国	7 484	420	1981	Lond Guarantee System (LGS)
法国	7 456	2 987	1982	SOFARIS
德国	6 612	1 383	1954	Burgschaftsbanken
西班牙	6 571	294	1978	Sociedades de Garantir Ciproca

资料来源：*Credit Guarantee Schemes for Small Business Lending—A Global Prespective*, volume I&II, 由 Graham Bannock & Partners LTD 1997 年出版。

二、担保机构的基本特点

（一）担保的政策性目标

专业信用担保具有经济杠杆的属性，当其为政府利用时，就可以为政府实现一定的政策意图提供有效的服务。中小企业信用担保的政策性目标正是这种杠杆作用的集中体现，其主要表现在三个方面：一是政府的担保计划规定了担保对象的规模和性质，被担保企业要符合政府规定的中小企业标准。二是明确重点支持那些没有足够抵押品，又有发展潜力的小企业。三是担保计划规定了担保重点，主要有促进扩大就业、支持中小企业出口和技术升级，以及补充季节性流动资金和支持环保等。

据考察，世界许多国家和地区的专业信用担保机构都是政府为了实现特定的政策目的设立的。如日本的中小企业信用保证协会和为之提供再保险配套服务的中小企业信用保险公库、韩国的担保基金组织、美国联邦政府的小企业局，以及我国香港特别行政区政府的信用保险局、台湾地区的中小企业信用保证基金等，都是为支持中小企业发展而设立的；奥地利财政担保公司主要为工业转型和改组服务，并负责运作政府设立的东西方投资基金；英国出口信用保证局则是为支持本国资本、技术和商品输出而设立的。

日本政府的中小企业信用保证计划与政府的产业政策配合，主要以每个时期的政府产业政策为依据，重点为符合产业政策的项目提供担保，日本全国信用保证协会现阶段的任务就是，从资金筹集方面积极支持富于灵活性和创造性的中小企业，为此，于1999年创立了面向风险企业和创业者的保证制度，于2000年开办了对中小企业者发行公司债券的担保业务。在奥地利，政策性担保机构主要从两个方面对中小企业进行扶持：一是在某些中小企业生存的领域采取保护措施，维护合理竞争；二是扶持新兴产业。此外，各国和地区还有一些特殊的担保扶持计划，如美国的担保扶持计划特别为一些特殊群体，如妇女、残疾人、退役军人、少数民族、贫困地区办企业提供担保。

（二）担保机构的性质

中小企业信用担保资金有政府全额拨款，也有政府与金融机构和社会团体等共同出资。如美国的中小企业信贷保证计划的资金是由联邦政府直接出资，国会预算拨款。奥地利的两大全国性担保公司中，奥地利财政担保公司由政府出资，并完全以联邦财政作后盾；勃格斯担保银行的担保准备金也完全由政府注入。日本的中小企业信用保险公库以中央政府的财政拨款作资本金，地方性信用保证协会的资金一部分由中小企业金融公库、地方政府、公司社团和金融机构捐助（其中金融机构的捐助资金比例较大）；另一部分是借入资金，主要是信用保险公库和地方财政以低息借给保证协会。

政策性担保机构在性质上，一般为准政府机构、不以营利为目的的公司、基金法人或者是国有控股公司，政府最终承担风险责任。美国联邦政府的小企业贷款担保计划，由联邦小企业管理局负责执行和管理。

英国、加拿大也有类似的准政府机构。日本则是通过全国信用保证协会联合会协调，全国52个都道府县的担保协会独立开展业务。奥地利成立有专门的全国性和地方性信用担保机构。韩国以信用保证基金的组织形式开展担保业务。

另外，也有的国家将特定的担保业务委托给私人商业信用保证机构，如，德国的海尔梅斯信用保险公司受政府委托，代表联邦政府独家受理出口担保业务；荷兰政府授权由国外控股的荷兰信用保险公司（NCM），对荷兰政府规定的保险和担保品种，在一定数额内可代表政府自行决定是否承担再保险和再担保。

（三）担保体系的不同结构

政策性担保以政府的政策为导向，以政府财政为后盾，其管理体制主要有三种类型：一是分散型，即地方政府各自设立信用担保机构，中央政府设立担保再保险机构；二是集中型，即由中央政府设立的担保机构对各地分支机构实行统一领导、统一管理；三是委托代理型，即由政府委托商业性机构代理政策性担保业务，通过代理机构自身的业务渠道和网点开展业务。

美国实行的是一级担保机构制度，各地设立分支机构；在奥地利除联邦政府出资建立的全国性担保机构外，各州还成立独立的区域担保机构，并在联邦财政部的政策指导下开展业务；日本设有中央保证金库，覆盖全国的52个信用保证协会依法独立开展业务，中央政府的信用保险公库为地方信用保证协会提供再担保，再担保比率为70%~80%；韩国信用保证基金除总会外，在7个州设立区域业务促进部，下辖近80个基金分会。

（四）担保资金的补充方式

美国、日本、奥地利、韩国等国政府有固定的财政拨款来补充中小企业信用担保资金，一般是政府每年根据中小企业信用保证计划和上年发生赔付情况实行预算拨款，担保赔付金主要用担保基金、保费收入、利息收入等支付。也有国家和地区政府视担保机构业务运作情况不定期地给予资金补充。

(五) 担保风险的分散和规避

1. 只进行比例担保。各类中小企业信用担保机构都设计了一套分散和规避风险的机制,在担保机构、银行和企业之间分散风险。主要做法是规定担保比例。担保机构不承做全额担保,而是根据贷款规模和期限进行一定比例的担保,由担保机构和银行共担风险。美国的小企业信贷保证计划的担保金额一般不超过贷款额的 75%~80%;日本信用保证协会的担保金额不超过贷款额的 70%~80%;奥地利财政担保公司最高只承担贷款总额 85% 的风险。

2. 政府和某些金融机构为担保公司提供再担保。在奥地利,联邦政府对勃格斯担保银行的担保项目进行 100% 的再担保,而下奥地利州政府则通过其设立的一个风险基金,对州担保银行的担保项目担保额的 50% 提供再担保;日本的信用保证协会在发生项目代偿后,可以从中小企业综合事业团领取保险金,保险金为代偿额的 70%~80%。

3. 对企业实行风险约束。美国的信贷保证计划要求主要股东和经理人提供个人财产抵押。许多国家的《民法》都对被担保人发生违约规定了十分严厉的惩罚条款,而个人不良信用记录将对被担保人产生深远的影响。

4. 明确、规范的管理制度。美国小企业管理局、奥地利财政担保公司、韩国信用保证基金等每年都要向国会或财政部提交有关中小企业信贷保证计划执行情况的报告,国会举行听证会,审查预算和计划执行情况。政府主管部门依据有关法规对担保机构的内部管理、项目审批和担保程序均作了严格规定。

(六) 担保机构与信贷机构的关系

1. 担保机构与贷款银行建立合作关系。商业银行申请参与担保计划,担保机构审查批准,双方签订有关合同。担保机构根据贷款机构的业绩,采取不同的审批方式。美国为提高效率,把贷款机构分为三类,各类的审批程序和担保金额不同。

2. 金融机构自愿参与担保计划。美国大部分银行和非银行金融机构参与了联邦政府的中小企业信贷保证计划;日本的都市银行、地方银行、长期信用银行、信托银行、互助银行和保险公司等都参与了信用保证体系。

（七）担保机构的其他职能

担保机构除进行贷款担保外，还开展融资咨询、贷款项目监控，以及其他中介业务，为企业提供经营咨询服务等。美国中小企业信贷保证计划的执行机构下设"退休经理服务队"，为中小企业经营管理提供咨询；日本信用保证协会通过200家为其服务的公立试验机构的工程技术顾问，为中小企业的产品、技术可行性研究和试验提供具体指导。

（八）担保机构的法律保障和规范

由于政策性信用担保与传统意义上的一般商业担保有着明显区别，不少国家和地区都对政策性担保机构制定了专门的法律加以规范。奥地利财政担保公司按照联邦政府颁布的《担保法》、《担保准则》、《开展贷款担保的一般性商务条件》开展担保业务；美国的《中小企业法》和《中小企业投资法》对信贷担保计划的对象、用途、担保金额和保费标准等都有明确规定；日本的《中小企业信用保证协会法》和《中小企业信用保险公库法》，明确了中小企业信用保险公库和担保协会的职能和作用，以及担保的规则等等。

（九）政策性担保机构对民间金融机构的促进作用

首先，政策性担保可以引导民间金融机构为中小企业贷款。这在以民间金融机构为金融主体的市场经济发达国家显得尤为重要。其次，政策性担保机构为民间担保机构提供再担保，调动了其他担保机构为中小企业提供融资担保的积极性，使得信用担保在贯彻政府宏观政策意图中的融资杠杆功能得以充分发挥。

三、担保机制比较

在许多国家和地区，各级中小企业信用担保机构所需的起动资金以及年度运营成本的补充均由政府提供。有些政策性担保机构既提供担保也提供贷款，但大多数只提供担保。这些担保机构一般是通过商业银行进行运作，并避免重复银行的职能，包括项目评估和项目监管等。这些机构只需要较少的员工,主要任务是设计方案,选择参与合作的金融机构,制定担保项目资格标准;通过中心项目管理办公室,进行数据库管理,对金融机构的业务进行跟踪监控;研究总结担保机制的作用和运行中存在的问题(包括项目成本、增加就业、对经济发展的促进作用等)。一些国家的中小企业信用保证机制比较见表1-3。

表1-3　　　部分国家中小企业信用保证机制比较

	英国 SFLGS	法国 SOFARIS	德国 Buergschafts-Banken	美国 SBA7(a)	加拿大 SBLA
担保比例（%）	新开办企业：70%；超过2年经营的企业：85%	新开办企业：65%；已开办企业：50%	80%	80%	85%
最高金额	新开办企业：120万元人民币；超过2年经营的企业：300万元人民币	630万元人民币	580万元人民币	580万元人民币	150万元人民币
担保收费	可变利率贷款为每年1.5%；固定利率贷款为每年0.5%	每年0.6%	每年0.5%~1.0%的费用和0.75%的安排费	每年0.5%的费用和2.0%~3.8%的安排费	每年1.25%的费用和2%的安排费
利率	由贷款人确定	由贷款人确定	由贷款人确定	优惠利率,最多上浮4.75%	优惠利率,最多上浮3%
最长期限（年数）	10年	15年	15年	流动资金7年,设备、房地产25年	10年
目标企业	缺少抵押而不能获得贷款的中小企业	大多数中小企业	所有中小企业	大多数企业都可以,对少数企业有特殊要求	大多数中小企业（年业务量不超过2 600万元人民币）

续表

	英国 SFLGS	法国 SOFARIS	德国 Buerg-schafts-Banken	美国 SBA7（a）	加拿大 SBLA
其他条件	不接受个人担保	最低债务股本比例要求		个人担保可被接受，每一行业有业务量限制	流动资金不适用。项目成本中最多90%来自SBLA的贷款
每年新提供的担保数量（个）	1 500（1998年）	25 000（1996年）	6 850（1996年）	43 400（1997年）	30 800（1997年）
违约率	25%	1.5%	9%	6%	7.5%

资料来源：《2001中国担保论坛》，中国经济出版社2002年3月版。

四、担保作用的衡量

信用担保的引入给中小企业发展中的融资问题的解决提供了便利。在一定意义上，中小企业融资担保的地位取决于它担保的融资总量，但若从融资总量上评估信用担保在中小企业获得银行融资贷款方面的作用，会发现信用担保的作用又相当有限。这是因为担保计划一般是用来扶持那些从正常渠道不能获得贷款，又有发展前景或有暂时困难的企业而并非面向所有的中小企业。表1-4便可说明这方面的情况。

表1-4　　世界主要国家和地区担保贷款占贷款余额的比例

国家和地区	担保机构或计划	担保贷款的比例
美国	小企业信贷保证计划	5%（规模为110亿~130亿美元）
日本	中小企业担保协会	7.5%~8%
欧盟国家	担保基金或计划	3%（平均水平）
中国台湾省	中小企业信用担保基金	7%

资料来源：国际劳工组织（1997）。

然而，信用担保毕竟为中小企业提供了一种融资方法和渠道，这是信用担保作用的关键所在，它在中小企业贷款中起到了"催化剂"和

"助推器"的作用。从中小企业信用担保制度建设的比较完善的国家和地区的情况看，信用担保只是中小企业融资服务体系中的一种服务工具、一种必要的补充手段。实际上，不同类型、不同性质的企业，以及处在不同发展阶段、不同规模的企业，其所需的融资方式是不同的。

国际上通常使用下列两个重要指标衡量信用担保的作用：

（一）增加量

增加量是指由于得到担保机构的担保而获得正规金融部门贷款的企业数量。它既可以用企业的户数来表示，也可以用贷款量来表示。增加量可以从协议银行获得，它是一个易于理解而难于计算的量。因为在业务统计中，无论是从宏观还是微观角度（特别是宏观上）都很难准确地把由担保获得的贷款量从总的贷款规模中区分出来。担保机构自身往往愿意将这个数值放大，那样便可以向有关方面证明信用担保的重要作用，从而引起政府有关部门及其他基金会、捐赠者的重视，以获得更多的资金和政策支持。

（二）毕业

毕业是指被担保的企业在一段时间后，增强了实力，信用等级得到提高，便再不需要靠担保机构担保了。这是一个借用的概念。对企业而言，毕业是一个渐近过程，其间，企业融资时所需担保的成分越来越小，直至最终消失。毕业同样表明企业是从担保中获益而成长起来的。从毕业的角度看，企业借助于担保机构贷款很可能是一个过渡性的过程。所以，从这个意义上说，担保的绝对量大并不一定是好事，也不能反映所有的信息。因为一方面若干企业在一段时期以后就已"毕业"，无须借助担保机构的扶助，直接从银行获得贷款；另一方面，又有其他正在创业起步阶段的企业还是不能单独与银行打交道，必须求助于担保机构的信用增级。这两者是一个相反的过程，最终的担保业务量（担保余额）取决于两者相抵后的结果。

一个企业不可能长期靠信用担保增级融资。这是因为，一方面一些企业通过担保贷款发展起来，达到毕业的标准和规模后，就不应该再享受信用担保的扶持；另一方面，在信用担保的扶持下，企业经过自己的努力，具有了市场竞争力，也不应再享受担保的扶持。信用担保是扶持而不是扶贫,如果一个企业经过扶持仍然不能正常经营,说明这个企业(或项目)没有市场竞争力和生存能力,这种企业也不属于担保机构的继续扶持目标。

在企业毕业过程中,应该予以指出的问题是,首先,商业银行有动机不让已经毕业的企业毕业,因为在担保机构介入的情形下,转移、分担了银行对企业贷款的风险,至少免去了项目失败后银行变现抵押物的成本,银行希望其贷款项目一直有担保扶持。因此,担保机构要防止银行过于依赖担保基金,把担保作为贷款的基本条件,防止能从正常渠道得到贷款的企业挤占担保贷款。其次,担保机构也有动机不让企业毕业,担保机构为从担保业务中收取保费,会拖住已经毕业的企业继续给其提供担保。在商业银行与担保机构串通的情况下,给无须担保的企业继续担保,从而增加了企业的融资成本。然而,在存在若干家商业银行和担保机构的情况下,这种现象会随着已毕业的企业转向其他商业银行直接寻求贷款而减少。

要考察信用担保的作用,除了增加量和毕业两个主要指标外,还有一些需要引起注意的间接指标,如,由于担保的介入而引起的企业就业人数的增加、政府税收的增加和补贴的减少、受担保企业职工个人福利的增加等等。这些都是易于理解而难于计算的指标。

五、政府对中小企业资金扶持的其他政策

政府的资金支持是中小企业资金来源的一个重要组成部分。综合各国的情况来看,政府的资金支持一般能占到中小企业外来资金的10%左右,具体多少则取决于各国对中小企业的相对重视程度以及各国企业文化和传统。政府对中小企业资金援助的方式主要包括:税收优惠、财政补贴、贷款援助(包括信用担保)、风险投资和开辟直接融资渠道等。中小企业贷款信用担保,只是各国和地区政府解决中小企业融资难的一种方式,属于贷款援助手段之一。

(一) 税收优惠

税收优惠是最直接的资金援助方式,有利于中小企业资金的积累和成长。发达国家企业税收一般占企业增加值的40%~50%。在实行累

进税制的情况下,中小企业的税负相对轻一些,但也占增加值的30%左右,负担仍较重。为进一步减轻税负,各国采取的措施主要有:降低税率、税收减免、提高税收起征点和提高固定资产折旧率等。通过各种税收优惠可使中小企业的税收减少一半以上,使其赋税总水平由占增加值的30%降到15%左右。这笔免税资金是普惠的,对中小企业的生存至关重要。

(二) 财政补贴

补贴是政府为使中小企业在国民经济及社会的某些方面充分发挥作用而给予的财政援助。财政补贴的应用环节是鼓励中小企业吸纳就业、促进中小企业科技进步和鼓励中小企业出口等。主要补贴类型有:就业补贴、研究与开发补贴、出口补贴等。一般说来,政府的财政补贴是有限的,而且是非普惠的(与税收优惠不同),其功能在于引导。

(三) 贷款援助

政府帮助中小企业获得贷款的主要方式有:贷款担保、贷款贴息、政府直接的优惠贷款等。贷款援助环节是中小企业的初创、技改和出口等最需要资金的地方。以贷款援助为主的国家主要是美国和日本。

(四) 风险资本

风险基金是政府或民间创立的为高新技术型中小企业创新活动提供的具有高风险和高回报率的专项投资基金。其中欧美等国家多由民间创立,而日本等国主要为政府设立。

第三节 中小企业担保的政策性运作模式

一、美国小企业贷款担保制度

美国小企业管理局(SBA)是美国国家小企业贷款担保制度的集中体现。该局成立于1953年,属独立的联邦机构,其主要职能是给小企业提供资金援助管理和技术支持，提供取得合同的机会及其他服务。以担保方式使银行向中小企业提供贷款是 SBA 的一项主要任务。SBA 的大多数计划是通过与一些私营业主或政府实体合作实施的。1999 财政年度，SBA 共向小企业提供融资担保 130 亿美元。该局在全美有 170 家网络实体，这些实体在融资服务、技术援助、政府投资项目承包（政府采购）和宣传与维护权益等领域为小企业的发展提供全方位的服务，使小企业适应美国经济体制下的竞争。其融资服务，分为贷款计划和投资（风险资本）计划两大部分。在贷款方面，起初由 SBA 直接向小企业发放贷款。但是由于小企业局在贷款审查、监管等方面的能力有限，致使直接放款的风险难以控制，而且融资额度受政府拨款的限制没有放大机制，为此，小企业局将直接放贷改为担保。目前，全美约有 7 000 多家商业银行与该局建立了贷款担保合作关系，其中 65% 为商业银行。

（一）SBA 开展贷款担保业务的财力支撑机制

SBA 的营运资金由联邦财政负担，每年国会从预算中拨款补贴，补贴的数目取决于补贴率，补贴率由小企业局的收入和支出确定。2000 年度预算约为 8.74 亿美元。

SBA 经过对多年大量担保项目历史记录进行综合计算得出结果，任何一年中所有担保贷款的 15% 将在日后发生代偿；其中代偿金额的 50% 可通过处理反担保措施和向借款人追讨收回，即追偿率为 50%。假设 SBA 年度计划批准担保贷款 100 亿美元，根据经验，这些贷款的 15% 即 15 亿美元将在日后发生代偿，其中的 50% 即 7.5 亿美元将被追回。这样，任何一年 SBA 的担保贷款中在日后将发生 15 亿美元的代偿，通过对大量担保项目的综合测算，在日后将发生代偿的 15 亿美元按现值计算约合 8 亿美元。随着时间的推移，7.5 亿美元将被追回，按现值计算约合 3 亿美元。这样，SBA 计划一年做 100 亿美元的贷款担保，代偿支出现值 8 亿美元，追偿现值 3 亿美元，担保费收入 3 亿美元，资金缺口 2 亿美元，补贴率为 2%（资金缺口÷担保贷款金额）。据此，国会应批准在联邦政府预算中安排 2 亿美元，作为 100 亿美元贷款担保的财力支撑。

如果代偿率比平均水平高，追偿比率降低，担保费收入减少，都将导致补贴率提高。若补贴金额仍然不变，小企业局可提供的贷款担保总额度将减少。如上例，补贴率若变动为3%，支撑100亿美元的贷款担保，至少需要3亿美元的补贴。如果国会在预算中仍然只安排2亿美元的补贴，则只能支撑小企业局66亿美元的贷款担保。这就表明，国会可以根据补贴率确定补贴金额，从而间接地决定年度的贷款担保发生金额，从宏观上控制贷款担保的总额度。

（二）SBA开展贷款担保业务的基本做法

1. 服务对象。贷款担保的对象为符合小企业划分标准的企业。小企业的标准由SBA规模标准办公室根据"标准行业分类码"确定。该分类码系统基于企业雇员的人数或企业的销售额对行业和行业内各经营类别做了相应的代码归类。

2. 贷款用途。SBA规定的担保贷款用途广泛，主要包括：（1）创业的基本开支；（2）购置机械设备；（3）购买土地；（4）建造或改建营业场所；（5）改善所租借的营业场所；（6）购买存货；（7）支付给供货商；（8）对公司债务进行重新融资；（9）为承包业务所付的雇员工资；（10）支付季节性活动所增加的开支。

3. 担保贷款金额。贷款担保的种类不同，贷款担保的金额也不相同。SBA对单个企业的单笔担保贷款最高金额为100万美元。

4. 担保贷款期限。贷款用于购置不动产，最长为25年；添置机器设备，最长为10年；流动资金贷款，通常为7年。

5. 担保的风险比例。SBA对全部的贷款实行比例担保，对单笔在10万美元以下的贷款，担保其本金的80%；单笔在10万美元以上的贷款，担保其本金的75%。同时，要求贷款人不得对SBA没有担保的那部分贷款设置其他的担保。回收的贷款在SBA和贷款人之间按担保风险比例分摊。例如：SBA为某小企业10万美元的贷款提供担保，担保比例为80%，贷款人应放弃对10万美元的20%的担保要求。贷款到期60天后，小企业尚有欠款5万美元，SBA向贷款人代偿5万美元的80%即4万美元。代偿后，小企业局和贷款人作为共同贷款人向企业追偿。任何一方追回的款项，按SBA80%、贷款人20%的比例分摊。

6. 担保贷款的利率。担保贷款利率以《华尔街日报》公布的利率为基础利率，不是基于商业银行自定的利率。利率的制定以贷款期限为基础：贷款期限在7年以下的，利率为基础利率上浮2.25%；贷款期限在7年或更长的，贷款利率为基础利率上浮2.75%。

7. 担保费。担保费率平均为担保金额的2%，由贷款人在SBA批准担保后的90天内一次性支付。但这笔费用最终由贷款担保的申请人即小企业承担。例如：SBA批准同意为某小企业从贷款人处贷款100万美元提供担保，担保比例为75%，担保费率为2%，则担保费＝贷款金额100万美元×担保比例75%×担保费率2%＝1.5万美元。贷款人应在SBA批准担保后的90天内，向SBA交付担保费1.5万美元。某小企业取得贷款时，贷款人将担保费从贷款金额中扣除，小企业实际取得资金98.5万美元。

8. 贷款担保的品种。SBA根据不同小企业的资金需求，并结合对贷款人的业绩考核，逐步推出不同的贷款担保品种。(1) 普通贷款担保计划；(2) "特别"的7a贷款子计划：优先贷款人计划、简化文件贷款计划、SBA特别贷款计划、社区专用贷款计划、特许开发公司计划等。

(三) SBA贷款担保业务监督审查机制

1. 对贷款人的管理。为保证贷款人尽职尽责的工作，SBA要求贷款人以对待非小企业局担保贷款的同样方式来对待SBA担保的贷款。贷款人不得对同一个小企业发放其他贷款，除非SBA能够了解这些贷款。

SBA对贷款人实施管理首先是审查其是否符合政策，即审查贷款人的贷款操作是否符合SBA的要求和相关法律的规定。

对贷款人的工作业绩的考核与审查，是SBA对贷款人管理的重点。考核与审查的主要内容包括：(1) 贷款人每年发放的贷款金额；(2) 哪些类型的企业取得了SBA的担保贷款；(3) 贷款违约的频率；(4) 为支持某贷款人的活动，给SBA造成的费用是多少；(5) 在SBA所担保的所有贷款担保中，某贷款人所占的比例；(6) 在SBA所担保的所有发生代偿的贷款中，某贷款人所占的比例；(7) 代偿款占全部贷款的比率：这个比率的全国平均水平是多少？不同贷款人是多少？对超过全国平均水平的贷款人，SBA要进行访问。通常该比率最高的贷款人，即是SBA访问最多的贷款人。

通过对贷款人业绩的考核与审查，SBA将业务开展状况好的贷款人列为"优先贷款人"。在担保贷款操作中,贷款人仅向 SBA 提供申请担保的表格和审查意见,SBA 在 36 小时内给予答复。对于经营担保贷款业务不良的贷款人,SBA 将向其提出警告,直至与其解除合作协议。在与 SBA 建立贷款担保合作关系的全美 7 000 多家商业银行中,约 65% 的商业银行经 SBA 审查后被确定为"优先贷款人"。

2. 对借款人的审查。SBA 的担保贷款只向小企业(法人)发放。小企业必须准备一份企划书,阐述企业运作方式、与竞争对手相比的相同点和不同点、资金的流动方式、产品和服务的定价方式等。

SBA 严格按照信用(credit)、品性(character)、资本实力(capital)、企业能力(capacity)、抵押物(collateral)的"五C"原则,对担保项目进行评审。评审的主要内容包括:(1)资格审查,即对企业类型、资金需求和贷款用途进行审查;(2)财务报表审查。SBA 从银行公会获得与申请人所属行业、企业规模都相似的典型企业的财务数据,与申请人提供的财务报表进行比较分析;(3)企业管理方面的审查,包括管理者的受教育水平、工作经验和工作动力,以及如果核心经理人离职,是否有其他人可以替代其工作;(4)反担保措施的审查,即审查申请担保的小企业以及其他企业,是否有可作为反担保的有价值的资产。同时,拥有该企业 20% 或更多股份的各企业所有人必须签署文件,表明如企业债务不能得到按时足额的偿付时,将以个人身份承担还款责任。贷款如果被用来购置资产,这些资产必须被抵押作为反担保措施。

二、加拿大小企业融资担保制度

为帮助小企业创业、发展、技术改造和技术更新,1961 年加拿大政府制定了《小企业贷款法》,该法通过政府为小企业提供贷款担保,鼓励金融机构向正常商业标准不能接受的小企业提供小额或高风险贷款。几十年来,《小企业贷款法》在融资市场上发挥了积极重要的作用,在小企业家族式融资和金融机构传统担保贷款之间提供了一条通道。

（一）申请贷款的条件

1. 贷款面向的行业。以营利为目的、年销售额少于 500 万的企业可以申请《小企业贷款法》贷款，《小企业贷款法》面向的行业范围逐年扩大，开始只有批发零售商、制造业和服务业的企业可以申请贷款；后来扩展到健康、教育和社会服务、金融和保险、建筑、采矿、运输、商业服务及其他行业。

2. 贷款的额度及用途。贷款额最多不超过 25 万加元，且不能超过所购置资产成本的规定比例。贷款用途必须在规定范围内，可用于购买土地、更新或租赁设备；不能用于收购股票、垫付流动资金、偿还现有债务、从事房地产经营、补贴福利或购买其他无形资产。贷款期限可与贷款购置的固定资产经济寿命相同，最长不超过 10 年。

（二）贷款人资格

起初只有特许银行才能获得政府担保。1961 年，只有 7 家银行，以后放宽了合格贷款人条件，到 2001 年大约有 1 500 家特许银行、信托公司、信用卡公司和其他金融机构以及旗下 13 000 家分支机构可以提供《小企业贷款法》贷款。由于政府担保减少了向小企业放款的风险，越来越多的小规模贷款人乐于参与该项计划。

（三）运行机制

1. 企业直接向经授权的金融机构申请贷款，贷款人根据正常标准自行评估借款人的资信，政府不加干预。如果金融机构同意提供贷款，则向《小企业贷款法》管理委员会提交贷款注册申请。若申请满足《小企业贷款法》的条件及其规定，管理委员则接受贷款注册，同时收取贷款 2% 的注册费和 1.25% 的年管理费。注册费由贷款人承担，管理费由借款人承担，由贷款人通过利率向借款人收取。

2. 贷款可以采用浮动利率，也可以选择固定利率，但两种方式的利率均不能超过规定的利率上限。借款人必须提供抵押。

3. 贷款人按照正常商业贷款程序管理担保贷款。企业按期还款，则政府解除保证责任（94% 的政府担保贷款按时还款）；若借款人不能还款，贷款人有义务按商业惯例，采取正常手段弥补损失，如变现抵押物。贷款人采取了所有可行手段后,可以向《小企业贷款法》管理委员会申请赔偿。

4. 《小企业贷款法》管理委员会审计索赔申请,确保贷款人遵从所有正常商业程序,并满足《小企业贷款法》的条款及规定。索赔一经确认合理,政府将赔付贷款人85%的损失,另15%的损失由贷款人自己承担。

(四) 法案变化

加拿大政府1999年颁布了《小企业融资法》,于当年4月1日生效,取代了《小企业贷款法》。《小企业融资法》对小企业贷款计划进行改革,目的是进一步增加小企业创业和发展的机会,帮助小企业适应现代技术经济环境。主要修改如下:

1. 管理委员会每5年审查一次该法案执行情况。

2. 限定该法案项下贷款人累计注册贷款的或有负债在每连续5年期间不能超过15亿加元;超过此上限,则委员会不再向任何贷款人赔偿贷款损失。

3. 授权委员会对贷款人承办的政府担保贷款进行审计和检查,以确认贷款满足法案规定,如贷款人是否按照规定要求对贷款履行了严格的批准和管理程序,向委员会提供的借款人文档是否准确完整等。

4. 授权委员会开展试点项目,以确定是否应向脆弱的行业和资本租约业提供贷款担保,试点项目上限由拨款委员会确定,最长期限为5年。

5. 修订违约和惩罚条款如下:

(1) 违约条款:①借款人或贷款人在申请、财务报告或其他文件中有意做不真实的陈述或提供虚假或误导信息;②借款人未经贷款人同意,恶意处置贷款抵押资产;③借款人将贷款用于规定范围之外。

(2) 惩罚条款:①对可起诉的违约,最高罚款50万加元,或判处不超过5年的刑事监禁,或两者并处;②对可惩罚的违约,最高罚款5万加元,监禁期限不超过6个月,或两者并处。

三、日本的信用保证制度

(一) 日本信用保证协会概况、发展背景及其作用

日本是世界上最早建立中小企业信用担保体系的国家。于1937年建立的东京信用保证协会,在日本率先实行信用保证制度。到1952年全国共设立52个信用保证协会,1953年颁布实施了《信用保证协会法》,并于1955年将全国信用保证协会(设立于1951年)改组成立为全国信用保证协会联合会,日本信用保证协会全国性体系基本形成。

日本信用保证协会是根据《信用保证协会法》设立的特殊法人,它是以中小企业为基本对象,实施公共信用保证的政策性金融机构,其宗旨是通过信用保证提高中小企业的融资能力,促使其健康发展。

截至2001年3月末,全国的信用保证协会共保证债务余额达到41万亿日元,共470万件,从业人员达6 000余人。其中,日本最大的东京信用保证协会的保证债务余额达8万亿日元,共83万件,从业人员700余人。

(二) 日本信用保证制度的支撑系统

日本信用保证协会以贯彻国家支持中小企业发展的产业政策为宗旨,不以营利为目的。为此,日本建立了一整套比较科学完善的支撑系统,保障信用保证制度正常发挥作用,这个支撑系统概括为一项基础、三大支柱。

1. 一项基础:基本财产制度

日本信用保证协会的基本财产由政府出资、金融机构摊款和累计收支余额构成,并以此作为信用保证基金,承保金额的法定最高限额为基本财产的60倍。

国家立法就政府和金融机构对信用保证协会出资作了明确规定,各都道府县政府根据当地信用保证业务发展的实际需要,给信用保证协会补充资本,列入预算。金融机构根据信用保证协会提出的要求,参照各

金融机构保证额和风险情况出捐负担金,不是作为出资而是作为出捐直接列入成本费用开支。金融机构负担金在信用保证协会的基本财产中占较大比重。上述金融机构的范围包括都市银行、长期信用银行、信托银行、政府金融机构、地方银行、信用金库、信用协同组合、保险公司等。实行政府和银行资助的信用保证基金制度,保障了日本信用保证协会的信用保证能力不断提高。1958年度全国52个协会的基本财产为78亿日元,到2001年3月末达到14 000亿日元,其中国家等外部机构提供的资金和内部资金大约各占50%。

2. 日本信用保证制度有效运转的三大支柱

三大支柱是指确保日本信用保证协会的业务有效运作、收支平衡、良性循环的制度性保障措施。它由信用保证保险制度、融资基金制度和损失补偿金补助制度组成。

(1) 信用保证保险制度。由于中小企业的信用风险大、负担能力低,信用保证协会不可能根据风险损失率来确定保证费用标准,因而,保证业务是收支倒挂的。为此,政府1958年成立了中小企业信用保险公库。法律规定,当信用保证协会对中小企业提供信用保证时,按一定条件自动取得中小企业信用保险公库的信用保证保险。信用保证协会向保险公库交纳相当于保证费收入40%的保险费,当保证债务实际代偿后,由保险公库向保证协会支付代偿额70%的保险金。如果代偿后债权最终回收,信用保证协会将其中的70%交还给保险公库。实行信用保证保险,大大提高了信用保证协会的信用保障能力。在出现代偿情况下,信用保证协会实际上只拿出30%的代偿资金,其余70%由保险公库事后交付。因而,在确定负债总额对核心资本的比例上,日本国政府根据《巴塞尔协定》核定信用保证机构的放大倍数为18倍,但由于保证债务由保险公库保险,被保险的部分即70%就转化成了政府保障的债务,其风险权数为0(或者较低),由于这种转换,就大体按30%打折计算全部保证债务的加权负债额,于是信用保证债务余额对基本财产的放大倍数就由18倍提高到60倍。从1998年到2000年的3年时间里,国家投入了13 000亿日元的税收收入作为信用保险的准备基金。

在日本,人们把信用保证制度与保证保险制度的配套制度称为信用补全制度。

（2）融资基金制度。信用保证协会的经营资金，除基本财产外，还有从中央（通过中小企业信用保险公库）和地方政府筹措的借款，这项借款由信用保证协会存入相应的银行。由于金融机构派生存款的放大功能，可以按7倍的乘数效应为银行作担保放款提供资金来源，这项资金来源大体相当于保证债务余额的1/3。实行融资基金制度进一步提高了信用保证协会收支平衡能力。信用保证协会筹措融资基金执行政策性利率，转存金融机构实行商业性利率，后者通常高于前者一倍。可见没有融资基金利差，就不能实现收支平衡的良性循环。

（3）损失补偿金补助制度。是指对于信用保证协会代偿后取得求偿权而不能回收的损失，最终由政府预算拨款补偿。由于保险公库已经对各项代偿均赔付了70%的保险金，信用保证协会的实际损失仅为代偿额的30%，因而政府补助的损失补偿金为预期不能收回的求偿权益的30%。保证责任的70%由保险公库保险，另有30%的担保金额在发生风险的情况下最终由财政补偿，这项制度最终承担了信用保证协会承做信用保证业务的风险，保障了国家和金融机构对信用保证协会投入的基金的安全。

总之，信用保证基金制度和融资基金制度提高了信用保证的实力、解决了融资来源，并通过存款业务提供了业务运转所需的经费。信用保证保险制度和损失补偿金制度分担并最终承担了信用保证风险，保证了信用保证协会作为独立法人具有极强的公共保证能力和无可置疑的信誉。

（三）信用保证业务的运作

1. 信用保证的对象、类型、限额和费率

日本信用保证协会是为增强中小企业的融资能力而依法设立和经营的，因而它以中小企业为基本对象，主要承做借款信用保证。

日本金融业把商业性融资与政策性融资（即制度融资）分开。适应这个特点，借款信用保证分为普通保证和特别保证两大类，特别保证主要是与制度融资相配套的保证。以名古屋信用保证协会为例，对于制度融资，由信用保证协会进行评审并予保证后，推荐给金融机构，方能

取得借款。特别保证因制度融资的分类，设立多个品种，如公害防止措施借款保证、海外投资保证、科技创业保证、企业破产关联保证、灾害自救保证等。特别保证也有信用保证协会根据业务开拓需求所设立的专项保证，如限额保证等，这是与商业性融资相对应的。

信用保证面向各行各业的中小企业（除风俗业、非营利社团法人、宗教法人外），重点是工商业和服务业。以东京都为例，2001 财政年度，各行业利用信用保证的情况如表 1-5 所示。

表 1-5　2001 财政年度东京各行业信用保证利用情况表

行　业	利用信用担保的企业数	信用保证利用率（%）
制造业	70 222	64.6
批发业	52 900	77.8
零售业	68 528	27.4
建设业	49 715	95.2
服务业	67 631	40.5
运输仓储业	6 740	28.4
不动产业	13 369	27.3
其他产业	700	25.4
全部	329 805	45.7

资料来源：东京信用保证协会（2001 年）。

日本信用保证协会向委托企业征收信用保证费，作为承担中小企业信用保证委托业务的代价。基本费率为年均 1%。确定费率要综合考虑两点：一是考虑信用保证的风险概率；二是考虑含保证费在内的融资成本和对中小企业优惠扶持的原则。从一个周期来看，保证费年率的确定与代偿风险是基本对应的。由于前述以国家为后盾的支撑体系，在经济危机、代偿率上升、数额集中的最不利条件下，也能够保障信用保证协会具有很高的信誉，从而成为金融安全的一个"制动阀"。表 1-6 是东京信用保证协会适用的保证费率。

表1-6　东京信用保证协会担保费率表（截至2002年3月31日）

固定年费率（%）	下浮年费率（固定费率×0.95）（%）
0.4	0.380
0.5	0.475
0.6	0.570
0.7	0.665
0.8	0.760
0.9	0.855
1.0	0.950

资料来源：东京信用保证协会（2001年）。

2. 信用调查

信用调查是决定是否提供保证承诺的基本环节，它是对被保证人信用状况的调查、分析和判断。其作用是根据信用调查结论为被保证人提供有关改善经营管理、确保信用安全的咨询意见，确定企业授信限额并据以进行保证承诺的决策。信用调查的基本内容包括对法人代表和主要负责人的经营素质、人品和健康状况的评估，对从事业务的有效性、稳健性、支付能力、地理环境的评估，对各项经营实绩和财务状况的评估，以及借入资金用途及还贷安排的评估等。信用调查采取书面调查、面谈调查、实地调查等方法。信用调查是承接信用保证申请的第一线业务员的基本职责，要求他们具有客观和正确的判断力、专业知识和经验，对客户尊重、诚实和慎重负责的态度，及时、公正处理问题的能力，特别要求业务员具有较强的使命感和良好的专业素质。进行信用调查通常不向客户收取服务费用。

3. 保证承诺

信用保证协会对拟保证的项目与被保证人签署保证合同，主要条款包括保证金额、保证期间、借款用途、贷款形式、保证条件、代偿条件等。信用保证协会根据与被保证人签署的保证合同向金融机构出具信用保证书，该书注明按照经大藏省审定的各信用保证协会的章程、业务管理办法和与金融机构约定书等文件的规定，承担相应的保证责任，而不具体例示保证责任及其相关事宜。

金融机构在提供保证贷款时，书面通知信用保证协会，列明保证种类、被保证人、贷款用途、形式、保证条件、贷款时间、还款安排和代扣信用保证费等事项。金融机构在发放贷款时一次性或分次代扣代转信用保证费。在保证贷款部分和全部偿还时，由金融机构书面通知信用保证协会。

在保证合同执行中，可能出现信用保证书记载事项的变更、原保证合同要素的变更、执行时间的变更、贷款合同的变更等情况，均要经保证人、被保证人、债权人三方协调一致确定。

信用保证协会提供保证，须由委托人根据协会章程和业务规程设置反担保措施并提供连带保证人。当委托人不能向债权人履行债务并按保证书的要求由保证协会向金融机构代偿后，协会代位取得债权人资格，可向连带保证人求偿，或执行反担保措施。原则上，在一定额度以上的信用保证均需要财产抵押反担保和连带保证人。可用于反担保的财产有：不动产、有价证券、保证金、法人财产等。对于设定抵押的财产要进行调查和评估。

4. 代偿、免责和求偿

当承保债务没有履行，信用保证协会按《信用保证书》的承诺代位履行债务。在债务到期后的90天内，由金融机构先行催告债务人履行债务，确实无法履行的，由金融机构向保证协会提供事故报告书并请求代偿。信用保证协会代偿的范围包括保证债务的本金、未付利息以及至履约日后120天之内与贷款利率相同的延滞利息。当信用保证协会与金融机构对代偿存在异议时，应在债务履行期终止日后的两年内妥善解决，两年后请求权自动消失。

依据保证协会章程、业务管理办法和与金融机构的约定书，信用保证协会在一定条件下对债务的代偿实行部分或全部免责。以名古屋市信用保证协会为例，下列情况即可免责：（1）保证贷款用于偿还该金融机构的旧债；（2）违反保证条件（如贷款金额与保证金额相违、贷款的形式不符、贷款时间或期限不符、还款安排不符、超出保证限额融资等）；（3）在出具信用保证书或更改信用保证书之前放款；（4）因金融机构过失造成的债权保全失误；（5）对保证债务具有正当的否认事由；（6）其他，如金融机构与委托人恶意串通制造假象，误导协会做出不当保证的承诺等。

当信用保证协会向金融机构代偿债务后,自动取得原属金融机构的债权人地位,获得代位求偿权,信用保证协会督促债务人制定重振计划,商定回收办法,必要时请求连带保证人偿还或执行财产抵押反担保措施。求偿权期限为5年(法律规定的时效中断期除外)。

发生代偿情况为,1997年5 000亿日元,1998年7 000亿日元,1999年8 000亿日元,已创纪录;代偿收回比例为1997年42%,1999年33%,不断下降。

5. 稳健经营的财务措施

(1) 在资产组合管理上强调资产的流动性,确保代位偿付的资金需求。根据规定,协会持有的各项流动资产减去借入资金的余额须大于保证余额的2%。

(2) 提取责任准备金。按照保证责任的余额的一定比例,提取责任准备金用于代偿支出。责任准备金计提办法是:

保险公库承保部分 = 期末保证债务余额 × 6‰ + 逾期保证债务 × 10%

保险公库未承保部分 = 期末保证债务余额 × 6‰ + 逾期保证债务 × 33%

(3) 建立求偿权损失准备金。信用保证协会按照求偿权预期损失额,通常考虑按3年核销,并预提求偿权损失准备金备抵。

(4) 计提收支差额变动准备金。它按年度实现利润的50%提取,用于弥补可能出现的亏损,实行以丰补歉。收支差额变动准备金的累计额以不超过当年基本财产的50%为限。

(5) 将保证债务余额纳入资产负债表表内核算,即将保证债务余额作为或有负债在负债方反映。这样既反映了保证业务的规模,同时又为资产负债比例管理、监控资产流动性和支付能力提供了控制手段。

(四) 政府、金融机构与信用保证协会的关系

1. 政府与信用保证协会的关系

(1) 国家制定法律,确立信用保证协会作为公共法人的法律地位和运行规则。1953年《信用保证协会法》出台，后经1957年、1958年两度修改。与此相配套，颁布了《信用保证协会法施行令》、《信用保证协会法施行规则》，随后经过多次修订。

在信用保证运作上，协会制定章程、保证业务管理办法，与委托人订立保证合同，与金融机构签署约定书，以及提取各种准备金，实行稳健经营等，均受到国家法律的保护。

（2）政府主管大臣（大藏省、通产省）对信用保证协会的设立、章程和业务方法及其变更进行认准并对执行情况进行监督检查，制定事业报告书规范，下达信用保证协会参照实行，对年度事业报告书进行分析，并可依法对协会的财产和经营、账目进行检查，对违法、违反章程、违反保证业务办法的行为进行监督并做出处分。

（3）政府对信用保证协会提供资金支持。国家资金投入是信用保证制度的支柱。一是政府出台建立保证基金，使保证协会具有必要的保证能力和发展的可能性，分担协会进行信用保证的风险；二是由政府出资做后盾，进行信用保证保险；三是提供融资基金，为协会疏通保证融资渠道、增强收支平衡能力提供支持；四是对不能回收的代偿给予最终的补偿，从而彻底解除了信用保证的后顾之忧。

（4）政府对信用保证协会依法减免税费。对法人税、所得税、都府县民税、市町村民税、事业税、事业所税、印花税等各项目税收均予免除。对于设定抵押反担保的登记费由4%减至1%。

2. 信用保证协会与金融机构的关系

信用保证协会为金融机构创造安全的信用环境，金融机构为信用保证机构提供资金支持。主要关系是：

（1）金融机构按信用保证业务发展的需要和自身保证放款的规模及风险度为信用保证协会提供负担金，国家准许将负担金列入成本开支。这项资金是信用保证基金的重要来源。

（2）金融机构的高级管理人员出任保证协会的理事，参与信用保证协会重大问题的决策。

（3）信用保证协会与金融机构签订规范的约定书。对保证关系的成立、保证合同的效力、贷款、还款的报告、保证合同的变更、保证债务的履行及其期限、保证费的委托征收、债权的安全管理、债权移交、免责等事项做了明确的规定。至于保证责任的界定等则按国家颁布的有关法令和核准的协会章程、保证业务管理办法执行。东京信用保证协会与260多个金融机构缔结了约定书。协会与金融机构在债权管理上依法和按协议进行密切配合,对在保债权的跟踪管理由金融机构负责实施,对代偿权的管理由信用保证协会实施。

(4)信用保证协会向国家筹措的融资基金存入金融机构,在银行机制的放大功能下,为信用保证放款提供了资金来源。

(5)金融机构根据大藏省发布的指导性意见,努力降低运作成本,对保证贷款利率实行下浮(下浮部分通常相当于当时利率的10%),使贷款利率加保证费的总体融资成本低于其他融资方式,减轻中小企业融资总体负担。

(6)金融机构就自身被保证的贷款,为保证协会代收代转保证费。

四、奥地利财政担保公司(FGG)

奥地利财政担保公司(FGG)于1969年由联邦政府财政部出资成立,每年通过联邦财政预算补充担保基金。具有境内外200多亿奥地利先令的担保实力,完全以联邦财政做后盾。它依据联邦政府为其制定的《奥地利担保法》开展业务,并在财政部的指导下制定了《FGG担保指南》,具体规范其担保业务。

公司不以营利为目的,以担保及其他形式扶持中小企业发展。FGG在按照政府不同时期产业政策开展担保业务的过程中,主要从两个方面对中小企业进行保护和扶持:一是在某些适宜中小企业生存的领域,如旅游、服务和零售业采取保护措施,防止出现垄断,维护合理竞争;二是扶持新兴产业,支持并促进其成长,改善经济结构和就业状况,实现结构优化和经济发展。

FGG的业务集中体现了财政与金融相互渗透、相互利用的特点。一方面,这些机构利用了财政分配的特点;另一方面,财政分配又利用了金融手段,使财政资金经营化,两者的结合,形成了FGG的独特职能和作用。政府对其营业收入免除各种税收。公司的总经理由财政部长和监事会主任协商任命。公司监事会由股东单位、重要商业银行、劳资部门、商会等各界代表组成。

公司最高只承担贷款额85%的风险。保费不高于担保额的0.5%。申请担保的项目只要符合规定,公司就要对其进行评审,但要收取项目总额0.5%的申请费(不超过5万美元)。评审的重点是对企业的资产负债表进行分析,主要是看企业的未来赢利能力。最终能够获得担保的只占评审项目的1.5%。担保项目的日常监控主要由贷款银行去做。公司还设立了一个基金,用来聘请专家,帮助担保项目摆脱不利局面。

FGG有一套风险分级的标准用来对在保项目进行跟踪监控,监控的重点主要有:企业的透明度及可控性、财务结构状况、赢利能力和管理部门的战略策划能力。为此他们每年对在保项目进行至少一次的考察,对项目进行详细的调查、分析。

FGG担保项目的投资额不小于1 000万奥地利先令。境内担保业务除贷款担保外,还有一种股本金担保,即当某一公司出售其股份给个人时,FGG可以为其出具担保,当发生公司倒闭等情况导致持股人损失时,FGG向被担保人支付担保额85%的赔付。申请担保的企业必须是中小企业,标准为营业额不超过2 500万美元,或资产负债总额小于1 250万美元,雇员在250人以内。除了提供担保外,FGG还帮助企业进行发展战略研究和业务策划,公司成立以来担保赔付率基本控制在2%左右。

五、中国台湾省中小企业信用保证基金

(一) 基本情况

成立于1974年。由"财政部"主管,"政府"及相关金融机构捐助成立的非营利性财团法人,"政府"出资约占基金的80%。该基金与49家金融机构签订委托契约办理信用保证业务,省内有2 500多个营业单位,中小企业可直接到任何一家银行的营业单位办理担保贷款。到1997年,该基金承保了11.4万个贷款项目,金额达70.3亿美元。台湾省实行一级担保机构,在各地设分支机构。基金的担保额不超过80%~90%。

该基金成立以来,不断得到"政府"补贴,但尚不固定,担保赔付金主要靠保费收入和利息来支出。担保额为贷款本金的50%~90%。凡符合保证对象的中小企业均可通过其往来银行直接利用信用保证基金的保证服务,但必须支付担保费,担保费率为0.75%。

基金每年举办60多个相关知识及案例研讨会，并向4 000多名业内和银行人员提供培训。此外，台湾省的金融机构还联合成立了几家中小企业辅导中心，为中小企业融资提供咨询服务，也为降低信用保证基金的损失发挥了作用。其主要功能包括：（1）执行政府辅导中小企业的政策；（2）排除中小企业申请融资时抵押物或质押物不足的障碍；（3）提高金融机构办理中小企业融资意愿；（4）配合有关辅导机构扩大辅导效果。

台湾省的信用保证基金还配合政府的中小企业发展计划，特别设立了青年创业和企业自创品牌的担保项目，重点支持创业型小企业。信用保证基金则更强调银行对企业的了解。

台湾的信用保证基金自建立以来虽然也得到过补充资金，但资金来源不固定，因此，为使保证基金的规模不致萎缩，担保赔付金主要靠担保费收入和利息来支付。

（二）信用保证的申请方式

1. 简化程序担保

为简化操作程序，便于授信单位办理送保及企业申请信用保证，信用保证基金依据保证项目分订额度及授权送保规定，授权授信单位对各该范围内的授信项目，先行承做，再移送到该基金追认保证。具体程序见图1-2。

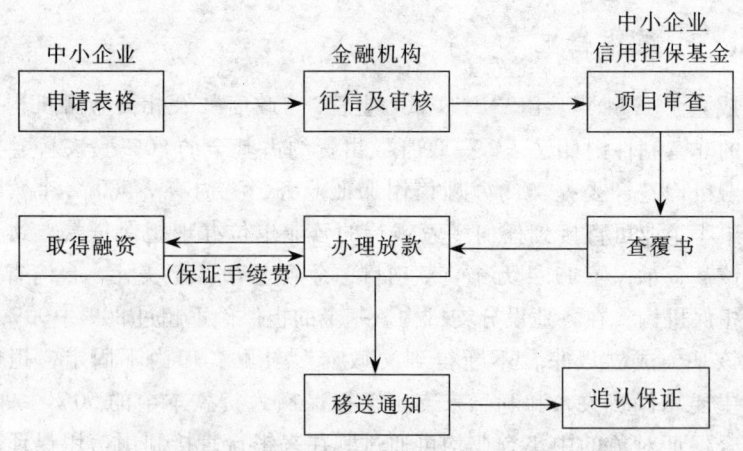

图1-2 简化程序担保流程图

2. 正常程序担保

如果贷款申请的金额或其中的条款超出了程序的范围,为了进一步保证质量和降低担保风险,相关金融机构首先对贷款进行审查,初步核准后再将文件转交中小企业信用担保基金,由信用担保基金进行复审。在中小企业信用担保基金接受了申请并规定了担保比例及担保条件之后,放款的相关金融机构将按照信用担保基金所出保函中规定的条件,确定出可接受的贷款限额,并在放款后的7天之内通知中小企业信用担保基金。具体程序见图1-3。

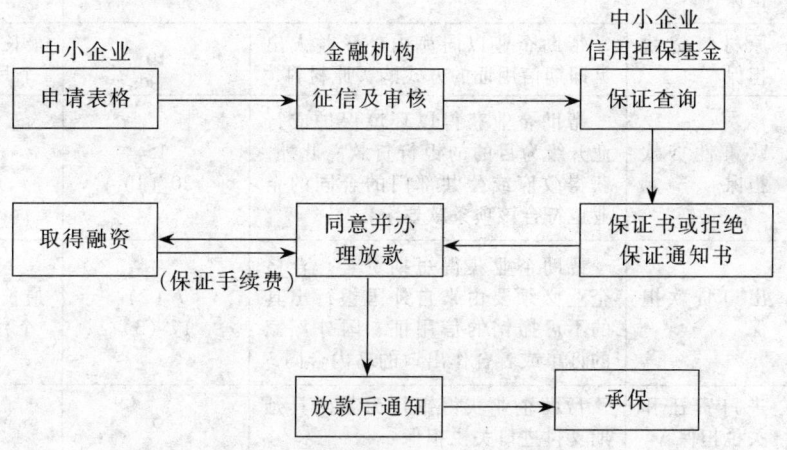

图1-3 正常程序担保流程图

大约50%~90%的担保需要由中小企业信用担保基金先期同意。中小企业信用担保基金在确定担保方面,所考虑的不是抵押物的有效性,而是企业的经营绩效、财务状况、贷款的用途、还款计划、信用记录和经营者的情况。其担保类型和简化程序的最高限额见表1-7。

表 1-7　　担保类型和简化程序的最高限额

信用担保类型	内　　容	最高数额 （百万新台币）*	担保期限
1. 一般目的贷款担保	帮助企业获得中短期银行贷款，用来满足流动资金，或购买机械设备及其他保证企业运行设施的资金需求	10	最长 180 天**
2. 中小企业商业票据发行的银行信用担保	帮助企业从银行获得担保，从而在货币市场发行商业票据获得短期资本	5	最长 365 天
3. 原材料贷款担保	帮助企业以向海内外受益人出具即期信用证的方式购买原材料	10	最长 9 个月
4. 政策性贷款担保	帮助企业获得以环境保护或行业升级为目的的银行贷款。此外，获得政府或公共部门的合同的企业也符合该项条款要求	15 20（1）	**
5. 出口贷款担保	帮助企业获得短期资金。合格企业必须要由来自外国银行出具的不可撤销的信用证、国外厂家的订单或者合作出口的岛内合同	7（2） 17（3）	最长 9 个月
6. 进口责任和关税担保	帮助企业获得银行为其出具延期支付进口关税担保	5	**
7. 合同履约担保	帮助企业获得银行为其出具招投标担保、定金担保以及商业合同义务担保	10	**
8. 小企业贷款担保	帮助小企业从银行获得流动资金或购买原材料、设备等的贷款	10	**
9. 初期企业启动资金贷款担保	帮助处于发展初期阶段的企业获得启动资金创建业务	0.6	最长 6 年
10. 自有品牌国际推广贷款担保	帮助企业获得资金支持促进自有品牌在海外推广	20	最长 7 年
11. 发展贷款担保	帮助企业提高竞争力或重新选址。同时帮助企业提高在经济萧条期的稳定性，提供重建和合作经营贷款	10	**

续表

信用担保类型	内　　容	最高数额（百万新台币）*	担保期限
12. 小额流动资金便利贷款担保	帮助企业面对经济周期的变化以及从银行顺利获得流动资金贷款	3 1.5（5）	最长5年

说明：
＊指通过简化程序可获得资金的最大数额。
＊＊指符合相关金融机构相应贷款条款。
（1）指购买自动设备、污染控制设施及相关设备贷款的最高限额。
（2）指出口前期贷款的最高限额。
（3）指针对出口装船的出口前期贷款和信用的联合限额。
（4）指在获得银行贷款前，使用统一发票并且每12个月的产值在250万新台币的小企业可获贷款的最高限额。
（5）指未使用经税务部门同意的统一发票的小企业可获贷款的最高限额。
资料来源：《2000中国担保论坛文集》，经济科学出版社2000年12月版。

第四节　商业性担保概述

一、商业性担保发展概况

商业性担保是相对于政策性担保而言的，商业担保机构经营的担保业务一般以营利为目的。国外商业性担保公司的主营业务经历了一个世纪的演变。世界上第一家作为保证人而成立的公司出现于18世纪末的英国，向上流社会提供仆人忠诚担保。美国19世纪后半叶成立的早期担保公司也以公务员担保和忠诚担保为启动业务。20世纪初工程保证担保逐渐显示出成长力，第二次世界大战后的四五十年代建筑高峰使合同担保成为担保公司长久不衰的主业。

由于法律环境不同，美国和欧洲的商业性担保公司在主要业务侧重上有明显的区别。如工程保证担保业务，美国立法要求承包商提供100%合同价格的担保，而欧洲要求担保额则小得多，一般在10%～20%左右，意大利在欧洲最高，要求提供30%合同价格的担保。担保公司承保额越高，收益越大。

商业性担保机构的发展历程始终表现出与银行的长期竞争与合

作。担保机构的通常做法是通过担保品种不断加强与融资担保领域的密切联系，来扩大其保费基数。随着商业性担保公正程度与担保比例的提高，商业性担保机构得以获取更多的市场份额；商业性担保机构也通过其业务体系特别是其业务操作平台的建设，努力提高担保品种的优势和服务范围。提高担保机构的竞争能力，最现实的做法有两个：一是更多地开展见索即付担保业务；二是提高担保比例，但这往往会导致风险的不可控。一方面，在实际业务中，一般只提供低比例的见索即付担保，如在建筑工程项目有关的担保业务中，因为风险是可控的，而且实践证明受益人的行为也是可以预知的，多采取这种受益人意愿接受的方式。另一方面，只有在适当、有严格附加条件的履约担保中，担保比例才可能增加。因为如果发生损失，更高的担保比例对扩大目前项目的承保范围十分必要，美国在这方面是个典型的例子，承做100%的担保比例已成为固定模式，而且保证合同均有严格要求的附加条件。

与美国相比，在欧洲，主要风险并不是由一家担保公司承担的，一般都是由几家银行和几家担保公司共同承担，通常采取联合担保的形式。国外商业性担保公司非常注重担保条件的总体变化，以及法律保障的必要性。在开发一个新的担保品种时，既考虑适当增加保费收入，同时也避免承担超比例担保所引起的风险。

从全球情况看，商业性担保业务的开展有很强的地域性，每个国家的担保市场都有其具体情况和不同条件，担保品种以及市场运作的方式也不尽相同。比如成立于1857年的加拿大北美担保公司是加拿大最大的担保机构，主要从事工程保证担保业务，同时承做少量的付款担保、赋税担保、守法担保以及雇员忠诚担保等类型的担保业务。成立于1890年的F&D公司是美国担保业的先驱，其保费收入长期位居全美前5名，工程保证担保和雇员忠诚担保是公司的核心业务，已形成稳固的收入来源。实际上，国外有些商业性信用担保机构也曾从事过贷款担保业务，但随着信用体制的演变和日趋完善，信用评级已成为企业获得银行商业贷款的基本依据，加上个别商业信用担保机构因从事商业贷款信用担保而破产的教训所带来的震动，现在除了由政府创办并承担最终风险的担保机构继续从事特定政策领域的贷款信用担保业务外，商业性担保机构已不再从事贷款担保业务。

全球商业性担保市场可以分为两部分：一部分是美国与加拿大；另一部分是世界上其他国家。各地担保环境条件是由执政当局和法律条款决定的，同时也是引起结构差异的主要原因。在美国只允许保险商和担保机构承做保证担保业务，在欧洲，主要由银行提供类似的担保业务，而经营担保业务的保险商承做的保证担保只占不到20%的市场份额。在英国、西班牙和德国，保险商和银行承做保证担保的相对比例大约为1:9；在法国，银行几乎垄断了整个担保市场；而在意大利，银行和保险商之间的担保业务比例基本相当。造成银行和经营担保业务的保险商之间担保比例长期失衡的原因主要有：

1. 银行通常是权利分散的机构而保险商则是集权组织。

2. 银行承做担保时将控制其信用风险度，而合同保证担保是个案独立签订的。

3. 保险商需要提供高质量的服务，银行只需出售其标准产品。

4. 保险商集权组织的结果是保险商能够提出投保公司的需求，而权利分散的银行在这方面存在障碍。

5. 保证担保业务是专业保险商的核心业务，而对于银行而言，只是其多种业务领域中的一个。

6. 银行已经通过其他业务品种和消费者建立了固定的联系，因此只有在消费者信用级别达不到规定时，才会去找保险商。

7. 银行提供见索即付的担保，而保险商是基于可能发生的不同情况提供的合同保证。

由此可见，银行能够成功的两个关键点：一是走近消费者；二是愿意提供见索即付担保。在表1-8中未列出的国家如法国，其担保业务几乎100%由银行控制。

从总体看，全球保证担保的保费收入是比较低的，其主要市场在美国（约占65%的市场份额）、欧洲（约占17%的市场份额，主要业务发生国有意大利、德国、丹麦、西班牙等）、亚洲的韩国和日本（约占8%的市场份额）以及美洲的加拿大、墨西哥等。事实上，仅仅是美国的担保公司担保费收入相对地较高，世界上15个担保费收入最大的担保公司全都是美国的公司（实际上有一家韩国的担保公司，它比任何一家美国公司都大，具有垄断地位，但其开展的是融资担保，而融资担保除非是政府委托，否则传统的商业担保机构是拒绝承做的，这是一个例

表 1–8　　1999 年全球部分国家和地区保证担保市场的保费收入情况

国家/地区	担保费（百万美元）
澳大利亚	15
加拿大	131
德 国	139
意大利	461
日 本	160
墨西哥	77
南 美	229
韩 国	260
西班牙	37
英 国	45
美 国	3 400

资料来源：《泛美担保协会第十五届年会论文集》（2001），《全球保证担保市场》德国安联保险公司鲁道夫·古德曼。表中数据，未将保险公司和再保险公司的保费收入分开，特此说明。

外情况）。意大利 SIC 公司的担保费收入在欧洲排在第一位，它与表 1–9 中所显示的数字还相差甚远，而余下的多数欧洲"大公司"都排在美国第 30 位公司之后。

我们通过表 1–9 所列美国担保公司保证业务的收费情况，可以加深对全球保证担保市场格局的认识。

表 1–9　　1999 年度美国部分担保公司保证担保业务收费情况

公　　司	担保费（百万美元）
ST. PAUL COMPANIES	353
CAN INS. COMPANIES	272
AMER INTERN GROUP	266
RELIANCE INS. GROUP	225
ZURICH US GROUP	177
TRAVELERS PC GROUP	152
FRONTIER INS. GROUP	124
LIBERTY MUTUAL INS.	124
SAFECO INSURANCE	108

续表

公　司	担保费（百万美元）
AMWEST INSURANCE	106
ALLIANZ OF AMERICA	106
CHUBB GROUP OF INSURANCE	103
CENTRE SOLUTIONS GROUP	80
HARTFORD INSURANCE	74
KEMPER INSURANCE	74
SIC（意大利）	57

注：为便于比较，将意大利担保公司（SIC）保费收取情况列入该表，特此说明。

资料来源：《泛美担保协会第十五届年会论文集》（2001），《欧盟保证担保走向新的模式》马普弗雷国际信用保险股份有限公司总经理卡洛斯·欧尤斯·埃利萨勒德。（注：鉴于亚洲各国和地区的担保业务和管理体系主要表现为政策性的中小企业信用担保性质，因此已集中在本章的第二节进行介绍）

二、欧洲商业担保市场发展概况

通过研究各国担保机构的保费收入的差异，我们看到信用担保业务在世界不同地区的发展是不平衡的，再对其原因进行分析，便发现造成这种不平衡的背景，包括信用环境、法律环境、担保品种以及担保业务运作方式的不同之处。

总的来说，担保费的收入在全世界范围都非常低，但只有美国是个例外，表 1-10 的数字能够说明欧洲担保公司在这方面的表现。

表 1-10　　1999 年度欧洲部分担保公司保证担保收费情况

公　司	国　家	担保费（百万美元）
SIC	意大利	57.4
IIERMES	德　国	34.6
GENERALI	意大利	31.8
RAS	意大利	26.5
FONDIARIA	意大利	25.8
MILANO	意大利	23.9
UNIPOL	意大利	19.5
DANSK KAUTION	丹　麦	12.5

续表

公　司	国　家	担保费（百万美元）
REALE MUTUA	意大利	11.7
CREDITOY CAUCION	西班牙	9.5
NATIONALE BORG	荷　兰	8.9
GERLING SPEZIALE	德　国	8.4
MAPFRE CAUCIONY CREDITO	西班牙	8.2*
ZURICH GSG	英　国	6.0
EIDGENOSSICHE	瑞　士	5.5
ACC SEGUROS DE CAUCION	西班牙	5.5
GERLING NAMUR	德　国	5.0
CHURCH&GENERAL	爱尔兰	4.7
COSEC	葡萄牙	3.4
ALLGEMEINE KREDIT	德　国	3.2

* 为该公司在西班牙和葡萄牙两国机构的合并数。

资料来源：《泛美担保协会第十五届年会论文集》（2001），《欧盟保证担保走向新的模式》马普弗雷国际信用保险股份有限公司总经理卡洛斯·欧尤斯·埃利萨勒德。

在表1-10中所列的国家里，担保费收入不及保险费收入总量的0.5%（例如，在西班牙仅为0.1%），担保费收入如此低的原因可归结为以下三个因素：

（一）保证担保始终受到相关法律、规则或契约的约束和调整

这种约束和调整，一方面提高了他们获得市场的能力；另一方面，又把他们限制在只是少数的公司，在他们特殊的业务领域（主要是签订公共事业方面的担保合同）承担履行保证担保的责任。

（二）以履约保函担保的小数额比例来保证合同的价值

在欧洲，担保百分比的范围从西班牙的4%或葡萄牙的5%到爱尔兰的25%，而大多数国家担保百分比为10%左右，这种欧洲式保证担保可称为是处罚式的担保，也就是说，他们并不是保证合同履行，而是保证在不履约的时候支付一笔事前约定的金额。

客观来看，欧洲的担保百分比确实偏低，尤其是与美国相比，美国

工程保证担保百分比为合同价的100%，加拿大为50%。

尽管欧洲担保机构所涉及的被担保合同的金额很大，但担保责任总量却始终偏低，这也使担保受益人（一般是公共事务管理部门）没能得到他们所真正需要的工程保证担保。取而代之的是另一种担保方式——处罚式的担保，即当合同万一不能履行时，担保人要付出一个特定的金额，而这个金额在大多数情况下少于发生的损失。而这些担保的执行并不像想像的那么简单，实际上许多担保公司运用各种争论逃避担保赔付，而受益人最终只能是经过漫长的诉讼得到担保赔付。因此，对无条件的见索即付的担保需求便增加了。

（三）欧洲的银行业与担保机构存在着剧烈的竞争

相对美国或墨西哥这些由法律禁止银行开展保证担保的国家而言，欧洲的银行业竞争是比较激烈的，并且具有担保公司无法比拟的优势，他们是强有力的担保竞争者。银行在担保业务方面具有的优势在于，顾客经常委托银行办理全球性业务，通过银行提供给客户的其他方面的服务，客户通常能寻求到银行替他们出具的保函。此外，对于银行来说，担保业务是一种表外业务，所以他们不在意担保比例下降，他们甚至能够承受那些保费率非常低的担保业务，这也是担保公司不能相比的。

造成欧洲众多担保机构担保规模有限的原因，在于相关法律的制约、小的担保比例以及来自银行的竞争，这些阻碍了欧洲保证担保市场稳定而有实质性的发展。立法层次的某些变化已经减少了或正在迫使担保机构减少在某些情况下为客户提供保证担保服务。在西班牙，政府规定必须由银行对某类重大项目提供保证担保；在意大利，由于法律方面的原因，原来非常重要的一个担保品种——增值税担保逐渐消失，这一担保品种是担保那些还未收到增值税返还的公司一定能收到意大利财政部的税收返还。对于一些意大利的担保公司来说，这种类型的担保曾占到了担保费总量的25%。

在2005年过去的几年里，针对不断发生的上述情况，欧洲许多担保机构加大了对新担保品种的研究与开发。新型担保品种多具有融资的性质，这将使担保总量有所增加，但也应看到这类担保品种的风险所在。随着这类担保业务的实施，出现担保公司运作失败、损失严重以致破产等情况也将不足为奇。

目前欧洲的担保公司大都面临这样一个问题：在涉及金额较小的担保市场中，担保公司的业务比较容易做，受益人一般都会避免担保赔付，实际上这种担保并不能解决不履约所引起的问题，在某些情况下甚至要求必须解除合同、必须清算账目、必须组织新的要约人、必须签订新的合同等等，所有这些需要耽搁数月时间。因为这些原因，受益人往往宁肯与合同承包人达成一个友好的解决方案，而不愿解除合同并要求担保公司赔付。由于这种情况，1999年英国公共事业部曾提议一概不用保证担保，理由是保证担保失去了实际意义。

欧洲担保业通过它的代表性协会，即国际信用保险和保证协会（ICISA）、泛美担保协会（PASA）和国际保证担保协会（ISA）正在与欧盟（EU）进行商议，其目的是建立一个有关公共事业合同付款保证的新的担保体系。2002年，国际保证担保协会（ISA）向欧盟官员提交了一份计划书，这份计划书包括一组具有相同的法律特征、在欧盟国家范围内目前仍然有效的担保函。这些保函涉及三个方面的变化：调整担保的百分比、担保公司在被索赔时可供采用的新选择以及开创新型的担保品种。可以预料，这种新的体系将给担保市场带来彻底的变化，并将通过其产生的"多米诺效应"影响到相关市场领域。

三、拉丁美洲商业担保概况

拉丁美洲各国担保业的发展呈现各自不同的做法，主要表现在信用担保法律体系的不同，以及具体业务操作方式上的不同。

（一）委内瑞拉

在委内瑞拉开展担保业务的主要是信用保险公司，其主要担保品种有：投标担保、劳动法担保、海关担保、预付金担保、惩罚条例担保、短期出口和短期进口担保、忠诚担保、司法担保，以及其他"非融资类担保"。对于开展的每一个担保品种，均必须与国家保险监管条例所批准的个案相符。

融资担保在委内瑞拉是被明文禁止的，其融资担保是指"担保在一定期限内支付一定数目款项的义务的履行"。但对这一明文规定的风险进行保险却不是被禁止的。因为货物的价值是以货币来支付的，销售合同的期限在大部分的情况下是一个固定的期限，因此支付货款的义务可以归在"在一定的时间内支付一定数目款项"的义务中。

（二）巴西

2001年巴西议会通过了第一部担保方面的法律（第543号法），这一法案对担保业做了全面系统的规范，一些条款对担保业的发展有很高的价值。它明确规定担保人要对损失做出赔付，或代为履行被担保义务。在其列示的几种保证担保案例中，法律规定必须提供保证担保。担保人发生赔付后，其收据等同于强制执行的工具，从而有利于保证担保机构进行追偿。

对于税务担保，法律规定担保额必须达到对其提出上诉的税务征收额的30%；对于投标担保，担保额不得超过合同总额的5%。相关法律还规定，在诸如工程、服务、采购等政府采办业务中，根据需要可以要求投标人提供担保，担保额不得超过合同总值的5%，而且担保额度要随合同的变化而变化。如果合同涉及高科技基础上风险较大，担保额可增至合同总值的10%。此外，海关担保、房地产担保也有相应的法律规定。

（三）墨西哥

1950年墨西哥就颁布了《担保机构联邦法案》，到2000年已经做了五次修订。该法案的第13条对担保业的发展有至关重要的作用，其规定"无论联邦或地方机构，都应该承认保证担保机构，认可保证担保机构的可信度，不应该对可信度提出质疑，不需要求提供存款证明，不需要求机构出具房产证明，或质疑其存在的合法性。而且，上述联邦和地方机构对保证担保保额的要求不得高于他们对存款或其他担保形式保额的要求。"另一方面，法案对担保行为的约束也相当明确，比如，要求担保公司向国家保险和担保协会定期提交相关技术资料，其中包括每种担保业务的担保费率等。

担保机构承做无条件保证担保是不受法律保护的。法律着重支持担保公司采取法律手段向被担保人、债务人、反担保人和联合债权人或几方债权人追偿所赔付的金额，即使在赔付发生前，就要确保在某种情况下的追偿权力。

（四）智利

智利虽然有三家专业信用担保公司，但担保业务也可以由从事多种保险业务（非人寿保险）的普通保险公司经营。实际上，既可以由专业信用保险公司从事，又可以由其他保险公司从事，这种规定有利也有弊。一方面促进了发展，使更多的人受益；另一方面，也造成了担保从业人员难于管理，专业性不强以及竞争激烈所产生的负面影响。几家专业性担保机构与众多非专业公司间的竞争的结果，导致对有些项目担保风险控制不严，赔付率上升，严重影响了担保市场的健康发展。而专业和非专业担保公司的发展也受到威胁，被担保人受到影响，因为他们失去了能够替代银行担保的费用较低的担保方式，而这个费用最终会转嫁给业主，造成建筑工程造价上升；同时还表现为被担保人借款能力的降低。

智利的担保主要用于私人合同，在政府采购方面没有总的准则。政府工程部无条件接受银行担保。和银行担保相比，信用担保公司的履约担保能以同等程度确保合同的实施，覆盖同等风险和责任，能够以同等效力执行，且政府工程监管机构能出具确认报告书，招标负责人则可以接受担保公司的履约合同担保。担保和保险公司开展的担保品种主要有：投标担保、合同履约担保、附加担保、预付金返还担保和预扣费用担保。截至2001年，智利两家主要的专业信用担保公司占据了保证担保市场的50%，但是，保证担保市场只占保险和银行担保市场的1/5弱。

尽管智利的专业化担保促进了信用担保的发展，但是在专业担保公司存在的同时，又允许其他公司经营同样的业务，就使得专业化失去了意义，这一点应该引以为戒。

四、担保行业管理

以美国为例，美国担保业同保险业一样受保险法约束，归联邦财政部和州保险部管理。财政部每年7月1日公布经审核认定资格的担保公司名单，并根据各公司法定公积金的10%限定其单项担保最高额，超过此限额需联合担保或再保险，合保或再保险公司必须也在名单上。各州的保险部发放在本州执业的担保机构的营业许可证，有些公司没有联邦担保资格，但在州里有担保资格。每年各担保公司按要求分别向财政部和州保险部报送财务报表、统计数据、风险准备金留存和费率计划。财政部不强行规定风险准备金比例，由州保险部监督、掌握。各公司费率计划必须报经州保险部批准，不得擅自大幅度调整。财政部 1998 年 7 月 1 日公布的名单中，共有 316 家担保公司，单项担保最高额超过 10 亿美元的只有一家公司（Allstates Insurance Company，Illinois），1 亿美元以上的有 29 家，1 000 万美元以上的有 119 家，100 万 ~ 1 000 万美元的有 139 家，100 万美元以下的有 28 家。有些公司虽申请资格，但担保并非其主业，所以一些资产雄厚的公司承保能力高，保费收入在担保行业却微不足道。如超过 10 亿美元的那家公司是 1997 年全美排名第二的财产和灾害保险集团公司，担保保费收入则榜上无名。对非联邦政府工程，单项担保限额要求并不十分严格。

第五节　部分商业性担保机构介绍

一、美国 F&D 公司

F&D 公司（Fidelity & Depos' it Company of Maryland）是美国担保业的先驱，创建于 1890 年，100 多年来历经担保业兴衰变革，作为美国担保业的主干公司，是第一家从事雇员忠诚担保的公司、第一家有资格向政府提供保证合同的公司、第一家在全国经营担保业务的公司。1993 年苏黎世保险集团通过收购瑞士再保险集团所持股份，成为 F&D 的惟一股东。一个多世纪以来，公司承保、参保了许多知名大型工程，如金门大桥、胡佛大坝、香港新机场等，从多方面参与了美国担保业的创建和改革。近年来保费收入一直排全行业前 5 名。F&D 公司业务范围包括合同担保、商业担保、金融机构的忠诚担保、商业犯罪保险、财产和灾害保险、国内外信用保险等。与全美 5 000 多家担保发展商建立了合作关系。总部设在马里兰州巴尔地摩市，雇员总数约 800 人，总部约 300 人。

(一) 担保种类

保证担保包括合同担保及商务担保，均依据相应的法律而存在。保证担保和忠诚担保是 F&D 公司的核心业务，也是其稳定的业务收入来源，两者收入不相上下，约各占一半。信用保险保费收入占总收入份额很小，但增长较快。

1. 合同担保

合同担保共分七类：投标担保、履约担保、付款担保、维修担保、配套设施担保、分包商担保、供货担保。

（1）投标担保。该业务保证投标人诚意投标，中标后按标价签约，并提交履约和付款保证合同。担保额一般在合同价格的 2%～5% 左右。

（2）履约担保。保证承包商履行合同条款，按施工计划完成工程，承担业主因承包商违约招致的损失。担保额为 100% 合同价格。一般履约担保含一年期的维修担保。

（3）付款担保。保证承包商向分包商和材料供应商支付应付账款，避免分包商或材料供应商因未得到付款而对在建工程或工程材料行使留置权，保证业主对已完工程的合法权益。担保最高额为合同价格的 100%。联邦政府的建筑工程要求：100 万美元以下工程，付款担保额为 50% 合同价格；100 万～500 万美元之间的工程，担保额为 40% 合同价格；500 万美元以上的工程，担保额为 250 万美元。各州县、市政府另有规定，私人业主自选约定，最高额为 100%。

（4）维修担保。保证完工后一定时间内修复因施工不当或材料缺陷引起的问题。一年期维修担保通常是履约担保的一部分，不必单独出具；一年以上或无履约担保且单独要求维修担保时，才另行出具维修保证合同。担保额在合同价格的 5%～10% 之间。

（5）配套设施担保。被担保人常是土地开发商，政府要求开发商预售或出售土地或商品房之前建好配套设施，如人行道、小区供暖、树木绿化等，否则提交配套设施担保，保证在指定时间内完成。

（6）分包商担保。如同业主对总承包商提出担保要求一样，总承包商要求分包商提供履约和付款担保。

（7）供货担保。供货担保常用于政府采购招标，保证投标人按质、

2. 商务担保

商务担保是非合同担保的统称，分四大类：诉讼担保、营业执照和许可证担保、公务员担保、其他杂项担保。

（1）诉讼担保：受托人担保和法庭担保

1）受托人担保：受托人是接受委托、代替无能力或丧失能力的人处理其事务、在法律和法庭的监督下受托保管他人财产的人或委员会，受托人一般都是律师或注册会计师。受托人担保保证受托人忠实履行与其职责相关的所有义务，对受托处理的财产有令人满意的交代。受托人是被担保人，法庭是受益人。按保证合同提交的法庭不同，分为四种基本形式：

a. 提交遗嘱检验法庭或孤儿法庭的受托人担保。被担保人是遗嘱的执行人、个人代表、遗产管理人、未成年人或无能力人的监护人、保护人或委员会等。法庭代表继承人、债权人、未成年人等各具体情况对应的委托人的利益。

b. 根据遗嘱执行期限又分为长期和短期两种。2~3年以上的为长期受托人担保。

c. 提交州或联邦政府产权法庭的受托人担保。被担保人是房地产的接收人或受让人，法庭是保证合同的受益人，代表债权人、委托人或出售房地产委员会等对房地产有权益的各方利益。

d. 提交破产法庭的受托人担保。被担保人是清算或重组过程中的受托人，法庭是受益人，代表债权人和任何其他在清算和重组过程中权益人的利益。

其他受托人担保，如返还担保，允许受托人在偿付债务、交税之前分配遗产，保证若遗产不足抵债和交税或某人对遗产有优先权，其他继承人将返还所得钱财。

受托人保证合同的条款和条件由法庭订定。受托人的职责包括接管、清理并保护遗产，偿付债务，投资运作，交纳税款，将余额分配给有资格的继承人，向法庭提交阶段性财务报告或最终账目。担保人将赔付因受托人盗用、偷窃或未及时接收、清理和保护遗产，以及不遵守法律规定、不依从法庭判决而造成的任何损失，直至担保限额。

2）法庭担保：在诉讼过程中，当一方在判决前寻求特别的权力时，法庭要求提供的担保。保证最终判决不利于被担保人时，诉讼另一方免遭经济损失。有两种存在形式：

a. 原告担保：原告申请审判前冻结属于被告或在被告掌握中的财产时，法庭要求的诉讼担保。原告诉讼担保保证若法庭最终判决被告胜诉，冻结行为错误，原告将返还被冻结的财产并赔偿损失。冻结包括查封、扣押，发还被扣财物，索赔和交付等。

b. 被告担保：原告担保的对应担保，当被告申请释放或解除因原告申请而冻结的财产时，或被告申请延期执行法庭判决、等待进一步的司法程序如上诉时，法庭要求被告提供担保。被告担保保证审判结果或上诉法庭最终宣判原告胜诉，被告将服从判决，返还财产并支付判决赔款。

（2）营业执照和许可证担保

被担保人是营业执照或许可证持有人，政府管理机构或公共部门为受益人，保证赔偿因被担保人不遵纪守法导致的损失或损害。若被担保人违犯法律规定损害了第三方利益，有些保证合同将允许第三方索赔。营业执照和许可证担保种类纷繁，基本类型有四种：

1）守法经营担保：保证被担保人合法经营，遵守法律法规。如承包商营业执照担保（不含履约和付款担保保证责任）。

2）特定活动赔偿担保：当从事可能有害环保等特殊活动时，如搬家，运送特殊高大沉重物件时，重物滑落有可能阻碍街道或损害路桥，有关机构要求从业者获取特殊的执照或许可。该项担保保证，一旦意外损坏公物时，被担保人赔偿管理机构或公共部门一切损失。

3）诚信担保：保证被担保人不从事使管理机构或公共部门蒙受经济损失的活动，如伪造、曲解、不公平交易、滥用代收的钱财。被担保人包括汽车经销商、保险代理商、房地产经纪人、燃料和香烟销售商等。

4）资金担保：保证被担保人依法纳税、交罚金等。如海关担保、牲畜商人担保、营业税担保等。

有些营业执照和许可证担保的保证合同涵盖两种或两种以上基本类型的担保。

（3）公务员担保

保证州、县、市政府公务员或其他政治机构或实体的代理人在处理公共基金过程中，忠实履行职责，遵守会计责任制度。需要担保的官员包括：保险库司库、会计、法官、法庭职员、公证人、治安警察、法警、出售狩猎和钓鱼许可证的代理人等经手资金和维护治安的公务员。其保证合同有三种类型：单人保证合同、名序表保证合同、职位表保证合同。

公务员担保与受托人担保有同有异，两者均是向受益人担保被担保人忠诚履行职责，但公务员担保是立法要求，政府受益；受托人担保是由法庭代表的委托人个人受益。受托人担保不承担因受托人善意失误造成的损失，公务员担保则涵盖忠于职守处理不当引起的损失。

（4）其他杂项担保

为法律或地方法规、地方机构需要设置的担保，或纯属自愿满足受益人的要求而提供的担保。如租赁担保、工人赔偿保险担保、保险费追溯费率计划担保等。

（二）担保业务流程

F&D 公司担保部按业务量在全美划分 8 个地理区域，设 34 个分部。各地的分部与当地独立代理商合作开展业务，一家独立代理商代理多家公司多种业务，其发达的业务网络如同担保公司的市场触须和血脉。代理商接待、寻找承包商，协助承包商按 F&D 要求准备材料，筛选掉不符合基本条件或不在 F&D 承保的建筑领域内的承包商，一定程度上帮助公司界定客户群。绝大多数保证合同是通过代理商发给承包商的。F&D 经评审，也授权代理商直接签发一定额度的保证合同。各分部有权在审批权限内直接签发保证合同。总部只做大型工程评审。

各地分部是业务的最前线，接受代理商推荐的项目，通过代理商考察承包商，也进行实地考察。总部不直接接触承包商，目的是使总部成为一道风险防范屏障，与承包商和代理商保持距离，避免感情因素和地域局限，以期客观评审。F&D 有别于大多数担保公司的一点是，不要求承保经理必须有分公司工作经历。具体业务流程见图 1-4。

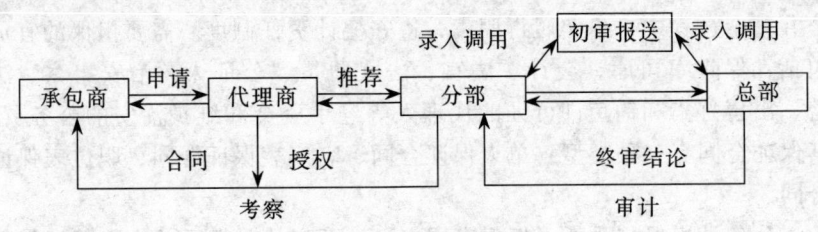

图1-4 业务流程图

二、美国债券担保机构

这里指专门从事债务类证券担保的机构,目前全美主要专营债券担保机构有:Ambac担保公司(Ambac Assurance Corporation)、金融担保保险公司(Financial Guaranty Insurance Company)、金融保证公司(Financial Security Assurance)以及MBIA保险公司(MBIA Insurance Company)。该行业的核心业务包括三个方面:美国市政债券、美国资本支撑债券和国际业务,债券担保机构主要收入来自于资本支撑债券和非市政债券,而较早以前占收入主导地位的则是市政债券。2001年全球发行的公共和私人资产支撑债券为3 570亿美元,其中,710亿美元为组合债券,有520亿美元的组合债券是通过全球公开和私人抵押债务进行组合的。

(一)债券担保的作用

债券融资类担保机构在国际资本市场的公募领域通过保证债券本金和利息的按时支付发挥着重要作用,主要表现在三个市场:

(1)美国市政债券市场专营商不仅在州政府和当地政府发行债券时发挥着核心作用,而且在公共实体为满足公众需求而发行诸如教育、市政设施、住房、交通和医疗等债券时,也同样发挥重要的核心作用。

(2)美国资产支撑债券公司以其信用增级业务面向那些由居民住宅抵押、消费者应收款、公司债券、贷款或其他资产作为还款保证的一系列债券。

(3)在国际市场方面,主要为基础设施建设、项目融资、当地政府发行债券、结构性金融交易、主权以及半主权债务等众多的交易品种提供融资类担保。

第一章 各国（地区）信用担保业发展概况

（二）债券担保的益处

（1）对发行商的益处。通过降低利息可以减少整体融资成本，扩大融资渠道，增强机构投资者和个人投资者的兴趣。

（2）对投资商的益处。对债券本金和利息的按时支付提供无条件、不可撤销担保，同时还提供专业性分析和长期信誉的维护，对整个交易履约过程进行连续监管，保证即使在发行商信用等级下降时债券仍有足够的流动性以及相当的市场价值。

（三）与合同担保业务的区别

债券融资类担保责任期限一般为5~20年，其承担的担保责任从时间角度来讲比合同担保责任要长得多，后者的期限一般在3年以内。其担保责任的实质内容是保证债务类债券本金和利息的按期支付，比合同担保责任的风险要大许多。合同担保责任是对合同履行的有条件的担保，并不是对金融支付的无条件的担保。债券融资类担保公司在承保时着重于对现金流的评估、抵押物足值性和相关法律问题的分析，如销售或运作应收款给特殊目的特用公司（SPV），并由此所产生的对于债务人的效力问题，以及对债务人违约、稀释、主权、转移、变更、欺骗和服务等方面风险的严格评估。此外，此类公司适用的价格机制是基于资本市场的套利机制，这也与合同担保公司业务所实用的完全不同。

债券种类和结构交易的变化过程，影响担保收入的变化，从而会对此类机构的发展趋势产生影响。比如收取前期保费是市政债券的一个特点，而结构债券或非市政类债券则是分期收费。由于担保人的收益不仅来自于承保业务当年，而且来自业务运行的年度，因此担保人可以获得类似年金的收益流。

（四）美国资本市场担保公司（Capital Markets Assurance Corporation）

该公司成立于20世纪80年代，是美国资本和金融市场发展的产物。该公司在美国债券担保机构中名列前茅，其担保业务的主要运作形式是"ABS"业务，即"Asset-Backed Securitization"，意为"以项目所属的资产为支撑的债券化融资方式"。确切地说就是，以项目所拥有的资产为基础,项目资产产生的预期收益为保证,通过在资本市场发行债券来募集资金。目前,"ABS"业务是美国保险(担保)公司主要担保业务之一。

"ABS"业务可具体描述为:项目所属资产的原拥有者,创立一个脱离项目实体的特用公司,并向其出售项目在未来一段时间内的应收款权利。特用公司在资本市场上发行债券、筹集资金并建设项目,其信用风险和信用结构由一个信用评级代理商负责安排、处理。信用评级代理商向特用公司出售信用等级,用于提高其信誉并完成债券出售。在这项业务中,"项目所属资产的原拥有者"就是担保委托人,"信用评级代理商"就是担保人,"债券购买者"就是担保受益人。担保委托人通过担保人的担保,取得担保受益人的资金,用于项目建设和运作,"ABS"业务在原理上与一般业务是等同的。其本质的区别在于使用的担保手段不同。一般担保业务使用的是直接信用,担保人是承担代偿的第一人,而"ABS"业务中,担保人使用的是具备信用等级的债券发行,承担项目未来收益达不到预期收益的第二风险。美国资本市场担保公司作为"ABS"业务中的信用评级代理商,也就是充当了担保人的角色,它的担保形式就是出售自己的信用等级给担保委托人。

三、格宁 NCM 信用和金融公司(Gerling-NCM Credit & Finance AG)

NCM 公司成立于 1925 年,专门从事承保投保人在国内和国际贸易中面临的买方不付款的风险。公司成立之初股东有 29 家公司,到 1998 年 3 月股东为 20 家,包括 8 家银行、1 家金融公司、6 家赔偿保险公司、1 家担保公司、3 家再保险公司和 1 家信用保险公司。1998 年 6 月全球最大的再保险公司之一的瑞士再保险公司通过收购其他股东的股份,成为 NCM 控股股东。2001 年德国格宁集团通过收购,持有 NCM75% 股份,瑞士再保险公司持有 25% 的股份,并更名为格宁 NCM 信用和金融公司。NCM 集团总部设在阿姆斯特丹,是目前世界第二大出口信用保险商,2000 年累计承保额共计 1 720 亿欧元。由于信用保险与担保业务有一定的相关性,在此主要介绍其信用保险业务。

（一）承保方式

1. 全额保险。保险公司对投保人的全部贸易进行全额保险。此种保险由承保人对投保人确定一定的自定信用限额。超过此限额要向投保人申请信用限额，投保人可以在信用限额以上进行贸易，但承保人只承担信用限额内的风险，超过部分不予承保。

2. 特定部分保险。承保人和投保人事先商定对特定的风险进行保险。一般是投保人选定他们认为风险较大的业务部分进行投保，因此保费率偏高。

3. 巨额损失保险。投保人仅就其预计可能发生的重大损失进行投保，自己承担一般损失。

4. 第一损失免除保险。投保人和承保人双方预先商定一定的风险损失数额，承保人承担超过此损失数额以上的损失。承保人一般只提供75%～95%的比例保险，很少承担100%的风险。承保人通常同投保人要就承保范围、承保条件、保费率等方面的问题进行协商，承保人的保险品种也灵活多样，如制造风险保险、贸易融资保险、债券提前对付保险等。

（二）业务操作程序

1. 客户承保部门接受申请

承保部门可以通过电话、会议、研讨会、行业协会等不同渠道与客户进行接触，同时有相当数量的业务来自保险代理机构。

2. 客户和行业分析

对客户访问的重要目的之一是对客户所在的行业以及客户的生产状况进行考察分析。对那些产品有市场竞争力、市场前景好的企业，保险公司的风险也相应减少。客户的年营业额增加，意味其需要其客户提供更多的货物，而保费的收取是按照客户所申报的年交易额计算的。客户分析由业务部门的人员进行，他们对每一个客户进行已有买方信用额度、额度大小和数量、买方所在国家及潜在风险方面的分析。根据分析将客户分为五级，一级风险最小。同时对客户的主要买方进行信用分析，如果几方面的分析比较理想，客户才可以正式提交其投保建议书。

3. 签订保单

对客户的分析工作结束后，公司对客户就其所在的行业、经营状况进行会谈，确定保险期限、公司最大保险责任、客户最小自留额、买方最长信用期限、最大延长期、客户最高自定信用限额、承保范围和品种、承保比例、国家和地区风险、附件以及确定信用限额的收费标准等。续保谈判工作也是由客户承保人员来完成，工作要点之一是结合宏观经济条件，适当提高保费的收取比例。保险公司对客户与其子公司或集团成员之间的合同，只承担政治风险而不承担商业风险。对于政局不稳、经济动荡的国家，提高国家风险比例或列入除外国家。

公司与客户就以上有关条款达成一致意见后，公司向客户提交保单草稿，客户在规定期限（一般为 30 天）寄回接受保单的接受信，公司向其发出正式保单和确认函。

4. 确定买方信用限额

（1）系统自选处理。计算机系统能否自选处理，取决于其申请的额度大小、买方所在国家、所处的行业、买方以前的履约付款记录、买方现有信用余额、索赔记录以及其他额外的限制条件。当有任何一项上述要求不能满足时，该信用额度申请自动转为人工处理。如果能够通过系统自选处理，则自动打印两份原件，由业务部门直接交申请客户。

（2）人工处理。人工处理依据计算机系统的提示，由买方承保人员进行具体研究，以决定是否给予所申请的信用额度。如果申请的额度较大（其他条件能满足），工作人员将重点对买方进行必要的信用调查，了解其财务状况、业务状况、付款履约记录等，同时对其所处的行业（包括买方所在国家对该行业的发展所制定的政策）进行分析，开会研究后决定是否给予信用额度及额度的大小。如果买方以前曾有过索赔记录，计算机系统在将其转为人工处理时，会附加额外标志，买方承保人员在处理此类业务时，一般会建议提高保费比例、附加不可撤销的第三方担保等条件为保单生效条件。

5. 索赔处理及理赔

客户在发现有损失的可能时，可按照保单的要求，向保险公司提出可能面临损失的报告，公司在收到此报告后，会及时与客户联系，向客户提供避免损失的具体办法。如果客户按保险公司的办法仍无法避免损失，在最大信用延长期 20 天后，可以向保险公司提出索赔。保险公司的人员将对提出索赔的客户在保单有效期间是否履行其有关义务进行查验，有关费用包括，基本保费、国家风险附加费、建立买方信用额度手续费、信用额度审核费等。同时还要对其是否按时向保险公司申报其业务总量进行审查，如果客户没能全部履行其义务，保险公司有理由拒付或减少赔付额。对由于买方所在国家的政治风险所造成的损失，保险公司将 100% 理赔，但不超过规定担保比例和保险人最大责任，对由于其他原因造成的损失，区分不同原因进行理赔。

6. 债务追偿

保险公司的追偿手段包括：委托买方所在国家的追偿公司进行追偿，委托对其地区法律条款熟悉的专业追债公司进行追债，保险公司自身组织专业小组进行追偿等。鉴于委托它人追偿要支付一定的费用，NCM 自己成立了追偿公司。

四、意大利担保公司（SIC）

意大利担保公司成立于 1948 年，总部设在罗马，目前是格宁 NCM 信用和金融公司的子公司。该公司下属的咨询评审公司（SICEV）主要业务为项目评审、咨询调查服务。SIC 从 1951 年开始从事担保业务，1954 年获许从事信用保险业务，1955 年进入再保险市场，成为一家既做担保又做信用保险和再保险业务的专业公司。该公司在意大利共有 60 多个分支代理机构，并借助于国际信用保险和保证担保协会（ICISA）和泛美担保协会（PASA）成员的身份与世界各大担保、保险机构保持着密切的业务往来。SIC 的担保业务涉及工程、财政管理、税收、农产品价格、私人合同等方面，但不为企业向银行借款提供担保。意大利法律规定，担保只保成本，不保利润。担保公司与被担保人对履行合同共同承担义务和责任。SIC 的担保业务收益比其保险业务高出许多。

SIC 的担保领域宽、品种多、操作形式多种多样；公司不开展贷款担保，从而避免了最大、最直接的担保风险；公司的网络系统包括代理机构和内部风险控制等诸多方面，工作效率很高，一天可答复几百个担保申请项目；公司实行最高风险限额控制制度，重视风险防范，严格执行评审制度，实行风险等级分类；反担保措施实在，抵押物容易变现；SIC 与世界上 100 多家担保和保险机构有业务合作关系，除互相换保分散风险之外，还建立了信息交换渠道；SIC 不轻易放弃每一次商业机会，同时也努力做好政府和企业的中介服务，通过开展退税担保业务，帮助政府对企业的应退税事项进行审查，沟通了企业和政府之间的关系。

（一）担保业务品种

1. 工程保证担保

（1）投标担保。在工程建设、设备供货、维修服务等方面投标中，就有关合同项下的责任的履行提供的担保。（2）履约担保。担保被担保人按合同要求履约。（3）预付款担保。担保预付款能返还给被担保人。（4）保证金担保。担保建筑工程按合同要求完工，被担保人可以在进行工程施工时免付保证金。在实际工程中，招标商往往只付给承包人 90% 的工程款，余下 10% 的工程款作为工程质量和工期的保证金，以备工程日后出现问题时予以抵扣。承包方向担保公司投保后，即由担保公司担保其工程按合同要求完工，而承包方不再扣押 10% 的工程款作为保证金。

2. 财政及管理类担保

（1）海关担保。包括保证进口税费的收缴；简化进口手续；保证进出口依法纳税。（2）为财政部门所做的担保。包括对提前退税的担保；保证税款的分期交纳。（3）为社会保障部门所做的担保。担保向社会保障部门分期缴纳款项。（4）向法院提供的担保。担保支付诉讼费、赔偿金，担保有关人员按时到庭，以及根据法院需要所提供的各种担保。（5）破产担保。为防止因宣布破产而无法履约的风险而进行的担保。(6) 雇员忠诚担保。担保出纳人员、存款代理人和承担各种责任的雇员的忠诚。(7) 农产品价格担保。防止政府干预农产品带来的风险,如烟草、菜籽油、肉、黄油等的价格。(8) 公共事业或特许方面的担保。如为电信公司、驾校、公共彩券抽奖、非政府机构的预收款等的担保。(9) 为政府特许项目实施的担保。(10) 为垃圾处理和环保进行的担保。

3. 有关私人合同的担保

(1) 担保私人之间工程合同按要求完成,或担保免除保证金。(2) 房地产产权变更的担保。(3) 付款担保。即私人之间动产和不动产的买卖中的付款担保、各种商业活动中的付款担保、对运送货物的担保、对个人纳税及破产的担保。

(二) 工程保证担保的操作规程

意大利法律规定,公共工程投标必须有担保,担保为三种形式:(1) 实物担保(现金、有价证券质押或不动产抵押);(2) 银行的信用担保;(3) 担保公司的保函。具体操作规程如下:

1. 由被担保人向 SIC 提出担保申请。向总公司或各地代理机构提出均可。

2. 代理机构对申请人及事项进行初审。先依据 SIC 制定的风险种类进行归类,同时对申请人的资本、设备、人的素质、资本的偿还能力等各方面进行分析。重点是看企业的专业技术能力,并要求企业提供过去业务能力、业绩、履约情况证明文件,然后报 SIC 总部批准担保额度。

3. SIC 总部担保业务部根据被担保人的情况分三个阶段进行评审,除前面的分析外,还主要分析:(1) 反担保的形式;(2) 如果被担保人是政府,条件可比私人放宽一些;(3) 被担保人的资信等级;(4) 对工程招标履约担保,要看被担保人的资格、设备能力、中层管理人员的素质等等。根据评审情况,对被担保人做出综合评价。评价分为五类:很好、较好、一般、较差、差。

4. 根据评审情况确定对被担保的最高风险担保额度,任何人无权超过担保极限额度。担保费率按风险程度确定,欧洲地区一般按担保总额的 0.45%~0.5% 一次性预收，其他地区费率略高，一般为 1.2%~1.5%。如按年收取保费，费率要比一次性预收略高。

5. 在签订担保合同前，被担保人和担保公司要向担保受益人说明，并征得其同意，最后由代理机构代表 SIC 同被担保人、担保受益人三方共同在合同上签字。

6. 各地担保代理机构一般只受理当地的申请者。这对评审和项目监管均有好处，公司总部对代理机构的意见比较重视。

7. 当发生代偿，担保公司首先要求被担保人说明造成代偿的原因，然后确定该项合同签订应负的责任，并在 6 个月之内直接予以代偿，或者先由被担保人予以赔付，不足部分由担保公司代偿。

（三）反担保措施的设定

被担保人在向 SIC 提出担保申请的同时，必须提供其能成立的反担保措施。SIC 认定的反担保措施有以下几条：(1) 有价证券；(2) 现金；(3) 不动产；(4) 信用担保；(5) 保险担保（另一家保险公司开具的保险单）。以上也是 SIC 决定对担保申请人进行评审的必要条件。在设置反担保时也可以请有资信、有实力的企业进行信用反担保，万一发生问题，信用反担保人也要承担风险责任。

（四）风险分析和高风险限额

SIC 根据多年实践，总结出 100 多条项目可能遇到的风险，并对其进行了分类。被担保人提出担保申请后，SIC 针对企业情况，列出风险所在，并确定其是典型风险还是非典型风险；是熟悉的风险还是不熟悉的风险；是可回避的风险还是不可回避的风险。然后再根据被担保人和担保受益人的各自情况，确定担保项目的最大风险限额。在最大风险限额内三方共同签订合同，明确各自的责任、义务和权利。公司设立担保委员会，对超过规定额度的担保项目进行集体审核。

第二章

我国信用担保业的发展与实践

本章提要：我国专业信用担保走过了 10 余年发展历程，各级政府成为推动信用担保业发展的主体。中小企业信用担保体系的建立缓解了中小企业"融资难"的问题。本章通过分析各种类型担保机构的发展状况、运作模式、面临的问题，对我国信用担保体系建设和担保机构业务运作提出建议，总结并提出信用担保业经营理念，对信用担保业的发展趋势作了展望。

第一节 我国信用担保业发展历程

一、担保业产生的历史背景

国外专业信用担保业发展的历史证明，专业信用担保机构的产生是市场经济发展的产物。在我国，担保作为一种专业中介业务，是随着近代资本主义商业银行进入我国而产生的，银行从事这项业务一改我国历史上流传下来的"铺保"、"保人"、"互保"等担保行为模式，而是与银行自身金融业务和金融手段紧密结合，具有浓厚的商业色彩。但是由于经济环境、信用环境和法律环境的制约，专业信用担保机构一直未能在我国出现。

20 世纪 80 年代，我国各项改革开放政策的实施，国内社会、经济环境发生了极大的变化。进入 90 年代，特别是中共"十四大"明确决定建立有中国特色的社会主义市场经济体制之后，我国许多重要经济领域的政策制定和管理方式发生了一系列重大变化。如，投融资体制改革要求国有银行逐步实现商业化；资源配置方式的改变客观上要求企业成为市场经济活动的主体；中小企业在国民经济发展中的地位和作用更加明确。然而，由此而产生的一个问题，就是企业特别是中小企业信用不足、市场交易不规范、交易成本高、融资难。这一在我国经济转轨过程中出现的问题引起了政府和社会各界的普遍关注，也为我国专业信用担保机构的产生提供了重要契机。

从1993年开始，我国专业担保机构从无到有，经过10多年的发展，已经初步形成了一个特定的行业，其资金来源从较早的以政府出资为主，逐渐转变为以股份制企业、民营机构和社会自然人出资为主。政府在改善企业融资环境和推进贷款担保机构建设方面发挥了重要的作用。据统计，到2005年初，我国各种类型的担保机构已经超过4 000家，募集各类担保资金950亿元，预计可为各类企业提供5 000亿~9 000亿元的担保支持。

二、担保业主要发展过程

（一）担保机构的起步与探索

1993年11月，经财政部和国家经贸委报国务院批准，我国第一家全国性专业信用担保机构——中国经济技术投资担保公司（以下简称中投保公司）成立，标志着我国开始了专业信用担保机构成立和发展的历史进程。

1995年前后，国内一些地区开始出现专门的信用担保机构，而比较早的一种形式是在国家科委的支持推动下，深圳、西安等城市的科技部门或高新技术开发区建立的主要服务于高新技术成果转化的投资担保机构，以及主要为出资企业提供贷款担保的信用担保互助基金。此后，陆续出现了一些由当地政府出资成立的主要为当地经济建设提供融资服务的担保机构和由工商联等方面牵线成立的小企业互助担保机构。

1996年和1997年中投保公司分别与北京市、上海市政府有关方面就建立社会化的中小企业信用担保体系，以及双方的合作方式等问题进行探讨。并先后按照"政策性资金、法人化管理、商业化运作"的模式，在两市建立了联合开展信用担保的架构体系，分别成立了中投保上海分公司和中投保北京分公司，为两地率先在我国大规模开展专业化担保业务运作奠定了基础。特别是中投保公司在上海市财政局的直接支持下，结合上海的实际情况，在小企业融资担保的各个环节进行了大胆的探索，并很快在风险分散、风险控制、财力支撑、服务网络、操作程序以及专业人员队伍建设等方面形成了体系，这些经验深刻影响和推进了如后在全国范围内展开的中小企业信用担保体系的建设工作。

1998年7月，中投保公司在自身实践的基础上，研究借鉴国外担保业发展的经验，结合中国国情，向国务院总理朱镕基和财政部、国家经贸委领导提交了题为《关于深化投融资体制改革，建立信用担保体系的思考》的报告，提出了有计划、有目标、有步骤地建立信用担保体系的政策性建议，提出"建立以国家产业政策和企业政策为导向、以各级政府财力为支撑、以高新科技成果转化和中小型企业为主要服务对象、以专业担保公司（担保基金管理机构）为运作主体、以城市商业银行网络为基础的，能够有效分散、控制和化解风险的信用担保体系"。

从1998年起，江苏镇江、山东济南、安徽铜陵等市探索采取设立担保资金和组建独立担保机构的方式帮助中小企业解决融资难特别是贷款难的问题并开始试点。浙江、福建、云南、贵州等省的一些市县开始探索组建以私营企业为服务对象的中小企业贷款担保基金或中心。西安、深圳、广州、武汉、沈阳、北京等地开始出现科技、建筑工程等专业性担保机构。财政部、国家经贸委、中国人民银行、国家体改委等部门开始研究起草解决中小企业融资难的政策意见。

中投保公司自1993年成立开始，就把借鉴和汲取国外担保业的成功经验和教训作为了一项重要工作，到2005年的12年时间里，先后考察了日、韩、美、德、英、法、意、西班牙等十几个国家的几十个担保、保险机构，对国外担保业的发展史和现状有了一个基本的了解和认识。1998年3月，中投保公司将公司成立以来对10多个国家信用担保业发展的历史和现状、经验和教训的调研报告及相关资料汇编成《各国信用担保业概况》一书，后经进一步补充修订于2000年正式出版，成为我国第一本系统介绍国外信用担保业发展概况的书籍，为我国现阶段担保业的发展，从理论和实践两个方面提供了可资借鉴的第一手资料。

1998年5月，世界三大担保保险联盟之一的泛美担保协会接纳中投保公司为正式会员，中投保公司成为中国两岸三地惟一一家会员。此后，中投保公司陆续组织翻译了该协会的部分担保专业论文，并汇编成册，或通过《中国担保论坛》（内部期刊）介绍给国内同行。

从《担保法》颁布到1998年，随着市场经济的呼唤和中央及许多地方政府的重视和支持，我国担保机构的建立进入了一个相对较快的时期。各地以支持和促进中小企业发展为主要目的，陆续成立了一批形式不同的专业信用担保机构。为使担保机构在探索发展过程中少走弯路，加强机构间的交流已显得尤为重要。在一些担保机构的提议下，中投保公司先后于1998年12月和1999年12月在福州和北京发起召开了两次担保机构业务研讨会。1998年会议的主题是"担保业务现状及发展"，来自全国14家担保机构及国务院体改办、全国工商联的近50位代表交流了开展担保业务的经验，讨论了我国信用担保业面临的客观环境及发展阶段的特点，对涉及担保业发展的一些基本问题交换了意见。1999年会议的主题是"我国专业担保体系的建立与发展"，来自全国24家担保机构和国务院法制办、财政部、最高人民法院等部门的60多位代表，共同探讨了担保机构如何健康发展，如何在保持良好社会、经济效益的同时，尽可能地降低代偿风险，以及如何推动和建立全国担保机构之间各个层次、各种方式的业务合作关系等问题。会上，各担保机构对进一步加强机构间的交流与合作表现出了极高的热情，并一致同意将这种交流活动以"担保论坛"的形式固定下来，编辑一份全国担保机构间的内部交流刊物——《担保论坛》（后易名为《中国担保论坛》，2000年下半年起以季刊的形式编发），筹建"中国担保网"作为全国担保业同行信息交流的平台，根据业务发展需要，组织国内同行开展多层次多形式的培训活动。力求从担保专业的视角，研究中国经济的改革和发展，开展国际间同业交流，促进中国担保行业稳步、健康发展。此次会后，中投保公司将两次研讨会论文编辑成《'99担保研讨会文集》一书。

2000年10月12~14日，由中投保公司主办、10家国内同行协办的主题为"市场、政策和风险防范"的"2000中国担保论坛"在上海国际会议中心举行。这次担保论坛国际研讨会是"中国担保论坛"的首届会议。来自全国23个省、自治区、直辖市的80多家担保机构的代表，日本、美国、德国、意大利、瑞士等世界重要担保及再保险机构的高层人士，以及全国人大法工委、最高人民法院、财政部、国家经贸委、国务院发展研究中心、科技部、建设部等国家有关部门和上海市政府的领导和代表出席会议。会上共有22位国内外专家做专题演讲，与会的担保机构代表还就加强同业合作、规范发展等问题进一步进行了交流。这次论坛会议对于新兴的中国担保业而言，无论在层次、规模、社会影响和研讨的广度、深度等方面都是空前的。会后，编辑出版了《2000中国担保论坛文集》一书。

2001年11月13~14日，按照朱镕基在九届人大四次会议《政府工作报告》中提出的"加快建立健全社会信用制度"的要求，由中投保公司主办、国内18家担保及中介服务机构协办的"2001中国担保论坛"在上海举行。论坛的主题为"信用、风险、创新、发展"，是继"2000中国担保论坛"举办以来中国担保业规模最大、研讨范围最广、专业交流最具权威性的又一次盛会。这次会议得到了朱镕基的支持，并于会议召开前夕在报告上批复:"希望你们在建设中国信用文化的事业中做出更大贡献"。国内一些权威机构的专家分别就信誉与信息、中小企业信用担保与财政、信用担保与银行的良性互动、中外担保运作模式比较、信用担保业的基本法律框架等问题做了专题研究报告。国外代表系统介绍了美国、日本等发达国家的信用担保制度以及商业担保方面的情况,对于我国加入"WTO"后担保业的发展和拓展信用担保品种具有借鉴意义。与主题会场同时进行的担保实务和法律法规两个专题会场,则针对我国担保机构在业务实践中遇到的问题进行了深入的研讨和交流。来自全国各地的90多家担保机构的代表以及国家经贸委、财政部、国务院法制办、国务院研究室、国务院发展研究中心、建设部、全国人大法工委、最高人民法院等国家有关部门和上海市政府的领导,权威研究机构的专家学者,银行界和会计、法律、资产评估等中介机构的代表,美国国家小企业局、日本全国信用保证协会、泛美担保协会、亚洲开发银行和德国、意大利、瑞士、荷兰等国家的保险和担保机构,台湾地区中小企业担保基金的高层人士共350多人参加了本次会议。会后,编辑出版了《2001中国担保论坛》一书,共收入国内外专家、担保机构提交的论文64篇。

2001年11月14日,在"2001中国担保论坛"会议上,由14家主要担保机构发起、国内42家担保机构参加的、旨在守信自律、相互合作、共同发展的《上海协定》正式签署。在此基础上,上述56家担保机构和另外4家专业机构一起,以共同声明的形式缔结建立了"中国担保业联盟"。体现了广大担保机构加强交流与合作,实现自律和规范发展的强烈愿望,成为我国担保业发展史上的一个里程碑。"中国担保论坛"这一具有国际交流重要窗口功能的交流形式,通过会议、网络、期刊和培训等方式,有力促进了中国担保行业的建立、发展以及担保机构间信息及专业知识的交流与传播。

2002年5月"中国担保业联盟第一次联席会议"在深圳召开。此次会议通过了《"中国担保业联盟"运行规则》、《联盟担保技术委员会和法律委员会设立方案框架》等5个文件,决定在会后成立担保技术、法律和信息化建设三个专业委员会,在联盟成员中提供相关技术研究、支持与培训。此次会上,还吸纳30家新的联盟成员,使"中国担保业联盟"成员达到90家。到2003年10月,联盟成员已达125家。

2004年10月28日由中国担保业联盟(CGA)、泛美担保协会(PASA)、日本全国信用保证协会联合会(NFCGC)、韩国信用担保基金（KCGF）和韩国科技信用担保基金（KOTEC）联名主办，以"自律、管理、合作、发展"为主题的"2004中国担保论坛"国际研讨会，在上海国际会议中心举行。

本次论坛是继2000年和2001年中国担保论坛之后的第三届会议，是中国担保行业规模最大、研讨范围最广、专业交流最具权威性的一次高峰会议，同时也是在国际担保业界，特别是在亚洲地区具有较大影响的一次同业盛会。会议借鉴国际经验，集中探讨和深入剖析了我国担保行业目前具体而又紧迫的行业管理和自律问题。国内150多个担保机构的260名代表以及海内外嘉宾共400多人参加了本次论坛。全国政协、全国人大法工委、财政部、建设部、国务院发展研究中心、上海市政府的领导以及经济学界、法学界专家出席会议。论坛主办五方、瑞士再保险、慕尼黑再保险、西班牙ACC担保公司的专家以及国内担保机构和中介机构、我国台湾地区的嘉宾，共29人在主会场及"担保技术与法律专题"和"信息化建设专题"分会场做主题演讲。著名经济学家吴敬琏教授以"规范与发展担保行业的政府责任"为题发表演讲，提出应在法律和政策上明确规范政策性和商业性信用担保、建立并加强与市场经济相适应的担保行业监管体系、加快建立担保行业自治组织。著名法学家江平教授发表了题为"我国社会信用体系建设的法律框架"的演讲。中投保公司总裁刘新来做了"中国信用担保业的发展态势与展望"的主题演讲。国外专家则具体介绍了日本、韩国、欧洲等国家和地区的政策性和商业性担保体系、担保业务信息系统等情况。本次论坛重点关注和探讨了以下问题：（1）从社会信用体系建设的高度进一步加强担保行业管理。（2）优先从立法上强化担保行业管理。（3）强化信用担保机构的协作和自律。（4）进一步推进国际间的交流与合作。（5）改进担保机构业务管理水平。本次论坛还举行了中国担保业联盟成员联席会议，履行了吸收联盟新成员程序，从而使联盟成员达到142家。

作为中国担保业联盟主要发起人和中国担保业重要推动者的中投保公司，以促进行业发展为己任，为论坛做了大量工作。中投保公司与中国担保业联盟、"中国担保论坛"以及全国广大担保机构一起，为推动中国信用文化事业的发展做出了新的贡献。本次论坛共收到论文80篇，会后编辑出版了《2004中国担保论坛》一书。

（二）信用担保体系建设实践及相关法律、法规

1994年8月中国人民银行发布《金融机构管理规定》，规定：金融

机构包括信用担保公司，融资担保业务属于金融业务，并对其实行金融许可证制度。未取得许可证者，一律不得经营金融业务。

1995年6月《中华人民共和国担保法》颁布，并于当年10月1日开始实施。在《担保法》起草过程中，作为惟一一家担保机构，中投保公司对该法提出了许多建设性意见，得到了有关方面的采纳。1997年12月，最高人民法院根据实际需要和《担保法》实施以来司法实践中遇到的问题，着手制定《关于适用〈担保法〉的若干规定》。

1998年7月，中国人民银行发布《非法金融机构和非法金融业务活动取缔办法》，该办法所称的"非法金融机构，是指未经中国人民银行批准，擅自设立从事或者主要从事吸收存款、发放贷款、办理结算、票据贴现、资金拆借、信托投资、金融租赁、融资担保、外汇买卖等金融业务活动的机构"。

1999年1月，根据中共中央办公厅、国务院办公厅发布的《中央党政机关金融类企业脱钩的总体处理意见和具体实施方案》的精神，中投保公司不再作为非银行金融机构管理，转由中央大型企业工委管理，从而大大降低了担保机构的准入门槛。

1999年1月，国务院领导同志在国家体改委关于中投保《关于深化投融资体制改革，建立信用担保体系的思考》一文提出的建立信用担保体系问题的研究报告上做了重要批示。当月下旬，国务院召开专题会议，听取财政部的汇报，研究建立信用担保体系所涉及的问题。会议确定由财政部作为信用担保行业的主管部门，牵头起草行业管理办法。

1999年3月中旬，科技部等联合发布《关于促进科技成果转化的若干规定》，规定"有条件的高新技术创业服务中心可以依据《中华人民共和国促进科技成果转化法》及其他有关法律、法规和文件规定，建立风险基金（创业基金）和贷款担保基金，为高新技术企业的创业和发展提供融资帮助"。7月，中共中央12号文件转发《国家发展计划委员会关于当前经济形势和对策建议》，要求"加快建立以中小企业特别是科技型中小企业为主要对象的信用担保体系，创造融资条件"。8月20日中共中央、国务院发布《关于加强技术创新、发展高科技、实现产业化的决定》，要求有关金融机构"依据企业的不同特点建立相应的授信制度，完善资金管理办法，增加信贷品种，拓展担保方式，扩大科技信贷投入"。9月22日，中共中央做出《关于国有企业改革和发展若干重大问题的决定》，强调"培育中小企业服务体系，为中小企业提供信息咨询、市场开拓、筹资融资、贷款担保、技术支持、人才培训等服务"。

1999年4月,国家经贸委在广泛调研的基础上,向国务院提交《关于当前中小企业信用担保体系试点情况的报告》。6月14日国家经贸委发布《关于建立中小企业信用担保体系试点的指导意见》,就试点的指导原则、模式体系、担保机构的资金来源、职责与程序、协作银行、风险控制及责任分担、内外部监管及组织实施等内容作了明确规定,全国中小企业信用担保体系试点工作初步步入规范阶段。7月12日,党中央、国务院决定加快建立中小企业信用担保体系。11月15日,中央经济工作会议提出要求,加快建立和完善中小企业信用担保体系。11月17日,中国人民银行下发了《关于加强和改善对中小企业金融服务的指导意见》,对商业银行配合建立中小企业信用担保体系做出要求,并明确提出:"对有市场发展前景、信誉良好、有还本付息能力的小企业,可试办非全额担保贷款。"

2000年8月24日,国务院办公厅印发《关于鼓励和促进中小企业发展的若干政策意见》,决定加快建立信用担保体系,要求各级政府有关部门加快建立以中小企业特别是科技型中小企业为主要服务对象的中央、省、地(市)信用担保体系,为中小企业融资创造条件。建立和完善担保机构的准入制度、资金资助制度、信用评估和风险控制制度、行业协调与自律制度。

2000年9月29日,最高人民法院结合审判实践经验,制定并通过了《关于适用〈中华人民共和国担保法〉若干问题的解释》,全部共134条,分别对《担保法》的总则、保证、抵押、质押、留置、定金及其他问题进行了解释,为担保纠纷案件的解决提供了法律依据。

2001年3月26日,财政部发布《中小企业融资担保机构风险管理暂行办法》,对担保机构的内部组织结构、自主经营管理、项目评估、决策与监管、财务管理办法、担保准备金的提取等做了规定。

2002年6月9日,《中华人民共和国中小企业促进法》由九届人大常委会通过,并于2003年1月1日实施。该法对中小企业发展的资金支持、信用担保、创业扶持、技术创新、市场拓展和社会服务等方面做了具体规定,对信用担保的大政方针和重要举措进行了确定,不但明确了国家中小企业发展基金支持建立中小企业信用担保体系,而且鼓励各种类型的担保机构为中小企业提供信用担保。

2002年12月24日中国人民银行会同财政部、国家经贸委、劳动和社会保障部联合制定并发布《下岗失业人员小额担保贷款管理办法》。要求各省、自治区、直辖市以及地级以上市都要建立下岗失业人员小额贷款担保基金，并委托各省（自治区、直辖市）、市政府出资的中小企业信用担保机构或其他信用担保机构运作。

2003年7月，财政部发布《关于加强地方财政部门对中小企业信用担保机构财务管理和政策支持若干问题的通知》，目的在于规范中小企业信用担保机构的财务行为，加强各级财政部门对中小企业信用担保机构的财务监管，防范和控制担保风险，进一步加大对中小企业信用担保机构的政策支持，更好地发挥信用担保促进中小企业发展的作用。

2004年8月6日，建设部以建市［2004］137号文发布《关于在房地产开发项目中推行工程建设合同担保的若干规定（试行）》，提出在工程建设合同造价在1 000万元以上的房地产开发项目（包括新建、改建、扩建的项目）试行投标担保、业主工程款支付担保、承包商履约担保和承包商付款担保，保函可由有资格的银行金融机构和专业担保公司提供。目的在于进一步规范建筑市场主体行为，降低工程风险，保障从事建设工程活动各方的合法权益和维护社会稳定。同年5月11日，建设部以建市［74］号文发布《关于印发〈工程担保合同示范文本〉（试行）的通知》，为全国开展工程担保业务起到了指导示范作用。

第二节 我国信用担保业现状

一、担保业发展特征

（一）担保行业初步形成

我国实行改革开放政策以前，政府是社会经济活动的主体，亦是社会信用结构的主导。实行改革开放政策以后，尤其是从1992年开始，我国确立实行社会主义市场经济体制，资源配置由计划转向市场，企业成为社会经济活动的主体，国家信用逐步从一般经济活动领域退出。为适应市场经济需要，建立新的社会信用中介，1993年，国家经贸委和财政部共同发起并经国务院批准，创办了中国首家全国性专业担保公司。到2005年，经过众多担保机构和政府有关部门的共同努力，初步探索出一条专业信用担保机构建立、生存和发展的道路。在这一过程中，创建了我国信用担保业务的基本制度和运行规则，以及中小企业信用担保业务运行模式和业务操作规范。信用担保已经成为法律所规定的经济政策的制度化措施。尤其是近几年来,在国家有关部门的刻意推动下,以财政资金来源为支撑、主要为中小企业服务的担保机构在全国各地普遍设立,中外合资、民营股份担保机构也纷纷涌现。

(二) 政府成为推动信用担保业发展的主体

由于我国社会经济发展的特殊原因,担保业在1993年才开始起步,当时只有一两家机构,根本谈不上对中国未来整个担保业有什么认识,就是对机构自身的功能、任务、作用、发展目标认识得也并不很清楚。然而,信用担保作为一种经济杠杆,在世界许多国家和地区特定历史时期或特定领域所发挥的重要作用已得到各自政府的高度认可,其信用担保业的运营与管理为我国提供了大量值得借鉴的经验。随着我国社会主义市场经济建设步伐的加快,以及对国外担保业情况的深入了解,中央和国家有关部门逐步认识到了信用担保对经济发展特别是对中小企业发展的重要作用,并制定了一系列相关政策、法规,把规范和加快中小企业信用担保体系建设纳入到政府支持中小企业发展、适应加入WTO后的国际经济形势、银行商业化改革、增加地方税收、缓解就业压力等全套经济政策体系之中。由财政出资或部分出资成立中小企业信用担保机构,成为各地的一种普遍的做法。

中国在融入"全球化"进程中,越来越多地和整个国际竞争市场融合在一起,要参与国际竞争,除了发挥市场配置资源基础机制的作用之外,十分有必要积极探索以财政为后盾、以财政资金的有效运作为目标的、政府支持的中小企业信用担保体系的建设。中小企业信用担保实际上已经成为一种集政策性因素与商业性操作工具、手段相融合的,推动经济发展的有效工具。通过开展信用担保业务,一方面,可以克服信用等级低、抵押物少对中小企业融资产生的不利影响,帮助中小企业获得与大企业基本平等的信贷供给条件;另一方面,可以分担金融机构对中小企业融资的风险,提高金融机构对中小企业发展前景的信心。

信用担保具有辅助企业进行融资的功能,并且可以凭借自身的信用能力承担数倍于自身资产的担保责任,具有放大与经济杠杆功能。政府可以利用这一功能,体现其政策意图,引导社会资源实现优化配置,贯彻其产业政策,而且可以随着国内经济环境的变化,不断调整对于中小企业的扶持和担保重点。因此在一定程度上讲,中小企业信用担保制度

（或机构）具有提供类似"公共物品"的性质。政府支持设立担保机构集中体现了这一社会功能，其支持形式包括政府出资、参股或控股、提供一定的补贴与扶持。由于我国现阶段中小企业信用担保机构运作经验缺乏、专业人员不足、有效制度稀缺，在我国中小企业信用担保制度（机构）的建立和运行过程中，政府发挥比较重要的作用是必然的。但政府出资并不意味着政府直接操作，政府的职能应主要定位于规范、扶持和监管，对中小企业信用担保的评价也主要不在于担保机构的自身经济效益，更应关注的是因担保而产生的扩大就业、培植税源、增加税收、繁荣经济和实现技术创新与成果转化等社会效益。

中小企业融资难的问题，应通过融资渠道多元化来逐渐解决。对中小企业资金援助的方式除信用担保外还包括税收优惠、财政补贴、贷款援助、风险投资和开辟直接融资渠道等。由政府出资成立中小企业信用担保机构只是其中一个重要组成部分，其作用是有效的，同时也是有限的。信用担保对社会经济体制、法律制度和信用环境有着较高的依存度，它受到多方面因素的制约。信用担保确实能在一定程度上缓解中小企业融资难的问题，但要从根本上解决这一问题，还有赖于营造良好的信用环境，提升中小企业整体信用水平。中小企业信用担保是一种风险较高的中介业务，政府干预过多，特别是信用担保机构的"政府化"倾向，会导致中小企业融资过程中的风险与管理成本由银行通过担保机构转嫁给政府。

（三）建设中小企业信用担保体系，缓解中小企业"融资难"

1. 中小企业担保体系建设。从20世纪90年代中期开始，各级政府逐步意识到，建立专门的担保机构以帮助中小企业解决自身信用不足，增强其融资能力，是扶持中小企业发展的一个重要途径。随着中小企业信用担保体系建设步伐的加快，我国担保业也进入了一个比较快速的发展时期。我国中小企业信用担保体系的建设以"选择重点，规范操作，总结经验，稳定推进"为指导思想，以"支持发展与防范风险相结合"、"政府扶持与市场化操作相结合"、"开展担保与提高信用相结合"为原则，以"政策性资金、市场化运作、法人化管理"为一体，以我国现有的专业担保和企业互助担保为两翼，正在逐步展开。在这一过程中，各地中小企业信用担保机构为有效缓解当地中小企业融资难和推进中小企业发展发挥了重要作用。

2. 中小企业信用再担保为担保机构分担风险。按照国家有关主管部门相关文件的精神,国家中小企业信用再担保机构以省级中小企业担保机构为主要服务对象;省级中小企业信用担保机构以城市中小企业信用担保机构为再担保服务对象;商业担保机构和互助担保机构依据国家规定和协议约定享受中小企业信用担保机构提供的再担保服务和风险分担。再担保是在担保基础上派生出来的,它是分散担保业务风险的一种有效方式。目前在我国省级担保机构中,安徽和山西两省担保机构开展的再担保业务最具代表性。以安徽为例,省中小企业信用担保中心以再担保业务为主,除自己直接从事一定量担保业务外,有选择地与地市一级担保机构签订再担保协议。再担保的条件是,当地市级担保机构出现破产时,债务清偿后仍不足以补偿贷款银行的部分由省担保中心偿付。再担保收费为被担保机构在保期内全部应收的5%~10%,其中50%返还给被担保机构,另50%用于建立再担保体系。此外,上海市的两级财政担保基金按比例分担担保风险的做法,也具有一定的再担保性质。市区(县)两级财政分别出资构建担保基金,集中管理,按比例分担风险。当发生代偿时,市财政担保基金为区县财政担保基金承担50%~60%的损失。

3. 开展联合担保,分散担保风险。两家或两家以上的担保机构对某些担保额度偏大或异地项目开展联合担保,可以分散部分风险并有利于对项目的监管。从2002年开始,"中国担保业联盟"成员间陆续开展了一些异地联合担保业务,通过联合担保,发挥了各自在地方上的优势,提高了项目监管水平,分散了项目风险,增进了机构间交流,实现了共同发展。

(四)初步建立担保法律体系

为规范信用行为,促进资金融通和商品流通,1995年国家颁布实施了《担保法》。2000年12月,为正确适用《担保法》,最高人民法院结合审判实践经验,制定了《担保法》若干问题的《司法解释》,进一步规范了担保行为。从而初步建立了以《合同法》、《民法》为基本法,以《担保法》为核心,以最高人民法院《司法解释》为补充的担保法律体系。到2005年12月,与《担保法》相关的《物权法》的立法工作正在进行。

(五)担保机构和担保模式趋于多样化

1. 主要担保模式

担保业在我国主要有三种模式:

(1)中小企业信用担保。中小企业信用担保机构是社会化的中小企业发展促进体系的重要组成部分,也是政府促进中小企业发展政策的主要组成部分。目前,我国全部担保机构中,中小企业信用担保机构占到90%以上,主要是以地方经贸委会同财政、银行等部门共同组建,担保资金主要是地方政府预算拨款。

(2)互助担保。互助担保机构是中小企业为缓解自身贷款难而自发组建的担保机构,它以自我出资、自我服务、独立法人、自担风险、不以营利为主要目的为特征。

(3)商业担保。商业担保机构一般以企业、社会个人为主出资组建,以独立法人、商业化运作、以营利为目的同时兼营投资等其他商业性业务为特征。

2. 担保机构的多元化

多元化趋势的表现首先是担保机构资金来源多元化,政府出资或以政府出资资助、股份联合、企业自办、民营互助等形式并举;其次是组织形式多元化,主要表现为担保基金、有限责任公司、会员制互助基金和事业法人等形式。

3. 担保机构的专业化

专业化主要体现在两个方面:一个方面是担保机构自身营业范围更加专业化;另一方面是各担保机构人员配置、服务技能和经营管理理念更加专业化。按服务对象不同可划分为:

(1)为中小企业提供贷款担保的专业机构;
(2)为高科技成果转化提供贷款担保的专业机构;
(3)为建筑工程项目提供贷款担保的专业机构;
(4)为个人住房置业提供贷款担保的专业机构;
(5)为个体经营者及个人消费提供贷款担保的专业机构;
(6)在其他特定领域提供信用担保的专业机构等等。

除政府出资成立的中小企业担保机构外,近年来在经济比较发达的沿海地区和一些内陆省市,还出现了一批专门为民营企业服务的担保机构,其资金来源通常是由政府无偿拨入一笔垫底资金,然后选择一些私营企业,以会员的身份认缴比例不等的担保基金,同时有资格享受相应额度的担保服务。此外,专门为建筑工程服务的担保公司、为个人信用消费服务的担保公司,以及完全从事商业性担保品种的担保公司也相继产生。我国许多城市成立了专业的住房置业担保公司,开发个人住房消费贷款担保市场,成为我国房改配套政策及鼓励住房消费、规范房地产市场等各项政策的重要组成部分,并取得了很好的成绩。汽车个人消费贷款担保公司也已经出现,成为汽车销售市场服务的一环。

许多担保机构在开展中小企业贷款担保业务的同时,开始探索开发各种形式的、适应市场需求的商业化担保品种,包括其市场规模、营销手段和营销体系,以及建立统一、有效适应各类业务发展的风险管理制度和资信评价体系等。一些有实力的担保机构经过多年运作,形成了较为成熟的担保业务理念、自有专业技术、专业理论和专业人才队伍,拥有了良好的公司信誉、担保品牌和业务渠道。由于担保机构在资本实力、市场领域、客户来源、专业技能、运作效率等方面存在的差异,在某些特定地区和特定担保领域,已经显现出市场竞争的态势。信息技术的调整发展和应用,加快了信息知识的传播和创新,同样也推动了担保业务信息系统建设的步伐。

总体上看,我国担保行业的投资结构是"政府为主,民间为辅"的格局。据调查,到2002年底,政府出资在我国担保机构总出资额中所占比重为70%,民间投资占30%。国外经验证明,市场经济的发展必将扩大信用担保的市场领域,推动信用担保市场需求的增长,我国担保业也必将面对越来越多的商业机会。

二、担保机构的基本状况

(一) 资金来源

1999年6月14日国家经贸委发布的《关于建立中小企业信用担保体系试点的指导意见》规定:中小企业信用担保机构的资金有:政府预算拨付、国有土地及资产划拨、民间投资和社会募集的资本金以及政府信用担保基金、再担保准备金、会员风险保证金、国外政府或国际组织捐赠等;企业互助担保机构的资金有:会员入股、其他民间投资等资本金以及会员风险保证金、国内外捐赠等;商业担保机构的资金有:民间投资的资本金以及被担保企业交纳的风险保证金等。中小企业信用担保基金由政府预算拨款设立,仅限用于中小企业信用担保业务,按基金预算来源不同分别委托国家、省级、市级中小企业信用担保机构运作。

针对地方财政比较紧张的实际情况,各地采取"政府为主社会为辅,多元募集滚动"发展的方针筹集担保资金。主要是:

1. 政府投入。地方财政将担保所需资金纳入本级财政预算,前几年每年拨款形成担保能力,以后逐年补充以建立补偿机制。

2. 被担保企业风险保证金。按照"谁出资谁收益"的原则,担保机构对被担保企业收取一定的风险保证金,从而既增强了信用约束,又拓宽了筹资渠道。

3. 担保机构筹集部分资金。可以采取吸引专业机构投资、争取国际组织援助、广泛组织募捐等办法筹集资金。

4. 经营收益补充部分资金。担保机构的存款利息及保费收入除用于业务开支、风险准备外,其剩余部分全部用于补充资金。这些做法改变了原有扶持中小企业由政府"一肩挑"的传统模式,调动和组织社会资源共同解决中小企业贷款难、担保难问题,避免了将担保风险全部转嫁给政府特别是财政的弊端。

(二) 机构性质

1. 由地方财政或政府有关主管部门牵头注入资金组建的地方信用担保机构可称作"非营利性机构"。这类担保机构具有明显的政策导向功能,社会信誉好且易于监管,银行乐于接受。《指导意见》规定:"中小企业信用担保机构创办初期不以营利为目的,其担保资金和业务经费以政府预算资助和资产划拨为主,担保费收入为辅。"此外,由政府注入资金并发起建立的会员制担保机构,以及由几家企业集团以开展股东互保为目的出资成立的封闭式担保机构也属于"非营利性机构"。

2. 资金来源几乎全部来自地方政府的财政拨款的担保机构可称作"准政府机构",多属于机关事业性编制。

3. 由企业或个人以商业目的出资成立的担保机构可称作"商业性机构",这类担保机构在业务范围和担保品种的选择上均以营利为首要目的。

根据2001年3月26日,财政部发布的《中小企业融资担保机构风险管理暂行办法》的规定:"鼓励担保机构采取公司形式。目前难以采用公司形式的担保机构,应按照上述要求逐步规范,在条件成熟时改组为公司。"因此,目前我国大部分担保机构实行的是"公司制"管理形式。这类机构约占全部担保机构的70%,而在此类机构中除少部分是由企业集团或个人出资的,大部分也是由政府出资成立的,即在机构管理上实行"政策性资金、法人化管理、市场化运作"。

(三) 资金规模

由于担保机构功能、出资人实力以及所处地域的不同,担保机构的资本金或担保基金规模有所不同。一些经济发达地区政府,以及由一些大的企业集团公司出资成立的、有特定功能的担保机构相对规模较大;而一些经济欠发达地区政府,以及一些小企业以入股或互助担保基金的形式成立的担保机构规模相对较小。我国担保机构的规模大致可分为三个档次,见表2-1。

表 2-1

担保机构资本金、担保基金规模(万元)	在担保机构中所占的比例(%)
300~3 000	65.3
3 000 以上	9.1
300 以下	25.6

资料来源:北京大学中国中小企业促进中心:《中国中小企业信用担保机构发展状况调研报告》,《中国担保论坛》2003年第一期。

(四) 主要业务

担保机构资本金的来源,特别是担保业务资金支撑体系的构成,决定了担保机构的业务方向。

1. 全部由政府出资或以政府出资为主的"非营利性机构"和"准政府机构"性质的担保机构,担保业务承担着政府的某些职能,其担保品种也必将体现出发挥财政资金效益的特征,这类担保机构基本上只作担保业务。

2. 以政府出资为主的"公司制"担保机构中,其担保业务一般不以营利为目的,同时也很难实现赢利,而作为一个公司,又必须实现国有资产的保值增值,尽管这类机构大部分也是只做担保业务,而有近

1/3 则是以担保业务为主，还兼做股权投资、风险投资、资本市场运作、项目评估、投资与金融咨询、财务咨询、法律咨询等业务。

3. 以个人或企业出资为主的"公司制"或"协会"性质的担保机构，大部分是在一个封闭的系统内开展担保业务，或者只在一个小的区域内，或者只在出资人范围内，同时也兼做咨询业务，开展投资业务。

4. 民营企业或个人以商业目的出资成立的担保机构，一般只开展担保业务，或以担保业务服务于自身相关业务。

在我国，现阶段许多担保机构尚无法单纯依靠保费收入解决自己的各种经费需求，而政府财力又有限，因此，需要研究如何合法而有效地运作自有资金，开展一些营利性业务，以弥补主营担保业务难以赢利的不足，支持担保机构自身的持续健康发展。

（五）担保种类

贷款信用担保是我国担保机构开展的主要担保品种，而贷款担保又以中小企业短期人民币流动资金贷款为主，期限一般在一年以内，数额不超过 200 万元。有些由政府出资成立的规模较大的担保机构，还为地方政府重点建设项目融资提供担保，包括对基础设施、地方主导产业和重点事业建设等。就担保业务的种类来讲，"公司制"担保机构比"事业制"担保机构更注重公司经济利益和担保的效率，担保品种也逐步趋向多元化。

我国专业信用担保机构首先面临的市场需求是贷款信用担保，但同时也需根据市场经济发展对信用担保需求的多样性趋势，逐步开拓融资担保以外的其他信用担保品种。除开展贷款担保外，还逐步开办了一些适合当地经济特点和企业需求的商业性担保品种，如建筑工程履约担保、商品交易履约担保、个人消费信贷担保、诉讼财产保全担保、商业票据担保、中介费（佣金）担保、租赁担保、来料加工或补偿贸易担保、海关担保、政府采购担保、电子商务担保等。

（六）比例担保

对于贷款担保业务，担保机构是本息全保，还是只担保本金或只担保本金的一部分，一直是担保机构非常关注的一个问题。近几年许多担保机构逐步摆脱了本息全保或本金全保的被动局面，银行对担保合同的条款不再是没有商量的余地,一些地区的担保机构通过与贷款银行反复沟通与协商,实行了比例担保,担保额度最低为银行贷款的 70%。比例担保是符合国际上通行做法的。形成这种变化的另一个重要原因,是中央及有关部门明确了包括可实行非全额担保在内的加强中小企业发展的各项政策措施,以及各地政府及各地商业银行特别是中小商业银行提高了对扶持中小企业发展重要性的认识。比例担保的好处主要表现在:(1)银行承担一定比例的风险可提高银行的风险意识;(2)增加了银行对贷款担保项目的管理力度和与担保机构共同合作的程度;(3)降低了担保机构的风险;(4)有助于推动信用担保体系的形成及担保机构的健康发展。

三、担保业面临的主要问题

(一)社会信用体系建设速度迟缓制约担保业发展

我国信用担保的社会需求与社会信用体系不完善造成的巨大矛盾,是制约担保业发展的主要因素之一。以贷款担保为例,由于信用信息失真、信用资源的供给和需求严重失衡,信用行为混乱等现象时有发生,使担保机构面临巨大风险。信用担保的功能是信用增级,其实质是风险的控制与分散,而风险的分散需要通过建立社会机制才能完成。中国担保业如能搭上社会信用体系这一快车,将会进入一个理想的发展空间。

(二)亟待制定担保机构组织法及行业管理规定

我国担保机构的准入制度尚未建立,担保机构仅按照一般企业标准进行工商注册登记,因此担保机构的数量呈现出较快的增长势头,这一现象应引起有关方面的注意。

担保机构不同于一般的工商企业,专业担保机构作为保证人,其担保金具有放大倍数的功能,因此它首先需要一部像《公司法》那样适合于担保机构自身特点的组织法,对于担保机构的成立、运作方式、经营范围和担保各方的权利义务、外部的监督管理(包括政府与担保机构的关系)等方面加以明确规定。我国 1995 年颁布《担保法》,2000 年颁布了《担保法》司法解释,这些都是规范担保行为的而不是规范担保机构的法规。从 1998 年开始，国家经贸委和财政部陆续发布了一些有关中小企业信用担保的管理办法，但主要还是针对政策性担保机构的，适用面比较窄，也不够完善。目前国家尚未颁布有关担保行业的财务、会计制度。担保机构的经营与其他行业类型的企业相比具有鲜明的特点，尤其是对或有负债的会计处理、提取风险准备金等问题，很难完全比照一般企业会计制度加以处理。财政部 2001 年制定的《中小企业融资担保机构风险管理暂行办法》中的有些规定，尚不能完全适应广大中小担保机构的实际情况。国内担保机构已形成多种类型和模式的局面，迫切需要广泛适用的、规范担保机构的法律规定，以避免因疏于管理给行业自身发展和相关经济领域造成不利的影响。

（三）担保机构缺乏政策性资金补偿机制

由政府出资设立中小企业贷款担保和其他中介服务机构，是政府支持和实施的重大社会经济政策的一个重要部分，具有不可替代的经济杠杆作用。由政府出资设立的担保机构大都被界定为非营利机构，其收入基本上是注册资金的利息收入和担保费收入，而政策性担保年担保费率仅为 1%，商业性担保年担保费率仅为 2%~3%，如果一旦发生代偿，单笔金额就往往高于全年各项收入之合。国家经济发展，特别是中小企业的发展需要大量的资金，担保机构理应首当为此出力，但担保业务的收益和风险不对称，国内绝大部分地方的担保机构，尚未形成一种相对稳定的、政策性的担保资金补偿机制。应该说，目前许多担保机构或中心、基金这些实体的定位是不够清晰的，在很多情况下机制没有理顺，在信用度普遍低下、预算约束软化，担保业有关的决策制度和管理手段、技术手段及工具又远没有健全的情况下，一些机构在担保业务中表现出信用状况不佳、责任无法追究、没有基本的信用关系规则可以贯彻到现实经济生活中去等现象，导致了财政开始参与，以后不再参与或不敢、不肯参与的局面。然而这却使许多担保机构陷入了两难的境地：如果要维持政策性的目标，就会碰到资产萎缩的压力，因为实施政策性支持是不可能完全按照商业化金融那样正常循环、使自己的投入取得回报并增值；而如果要维护资产的保值增值，就可能削弱担保业务起码是贷款担保业务，不得不把许多资金用于追求直接效益，这实际上是淡化、甚至背离了担保机构建立的初衷。由于政府在注入了一定的起动资金后，缺乏持续性、经常性的投入，担保机构良性运作的链条便中断了。

　　从当地财政预算中按年拨出一定资金用于弥补担保公司的正常赔付损失，是保证担保机构可持续发展的重要手段。北京市政府于2001年2月23日发布的《中关村科技园区信用担保机构建立风险准备金和基金有限补偿担保代偿损失制度的暂行办法》规定"市财政局根据宏观经济状况、信用担保机构的担保规模、资产结构以及经济效益和社会效益情况，在每年初核定当年担保代偿损失率，最高不超过6%。发生的担保代偿损失，信用担保机构用风险准备金抵补，不足部分，市财政给予资金补助。"这一制度的建立无疑是解决了担保机构最大的后顾之忧，但在全国享受这种政策保障的担保机构尚为数甚少。

（四）担保机构缺乏风险控制手段和分散风险的制度安排

　　目前我国担保机构自身控制与分散风险的手段是有限的，这主要是由于自身能力的不足和外部因素的制约。从行业管理上看，还缺乏适合各级各类担保机构的风险控制办法，以及分散风险的制度安排。风险的分散是一个社会化的问题，它涉及政府有关管理部门、商业银行、立法机构、有关行业，以及再担保制度等。风险分散的关键是要寻求风险释放的出口，特别需要从政策和手段上加以解决，如对于政府出资的担保机构，要鼓励其进行适当的商业性担保品种的探索，并开展业务交流；根据担保机构的信用级别，规定其相应的贷款担保比例等。

（五）担保业务难以赢利，加大了担保机构的经营风险

　　目前我国担保业务保费率偏低，面临的代偿风险相当突出，要实现赢利相当困难。担保机构要持续健康发展，首先其各项业务活动的总收入要可以弥补全部营业支出；其次取决于担保基金投资收益能力和风险控制能力的大小，担保基金投资收益在弥补净赔付之后要能够给担保机构以正的收益。提取担保风险准备金只是防范风险的一种手段，并不代表担保机构的收益能力。目前我国担保机构尚没有找到一个比较好的解决这一问题的方法。而可以采取的办法主要是探索开展一些风险相对低一些的担保品种，如履约担保、出口退税担保等，但这些一时还无法形成相对稳定的收入来源。现行的中小企业信用担保管理办法规定，担保资本金的运用只能存入银行和购买国债，在目前低利率的情况下，存入

银行只能是保证了资本金的安全,还无法增值,如发生担保代偿,资本金的增值也不能保证。作为一个担保机构,资本金的保值增值是确保发展和保持自身保证能力的根本所在。针对这种情况,一些担保机构采取各种方式在资本市场上开展资本运作,这有可能实现资产的保值增值,但从另一方面也可能加大担保机构的经营风险。

(六) 行政干预现象仍很突出

由政府出资建立的担保机构与当地政府或其主管部门在财务和人事关系上都有比较密切的联系,有的担保机构基本上是依附于地方政府或其主管部门,受到行政干预的可能性较大,在担保决策中容易出现"行政指令担保和人情担保"等不良现象。尽管中小企业管理办法中都提到要减少行政干预,实行公司化运作,但还是有些地方政府认为,我出钱就得我说了算。部分地区担保机构甚至还存在政府领导圈定目标,担保机构负责担保的现象。其后果主要表现为:

1. 加重了地方政府的财政负担,使担保公司的代偿风险,最终转化为实际上的财政代偿风险;使担保机构对中小企业的信用担保,异化为财政信用担保,进而丧失其独立性和存在价值。同时也挫伤了地方政府发展中小企业信用担保的积极性。因为,一旦借款企业的某项贷款因故不能归还,担保公司就必须为其代偿。在政府干预过多的情况下,担保公司因代偿而出现的亏损如果超过一定限度,就会形成要求地方政府对其增加财政补贴的压力。

2. 引发地方政府的道德风险,导致银行的债权损失,从而降低银行参与中小企业融资和融资担保活动的积极性,使中小企业融资担保机构的功能萎缩,生存环境恶化。

3. 不利于担保机构自身形成有效的激励和约束机制,降低其通过加强内部控制、改善经营管理、建立风险转移和内部风险补偿机制等措施,提高担保的效率和效益,提高担保服务水平的积极性。

此外,一些由财政拨款的事业型担保机构,基本上不用靠收取担保费维持生存,开展担保业务只是增加了机构所承担的风险,所以有些担保机构在担保业务特别是中小企业贷款担保业务开展方面表现得并不积极。

(七) 专业担保队伍人才不足

随着近几年我国担保机构数量的迅速增加，担保业务运作与开发显现出了人才不足状况。担保机构的担保品种设计和开发、担保风险的控制都需要专业技术、专家队伍和经验来实现。如工程履约担保，为控制风险，需要按工程进度和开发商的履约信誉分阶段担保，动态地对担保阶段内的风险因素做出预测，重新审视担保条款等。目前担保专业知识和经验的匮乏，严重制约着担保业的发展。

第三节 我国信用担保业发展趋势

一、担保体系建设的基本思路

按照《中小企业促进法》和国家推动建立社会信用体系的总体要求，未来中小企业信用担保体系应与社会信用体系建设结合起来加以统筹规划。展望未来5年，我国将形成包括县、市、省、中央在内的四级中小企业信用担保体系。目前对贷款信用担保需求表现得比较迫切的是县（区）一级，中小企业最直接的管理部门也在（县）区级。经过前几年的建设，全国大部分省、市一级都建立了担保机构，随着国家中小企业政策的进一步完善，特别是《中小企业促进法》的实施，预计以政府支持为主、各种类型共同发展的县（区）一级的担保机构建设步伐将会加快。县（区）一级担保机构更适合属地化管理的要求，比省、市级担保机构更便于开展担保业务、节约成本、方便项目监管。此外，社会各界组建的互助担保机构和商业担保机构将会快速发展并在竞争中进行重组，各类信用担保机构将通过互联网建立联系渠道，对信用担保机构的信用评价体系将初步形成，一部分担保业务将采取授信方式委托协作银行具体担保办理。

按照财政部、国家经贸委和中国人民银行共同协商的初步意见，推动我国信用担保体系建设的基本思路可以归纳为三句话和四件事。

三句话：一是规范发展。发挥各方面的积极性，严格执行法律法规,确保信用担保体系健康发展。二是完善政策。采取切实可行的财税措施,调动社会各界参与担保的积极性,积极吸引民间投资和外资,创造有利于信用担保机构健康发展的政策环境。三是注重实效。严格对信用担保机构的政策指导和目标要求,严格信用担保实际效果的考核和评价,鼓励担保机构加大对中小企业的扶持力度。

四件事:一是联合调查、摸清情况。2002年4月,财政部、国家经贸委、中国人民银行共同下发了《关于进行全国信用担保机构基本情况调查的通知》,要求各级财政、经贸和银行联合做好调查工作,为国务院提供真实准确的情况,为制定政策措施奠定基础。二是统筹规划、完善法规。全面总结我国各类信用担保机构的实践经验与教训,有效借鉴国外成功经验和教训,做好中小企业信用担保体系发展的统筹规划,完善中小企业信用担保体系发展的各项法规。三是健全机构、行业自律。明确和健全各级政府有关信用担保体系的监管机构,各级财政、经贸、银行也要从专业管理和扶持措施等方面强化工作职能。鼓励信用担保机构组建行业自律组织,鼓励信用担保机构参加社会信用行业自律组织。四是加强监管、严肃惩戒。发挥政府行政主管部门、社会中介机构和广大中小企业的监督作用,确保各类担保机构特别是政府出资的中小企业信用担保机构的规范发展。发挥法律法规和市场机制的惩戒功能,采取必要措施加强对各类特别是政府预算支持的担保机构的监督管理和惩戒力度。

加快信用担保体系的建设,必须依靠政府的力量。未来几年,在各级政府的推动下,以中小企业、企业经营者、中介机构为主体,以信用登记、信用征集、信用评估和信用发布为主要内容的信用制度建设将会加快;社会公众的信任度和信息可信度将会提高;满足担保机构需求的信用服务市场将逐步建立。

二、担保体系建设的发展趋势

(一)专业信用担保机构评级制度将建立

信用、信誉是担保机构的经营之本,担保机构作用的实质是提升被担保人的信用程度,因此,担保机构资信状况如何就成为委托担保人特别是贷款银行关注的焦点，有的金融机构规定凡担保单位必须达到一定的信用级别以计算共同风险权数。建立专业信用担保机构资信等级评定制度，是有关行业主管部门加强担保业管理所面临的一个突出问题。专业信用担保机构的资信评估机构的建立，需要政府有关部门的发起和推动，并组织制定一套评估体系，在全国和省一级现有资信评估机构中指定一批规模和实力均较强的，实施担保机构评级制度。所有现有担保机构都必须经过该机构的信用评级。目前在一些对担保业系统管理比较好的省份，已经开展了对担保机构的资信评级工作，成为加强担保业管理的一个重要手段，并收到了良好效果。

（二）信用担保政策法规将进一步完善

随着中小企业发展扶持政策的配套措施的不断完善，中小企业发展的政策体系将初步形成。有关中小企业信用担保体系建设、中小企业融资担保行业管理办法、中小企业担保机构财务管理办法、财政资金补偿中小企业担保机构代偿损失的办法、中小企业担保再担保机构享受的优惠政策、中小企业信用管理、鼓励创办中小企业的政策等相关文件或配套实施措施，将陆续出台。《中小企业促进法（草案）》在吸收《国务院办公厅转发国家经贸委关于鼓励和扶持中小企业发展的若干政策意见》实施经验的基础上，计划经济体制的痕迹和部门利益的色彩已经大大淡化，这也必将使中小企业信用担保体系的建设与运营模式更加丰富与完善。

（三）政策性担保机构（或业务）与商业性担保机构（或业务）将实施分类管理

政策性担保与商业性担保的目标、对象、机构性质，以及信用基础不同，需要实行分类管理，这是国内担保机构管理制度建设面临的一个重要问题。对商业性担保机构的主要管理内容包括：设定进入门槛，保证资本金的规模；监管资本金的运作，保证风险准备金的安全性和流动性（通常是规定投资组合的合理比例）；控制担保放大倍数，保证清偿能力；担保机构的信息披露制度和定期评级。具体的管理办法还应根据担保对象和担保项目的风险程度不同而有所不同。政策性担保机构一般是由政府出资的非营利性机构，受政府管制，其担保对象也明确为中小企业，政府对担保机构资金的运用、运作程序进行规范和监督，并定期委托专业机构进行评价。

(四) 商业性担保机构将获得较快发展

由于我国信用担保体系主要是以政府出资和参与出资为主,因此在发展规模、产品种类、市场竞争及利益分配机制等方面存在较大的局限。随着我国经济市场化程度日益提高,商业性担保机构的优势不断显现,因此大力扶持商业性担保机构的发展就显得十分重要。

商业性担保机构与政策性担保机构相比,前者最大的特点是出资社会化、经营市场化,因此具有内控机制完善、利益分配机制合理、市场竞争充分、专业化水平高等优势。商业性担保机构作为资金供需双方的服务商,最大限度地挖掘市场的潜力,通过介入前期调查、细化风险控制措施,完全依靠市场手段设计业务方案,将企业的各种资源转化为有效的反担保能力,从而使资金配置渠道更为通畅,既扩大了银行业务,又满足了企业的融资需求,自己也从中获利。商业性担保机构在开展贷款担保业务的同时,还可从事工程履约担保、合同担保、债券担保、诉讼保全担保等其他担保业务。在推动商业性担保机构发展的过程中,商业性担保的监管体系、风险防范和控制体系也将得到逐步完善。

(五) 担保机构与银行的关系将更加协调

近年来,专业信用担保作为一种重要的中介服务,在中小企业融资过程中所发挥的作用,越来越得到贷款银行的肯定。由于专业担保机构的担保,分散了商业银行贷款的风险,商业银行资产的安全性得到了更高的保证,从而也增强了商业银行对中小企业贷款的信心。经过几年的担保业务实践,担保机构与商业银行的关系从开始的处于完全被动局面,变为逐步被银行所理解,从开始的银行一味依赖担保机构,要求担保机构本息全保,变为担保机构可以只担保本金,进而可以对本金进行比例担保。而担保机构在与银行的交往过程中也意识到,只有不断提高自身的资信度以及加强机构自身建设,切实提高担保业务操作水平,并为银行所认可,才能在与银行的业务交往中得到对方的重视与尊重。

中小企业信用担保体系需要金融体系的支持,需要发挥各类金融机构的作用,近几年中国人民银行为促进商业银行增加中小企业贷款相继下发几个指导意见,不断采取鼓励措施,也促进了商业银行与担保机构间的合作。许多地方的担保机构与区域商业银行间建立了比较好的关系，客观上也促进了金融机构间的竞争。专业担保机构与商业银行的真诚合作是解决中小企业融资难的重要途径。

（六）建立全国和省级担保机构协作组织

为了规范担保业务行为，保障专业担保机构的合法权益，以会员资信管理为核心，加强相关机构间的合作，同时也作为政府有关部门完善信用担保体系管理的重要组成部分，全国和省一级的信用担保协会将相继建立。通过协会，对担保行业发展战略、管理体制、国内外担保业发展趋势进行调查研究，向政府有关部门反映情况和意见，为政府部门决策提供依据和建议。协会的主要工作包括：开展业务培训、规范业务操作标准、加强行业自律、组织机构资信评级、进行资源共享、开展中小企业资信评估、加强担保行业与政府间的联系、提高行业地位、总结担保业务理念等。

三、信用担保机构的发展趋势

（一）政策性担保机构为主导，商业性担保机构发展趋势不断加强

随着国家和省级再担保体系的建立，政策性担保机构的推动和杠杆作用越来越明显，而商业性担保机构也将得到再担保机构的支持。商业性担保机构以商业担保品种为主，可以少做或不做贷款担保业务，相应风险比较小，因此也不具有建立外部资金补偿机制的先决条件。由于近阶段担保机构准入门槛比较低，并因其在融资过程中所发挥的作用具有"准金融"的性质，一些企业集团共同出资组建担保机构，解决融资担保难的问题；许多有一定资金积累又无投资目标的公司也将会涉足担保领域；而一些外资企业也将出资成立独资或合资的商业性担保机构。一些互助性商业担保机构在一些经济比较发达地区将得到更快发展，他们可以通过保持或扩大担保基金的规模，形成一种资金补偿的机制，并通过会员之间的相互制约关系，降低或避免可能发生的代偿风险。

随着类型各异的担保机构在各自领域、各地区经济发展中作用的进

一步发挥,信用担保必将成为经济生活中不可或缺的重要中介服务工具。

(二) 逐步形成广泛的融资渠道与稳定的资金补偿机制

担保机构的资金补偿机制可分为内部补偿和外部补偿两个方面。内部补偿主要是通过资本金的运作实现其保值增值。外部补偿机制除政府直接补偿外,还有企业和社会捐助等。中小企业融资担保具有很强的政策性,政策性担保的一个重要特点是依靠政府信用,政府信用的集中体现是担保机构能否得到而且得到多少来自于政府的资金支持,具体来说就是建立财政资金补偿机制。目前山西、上海、深圳、北京等地政府初步建立了中小企业信用担保机构资金补偿机制,许多地方也已经把担保资金补偿机制建设提上了议事日程。建立怎样的资金补偿机制是一个值得研究的问题,财政资金毕竟是有限的,如何合理有效的使用,需要统筹规划并严格控制与监督。在资金补偿的方式上各地的做法不尽相同,但基本思路是只在中小企业融资担保业务发生赔付,且赔付额超过规定比例时,政府财政对超过的部分给予资金补偿;补偿面向特定机构,使用上相对集中。

(三) 形成相对独立的专业担保领域

随着我国市场经济的发展,不同领域对信用担保的需求变得越来越具体,不同专业的担保公司也应运而生,担保业呈现出细分趋势。这些专业化的担保机构凭借其在某些特定领域里的优势,或者凭借政府部门的政策支持,从事着品种相对专一的信用担保业务。据调查,目前除中小企业贷款担保机构外,其他专业性担保机构还有:住房置业担保、工程保证担保、下岗再就业小额贷款担保、购车贷款担保、农贸履约担保、外贸出口企业贷款担保、海关担保等。以住房置业担保为例,我国住房置业担保在国家建设部的推动下近两三年来得到了快速发展,2000年5月,建设部、中国人民银行联合发布了《住房置业担保管理试行办法》,此后全国100多个大中城市陆续成立了专门负责住房置业贷款担保的担保公司或中心。

(四) 新的担保品种的探索与开发进一步加强

目前我国的担保机构基本上是以开展贷款担保为主,除政府出资成立的担保机构外，近年来成立的许多民营担保机构也纷纷开展贷款担保业务。实践证明，贷款担保业务风险是所有担保品种中风险最大的，国外民间商业性担保机构基本上没有从事贷款担保的。担保机构无疑应以担保为主业，但担保业务在没有政策性支撑的情况下只有实现赢利，担保机构才有生存的可能。随着实践经验的积累和对市场风险认识的提高，预计未来我国一些担保机构会加强对非贷款担保品种的探索，许多商业性担保机构可能会放弃贷款担保业务，转而开展其他的担保品种。那么，我国担保机构除贷款担保外，到底能否寻求到适合大规模开展担保业务的领域，并设计出符合各方需求的、相对稳定的担保品种，这是许多担保机构面临的一个严峻问题。

新的担保品种的开发需要树立牢固的市场营销观念，根据市场需求制定营销策略，根据行业和客户需求分析，选择目标市场和目标客户群，相对集中资源和力量，加大市场开发力度，寻找产业依存程度比较高的行业或大客户，作为担保业务依托，使其对担保业务的需求成为商品交易过程中有机环节。而担保品种的发展也将朝着专业化、多样化方向发展，除了占主导地位的贷款担保之外，根据市场发展的需要，一些担保品种正在或将被开发出来。此外，随着担保机构与国外同行交往的加强，以及国外资金介入国内担保机构，一些担保公司将可能涉足信用保险业务。

（五）用现代技术手段，提高担保业务效率

国外许多担保机构，由于采用了专门的担保业务软件操作系统，利用了互联网络提供的大量信息，以及具有比较完备的法律制度和明确的审批权限规定，在开展担保业务时表现出很高的效率。实践证明，我国大多数担保机构的担保业务将会朝着单项额度较小而担保件数较多的方向发展，这不仅是一种趋势，也是分散降低担保风险的需要。但由于目前一些机构缺乏现代化的技术和手段，不得不集中精力做额度大的项目，这既减少了受益企业的数量，又使担保的风险相对集中。随着担保业务的扩大，国内一些有一定担保业务规模和有一定规模压力的机构已深有感触，担保业务要想在项目数量上有所突破，就必须利用现代化的业务操作系统和自动化的办公手段来提高工作效率。中投保公司从1998年开始，与国内主要软件开发公司一起，结合自身和国内担保机构的业务运作实践,研究开发担保业务操作信息系统,经过近5年的开发和不断完善,从2003年开始向国内担保机构推广这一操作系统。这一集项目全程运作管理理念于一身的担保业务软件的应用,将使担保业务操作趋于科学,并减轻业务人员的工作强度。

(六) 担保基金的运用问题将有所突破

目前,有关规定要求政府出资组建的中小企业担保机构的担保基金只能存入指定银行或购买国债,由于利率较低,资本金运用难以实现保值增值。在没有建立稳定的担保资金补偿机制之前,由于保费标准一般很低,随着代偿或赔付的发生,资本金只能是不断减少。担保机构实际面临着这样一种局面:大力开展贷款担保业务,将导致资本金的不断减少,如果一味强调资本金的保值增值,势必会使担保主业发生萎缩。因此,规范担保基金的运用,实现担保基金的保值增值是政府有关部门,也是每一个法人化管理和市场化运作的担保机构共同面对的问题。与其让担保机构私下到资本市场上运作资本金,还不如明确规定允许担保机构按照合理投资组合,在保证其流动性和安全性的前提下,实现资本金的保值增值。

第四节 担保业经营理念

我国信用担保机构由于出资人、组织方式和经营模式不同,其市场定位、业务范围及管理方式也有很大不同。尽管如此,任何一家担保机构都会面对现阶段担保业务的客观经营环境与自身能力的矛盾。要把握好这两者间的平衡关系,就必须采取正确的经营策略,确立适合于自身业务性质的经营理念。

一、担保业面临的困惑

保费收入远不足以抵偿代偿风险,担保业务收入远不足以维持公司运营费用,担保业务收入与主业地位不相称,担保业务风险与收益严重不对等的状况一直困扰着我国绝大多数担保机构。就担保机构的经营风险而言,每笔担保业务的成功或失败,都将涉及机构自身生存或是倒闭的问题。担保业务不像保险业务,可以依据"大数法则"规避风险,即对某一险种可以根据精算结果事先设定好一定的保费收益率来对抗将来可能发生的赔付。贷款担保业务的成功率必须达到100%,才能维持担保机构的正常运行,就目前的信用环境和业务运作模式而言,这种要求显然是不切实际的。因此,对于政府出资设立的以政策目的为经营目标的担保机构来说,只有两种选择:或是争取政府给予足够的坏账补贴,或是控制担保规模。

公司制担保机构的商业性质难以充分体现,是许多担保机构面临的又一困惑。在一些地区,由政府全资成立的担保机构被界定为事业单位,其管理依据应是国务院有关行政法规和部门行政规章。除此之外,依照《公司法》注册成立的担保机构,其运作依据就应该是《公司法》,无论其资金来源如何,本质上注定就是商业机构,经营管理应该遵循商业原则,这并不妨碍其从事政策性担保业务或商业性担保业务。

政府作为担保公司的出资人,在通过担保机构运作实现社会效益的同时,对担保机构给予必要的补偿,以维持其持续经营,实际上是市场经济条件下商业对等原则在政策性业务领域的体现。担保公司在政策目标范围内,依据商业原则开展担保业务,在满足市场需求、促进经济发展的同时,从市场上获得利益上的"补偿",更是有助于公司制担保机构的自我积累和发展,与政府出资人并无根本利益上的冲突。

二、重视担保业务能力建设

担保机构能否获得持续发展的动力,除了政府政策的支持力度和来自市场的经营回报以外,担保机构自身的业务拓展和风险控制能力也是重要的方面。担保业务能力的建设,是目前我国大多数担保机构亟待解决的问题。

担保业务是一项专业性很强的业务。除了客户所在行业的专业知识外,担保业务人员还需要掌握金融、法律、投资、商业经济、工程管理、项目评估等诸多专业领域的知识。担保业务又是一项综合性相当强的业务,担保业务人员需要将诸多领域的专业知识综合起来加以运用,将这些专业知识与担保的特征相结合,把握担保业务的运作机理,从而形成担保机构所特有的专业技术能力。因此，由一般专业到综合运用，又由综合运用到担保专业技术能力形成的过程，也正是担保机构业务能力建设的过程。

三、讲求担保经营策略

现阶段担保机构面临的制度环境和市场环境的不完善，造成担保业务自身的不成熟性和不确定性，大大造成了担保业务的经营风险，甚至危及担保机构的生存。在市场条件总体上不完善和不确定的情况下，担保机构惟一的选择就是必须制定正确、灵活的经营策略，努力寻求具体的、相对完善、相对确定的业务领域，依据特定的市场条件和客户需求，研发担保产品，在满足需求的同时，处理好信用服务与信用风险的配比关系，最终达到总体风险成本与综合经营效益的平衡。

四、树立担保产品设计理念

担保产品设计是预知项目潜在风险、实现过程控制、降低管理成本、取得规模效益的有效方法。根据中投保公司的业务实践经验，担保产品设计理念大体包括以下几个方面：一是要有明确的市场目标，即在面对类型不同、情况各异的众多项目需求时，选定适合自身业务发展的特定行业和领域，针对客户所处行业的产业链条的有机联系和行业习惯，设计担保业务操作模式，并"嵌入"其中，通过把握客户群所在行业的波动规律，规避产业资本自身的运营风险。二是运用"风险对冲"的机理，研究相关行业或同一行业上下游之间"此消彼长"的规律，确定担保业务的市场分布和品种结构，使担保业务的总体风险结构合理化。三是针对特定客户的资信状况和其所在行业的商业习惯"量体裁衣"，组合、设计、运用反担保措施，在保证反担保措施灵活、有效的同时，适度降低担保服务"门槛"，更好地为客户服务。四是在业务操作模式设计中注重客户或项目的集约度和可复制性，从而有效地降低风险管理成本，获取规模效益。五是特别注重风险的过程控制，从项目企业经营的物流、资金流和信息流的对应关系中，寻找并把握项目风险控制的关键时点和环节，有针对性地预先设置监控措施。若项目具备一定规模条件，则可以通过建立担保机构与客户端的担保业务信息管理系统，使风险过程控制得到技术上的保障。

五、人力资本是担保机构发展的重要保障

一个担保机构的担保能力主要由三个部分组成：货币资本、品牌（信誉）和具有一定专业能力的人。其中最具行业特殊性的是人的因素，即人力资本的作用。货币资本的保值增值和担保品牌的打造，最终都依赖于担保机构所拥有人力资本的专业技术能力。这是因为我国担保业尚处于发展的幼稚阶段，与银行、信托、保险等行业相比较，无论在专业理论、经营管理、业务规范和技术应用，以及市场认同、法律保障等各方面都远未成熟，有些方面甚至处于空白状态，还有赖于担保机构在自身业务实践中探索、积累和创新。因此，现阶段我国担保机构只有通过培养和引进人才，最大限度的发挥人力资本的作用，努力形成自己的专业技术能力，才能够保障担保业务持续、健康的发展。

第三章

信用与信用担保

本章提要：信用是担保的重要渊源。信用担保与信用、信用体系具有联系互动的辩证关系，信用问题是理解信用担保的一个重要的切入点。探讨有关担保、信用担保的问题，应首先从信用问题入手。本章内容包括：担保、信用担保的概念、功能、特殊性，信用担保与信用体系的关系，信用担保的法律调整等。

第一节 信用担保与信用体系

一、信用的概念和作用

（一）信用的概念

"信用"有着不同的内涵。英语中信用"Credit"一词。来自拉丁语"Credo"一词，它的意思是"我相信（I believe）"拉丁语的"Credo"一词又来源于"Crad"和"Do"。Crad这一名词的梵文解释为"信任"，Do是拉丁词"我给予（I place）"的意思。因此，"信用"一词的原始意思是"我给予信任"（I place trust）。汉语中的信用包含两种基本含义：一是诚信；二是经济范畴的"信用"。诚信的外延比信用要宽泛，除"信用"之外还包含诚实、信任、忠诚的意义。信用体系中的"信用"主要是指经济范畴的"信用"。信用担保中的"信用"既有诚信的含义，也有经济范畴信用的含义。这里侧重讲的是经济范畴的信用。

社会经济发展经历了三个阶段：以物易物交换方式为主导的自然经

济时期，以货币作为交换媒介为主导的货币经济时期，以信用交易为主导的信用经济时期。市场经济在一定意义上说是信用经济，信用在市场经济发展中具有越来越重要的作用。信用交易不可能脱离货币体系、票据工具而独立存在，信用交易为主导是指信用在资源配置中的决定性作用。这不仅是指信用在资源配置中所占的比重，而且更重要的是指在资源配置深度、广度和效率上的决定性作用。从某种意义上看，货币是信用的衡量尺度和物质保障的象征，而信用是货币的实际内容。信用主要是在西方资本主义发展中产生和完善的。信用（credit）在经济学上的含义是指，建立在授信人对受信人偿付承诺信任的基础上，使后者无须支付现金就可以获取商品、服务和资金的能力。信用有着多种形式，主要包括：银行信用、商业信用、消费信用、国家信用等。

在我国历史上，信义成为全社会公认的稳定的道德评价标准。但由于社会经济关系上的不平等性，从整体上还谈不上法律地位平等条件下的信用。我国近现代早期民族资本主义也创造了某些信用形式，如山西的票号、江浙的钱庄经营中的信用方式等。新中国成立后，人们在社会生活和经济活动中的行为主要出于责任、信任、服从乃至忠诚，与市场经济相适应的信用形式并未得到重视和发展。改革开放后随着市场经济的发展，平等主体间的信用需求开始产生，但由于全社会对信用的作用和价值认识比较滞后，信用建设方面还存在着许多问题。

（二）信用在市场经济中的作用

1. 信用是市场经济的基础

计划经济时期，经济主体之间的有效联系主要依靠政府的行政权威、各经济主体的政治热情和觉悟，市场平等主体交易意义上的信用制度和信用体系是基本上不存在的。在由计划经济向市场经济过渡过程中，计划指令的作用逐渐弱化，信用的功能越来越重要。由于信用意识和信用制度、信用体系建设的滞后，引发了一定程度上的信用危机，造成了经济运行成本的浪费，降低了全社会经济运行效率，阻碍了市场经济的健康发展。信用是一种资源，是市场经济条件下生产力和生产关系的重要内容。信用经济是市场经济发展到一定程度的高级形态，市场经济从无序到有序的发展过程就是信用经济的形成过程。信用制度和社会化信用体系保证了竞争规则的有效执行,避免和减少了交易中无效成本的发生。以信用管理为手段,可以从微观上改善市场经济主体的经营状况,从宏观上可以扩大供给、拉动需求。如果没有信用制度、信用体系,就不会形成有序竞争的市场经济体制,就会丧失市场经济的基础。

2. 信用对市场经济交易主体的作用

信用对市场经济交易主体的微观作用主要体现在促销和融资两个方面。

(1) 全球经济由卖方市场转变为买方市场已是大势所趋,信用工具的使用有利于提高企业产品竞争力。如果拘泥于现金、现汇交易,买方因缺少即时支付能力或缺少更为优惠的支付方式就难以与卖方达成交易。在欧美尤其是欧洲国家之间贸易的结算方式,传统的信用证方式已由保付代理所取代,且占欧洲国家间贸易总额的80%。

(2) 由于信用方式的采用,延缓了支付时间,为企业和个人提供了融资便利。信用经济条件下对债务人支付能力的考察,与传统经济形态不同,它主要不是基于现有支付能力,而主要是基于债务人创造未来财富的能力,它能使债务人提前消费未来可以获得的物质财富,适应现代社会快节奏、信息化的要求。

(三) 信用对宏观经济的作用

经济增长是现代各国政府头等重要的常规工作,没有足够的经济增长率,就无法缓解与日俱增的就业压力,就难以维护社会的稳定,难以实现政府的施政目标。拉动经济增长的主要动力来自投资、贸易、消费的增长。各国经验表明,信用工具在贸易、消费领域,在拉动经济增长、扩大就业等方面具有重要作用,随着金融工具、投资工具的创新,信用在投资领域也发挥着重要作用。

不过,应当认识到信用绝不是凭空产生的,归根结底信用取决于社会物质财富的增长,取决于人们创造未来财富能力的增长。信用方式的采用必须以经济的平衡稳定发展、合理的经济结构为基础。否则,信用就成为空中楼阁,无源之水。在不具备基础条件时,盲目扩大信用方式的使用范围和程度,可能产生银根松弛、通货膨胀、寅吃卯粮等不良后果。例如,近年来个人消费贷款迅猛攀升,住宅按揭贷款、汽车消费贷款，相当比例不严格执行有关规章制度，在没有严格保障措施的情况下，片面扩大对消费者的优惠，隐藏着巨大的金融风险，对此，应保持足够的警惕性。另一方面，信用必须以完善的法律和制度规则作保障，必须在全社会树立牢固的信用意识，才能使信用工具发挥正面作用。

二、信用体系

（一）信用体系的概念

关于信用体系有不同的理解，首先需要明确信用体系的概念。信用体系，有人称之为国家信用体系，有人称之为国民信用体系，有人称之为社会信用体系。第一种提法显然强调国家或政府在信用体系中的作用。国民信用体系与社会信用体系的概念比较接近，但前者更侧重于民，而后者显然包含了政府的地位。信用关系应当属于经济关系的范畴，它首先是经济基础的内容，其他部分内容可归属于上层建筑。信用关系是一种社会契约关系，它主要不是靠国家权力来建立和维持的，从根本上说，取决于经济发展阶段和水平。当然，国家强制力和政府政策导向在其中起重要作用，国家或政府信用的影响至关重要，如果国家或政府信用崩溃，社会信用必然覆灭，但是，这是一种极端的情况。最经常、最普遍的信用主体应该是民众而不是国家或政府。国家或政府不能够代替全社会建立一种信用体系，而必须由交易主体按国家或政府制定的法令规则自主建立。因此，采用社会信用体系的提法更为合理一些。中国共产党第十六次全国代表大会报告明确指出："整顿和规范市场经济秩序，健全现代市场经济的社会信用体系，打破行业垄断和地区封锁，促进商品和生产要素在全国市场自由流动。"这里确认和使用的是"社会信用体系"的提法。

社会信用体系有广义和狭义两种理解。广义的信用体系是指包括信用记录、信用征集、信用调查、信用评价、信用担保以及信用意识、信用法律制度、信用管理在内的完整的系统。狭义的信用体系是指以独立中介机构为主体，在法律范围内通过征集、分析个人或企业等信用主体的信用资料、信息，为客户提供当事人信用状况证明和担保等社会化系统。

(二) 我国信用体系建设

我国社会信用问题第一次提出是在20世纪90年代。当时，为了处置经济活动中严重的"三角债"问题，国务院发出了《关于在全国范围内开展清理"三角债"工作的通知》。1991年原国务院生产办在国务院领导人的直接领导下，采取一系列措施解决国有企业之间的"三角债"问题，不仅在一定程度上缓解了债务链对国有企业资金短缺的困扰，也触及了计划经济向市场经济转轨过程中的信用问题。信用意识逐步得到各级政府和全社会的重视。朱镕基总理在《政府工作报告》中将信用体系建设确定为政府工作的重要内容。2001年国家十部委发布了《关于加强中小企业信用管理工作的若干意见》。各方面积极呼吁加强市场主体信用观念和信用意识，加强信用立法和执法，促进信用中介服务行业市场化发展。近几年来，在国务院领导下有关部委对整顿市场经济秩序，打击假冒伪劣产品常抓不懈，有力促进了全社会信用意识的提高。在这样的背景下，信用担保、信用调查、追债等信用专业机构浮出水面。商业银行加强了对贷款人的资信审查，提高了对贷款人的担保要求。各地和有关行业也开展了树立信用形象和建立信用工程的活动。信用评级、建立企业资信数据库、完善企业和个人信用记录等工作取得了一定成效。1995年全国人大颁布了《担保法》，为平等主体间的担保活动提供了基本的法律框架和依据。

我国社会信用体系建设虽然取得一定进展，但尚未建立完整而有效的体系，还需要进一步加大力度。

1. 突出政府信用在社会信用体系中的主导地位

如果从信用主体的角度进行划分，则社会信用通常可分为：政府信用、企业信用和个人信用。政府虽然不是一般经济交易活动的主体，但其地位决定了在经济活动中经常扮演"示范人"角色，使政府的行为通常具有放大效果。信用政府要求政务信息公开，恪守承诺，自觉履行法律义务和责任，改进政府决策程序，提高政府决策的透明度、科学化、民主化。政府信用在整个社会体系建设中起示范和推动的作用，但政府不应代替一般经济活动主体的信用地位和责任，在具备条件时政府应从企业信用体系中退出。

2. 加大对失信主体的惩戒力度

社会信用体系建设过程中存在一些流于形式的情况，主要是对失信者的惩戒力度不够，还没有对失信者形成一种不可抗拒、不可摆脱的强有力的社会压力，守信者尚未充分享有讲信用带来的经济实惠和社会评价。因此，应结合整顿市场经济秩序，提高失信企业和个人"黑名单"的威慑力，加大制约力度，拓宽涵盖范围。总之，强化对失信者的惩戒力度，切切实实让失信者付出应有的代价。

3. 推动部门、地区、行业资信的互通互联

按照政府职能转变，实行政务公开的要求，开放法律允许公开的各类政务信息。打破部门、地区、行业封锁，尽快实现银行、工商、税务、质检、海关、公安、司法、证券监管等方面信息的互通互联。只有在经济活动的各个环节建立严密的资信查询系统并实行全部联网，才能真正发挥社会信用体系的效能。

4. 发展和规范专业信用机构

我国专业信用机构处于发展的初级阶段，信用调查、信用征集、信用评级、信用担保、信用证明等机构存在标准不一、资质不高、信息不对称、时效滞后、效率低下、信息流通性差等问题，甚至有的存在弄虚作假、欺骗公众和当事人的违规违法行为。因此，提高专业信用机构的执业水平，加大对专业信用机构违规违法行为的惩戒力度，规范专业信用机构的执业行为和标准十分必要。由政府部门组织或由行业协会开展对专业信用机构的信用评级，对专业信用机构的发展和规范也是十分必要的。

建立完善这种社会机制，要求征信数据社会化、信用管理的法制化、信用交易管理规范化、信用服务机构的商业化、信用管理教育和研究的系统化。我国信用体系建设还处于初级阶段，有待于进一步发展。

三、信用担保与信用体系的关系

人与人之间、法人与法人之间，甚至地域与地域之间、族群与族群之间、政府与政府之间、国家与国家之间的信用地位是不平等的。这种不平等既是客观因素所致，也是主观条件所限。这种不平等表现为这些主体之间存在的信用差。对信用差的判断主要取决于利害关系方的地位。当经济主体为实现特定的经济目的而信用不足时，客观上就需要信用增级以减少和避免信用风险，确保信用清偿，或在信用不能清偿时仍能取得补偿，从而使信用保证制度的产生成为必要。信用担保不但可以起到信用判断、证明的作用，而且更重要的是可以保障债权的实现。因此，信用担保比起信用评级、法律公证等信用证明形式，对债权的保障更为直接、有效。虽然，在合同关系中，已经存在违约金、定金、留置、抵押等伴生的担保形式和撤销权、代位权、抗辩权等保障债权的合同制度。当以上这些措施仍不能满足债权方对债务方信用差的认同时，第三方担保就成为必要的形式。只要信用差存在，对政策性或商业性信用担保的需求就一定存在。

信用担保的建立对企业、个人信用数据的征集、评级提出了要求，有利于提高企业、个人的信用，有利于对企业、个人形成担保法律关系上的制约，为社会提供一种保障性较高的专业服务。中小企业融资难的基本原因之一是信用不足，由于基础信用的缺陷势必造成信用担保风险与成本的增加，因此，只靠担保机构，不可能从根本上解决信用缺失现象，所以，信用担保机构的作用是有限的。同时，信用担保功能的实现也是有条件的，担保机构的生存和发展对信用环境有很高的依存度，担保机构不可能超越自身实力和整个信用环境的制约。可见，信用担保与信用、信用体系是联系互动的辩证关系。

第二节　担保与信用担保

一、担保

（一）担保的概念

担保在东西方文明早期既已出现，早期的担保行为发生于简单的商品交换、战争和国际政治活动中。那时的担保行为大多不为法律所调整,但这种原始的担保行为反映了担保的本质属性。担保即是指保障债权实现的方式,根据各国现行法律,担保方式可有保证、抵押、质押、留置、定金等。保证是人的担保,在我国也被习惯地称为担保。抵押、质押、留置、定金是物的担保。近年来,各种担保方式都获得了前所未有的发展,使用规模、范围扩大,新的担保方式被认可,担保关系日趋复杂和多样化。专业担保的出现极大地推动了我国担保制度的完善。

我国《担保法》第一条规定,"为促进资金融通和商品流通,保障债权实现,发展社会主义市场经济,制定本法。"保障债权实现是担保的根本功能,同时,担保具有促进资金融通和商品流通的作用。当然,担保具有补偿功能,即当债务人不履行债务时,债权人可以获得赔偿。但是,担保的根本目的和功能是保障债权的实现,其补偿功能是第二位的。

(二) 担保的特殊性

担保是一种经济工具,但其属性与投资、证券、期货、租赁、基金等经济工具的属性是不同的。这主要表现为:

1. 信用差。不同主体间存在着信用差,这便产生了对信用担保的需求。一般认为,之所以需要第三方担保是由于债权人与债务人之间存在信息不对称,因第三方提供担保而支出的成本小于债权人自己了解或证明的成本。专业担保不但可以起到信用判断、证明的作用,而且更重要的是通过第三方担保提升债务人一方的信用等级,并承担保障债权实现的义务和责任。因此,专业担保比起信用评级、法律公证等信用证明形式对债权的保障更为直接、有效。只要信用差存在,对政策性或商业性专业担保的需求就一定存在。

2. 或然性。第三方提供担保之后并不必然承担担保责任,并不一定要支付责任金额或代为履行。只有当被担保人不履行或不能履行担保责任时,担保人才可能实际承担担保责任。

3. 人格化。担保具有显著的人格化社会关系的特征。这一特征既反映在担保所产生的经济关系、法律关系之中,也体现在专业担保所形成的社会关系之中。这是因为担保关系,不仅是财产关系、法律关系,更基础的是信用关系、人格关系,甚至是人身关系。这主要是指:提供担保是担保人对被担保人信用和人格品质的认可;在信用关系上被担保人依附于担保人；专业担保机构有对担保申请人进行道德、社会关系、财产、经营管理能力审查、评估、评价的权利和义务；担保人对被担保人的财产和经营管理活动有监督权，被担保人有按照担保人的正当要求处置财产和进行经营管理的义务。担保不仅仅是经济问题或者法律问题，不仅仅是信息、信用的问题，而是更深一层次的利害、信任的关系，它的根本是一种人格化的社会关系。除担保以外，没有任何一项经济工具可以对相对人有如此全面和深入的干预。

二、信用担保

（一）信用担保的概念

1. 信用担保的概念

信用担保，也称信用保证，是指由专门机构面向社会提供的制度化的保证。信用担保的概念包含三个要点：（1）由专门机构提供的担保，而不是一般法人、自然人提供的担保；（2）这种担保是制度化的担保，即指它是在一定的政策、法律、制度、规则框架安排体系之中的，是标准化、规范化的业务；（3）是面向社会提供的担保而不是对内部关联机构或雇员提供的担保。

2. 信用担保的功能

信用担保实际上是一种专业担保，它除具有担保的一般功能之外还具有其特殊功能。

专业担保具有经济杠杆的属性。非专业担保是分散的、没有统一的目标，往往是为满足与担保人有特定关系的债务人的个案需要，而专业担保可以提供集中地、系统地担保，从而引导资金和其他经济资源的配置。当专业担保为政府利用时，就成为贯彻特定经济政策的工具。经济杠杆的属性是信用担保最重要的属性。正是由于专业担保具有经济杠杆的属性，它能够引导社会资源、生产要素的流向，它主要是对社会资源、生产要素的动态过程，或者说是对资金融通和商品流通等提供保障。

这种属性直接由信用担保的放大功能体现。放大倍数是担保机构所提供的担保额与其承担担保风险的担保资金或资产的比例。一般地说，担保放大比例越高，其对社会做的贡献越大。同时，担保放大比例越大，担保机构所要承担的风险就越大，需要担保机构具备更高的风险控制和风险管理能力。担保机构的担保能力不是一个简单的常数，而是随着担保机构各方面因素的变化而变化的。因此，担保放大倍数并不是越大越好。在担保机构社会贡献率、担保机构风险承受能力、债权人、债务人认可度之间存在一个平衡点。过高或过低地确定担保放大比例，都会对担保机构的经营和发展带来不利的影响。

合理的担保放大比例应该是与担保机构的担保能力相对应的，担保能力越大，担保的放大比例也就越大。担保从法律和经济责任上具有或然性，担保人实际承担担保责任有一个不确定的概率。正是这个概率的存在为担保的放大倍数提供了依据。放大倍数应根据各个担保机构的资金实力、责任比例、操作能力、已往实际业绩记录来确立和调整。但从管理上，难以做到对各个机构的放大倍数分别确定，一般以各机构的平均的综合倍数为参照确定一个可以放大的最高倍数。但这个倍数不是很准确的标准，它是一个最高极限数。归根结底，担保机构的放大倍数取决于债权人的认可。

（二）信用担保的特殊性

1. 专业性

（1）专业担保在国际上已有一百多年的历史，专业担保能够提供近百种担保业务，它的业务范围之广是非专业担保完全不能相比的。现代担保业是适应市场经济条件下社会对信用的客观需要而逐渐产生发展起来的。为不断满足客户对信用的多种需求，担保品种已由最初的贷款担保扩大到目前的招标担保、履约担保、资产证券化担保等在内的多品种担保。

（2）专业担保在风险防范、分散、化解，在项目评审、监督控制手段，在专业机构协作等方面也具有自身的特点和优势。无论何种类型的担保机构，为了确保自身的稳健运行，都有比较健全的风险防范和化解机制。

（3）专业化人才。会计师事务所、律师事务所等对从业资格、资质均有严格要求。专业担保从业人员从其专业性上来看同样需要如同会计师、律师那样的行业性的资格、资质标准。但专业担保目前还没有国际通行或全国统一的从业资格标准。这主要是由于专业担保不同类型的业务、机构对人员资格、资质要求差别较大，专业担保技术性很强而从业人数不多，在我国专业担保的发展还仅处于初级阶段。随着专业担保的发展对从业人员提出明确的资格、资质要求将是必然的。

2. 法律调整规范的特殊要求。一般企业法人或自然人的非专业担保是一种民事行为，属于民法调整的范畴，我国《担保法》的调整对象是属于民事行为的担保行为。专业担保活动中的担保人、被担保人、债务人之间的担保合同关系应由《担保法》调整。专业担保尤其是政策性担保直接或间接服务于政府的经济职能，其组织设立、业务安排、高级人员任免、监督检查、财政扶持等应由经济行政法来调整。虽然现在担保业务操作方面有些是依据《担保法》运行的，但从整体和行业的观点来看，把属于民法范畴的《担保法》作为判断政策性专业担保应如何发展的主要法律依据，其实并不符合该类机构经济行为特征的客观要求。由国家制定专门属于经济行政法范畴的法律法规，是十分必要和现实的。

3. 社会性、政策关联性。由于专业担保具有经济杠杆的功能，许多国家政府和地方政府通过专业担保实现一定的政策目标。这样使专业担保与政府政策密切相关，信用担保成为落实政府政策的工具。专业担保具有社会性、政策关联性。非专业担保仅仅出于经济活动平等主体之间的利害关系，是当事人之间自己的事情。比如，非专业担保的担保人完全可以自愿放弃作为担保人的权利，而专业担保在一般情况下不可以放弃作为担保人的权利。

三、担保与保险的区别

担保与保险都是处理风险的经济工具，两者既有联系，更有本质区别，为进一步加深对担保功能和特殊性的理解，下面我们对担保与保险的关系进行比较分析。由于担保、保险各自具有众多的不同的种类，而各种类具有各自不同的特点，难以一一对应分解。主要以商业保险与担保的关系为分析对象。这里的担保，既可以是政策性担保，也可以是商业性担保。这里讲的担保，超越政策性担保、商业性担保不同的价值取向，而归结为担保的一般特点。这里讲的保险，主要是商业保险中财产保险、人寿保险。政策性保险就保险的特点而言不具有代表性。因此，这里比较分析的是担保与商业保险。

（一）担保与保险的功能不同

担保的首要功能是保障债权的实现，促进资金融通和商品流通；保险的功能是当发生保险合同约定的损失时投保人能获得赔偿。担保促进资金融通和商品流通的保障功能是第一位的，当债务人不能履行债务时担保人按照约定履行债务或承担责任的补偿功能是第二位的。

（二）担保与保险运营机理不同

1. 担保承担责任的载体一般是担保人自身的财产。保险是在互助共济原则下，由众多投保人共同分摊风险损失，承担补偿责任的载体主要是由投保人交纳保费而形成的保险基金。担保基金即使是会员集资组成的，也只是具备特定资格和条件成员资金的集合，具有封闭性的特点，而保险基金的构成具有开放性的特点。

2. 对担保机构来说提供担保的前提一般是确认没有损失的风险，因此，如果担保机构发生代偿，是项目判断上的失误和经营上的损失；保险的前提则是肯定损失风险的存在，因此，如果保险机构发生赔付（只要不超过测算的比例）完全是经营之中的正常情形。

3. 保险是按大数法则运营的，一般地说，担保不能同保险一样按大数法则开展业务。所谓大数法则，是指同一现象或行为重复无数次，便产生了某一常数，这个常数就是某个特定现象出现的概率。举一个简单的例子，一个硬币有正反两面，当抛掷硬币时，正反两面出现的概率，随着抛掷次数的增多基本相等，当抛掷次数趋于无限时，概率就为50%，这就是大数法则。一个设计没有失误的保险品种，其赔付金额总是在保险基金或者保费收入范围之内的。保险公司尽可能多地推销出保险单就可赢利。担保机构提供担保的数量是有限定的，只能以其自身财力和分散风险的能力为限，并且，赔付金额往往要超过保费收入。因此，担保不能适用大数法则。

4. 从责任确定来看，保险遵循近因原则，只有近因才是保险所要考虑的惟一原因，而同时排除了远因。"近因"是指直接造成事件发生的关键因素，"远因"指的是那些虽然对事故的发生起了一定作用，但并非起主导作用的原因。近因原则是确定保险赔偿责任的一项基本原则，只有当承保风险损失发生是近因的时候，保险人才会负赔偿责任。保险人可通过免责条款将各种"远因"产生损失的情况排除掉，大大减少了承担赔付责任的概率，使其能够经营下去，发展起来。因此，我国《保险法》规定免责条款是保险合同的必备条款。担保一般只要发生了损失后果，不论其产生损失的事实出于何种原因一般都要履行担保责任。担保人享有的抗辩权的范围一般限于担保人、债权人、债务人三方之间权利义务关系方面法定的可以不履行或延迟履行的情况，并不包括引起损失结果的其他的因素。从这个角度上看，简而言之，保险保在原因，担保保在结果。

（三）担保与保险的法律关系不同

1. 担保法律关系具有从属性，担保合同按我国《担保法》规定是主合同的从合同，而保险合同是独立的法律关系。

2. 担保法律关系具有限制性，担保人是被担保人的潜在的债权人和财产所有者，担保人对被担保人的财产权有加以限制的权利，由此派生出，担保人对被担保人生产经营活动有监督权，而保险人对投保人的财产权一般没有限制的权利，对其经营活动更没有监督权。

3. 法律关系的基本原则不同。保险以诚信最大化为原则，担保合同遵循民法上的一般的诚实信用原则。保险以诚信最大化为原则，失信风险由投保人承担，具体表现为，投保人违反最大诚信原则，未履行告知义务可以导致保险合同无效或部分无效，保险人可以解除或部分解除保险合同。担保以一般诚实信用为原则，失信风险由担保人承担，即担保人一般不能因被担保人的过错、一般的不诚信行为而解除担保合同，除非有被担保人与债权人双方串通，骗取担保人提供保证等法律明文规定的情形。

（四）担保与保险的社会关系特点不同

担保既是担保人对被担保人履约能力的证明，也是对其信誉品质的承认和保证，是一种显著的人格化的社会关系。担保人与被担保人一般有着比较密切和直接的关联，或者要对被担保人的品质、能力进行几乎全方位的考察、评价。保险则是一种相对比较单纯的经济关系，保险只是要求被保险人具有一般的诚信品质，保险人与被保险人不必具有比较密切和直接的关联，也不需要对被保险人的品质、能力进行全方位的考察、评价。当然，当发生保险事故出现理赔可能时，保险人有时会对被保险人、保险事故进行深入考察、评价。这部分工作，其一是在提供保险之后进行的，其二对保险整体业务而言所占比例是较小的。因而，担保是具有显著人格化特征的社会经济工具，而保险不具有显著人格化特征。

（五）担保与保险处理的风险不同

担保处理的风险是与债权、债务相关的一切风险，既包括主观因素产生的风险，也包括客观因素产生的风险。保险处理的风险并不是产生损害结果的一切风险而是保险合同规定的风险情况，一般是客观风险的一部分。

需要指出的是，担保与保险也有混同在一起的情况，如出口信用保险。究其实，出口信用保险是一种政策性担保，是信用担保的特殊形式，它并不按保险原则来运营。有些国家将其纳入保险范畴，但也有些国家和世界银行多边担保机构则将其纳入担保范畴。同时，也确有按大数法则运作的担保品种，例如雇员忠诚担保，但因其符合人格化担保这一本质特征，因此，仍应归属为担保品种。产生这种情况的原因是因为对担保、保险关系的理论研究不够，各国管理当局按照各自的理解把从本质上并不属于担保或保险的业务纳入相异的管理范畴。从实践方面看，特定的经济体制、法律制度，甚至影响国家经济不同力量对比的差异和传统的差异对这种情况的形成也是有重要影响的。在国际交流中，一些在担保、保险制度方面后进的国家在引进、借鉴先进国家担保、保险制度时，一般也沿用了一些本来并不严谨的提法，进而形成了一些习惯性的提法。这种混同并不足以否定担保与保险在基本面上的差别。

第三节 担保法律调整

信用担保具有一般担保的属性，在法律关系上具有普通民事担保的共同特征，因此，信用担保受民法基本原则、合同法、担保法的约束和保障。同时，信用担保具有很强的专业性和针对性，中小企业贷款担保、工程保证担保等各种类型担保与政府政策和国家、地方法律法规直接相关，相应地这些担保业务又要以相关的特别法为准据。

一、担保及反担保

担保是担保人对债权人承诺，在债务人未能或不能清偿债务时，替代债务人清偿债务，或以特定的价值物清偿债务的民事行为。

反担保是债务人或第三人向担保人承诺或设定物的担保，在担保人因代为清偿债务人的债务而受到损失时，向担保人进行清偿的民事行为。《中华人民共和国担保法》在第四条规定："第三人为债务人向债权人提供担保时，可以要求债务人提供反担保。反担保适用本法担保的规定。"在此需要注意的是，债务人自己向担保人提供的反担保只能是物的担保，而不能是保证，只有第三人为债务人提供的反担保才可以是保证或者是物的担保，因为债务人为自己提供的信用保证等于没保证，不利于保障担保债权的实现。担保业务实践中，有的担保机构为债务人提供保证方式的担保后，让债务人向担保机构承诺以其所有资产包括将来可能收入的财产承担无限连带责任，这一约定从内容上看没有确定的财产权利，属于债务人自己的保证。《担保法》关于反担保的规定在《担保法》司法解释第二条中有所体现，司法解释第二条第二款规定："反担保方式可以是债务人提供的抵押或者质押，也可以是其他人提供的保证、抵押或者质押。"这一规定的立法宗旨仍然是为了保障债权人债权的实现。

二、担保的方式

担保的方式是指《担保法》规定的用以担保债权实现而采取的保证、抵押、质押、留置、定金等方式。《担保法》第二条规定："在借贷、买卖、货物运输、加工承揽等经济活动中，债权人需要以担保方式保障其债权实现的，可以依照本法规定设定担保。"这是担保法对担保方式所适用的经济活动的规定。《担保法》司法解释第一条规定："当事人对由民事关系产生的债权，在不违反法律、法规强制性规定的情况下，以担保法规定的方式设定担保的，可以认定为有效。"可见担保方式不限定在《担保法》第二条所列举的经济活动范围内。

《担保法》规定的上述五种担保方式，其中保证属于人的担保，抵押、质押、留置和定金属于物的担保。上述五种担保方式中，保证担保的适用范围最广，操作也比较简单。其他几种担保方式并非每项经济活动都能适用，有些担保方式只适用于某些经济活动中。比如，根据我国法律规定，留置这种担保方式只适用于保管合同、运输合同、加工承揽合同发生的债权的担保。定金这种担保方式在商品贸易合同中运用比较广泛。

三、担保法律关系

广义讲，担保法律关系包括主合同中的债权人与债务人权利义务关系、债务人与担保人之间的委托法律关系及担保人与债权人之间的担保法律关系。狭义的担保法律关系仅指担保人与债权人之间的担保法律关系。《担保法》只调整狭义的担保法律关系。这不是一个简单的理论问题，明确了担保法律关系的当事人是谁，才好明确地约定担保责任，更好地维护担保人的合法权益。比如，在担保业务中，尤其是在融资担保业务中，担保人除了与债权人、债务人签订一《保证合同》外，往往还要与债务人签订一《委托保证合同》，并在委托保证合同中约定了一些担保人的免责条款，这种约定是不能对抗债权人的，担保人的权利义务要与债权人在担保合同中明确约定。另外，在多个担保人为同一债权提供担保的情况下，对于每个担保人之间约定担保份额的，同样一定要与债权人明确约定,否则,担保人之间内部约定的承担担保责任的份额是不能对抗债权人的,一旦发生承担担保责任的情形,担保人之间承担的是连带责任。由此可见,慎重签订、认真审查担保合同,是担保人自我保护的重要一环。

四、担保法律规范

(一)《中华人民共和国民法通则》

中华人民共和国建立以来,尚未颁行一部系统完整的民法典。改革开放后,由于市场经济发展迫切需要规定一些民事活动的基本行为准则,在这种条件下,我国于1986年制定并颁布了《民法通则》。该法对民事活动应当遵循的一些基本原则和共同规范做出了规定。从其内容来看,尽管其条款较之各国民法典的条文要简略、原则得多,但还是基本上概括了经济活动的一般行为准则。关于债权担保的问题,《民法通则》也作了相应的规定。《民法通则》第八十九条规定:"依照法律的规定或者按照当事人的约定,可以采用下列方式担保债务的履行:……",本条列举了担保的四种方式,即:保证、抵押、定金、留置。可见,《担保法》与《民法通则》规定的担保方式的种类是不同的,担保法规定的担保方式比民法通则增加了一种即质押。《民法通则》是规范担保行为的基本法律,《民法通则》与《担保法》的关系是一般法与特别法的关系,根据特别法优于一般法的原理,在担保行为的适用问题上,应优先适用《担保法》的规定。

(二)《中华人民共和国合同法》与《中华人民共和国公司法》

《合同法》分为总则、分则两部分。总则部分规定了合同的一般规定,合同的订立、效力、履行、变更和转让、权利义务、违约责任等内容。合同法总则是订立各类合同、处理各种合同关系的法律依据。合同法分则部分对15种合同的条款、权利义务等做出了规定。《公司法》从规范市场经济的主体出发,对有限责任公司和股份有限公司的设立、组织机构等做出规范。《合同法》、《公司法》为信用担保提供了基本的法律规范。这些规范既是规范信用担保机构自身的基本法律依据，也是调整信用担保机构与债权人、被担保人关系的基本法律依据。

（三）《中华人民共和国担保法》及司法解释

《担保法》于1995年6月30日由第八届全国人大常委会第十四次会议通过，自1995年10月1日施行。《担保法》的文义结构，共7章96条，第一章为总则，第七章为附则，第二章至第五章为担保的五种形式，即保证、抵押、质押、留置和定金。自1996年下半年起，最高人民法院开始着手起草《担保法》司法解释，历经四年，于2000年12月出台。

中投保公司先后参与了《担保法》及《担保法》司法解释的起草工作，应全国人大法工委的邀请参加座谈，并出具了书面意见。在最高人民法院起草《担保法》司法解释的过程中，中投保公司多次与最高人民法院经济庭交流，并以书面形式提出意见。《担保法》出台前后，各地专业担保机构数量并不多。在最高人民法院起草司法解释的四年间，担保作为一个行业得到了长足发展。1998年11月最高人民法院《担保法》司法解释第五稿完成后，又一次以正式来函的形式征求中投保公司的意见，中投保公司组织了一些担保机构，对《担保法》司法解释第五稿提出书面意见，并由中投保公司收集、整理后一并上报最高人民法院经济庭，《担保法》司法解释在有些方面采纳了担保机构所提的意见。但是，应该看到，由于《担保法》立法的目的在于"保障债权的实现"，因此，是一部权利失衡的法律，担保人在担保法律关系中处于弱势，与债权人地位很不平等。随着经济的进一步发展及担保行业的发展壮大，通过担保机构更多的参与立法，这种情况将会有所改变。

1. 《担保法》的立法目的

《担保法》第一条规定："为促进资金融通和商品流通，保障债权的实现，发展社会主义市场经济，制定本法。"这一条就是担保法的立法宗旨。立法宗旨的核心内容是"保障债权的实现"。由此可见，担保法是一部权利失衡的法律，担保人在担保法律关系中处于弱势，债权人的权利过于扩张，地位极不平等。这种权利失衡，反映在担保业务实践中，尤其是融资担保业务中金融机构的格式合同—《保证合同》上，更显出担保人、债权人地位的不平等。例如,中国银行的《保证合同》规定的见索即付、保证合同的独立性,民生银行的《保证合同》规定的担保为无条件、不可撤销的等等,这些规定或者剥夺了担保人的抗辩权,或者违反了担保合同的从属性的法律规定。关于对一些金融机构出具的标准文本《保证合同》存在的有关问题,会在专门章节做更详细的讲解。这种情况随着经济的进一步发展及担保行业的发展壮大,通过担保机构更多的参与立法,相信会有所改变。

2. 《担保法》在我国法律体系中的地位

我国的法律体系分为三个组成部分:民事法律、刑事法律、行政法律。担保法属于民事法律的范畴,民事法律的基本内容包括民事主体法、债权法、物权法、亲属法,其核心内容是债权法和物权法。而担保法恰恰包括了物权法和债权法的内容,横跨了这两大法域。从其内容上看,担保法规定了"保证"这种担保方式,使其具有了债权法的性质;担保法又规定了抵押、质押和留置,使其具有了物权法的性质。担保法是民法的基本组成部分,在法律体系中处于重要的地位。

3. 担保方式及其适用的范围

担保方式就是担保法规定的用以担保债权实现的方式,包括保证、抵押、质押、留置和定金五种方式,其中保证属于人保,就是我们平常所说的信用保证,后四种属于物保性质。

担保行为适用的范围问题,在债权担保法律关系中,债的担保仅指因合同之债发生的债权才适用担保法,受其调整。其他的不当得利之债、无因管理之债、侵权之债都不是担保法调整范围。《担保法》第二条规定"在借贷、买卖、货物运输、加工承揽等经济活动中,债权人需要以担保方式保障其债权实现的,可以依照本法规定设定担保",可见担保法在此规定了担保法的适用范围,采用的是列举式;实践中,可以为之设立担保的民商活动很丰富,简单加以列举并不能全部概括,因此,司法解释用"民事关系"这一词来表达,司法解释第一条规定:"当事人对民事关系产生的债权,在不违反法律、法规强制性规定的情况下,以担保法规定的方式设定担保的,可以认定为有效"。《担保法》司法解释也仅有134条,实践中,无论是担保法,还是担保法司法解释，都不可能把实践中所发生的所有担保行为规范进去，比如现在专业担保公司开展的电子商务担保、商品贸易履约担保等新的担保品种。正因为法律对此不可能一一列举，按照一般的原理，法律没有明文禁止的就是允许的。

4. 担保行为应遵循的原则

《担保法》第三条规定"担保活动应当遵循平等、自愿、公平、诚实信用的原则。"担保法的这条原则实际是《民法通则》规定的民事行为原则的具体体现，《民法通则》第四条规定："民事活动应当遵循自愿、公平、等价有偿、诚实信用的原则"，平等是指公民的民事权利能力平等、不同的民事主体参与民事关系适用法律平等；自愿原则是指民事主体在从事民事活动时，应当充分表达其真实意志，根据自己的意愿设立、变更和终止民事法律关系；公平原则要求民事主体在从事民事活动中正确行使权力和履行义务，兼顾他人利益和社会公共利益；诚实信用原则要求民事主体在从事民事活动时应当诚实、守信用，正当行使权力和履行义务。违背以上原则的行为，是无效的法律行为，或是可以请求人民法院撤销的法律行为，比如担保法第三十条规定的保证人不承担民事责任的两种情形，就是违反上述原则的情形。

（四）部门规章

"部门规章"是指国务院各主管部门颁布实施的规范性文件，关于部门规章是否是我国的法律渊源的问题，法学界一直有争议，在《中华人民共和国立法法》出台之后，部门规章被明确列入了法的渊源，即《立法法》对规章的制定实施等作了规定。但是按照我国的法律规范级次来排序的话，部门规章的级次是最低的，我国法律规范级次是法律（全国人大及其常委会通过）、行政法规（国务院发布）、地方法规（地方立法机构通过）、自治条例、部门规章。那么，人民法院在审理担保纠纷案件过程中，如果法律没有规定，对于部门规章不能"依据"，只能"参照"。

除以上提到的法律、规章外，在一些单行法律中对担保也作了一些相关规定，如：《民用航空法》中对民用航空器抵押权作了规定，《票据法》对票据保证作了规定。

第三章　信用与信用担保

在担保业务实践中，各担保机构正在努力探索、建立担保风险防范体系，对于一项具体担保业务，除对项目本身各项经济指标进行分析外，对一系列法律文本包括担保合同的精心设计与严格审查，也是一项行之有效的措施，可以规避法律风险，避开担保陷阱。

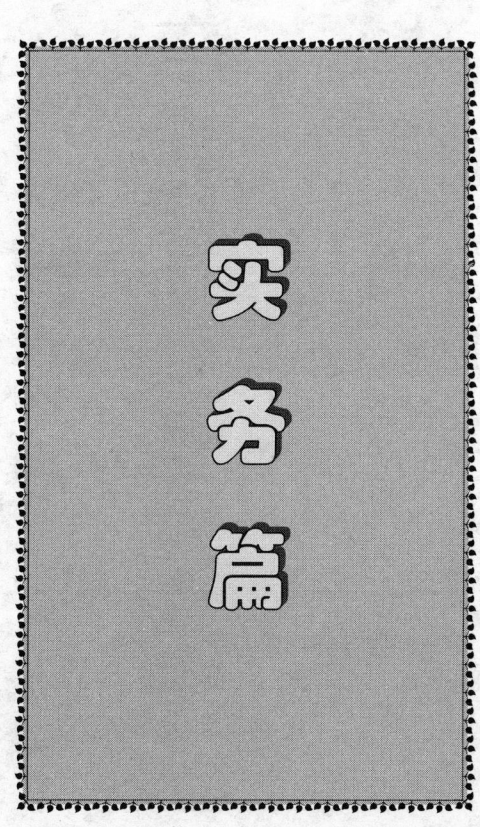

第四章

担保业务流程与操作

本章提要：由于担保业务品种、担保业务环境和控制风险手段的差异，不同的担保机构业务流程存在一定的差别。担保业务的操作流程体现了担保机构的业务运作水平、经营管理理念和风险控制能力。本章对担保业务的一般流程：项目受理、项目评审、项目决策、反担保设置、签订合同、在保项目监管、担保责任解除、代偿和追偿等进行了详细的介绍。

在担保业10余年的发展过程中，担保业务技术经历了一个不断探索提高、不断发展完善的过程。这一过程中，一方面，担保机构在各级政府的支持与推动下，结合市场需求，参考国外同业经验，不断调整与贷款人、借款人及担保业务其他利益相关者的关系，逐步建立了贷款人、借款人和担保人三方风险分担机制、各级财政的资本金补偿机制和再担保机制；另一方面，担保从业人员在业务操作模式、风险控制、品种开发、市场开发等方面进行了广泛深入的研究和探索，基本形成了担保业务操作模式和风险控制体系，在处理扩大担保业务规模和控制风险的矛盾方面取得了长足的进展。由于目前我国担保机构承做的担保业务以中小企业贷款担保为主，本书的"实务篇"和"机构篇"将以贷款担保为主线，介绍担保业务技术和机构管理的相关内容。

第一节 担保业务流程

担保业务流程是担保业务开展的基础。担保业务流程的设计关系到项目运作效率和项目风险控制水平的高低，由于各担保机构对担保业务理解的不同，分别设计出了不同的业务流程。实际上，由于各担保机构的担保业务品种不一样，担保业务环境不一样，控制风险的手段不一样，担保业务流程也必然有所不同。即使在同一个担保机构内部，对于不同的业务品种也应按不同的业务流程进行操作。以下是担保业务的一般流程示意图：

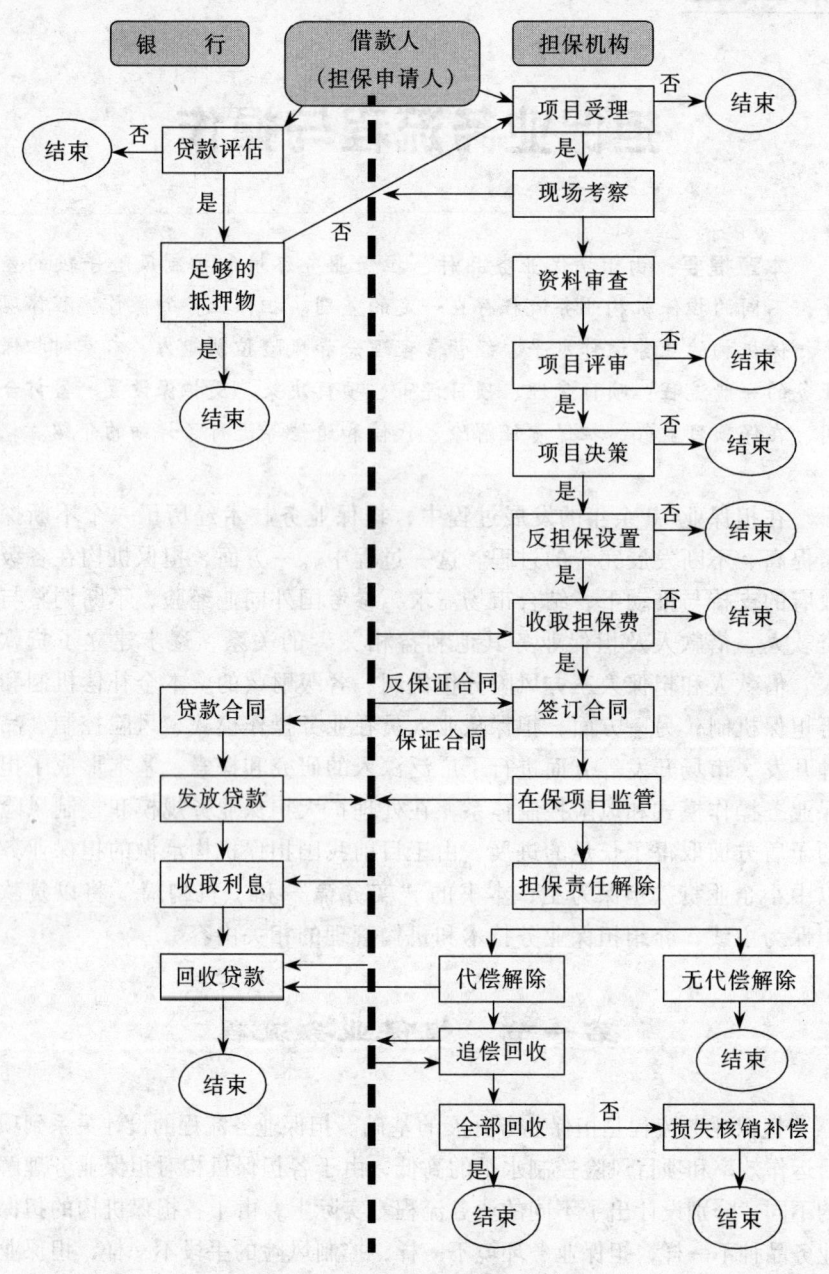

图 4-1 担保业务流程示意图

担保业务的一般流程主要可归结为以下步骤：

1. 申请担保：(1) 借款人向贷款人申请贷款，若借款人具有足够的抵押物或信用水平符合银行贷款条件，银行直接发放贷款；如信用水平不足，则推荐借款人向担保机构申请担保。(2) 借款人直接向担保人申请担保。
2. 担保机构审查项目是否符合受理条件。
3. 对符合受理条件的项目，进行现场考察、资料审查和项目正式评审。
4. 根据项目评审结果，按决策程序进行决策。
5. 对于决定承保的项目，落实反担保措施。
6. 收取担保费。
7. 签订委托担保合同、反担保合同、保证合同及相关协议。
8. 对在保项目进行跟踪和监管。
9. 解除担保责任：(1) 无代偿解除，担保项目结束。(2) 代偿解除，进行追偿程序：1) 全部收回代偿损失，项目结束；2) 未全部收回代偿损失，核销损失，项目结束。

第二节　担保项目受理

担保项目的受理是担保机构开展担保业务的第一步，这个过程涉及项目受理的原则、申请人应具备的条件、担保机构业务受理部门的设置、借款人提供申报资料审查等环节。

一、项目选择的基本原则

担保项目选择的基本原则，主要由担保机构经营宗旨、选择项目的市场定位和业务风险控制要求等条件决定。不同的担保机构的市场定位和风险控制的标准不同，受理担保业务的原则也不尽相同。设定担保项目选择的基本条件，界定能够提供担保和不能提供担保的业务范围，一方面可排除高风险担保品种和高风险项目，控制担保业务的系统风险；另一方面也作为项目初选条件，不符合基本条件者，不再进行正式评估,以提高工作效率,降低业务成本。

担保项目选择的原则主要从其经营宗旨和风险控制两个方面考虑。

(一) 经营宗旨和市场定位

1. 项目选择原则

担保机构的经营宗旨和市场定位,是选择担保项目需要考虑的最主要因素之一。根据经营宗旨和市场定位设定的项目选择原则主要有:

(1) 担保业务开展的特定地区。如省、市、区、县、经济开发区等。我国的担保机构,尤其是地方担保机构,很多都有在特定地区(一般是担保机构所在地区)承做担保业务的经营宗旨。

(2) 担保项目所处行业。如节能环保、农业、出口、高新技术、贸易、房地产等。担保机构一般根据自身优势和股东的要求,选择主要承保企业的行业。

(3) 借款企业类型或特定客户人群。如中小企业、微型企业、新建企业、民营企业、再就业者、低收入者等。这一条件主要受政策要求的影响。

(4) 担保项目的贷款类型。如流动资金贷款、固定资产贷款、消费贷款、房地产贷款、贸易融资等。贷款类型不同,担保项目风险明显不同。我国的信用担保业务中,流动资金贷款担保所占比例较大,其余各类贷款担保均有涉及。

2. 我国担保机构的市场定位

我国担保机构的市场定位主要有以下几种:

(1) 支持高新技术项目及扶持高科技型中小企业的发展;

(2) 支持符合国家、本地区的产业政策和环境保护要求的项目;

(3) 支持节约能源、降低物耗、提高产品质量、发展市场短缺的名优新产品项目;

(4) 支持扩大出口创汇、引进技术消化吸收及创新替代进口的项目;

(5) 支持本地政府确定的解决下岗职工再就业、增加就业机会的都市型企业、社区型企业；

(6) 支持为本地经济发展创造新的经济增长点的科技型企业；

(7) 支持本地区民营企业的发展。

担保机构在定位业务市场时，要分析本企业有无这方面的社会资源和人力资源，是否能够掌握行业的综合信息、行业标准。对于不熟悉的行业最好不要轻易进入，一是由于缺少专业知识，所承担的担保风险相对较大，二是项目调研和评审的成本较高，需要花较大的代价去了解分析该行业的特性和情况。

(二) 风险控制条件

1. 从控制风险的角度考虑，设定各种条件下的最大担保额

(1) 设定单个企业最大担保额

对单个企业提供的最大担保额，可设定为担保机构资本金的一定比例。我国财政部在《中小企业融资担保机构风险管理办法》（财金字［2001］77号）中规定："对单个企业提供担保的担保责任金额最高不得超过担保机构自身实收资本的10%。"欧洲一些国家的小型企业担保基金一般控制在单个借款人获得的担保不超过整个基金的5%。

对不同类型的项目，也可设定为不同的单个企业最高担保限额，如日本信用保证协会设定一个企业的信用保证限额为2亿日元。根据企业类型的不同，又分别规定，海外投资保证限额为2亿日元，新技术开发保证限额为1.5亿日元，防止公害保证限额为5 000万日元等。

(2) 设定单笔最大担保额

设定单笔最大担保额，是分散担保业务风险的有效措施。由于国家和地区经济环境的不同，担保机构提供的单笔最大担保额也不尽相同。如：世界银行多边担保机构规定，每个项目的担保金额不能超过5 000万美元；美国小企业局规定，单笔担保贷款最高额为100万美元；加拿大《小企业贷款法》规定，单笔担保贷款最高不超过25万加元。

部分国家的小型企业担保基金规定的单笔最高担保额见表4-1。

表 4-1　　　　　　　　　　　　　　　　　　　　　单位：万美元

国家	最高担保额
肯尼亚	18
埃及	20.5
泰国	40
波兰（欧盟）	3.72
匈牙利	约 10
千里达岛和多巴哥	2.6
马来西亚	19
加拿大	18.2

资料来源：国际劳工局：《小型/微型企业担保基金操作指南》，经济科学出版社 2002 年中文版。

（3）设定对某一地区的最大担保额度

世界银行多边担保机构规定，对每个国家所做项目的担保总额不能超过 1.75 亿美元。

2. 设定申请担保企业应具备的条件

向担保机构申请担保的企业，一般应符合以下基本条件：

（1）企业必须是在国家有关部门依法登记注册、独立核算、自负盈亏、具有法人资格和履约能力的经济实体。

（2）企业的财务会计核算规范，资产状况良好，依法纳税，具有符合法定要求的注册资本金和必要的营运资金、经营场所及设施。

（3）企业应具有一定的经营管理水平，没有不良的信用纪录。

（4）企业应拥有良好的产品销售网络或经营服务渠道，具有与融资规模相匹配的销售或营业规模，拥有稳定的客户群和现金流。

（5）企业连续经营 1 年以上。

（6）企业的融资用途符合国家法律规定，并能形成较好的经济效益。

（7）企业应能够提供担保机构认可的反担保措施。

以上条件仅供参考，市场定位不同、业务范围不同的担保机构，项目受理条件不尽相同。

3. 设定不能提供担保的条件

为了回避条件较差、风险度过高的项目，担保机构一般都会规定一些限制条件和指标,明示不能提供担保的条件,不符合限制条件和指标的项目不予考虑。对于不能提供担保的条件,各个担保机构掌握的标准差别也很大,以下是一些担保机构拒绝提供担保的条件:

(1) 企业有银行逾期贷款未还。
(2) 企业有偷漏税行为。
(3) 企业申请担保的财务报表与税务报表不一致。
(4) 企业提供担保资料的过程中有弄虚作假行为。
(5) 企业对外股本性投资总额超过净资产50%的(经国家批准的投资公司除外);所融资金用于股权性投资的(上市公司发行可转换债券除外)。
(6) 担保融资用于国家禁止或限制生产、经营和投资领域的。
(7) 用担保套现贷款,从事非法转借贷牟取非法收入的。
(8) 超批准范围违法经营的企业。
(9) 资产负债率高于70%的企业。
(10) 社会经济活动中信誉状况不良的,或最近3年曾有不良经营和违约记录的企业。
(11) 涉及重大民事、经济纠纷,且没有最终认定结果的企业。
(12) 无按期还本付息能力的企业;经营状况恶化且难以改善的企业。
(13) 无反担保措施或反担保措施不能落实的项目。
(14) 企业主要领导人资信不可靠、经营管理能力低下或领导班子缺乏团队合作精神、群体素质差的企业。
(15) 财务管理制度不健全、经营及会计核算混乱的企业。
(16) 企业申请担保金额高于其净资产。
(17) 与本担保机构有逾期债务关系尚未解除的企业。

这里列出的排除条件仅是一般条件和作为示例的参数,实务操作中,担保机构需根据业务运行条件和项目类型的不同,设定相应的条件和限制参数。

二、项目受理人的设置

受各担保机构业务范围和组织机构设置的影响,担保项目的受理人可能是不同的职能部门。有的是由办公室统一受理,有的是由专门的担保业务部门受理，有的是由评审部门受理，有的则是由法律部门受理。

不同的项目受理人具有不同的优势，每个担保机构可以根据自己的具体情况来决定采用哪种形式。

（一）办公室

办公室是担保机构统一对外的窗口，便于按统一的标准决定是否受理担保业务，统一安排项目经办部门，避免忙闲不均情况，便于人力调配。但在实行项目经理负责制或部门的经营管理目标责任制时，业务部门对分配的项目质量容易提出指责。

（二）担保业务部门

担保业务部门直接受理业务便于业务的操作，减少了中间操作环节，有利于业务部门主动开发市场，激发部门之间的竞争，便于考核。如果一个担保机构内部同时设置了多个担保业务部门，还要防止部门之间产生恶性竞争，影响担保机构的整体形象。担保机构必须制定明确的业务规范，避免由于业务人员掌握业务标准尺寸不同，宣传口径不同，使客户不能真正把握担保机构的业务标准而无所适从。

（三）评审部门

评审部门在担保机构内部处于一种相对公正的立场，比较熟悉业务，对受理业务的标准掌握的比较准确，但若评审人员承担一定的项目责任，他们往往又会主动放弃一些比较好的商业机会。

（四）法律部门

法律部门受理担保业务便于审核企业所报资料的真实性和合法性，特别是对于了解担保项目的基本法律关系十分有利。但法律部门也有其限制性，一般对于企业的经济可行性审查得不够全面。

担保项目具体由哪个部门受理业务，各担保机构还应根据自己对各部门职能的界定以及配备人员情况来确定，最主要的还是要看这个部门有无胜任此项工作能力的人员。决定是否受理担保项目的人员最好是复合型人才，既掌握本机构的业务标准，又精通法律、财务和项目评审工作。

三、项目的申报资料

项目的具体情况不同,各担保机构控制风险手段上的差异,要求企业提供的资料也不尽相同。一般来讲,担保项目申请人应向担保机构提交以下申请材料:

1.《委托担保申请书》和《担保项目申请表》(表4-2~表4-10)。

表4-2　　　　　　申请担保企业情况一览表

企业名称				所属行业	
办公地点				法律性质	
成立时间		注册资本		法人代表	
联系人		联系电话		传　真	
公司网址				电子邮箱	
员工人数		经营面积		邮政编码	
基本户开户银行名称				账　号	
本次担保申请的金额与期限					
主营业务及产品:					
企业及产品所获资质及证书:					
主要股东出资额、方式及所占比例:					

股东名称	投资金额	入资形式	投资比例
合计			

其他重大历史事件:

表4-3　　　　　　　申请担保企业注册信息表

注册名称		工商登记号码	
注册地址		注册登记机关	
注册时间		经营期限	
注册资本		机构代码	
注册变更次数、每次变更的时间及内容			
国税登记号码		地税登记号码	

经营范围：

最新年检结果及年检机关：

最大股东简介：

法人股东	
办公地址	
法人代表	
主营业务及开展情况	
自然人股东	
身份证号码	
相关职务	

表4-4　　　　　　申请担保企业管理层人员情况表

主要人员＼主要情况	法定代表人	总经理	财务总监	其他主要管理者
姓名				
年龄				
国籍				
学历				
身份证号码				
管理经验年限				
行业经验年限				
主要履历				

表4-5　　申请担保企业组织结构与人员配备情况表

1. 内部设立的职能部门

2. 设立的分支机构

3. 人员配备

分类标准	类别	人数	所占比例	注
文化程度	研究生及以上			
	大学本科			
	大专、中专			
	合计			
技术职称	高级职称			
	中级职称			
	初级职称			
	合计			
员工岗位	经营管理			
	生产销售			
	合计			

表4-6　申请担保企业近2年及最近期主要财务与经营状况表

单位：万元

基本财务数据	年	年	年　月
资产总额			
1. 流动资产			
货币资金			
短期投资			
应收票据			
应收账款			
预付账款			
其他应收款			
存货			
待摊费用			
2. 长期投资			
3. 固定资产净值			
在建工程			

续表

基本财务数据	年	年	年 月
4. 无形及递延资产			
负债总额			
1. 流动负债			
短期借款			
应付票据			
应付账款			
预收账款			
其他应付款			
2. 长期负债			
长期借款			
应付债券			
长期应付款			
所有者权益			
实收资本			
资本公积			
盈余公积			
未分配利润			

基本财务数据	年度	年度	年1— 月
产品销售收入			
销售成本			
销售费用			
主营业务利润			
管理费用			
财务费用			
利润总额			
净利润			

科 目	年度	年度	年1— 月
经营活动现金净流量			
投资活动现金净流量			
筹资活动现金净流量			
现金及现金等价物增长额			

表 4-7　　　　　申请担保企业主要产品情况表

1. 主要产品名称及服务；
2. 主要产品用途、技术含量及生产规模；
3. 主要产品销售领域、地区及信用管理政策、市场情况；
4. 主要供货商名称、合作年限、年交易额。

表 4-8　　　　　申请担保企业最新贷款卡信息　　　　单位：万元

1. 未到期贷款

贷款金额	贷款起止日	债权人	利率	担保方式	目前余额

2. 未到期对外担保

被担保单位	担保方式	担保金额	担保起止日	目前余额

3. 未结清信用证、保函及银行承兑汇票

业务品种	合同金额	债权人	合同起止日	担保方式	目前余额

表 4-9　　　　申请担保企业目前对外投资情况表　　　单位：万元

投资项目名称	投资金额	投资期限	投资方式	上年投资收益	当年收益预测

表 4-10　　　　　　申请担保项目情况表

申请担保金额（万元）	
申请担保期限	
合作银行	
项目内容简介：	
项目已具备的基础条件：	
项目还款计划：	
担保申请人提供的反担保措施：	

2. 营业执照副本复印件、法人代码证书复印件、税务登记证（国税、地税）复印件。

3. 公司章程。

4. 注册验资报告、历次股权变更时的验资报告和相关实物入资的评估报告复印件。

5. 贷款卡复印件、查询密码及查询打印结果。

6. 法定代表人证明书、法定代表人、总经理、财务负责人的简历及身份证复印件；经办人授权书、经办人简历及身份证复印件。

7. 公司关于申请担保及设立反担保措施的董事会决议或股东大会决议。

8. 公司董事会成员名单。

9. 近3年（经会计师事务所审计）的及当年近期财务报表（包括资产负债表、损益表、现金流量表和财务报表编制说明）。

10. 企业所有账户两年内的银行对账单。

11. 企业申请担保贷款的用途及偿付能力分析。

12. 企业申请贷款担保的项目情况介绍（项目可行性分析报告）。

13. 项目反担保措施的相关材料。

14. 担保机构根据项目的具体情况要求提供的其他资料，如土地证、房产证、专利证书、客户清单、未完成合同、特殊行业的立项批复、生产经营许可证等等。

申请担保的企业提交的资料经担保机构初步审理认为基本可行后，担保机构的项目受理人员应在规定的时间内将所有的资料转交项目的评审人员和法律审核人员。

四、风险分担原则

上一部分我们讲述了担保项目受理的一般条件和标准，但并不是说只要符合以上条件和标准的项目担保机构就一定受理。担保机构在受理项目时，还必须落实一个重要事项，即担保机构承担项目全部风险的比例，也就是项目的实际担保责任有多大。除非是一些特别有把握的项目，我们不提倡担保机构为项目提供100%的担保责任。

（一）风险分担的必要性

在中国资本市场尚不发达的情况下，企业为了扩大生产，赚取更多的收入和利润，通过银行贷款获取必要的流动资金是目前中国企业融资的最主要形式。但银行业还没有完全市场化，再加上我们国家没有一个良好的社会信用环境体系，企业获取银行贷款非常困难，这就阻碍了整个社会经济的发展。近几年，为了解决企业融资困难问题，各级政府先后成立了一些中小企业担保机构，这些担保机构的主营业务就是为企业向银行贷款提供担保。

在市场经济非常发达的西方国家，担保机构认为，银行既然收取贷款利息，就应承担贷款的风险，而不应将风险转移到担保机构，所以他们基本不开展贷款担保业务；贷款担保业务主要集中于支持本国中小企业发展、促进本国产品出口、促进对外投资等几个专门领域，并且是以政府资金作为其财务支撑，通过政策性机构（如美国小企业管理局）或委托商业性机构进行运作的。

从经济学原理上来讲，在贷款担保业务中，银行和借款人应承担主要的责任与风险，保证人应起补充责任、提高企业信用的作用；通过保证人对企业的调查与评估，纠正"信息不对称"对贷款业务的影响，补充和完善银行信用调查体系。现实情况是，由于起草《担保法》时，立法部门主要考虑如何保护银行利益，对保证人的法律地位和作用未能给予恰当的定位，致使保证人的责任与地位基本与债务人处于同一地位。部分银行利用其在社会经济活动中的强势地位，强制要求保证人接受其制定的格式《保证合同》，担保范围不仅有贷款的本金，还包括利息及其实现债权费用（诉讼费用、律师费用、通知费用、催告费用）等；有些银行制定的《保证合同》中还规定"不经保证人同意可以直接从保证人账户扣划资金"、"不经保证人同意银行可以转让债权"、"借款合同无效时担保合同仍然有效"等一系列不合理甚至是与法律相抵触的条款。

事实上，在一个担保项目中，借款人、贷款人和担保人三方都会获得各自的利益：借款人获得了企业经营资金，贷款人获得了利息收入并有担保机构保证资金的回收，担保机构获得了担保费收入。因此，担保业务涉及的三方理所应当分担项目可能带来的风险，这就是担保业务风险分担的原则。

银行应承担一定的经济责任，如果由担保机构承担全部的经济责任，银行就会对贷款不关心、不监管，只是贷款到期时找担保机构代偿；借款人也要承担一定的项目风险，以加大借款人的违约成本，促使其努力按合同约定偿还贷款；担保机构不能承担项目的全部风险，否则担保业务就会演变成银行贷款风险的转嫁手段。从道理上讲，担保机构与银行应该是一种"合作伙伴"的关系，只有相互理解、相互支持、共担风险,双方才可能共同发展。担保机构可以为银行承担部分贷款风险,但担保机构因代偿过多倒闭了,对银行的业务发展肯定是没有好处的。

在国外,担保机构与银行实行比例担保已经成为担保机构防范项目风险的一个重要措施。图4-2是哥伦比亚国民担保基金在过去15年的统计数据,从中可以看出担保比例与担保机构发生损失之间的相关性。

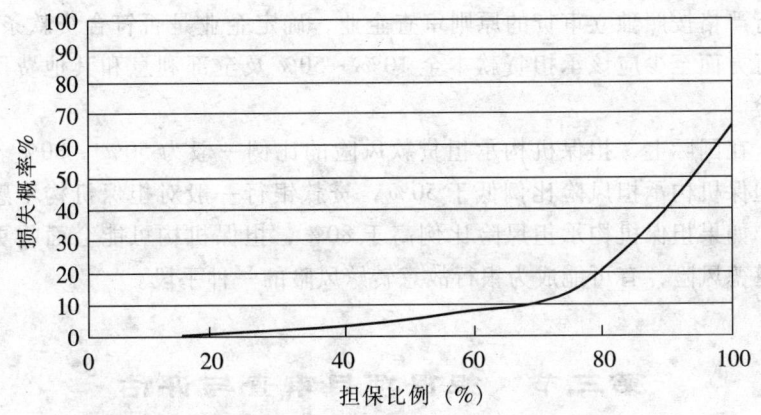

图4-2 担保比例与担保项目损失概率的关系

由图4-2可以看出,担保机构承保比例在50%以下的贷款,担保机构损失的概率最小。当担保比例超过50%以后,担保机构承担的风险将迅速增加,平均担保比例每增加10%,担保机构的损失概率就增加1倍。当然,就算担保机构承担了100%的担保责任,其最终的损失概率也不会达到100%,因为总会有能够按期还款的企业。

(二)风险分担的方式

在一笔担保业务中,担保项目的各方都需要承担风险,这样才能促使借款人、贷款人和担保机构共同努力把项目风险降到最低。

一笔成功的贷款,也就是一项成功的担保,最终都取决于借款人是否能够按期还清贷款。因此,让借款人承担一定的风险至关重要。在同等条件下,借款人承担的风险越大,违约成本越高,担保项目的成功率就越高。按照一般经验,借款人除了必须提供经担保机构认可的反担保措施包括抵押、质押以外,其用于项目的自有资金不应低于整个项目成本的20%,比如对于房地产开发贷款,国家有关部门就明确规定企业自有资金不应低于开发项目总投资的30%。必要时,担保机构还可要求项目单位的主要负责人也承担一定的经济责任,即可要求其对项目风险承担个人连带责任。

担保机构为银行的贷款提供担保,直接降低了银行贷款的风险,银行成为担保业务的直接受益者。为了防止银行故意转移贷款风险,促使银行严格按照独立审贷的原则审查企业,确定企业是否符合贷款条件,银行方面至少应该承担贷款本金10%～50%及全部利息和其他费用的风险。

在国际上,担保机构承担贷款风险的比例一般为50%～80%。如果担保机构承担风险比例低于50%,贷款银行一般对担保机构不感兴趣;如果担保机构承担风险比例高于80%,担保机构可能会面临更大的道德风险,有可能成为银行故意转嫁风险的一种手段。

第三节 担保项目审查与评估

担保机构在正式受理项目后,进入项目的审查和评价阶段。这个阶段的工作主要包括以下几个方面:一是现场考察,二是审核企业所提供资料的完整性、真实性和合法性,三是评价项目的可行性、找出主要风险点、设计切实可行的风险控制措施,四是撰写评审报告和出具法律意见书。

一、现场考察

现场考察是担保项目审查不可缺少的环节。现场考察的人员一般是担保机构的业务经办人员、评审人员和法律人员。对于担保金额较大的项目,也可组成项目小组共同进行现场考察。对企业现场考察的主要内容有:

1. 了解企业是否正常生产经营,企业的机器设备是否在正常运转,有无闲置资产,机器设备的成新度,是否买了财产保险,企业的生产经营条件和环保设施。

2. 机器设备利用率，生产设备是否得到了充分利用，总的生产能力与销售之间的差额。

3. 生产的经营管理是否有章可循，是否比较规范，有无生产安全隐患。

4. 生产一线的人员是否经过培训，整体素质如何，现有人员是否能够满足生产要求。

5. 厂房和办公场所是租赁的，还是企业自己购置的，是否有产权证明，机器设备是否是海关监管产品。

6. 企业仓库的原材料和产成品、半成品的库存量是否正常，仓库管理是否严谨、是否安全，大致清点库存商品的数量、估算其价值与财务报表是否相符，是否正在往外销售货物。

7. 企业生产所在地的交通能否满足正常生产和运输的要求，水电能否正常供应，周围环境如何，有无其他纠纷影响企业的正常生产，如与当地居民的关系，外部环境是否会干扰企业的正常生产等等。

二、资料审查

在担保业务中，审查和评价项目的基础是企业所报送的资料，所报资料的完整性、真实性以及合法性都关系到整个评审的质量，关系到项目的成功与失败，担保机构必须认真、严格审查每个项目的基本资料。

（一）审查企业报送的资料是否齐全

担保业务评审工作面临的最基本问题是信息不对称，不掌握企业全方位的信息就很难做出客观公正的评价。因此，必须要求企业报送所有评审所需资料，尽可能全面地了解企业的生产经营状况。

担保机构要求企业报送的资料一般分为五类：

1. 担保申请书

各担保机构的业务及市场定位不同，要求企业填写的委托担保申请书的内容也不尽相同。主要包括：

（1）担保机构制定的《委托担保申请书》和《担保项目申请表》。

（2）企业自拟的担保申请（申请担保贷款的用途及偿付能力分析；申请担保贷款的项目情况介绍）。

2. 企业的主体资料

审查企业的主体资料，包括以下内容：

（1）营业执照（含年检证明）复印件，组织机构代码证复印件，税务登记证（国税、地税）复印件，法定代表人资格证明、工作简历及身份证复印件，总经理、财务负责人和其他主要领导者的简历及身份证复印件，经办人员的法定代表授权委托书和被授权身份证复印件。

（2）有关公司批准成立的文件、合同、批复，公司章程（需有工商局印章），关于申请担保及设立反担保措施的董事会决议或股东大会决议（中外合资、中外合作、股份有限公司和国有独资公司提供董事会决议。国有企业和集体企业需提供上级主管部门同意该单位申请担保的批复；合伙企业和个人独资企业需提供出资人签字的有关决议），公司董事会成员名单。

（3）公司组织机构及业务情况介绍。包括以下内容：

1）公司成立的背景。如果股东为法人单位，需提供股东单位的情况介绍。如果发生过产权变动，需提供有关变动资料。

2）企业内部部门设置及部门职能。

3）产品介绍。包括特点、技术水平、技术来源、产品知名度和产品的市场状况。

4）生产能力介绍和扩大生产的计划。

5）公司的收入构成及比例。

6）企业的业务流程介绍，包括进货方式和进货渠道、销售方式和销售渠道、结算方式等。

7）市场分析。包括风险和利润增长点分析。

8）企业的市场定位和发展方向。

9）或有负债、涉诉案件。

10）企业及其法定代表人的信用情况。

3. 企业的财务资料

审查企业的财务资料，包括以下内容：

(1) 注册验资报告、历次股权变更时的验资报告和相关实物入资的评估报告复印件（国有企业由于成立时间较长无验资报告的需提供国有资产产权登记证）。

(2) 贷款卡复印件、查询密码及银行信贷登记咨询系统查询记录打印结果（包括企业情况基本信息、借款信息、抵质押担保信息和保证担保信息，这四条信息均为必备信息，缺一不可）。

(3) 近3年（经会计师事务所审计）的及当年近期财务报表，包括资产负债表、损益表、现金流量表和财务报表编制说明。财务报表编制说明又包括：

1）存货的计价方式，固定资产的折旧政策（提供固定资产清单及其所有权证明文件），税务政策（如享受税收优惠，需提供税务部门的相关批复或通知）。

2）所有开户银行情况，包括开户地点、账户性质和账号，主营业务账户两年内的银行对账单。

3）存货、应收账款、应付账款、预收账款、预付账款、其他应收款、其他应付款、短期投资、长期投资、短期借款、长期借款等科目的情况说明，需根据企业的明细账具实填列，包括具体发生事项或对象以及对应的金额，其中应收账款还需指明发生日、到期日或逾期天数。

4. 企业的业务资料

对于不同业务类型的企业要求提供的业务资料不尽相同：

(1) 制造类企业

包括产品名称及品牌（注册商标），产品的市场容量及占有率、产品适用性和独特性、产品技术先进性（取得何种专利或其他认可），产品销售的内外贸合同或协议，外贸业务的进出口批文。对于申请承兑汇票和信用证保证金担保的，还要提供承兑协议，相应的购销合同。

(2) 一般贸易企业

包括企业销售情况材料，销售产品品牌、自营、代理情况，主要供销渠道，主要业务客户名单及相应的合同或协议，国际贸易合同及与之相关的政府进出口批件。对于申请信用证打包贷款及押汇贷款担保的，还要提供供货履约保函或物流公司的监管协议等。

(3) 房地产类企业

包括项目立项报告及批复报告，固定资产投资计划书，可行性报告及批复，建设用地规划许可证，国有土地使用证、土地有偿出让合同，建设工程规划许可证，建设工程开工证，商品房外销、内销预售许可证。

5. 反担保措施的相关材料

担保机构要求申请担保人提供的反担保方式一般有：信用反担保、抵押反担保和质押反担保。

（1）信用反担保

对于提供信用反担保的，反担保企业应比照对申请担保企业的要求提供相关审查资料。

（2）抵押反担保

对于提供抵押反担保的，根据抵押物的不同分为土地使用权抵押、房屋土地等建筑物抵押、动产抵押，根据提供抵押物所有权人的不同可以分为企业以自有资产抵押和以第三人资产提供抵押。

以土地使用权抵押的又可以分为划拨的国有土地使用权抵押、出让的国有土地使用权抵押和集体土地使用权抵押三种。以房屋土地等建筑物抵押可以分为城市房地产抵押和预售商品房抵押两种。

1）以划拨的国有土地使用权抵押的，应提供土地登记申请书，土地登记申请者的法人代表证明和个人身份证及户籍证明，土地权属来源证明，土地附着物权属证明。

2）以出让的国有土地使用权抵押的，应提供国有土地使用证，土地使用权出让合同，土地使用权转让、租赁、抵押合同，市县级人民政府土地管理部门认为有必要提交的其他证明文件、材料。

3）以集体土地使用进行抵押的，应提供被抵押的集体土地所有者同意抵押的证明，抵押登记申请书，抵押人和抵押权人的身份证明，抵押合同，经土地管理部门确认的地价评估报告，土地权属证明，土地管理部门认为应提交的其他文件。

4）以城市房地产抵押的，应提交抵押当事人双方的身份证明及法人资格证明，《国有土地使用证》、《房屋所有权证》或《房地产证》，共有的房屋还必须提交《房屋共有证》和其共有人同意抵押的证明，可以证明抵押人有权设定抵押权的文件与证明资料，可以证明抵押房地产价值的资料，抵押登记机关认为必要的其他文件。

5）以预售商品房抵押的，除提供上述文件以外，还必须提供《建设工程规划许可证》、《施工许可证》、《商品房预售许可证》，若建筑物属于在建工程还必须提供建筑合同。

6）用动产进行抵押的，必须提供抵押物的所有权证明、存放状况资料，抵押合同双方当事人的营业执照，双方代理人身份证明和授权委托文件，若为进口货物必须提供海关纳税证明，若是海关监管货物必须提供海关同意抵押或已过海关监管期的证明，以及工商管理机关认为需要提供的其他文件。

（3）质押反担保

根据质押物品的不同，质押反担保可分为以有限责任公司股份权质押、以商标权质押、以专利权质押、以著作权质押、以有价证券质押、以新药药号质押，以公路、桥梁、隧道、渡口的收益权质押等形式。

1）以有限责任公司股权质押的，必须提供公司全体股东过半数同意的股东会决议，公司章程。

2）以商标权质押的，必须提供商标证书的复印件，质押商标的《商标注册证》复印件，委托代理人的授权书，登记机构认为必要的其他材料。

3）以专利权质押的，必须提供出质人的合法身份证明，委托人及代理人的身份证明，专利权的有效证明，专利出质前的实施及许可证明，上级主管部门或国务院有关主管部门的批准文件，登记机构认为必要的其他材料。

4）以著作权质押的，必须提供出质人的合法身份证明或法人注册登记证明，作品权利证明，以共同著作权出质的必须提供共同著作权的书面协议，授权委托书及委托人的合法证明，著作权出质前该著作权的授权使用情况证明文件，其他需要提供的资料。

（二）审查企业提供资料的有效性、合法性

核实企业资料的真实性有各种各样的方式，以下是一些常用的方法：

1. 查询企业银行账户的对账单，核实企业的现金流量情况及财务报表中银行存款额是否真实。

2. 查询企业所得税发票和增值税发票，核实企业的销售收入是否真实可靠。

3. 查询企业为其资产购买保险情况核实企业的资产价值情况。

4. 到房地产管理部门查询企业的房地产是否已经抵押。

5. 查询企业的关税情况核实企业对进口机器设备的所有权情况。

6. 查询企业的贷款卡信息，核实企业的对外负债、担保、开具承兑汇票和信用证的情况。

7. 查询企业购置固定资产和原材料的原始合同、协议和发票验证企业资产的真实价值。

8. 让企业填写各种财务预测表，结合企业的资产负债表、损益表、现金流量表审核企业的财务报表反映的信息是否准确。

9. 通过对企业的上下游客户及同业的认真社会调查，了解企业及法人代表信用状况，企业产品的社会认同情况。

三、项目评估

通过对申请担保企业提供资料的审核和社会调查之后，担保机构可以确认企业是依法合规经营的。之后，对担保项目进行全面评估，综合分析申请担保企业的行业情况、市场情况、企业素质、财务状况及反担保措施，重点分析企业按期还款的能力、担保期限内的各类风险，最后撰写出有明确评价理由和意见的评估报告和法律意见书。评估报告和法律意见书提交担保业务部门和担保机构决策者参考。

担保项目的评估工作不仅要全面、客观地反映企业的现实经营情况及对企业整体经营发展趋势的预测，还要真实地反映担保项目的主要风险点，以及控制风险的主要方法与对策，及这些对策和方法是否切实可行，有无法律障碍。担保项目的评估方法和主要内容，本书将在第五章《担保项目评估》和第六章《反担保措施评估》中进行详细的论述，本节只对担保项目的涉及的评估内容进行简要介绍。

（一）担保项目基本情况

主要包括：

1. 申请担保企业基本情况。申请担保企业名称、注册资本（需说明出资方式及所占比例）、地址、成立时间、经济性质、行业、法定代表人、联系电话、经营范围。

2. 担保项目概况。项目受理日期、担保种类、申请担保金额、期限、担保贷款用途、主要还款来源。

3. 反担保措施及其他风险控制措施简述。

(二) 申请担保企业资信评估

1. 企业基本情况分析

企业基本情况包括：企业注册信息及合法性审核、股权结构及主要股东（投资者）简况、组织结构、人员素质、行业及主要业务范围、历史沿革及主要业绩等。

企业信用记录包括：银行借款是否按时还本付息，应付账款偿付情况，税务、海关、法院是否有其他不良信用记录等。

2. 企业经营素质及管理水平分析

（1）评价内容

企业规模、对所在地区的影响、行业地位、技术装备和技术能力、研发能力、营销实力、地理位置及分布、企业发展战略与发展能力等。主要反映企业在生产经营方面的素质及实力。

企业管理体制及管理制度，管理效率，企业重大事项决策程序；企业主要管理人员素质分析，包括法定代表人、总经理、财务主管人员。

（2）评价结论

本部分评价结论包括对"企业基本情况"和"企业经营素质及管理水平"两部分的评价结论。分为：

1）企业行业地位领先，业绩优秀，没有不良信用记录，技术装备及开发能力很好，有良好的营销网络，管理制度健全，主要领导人素质高；

2）企业行业地位较好，业绩优良，没有不良信用记录，技术装备及开发能力好，建立了稳定的营销网络，管理制度健全，主要领导人素质高；

3）企业行业地位一般，业绩较好，没有不良信用记录，技术装备及开发能力较好，有必要的营销网络，管理制度较为健全，主要领导人素质较高；

4）企业行业地位一般，业绩一般，没有不良信用记录，技术装备及开发能力一般，有一定的营销网络，建立了部分管理制度，主要领导人素质一般；

5）企业行业地位较差，业绩较差，存在不良信用记录，技术装备及开发能力较差，有一定的营销渠道，管理制度不够健全，主要领导人素质不高；

6）企业行业地位差，业绩差，存在不良信用记录，技术装备及开发能力差，没有必要的营销渠道，管理制度不健全，主要领导人素质差。

3. 产品、市场及行业分析

（1）评价内容

企业产品和市场状况的评价一般包括：产品所属行业分析、产品的技术含量、知名度、市场垄断性、市场占有率情况等。

1）主要产品（业务范围），主要业务运作流程及结算方式。

2）企业所属产业在国际市场中的地位，在国内市场中的地位，产业的竞争状况及生命周期位置，在未来市场中的地位，法律保障，社会地位及政策支持等。

3）所处行业的市场情况、竞争状况介绍，企业未来的市场计划（预测）及市场发展战略，企业产品组合、与业务协作单位及上下游产品单位的合作等。

4）主要产品技术及市场情况，产品特点、生命周期、技术水平、技术来源、产品知名度等，产品市场定位含市场范围、主要客户、销售方式及渠道等。

（2）评价结论

评价结论可分为以下几种情况：

1）产品技术含量高、知名度高、具有市场垄断性、市场情况很好；行业国际国内竞争地位好，有国家政策支持。

2）产品有一定技术含量、有一定知名度，市场占有率较高，市场销售呈稳步递增趋势，行业竞争地位较好，有国家政策支持。

3）产品技术含量一般、市场占有率一般，但具有一定的发展前景，市场销售比较稳定,行业竞争地位一般。

4)产品技术含量高,但尚属开发、成长期,但极具发展前景,市场预测情况较好,一旦投放市场,极具竞争力,行业竞争地位一般。

5)产品技术含量一般,市场竞争激烈,市场销量波动变化频繁,发展前景不宜确定,行业竞争地位不太有利。

6)产品属劳动(资金)密集型,产品尚未进入市场,市场竞争激烈,市场占有率及市场销售情况大幅度下滑,行业竞争地位不利。

4. 财务分析

(1)评价范围

财务分析一般包括三个方面:

1)企业有无专门的财会机构,财会机构的人数及其人员素质,企业财会报表核算是否规范、完整、准确。

2)企业执行何种财务会计政策包括存货计价政策、固定资产折旧政策、税务政策。

3)财务数据分析及经营状况、财务状况评价。

(2)财务状况评价的主要内容

评价内容主要包括:经济实力分析、资产结构与资产质量分析、经营效率分析、赢利能力分析、偿债能力分析和企业成长性分析。

1)经济实力

企业经济实力的大小,与企业的生产能力、竞争能力、赢利能力及担保机构可承保的贷款规模有直接联系。经济实力可用资产数量表示。应用最多的指标是企业的总资产和净资产。评价时,需与行业平均值进行比较。

2)资产结构与资产质量

企业的资产结构,即各类资产占总资产的比率,或各类资产之间的比率。通过这些比率,分析企业资产的流动性和企业承担风险的能力。

首先要列表说明企业前两年及当期各科目的具体数额,及其所占比例的变化趋势。然后分析总资产、总负债、所有者权益的数额及其相互比例,之后分别列示企业的流动资产、固定资产、长期投资、无形及递延资产、流动负债、长期负债、所有者权益的具体科目。对金额较大或所占比例在10%以上资产及负债科目均需做详细列表说明，对变动较大的资产及负债科目要说明变动幅度，并分析造成变化的真正原因。

3）经营效率

经营效率是企业运用各项资产的效率，很大程度上取决于企业经营者对企业资产的有效运用程度，直接关系到企业的偿债能力和赢利能力。资产运用效率高，各项资产周转速度加快，资产变现速度快，短期偿债能力强；另一方面，企业能够用较少的资金占用取得更多的收入，赢利能力提高。

营运能力的主要指标包括：总资产周转率、固定资产周转率、应收账款周转率、存货周转率等。

4）赢利能力

赢利能力是企业获取利润的能力。评价赢利能力的主要指标是销售利润率、净资产利润率、总资产利润率、成本费用报酬率等。分析赢利能力除分析其指标外，还须分析企业销售量及销售收入的构成及变动原因，销售量及销售成本的构成及变动原因，及利润总额的构成及变动原因等。

5）偿债能力

偿债能力评价是企业资信评估的核心，也是担保项目评估的核心。偿债能力是财务状况和经营状况的综合反映。偿债能力的强弱，直接影响担保项目的风险程度。

评估时，应综合考虑长期偿债能力和短期偿债能力，根据项目特点及期限，分别予以侧重。偿债能力指标包括资产负债率、负债与所有者权益比率、流动比率、速动比率、现金比率等。

对于贷款担保项目，担保机构最关心的是企业能否及时足额还款，所以，进行偿债能力评估时，要特别注意测算企业未来的现金流量，尤其是经营活动产生的现金流量，以准确评估其偿债能力。对企业未来现金流量的测算结果的准确率，体现担保机构核心技术的不同水平。

6）企业成长性

成长性分析是将企业主要经济指标的历史数据进行对比，分析其发展和增长的速度，预测企业未来发展趋势的方法。成长性分析主要包括企业规模、收入水平和赢利水平的增长分析。成长性分析的主要指标有：总资产增长率、净资产增长率、销售收入增长率、利润总额增长率等。

7）资金使用计划及还款计划

结合企业经营状况、财务状况、经营计划、投资及筹资计划，分析企业本次借资金使用计划及还款来源；分析企业的资金需求是否合理；评价企业的还款计划是否可行等。

财务分析中，需要运用多种指标采用多种方法评价相关的企业，本书以后章节有专门的论述，本章不再一一列举。对于不同的行业、不同业务范围、不同规模的企业，指标体系和标准均有不同。需要说明的是，现有信息只能表明企业现时或担保之前的历史业绩，而真正影响企业还款能力的因素是担保到期之前，企业有多少现金流入，这部分现金流中有多少是可以用来归还担保机构担保的银行贷款，需要对企业将来的经营业绩进行严密的测算。中小企业的情况比较简单，而大型集团公司情况则要复杂得多，评估时要特别注意各子公司、参股公司之间的关联交易。

（3）经营、财务状况综合评价

经过分析，项目评估部门对企业经营状况和财务状况要给出科学、客观的评估结论。对企业经营和财务状况的评估结论一般有以下几种：

1）企业经营状况很好，各项财务指标很好，资产结构较好，负债率合理，效益状况很好，呈较强增长趋势，未来现金流充足，偿债能力很强，资金使用计划真实合理，还款来源有保证；

2）企业经营状况较好，各项财务指标较好，资产状况及负债率较合理，效益较好，呈增长趋势，未来现金流有较好的增长趋势，偿债能力较强，资金用途基本合理，还款来源基本有保证；

3）企业经营状况较稳定，各项财务指标情况基本认可，资产状况及负债率基本合理，效益相对稳定，未来现金流比较稳定，有一定的偿债能力，资金用途基本可行，还款来源有一定保证；

4）企业经营状况不佳，各项财务指标不良，资产状况及负债率不太合理，销售及效益波动不定，偿债能力不易确定，资金用途有一定风险，还款来源不易确定；

5）企业经营状况较差，各项财务指标较差，负债率较高，销售及效益呈下滑趋势，无偿债能力，资金用途风险较大，还款来源无法确定。

6）企业经营状况差，财务指标很差，负债率很高，销售收入很低，连续亏损,没有偿债能力,没有还款来源。

5. 企业资信综合评估结论

企业资信评估结论可用以下方法表示：

（1）资信状况很好。企业素质很好,财务实力强,信用风险小。经营状况、赢利能力、发展能力良好,没有不良信用记录,偿债能力很好。

（2）资信状况优良。企业素质好,财务实力强,信用风险较小。经营状况稳定,赢利能力较强,发展能力良好,没有不良信用记录,偿债能力良好。

（3）资信状况较好。企业素质较好,财务实力较强,经营状况基本稳定,有一定的赢利能力,发展前景中有不确定因素,没有不良信用记录,正常情况下,有较好的偿债能力。

（4）资信状况一般。企业素质一般,财务实力一般,经营状况正常,赢利能力、发展能力、偿债能力一般,没有不良信用记录,未来发展中存在较明显的不确定因素。

（5）资信状况不够好。企业素质较弱,财务实力较弱,经营状况不够稳定,赢利能力较差,偿债能力不足,有不良信用记录,发展前景不明朗,有明显的信用风险。

（6）资信状况差。企业素质差,财务实力、经营状况、赢利能力差,偿债能力弱,信用风险大。

（三）反担保措施评价

1. 评价的主要内容

担保项目反担保措施的评价内容一般包括：

（1）反担保措施形式。包括：信用反担保、抵押反担保、质押反担保、其他形式的反担保,或组合反担保等。

（2）分析其可能存在的风险。主要包括法律风险和变现风险,反担保方式是否符合法律规定,是否能够有效对抗第三人,有效保障担保人的利益；是否存在变现障碍等。

（3）反担保措施风险控制能力评估。对信用反担保,是进行反担保企业资信评估，主要评估其偿债意愿和偿债能力。对抵押（质押）反担保，是评估其价值，并根据其风险水平设置抵押（质押）率。

（4）变现和追偿的可行性。

2. 评价的结论

反担保措施的评价结论一般为：

（1）极好。无法律风险，标的物价值能够覆盖担保额，或信用反担保单位偿债能力很好，极易追偿、变现。

（2）较好。法律风险较小，标的物价值能够覆盖担保额，或信用反担保单位偿债能力较好，追偿、变现较易。

（3）一般。法律风险较小，标的物价值基本能够覆盖担保额，或信用反担保单位偿债能力一般，不易追偿、变现繁琐。

（4）较差。有一定风险，标的物价值不能完全覆盖担保额，或信用反担保单位偿债能力较差，不易追偿、变现。

（5）很差。风险大，标的物价值不足，或信用反担保单位偿债能力差，无法追偿、变现。

（6）不能提供反担保措施。

（四）风险分析

一般说，担保项目的主要风险有以下几种：

1. 借款人信用风险

借款人的信用风险来自履约（还款）的意愿和履约（还款）的能力。对其履约意愿，应注意考察借款人的信用记录、用款计划的真实性及可行性、近期投资计划；对其履约能力，着重考察其还款计划的可行性、企业的偿债能力和筹资能力等。

2. 信息不对称的风险

担保机构与企业的信息不对称是担保业务的主要风险之一。对此，担保机构业务人员需尽可能利用各种渠道和手段核实企业提供的各类信息。主要方法包括：要求企业提供审计报告、贷款卡信息、银行对账单等，收集工商、税务、法院、海关、供货商、客户、行业管理部门等各方信息，核实企业申报资料的真实性和用款计划及还款计划的真实性。

3. 行业风险和市场风险

这里指借款人面临的市场风险和所在行业的风险。市场风险是竞争性行业中的企业经常遇到的风险。对此，首先要考察其行业特点、经济周期，然后要考察企业的竞争地位和竞争能力，包括产品生命周期、产品竞争能力、市场占有率、价格变化趋势、替代产品等。

4. 法律风险

主要包括项目各方法律关系是否清晰，项目方案和反担保措施的设置是否存在法律障碍，相关合同和协议是否能够最大限度地保障担保机构的权益等。

5. 担保项目方案风险和操作风险

指担保机构担保方案设计和操作该项目的风险。为控制这一风险，需详细设计担保方案，考察项目全部操作过程是否可控，确定各环节的控制方法，设定监管内容、监管程序并设立风险预警制度。另外，担保机构部门之间的合理业务分工和严谨的业务决策程序，也是控制担保项目操作风险的必要措施。

6. 反担保措施保障力度不足的风险

一方面，在出现代偿时，反担保措施应能弥补担保机构的损失；另一方面，反担保措施的设置能够使借款人违约成本足够高，促使其全力履约。

（五）担保项目的总体风险评价

1. 总体评价

总体评价是对担保项目的总体风险评估，包括前述各方面。主要有：申请担保企业经营素质及管理水平，主要产品、市场及行业状况、经营状况和财务分析、资金使用计划、还款计划以及其他风险分析，反担保措施的风险控制能力等。进行分项评价后，担保项目评估的最后一步是提出对项目的总体风险评价意见,并做出是否可以承保的建议。总评估结论是担保业务部门和担保机构决策者最为关心的内容,在表述上尽可能要意见明确、简明扼要,不应有模棱两可、模糊不清的评估结论。以下是总评估结论的一些表述方式:

(1) 企业资信状况很好,偿债能力很强,发生风险概率极小,反担保措施较好,项目风险可控。

(2) 企业资信状况较好,偿债能力较强,反担保措施基本可控,发生风险概率较小。

(3) 企业资信状况稳定,偿债能力一般,反担保措施基本可行,发生风险概率相对不大。

(4) 企业资信状况一般,偿债能力较弱,反担保措施风险相对较大,发生风险概率不易确定。

(5) 企业资信状况较差,无偿债能力,反担保措施风险极大,发生风险概率极大。

(6) 企业资信状况差,无偿债能力,基本不能提供反担保措施,项目风险很大。

2. 评审报告

项目评估的最后一项工作是撰写评审报告,就流动资金担保项目来说,评估报告的主要内容包括:

(1) 担保项目基本情况

(2) 借款人资信评估

1) 企业基本情况分析及信用记录;

2) 企业经营素质及管理水平;

3) 产品、市场及行业分析;

4) 财务分析及还款能力评价。

(3) 项目风险分析

1) 主要风险点及发生的可能性;

2) 主要风险控制措施。

(4) 反担保措施评估

1) 反担保方案;

2) 反担保措施的合法性和有效性;

3）反担保措施的价值。

（5）结论及建议

以上给出的仅是担保项目评估报告内容的一个示例。实际应用中，根据不同品种、不同项目可能有多种调整。

第四节 担保项目决策与实施

一、项目的决策

由于各担保机构的运营管理模式和担保业务品种不同，其项目决策也采取不同的操作方式。不管采用何种决策方式，为了回避担保机构内部的道德风险，建立内部横向制衡机制，一般都要求按照"担保评审与担保决策相分离"的原则来执行。与此同时，项目决策机制还要与项目经理责任制有效地结合起来，以提高决策的科学性和准确性。担保项目的决策一般有以下两种方式：

（一）项目评审委员会制度

项目评审委员会由担保机构中负责项目评审、风险管理、法律事务、计划财务等有关人员担任委员，评审委员会既要对担保机构的有权审批人起到智力支持作用，又要对有权审批人起到制约作用。评审委员会的决策程序为：

1. 由项目经办人员详细叙述担保项目的有关情况。
2. 法律人员评述对项目的法律审核意见。
3. 评审人员提出对项目的具体评价结论。
4. 评审委员会成员就相关问题提问，有关人员解答。
5. 评审委员会表决决定是否为项目提供担保，或对项目提出进一步采取措施的建议。
6. 对提交评审委员会表决的担保项目，评审委员会所有成员都必须在《担保项目审议表》（表4-11）上签字备案，《担保项目审议表》提交担保机构有权决策人作为最终决策参考。

表 4-11　　　　　　　　　　担保项目审议表

申请担保单位名称			
担保项目类型及资金用途			
申请担保金额		担保期限	
申请贷款金额		贷款银行	

担保方案简述：
项目反担保措施及风险控制措施：
项目评审结论：
法律审核意见：
评审委员会意见：
评审委员会建议：
委员签字：
日期：　　年　　月　　日

（二）分级授权决策制度

对于风险控制制度比较完善、业务经验较丰富的担保机构，在一些比较成熟的业务领域，可实行分级授权管理决策模式。在分级授权决策中，担保机构的最高决策机构（如总经理办公会）是项目的最终决定者，总经理、部门经理、分支机构负责人可分别在不同的授权范围内开展担保业务。分级授权决策制度一般以担保责任金额大小为授权划分的依据，并规定超过授权额度的项目必须报上一级决策机构审批。

担保机构应根据自身的情况以及针对不同的担保业务品种制定简洁、明确的担保业务审批流程，使项目的决策做到有章可循，以提高工作效率和决策水平。最终同意提供担保的项目，担保机构向担保项目申请单位和贷款银行出具担保《同意担保通知书》；不同意担保的项目，担保机构要详细说明理由并通知申请担保单位。

二、反担保措施设置

担保机构同意为项目提供担保后，在正式签订担保合同以前，一般还需为担保项目设置可行的反担保措施。

（一）设置反担保措施的必要性

在融资担保业务中，一般都要求被担保人提供一定的反担保措施，作为被担保人不能按合同履约的保证。企业如不能按期履约，保证人代为履行义务后，依法享有代位追偿权，可以执行预先设定的反担保措施，以加大企业的违约成本，促使企业严格保证自己的信誉，降低担保机构代偿的风险。

按中国的现行法律制度，依法设定了抵押权和质押权的特定物，在担保的债权范围内不作为破产财产进行分配，保证人具有优先受偿权，可以对抗第三人。因此，设定抵押、质押等反担保措施可以最大限度地保护担保机构的利益。

（二）反担保的主要方式

反担保措施的种类包括保证金、抵押反担保、质押反担保、信用反担保等。具体的反担保措施又可细分为：第三方信用保证、不动产抵押、动产抵押、动产质押、权利质押（包括汇票、支票、本票、债券、存单、仓单、提单、股份、股票、商标专用权、专利权、著作权中的财产权、出口退税单等）、财务监控、个人连带责任、附条件的合同权利转让（收益权、经营权、承租权、期权）、项目收购与回购等。担保机构可根据担保项目的风险程度、担保金额大小、项目类型等实际情况，确定采用哪一种或同时采用几种反担保措施。

（三）抵押（质押）反担保物的条件

担保项目申请人提供给担保机构作为反担保的抵（质）押物，需由担保机构根据其变现能力或委托具有资格的资产评估机构进行合理评估作价。担保机构对于不同类型的抵（质）押物，应根据不同情况设置不同的抵（质）押率。担保机构能够接受的反担保物品，一般需要同时满足以下条件：

1. 抵押人（出质人）拥有抵押物（质物或质权）的所有权，或是国家授权其管理的，并且是经法定机构批准的。

2. 抵（质）押物的价值（不包括增值部分），或其价值与其他反担保措施的金额之和，应大于担保融资本息的总金额。

3. 未向他人出租、转移，未设定他项权利。

4. 非法律禁止流通或转让的。

5. 非存在争议的（包括诉讼、仲裁等）。

6. 非依法被查封、扣押或采取其他保全措施的。

7. 非学校、幼儿园、医院等以公益为目的的事业单位、社会团体的教育设施、医疗卫生正在使用中的福利、生活设施。

8. 非列入破产程序的。

9. 非海关监管货物（海关批准的除外）。

10. 非无法实施强制执行的。

如果采用信用反担保方式，提供信用反担保的机构在经济实力、财务状况等方面应优于担保申请人，具备代为偿付能力；担保机构应将反担保人视同项目申请人，需进行详细的评审。

三、担保费及其他费用的收取

担保机构在同意为项目提供担保并办理了反担保措施之后，即可向担保项目申请人收取担保费和项目评审费。

（一）担保费的构成

如果按照商业化的原则去经营担保业务，担保机构收取的担保费应由以下三部分组成：

1. 管理费用。这部分费用是担保机构的日常经营成本，包括人工工资、奖金、福利、保险、房租、水电、办公费用、差旅费等管理成本。担保机构应对每个担保项目应分摊的管理费用进行精确的测算，以确定担保费的收取水平。

2. 风险准备金。担保业务是一项高风险的业务，为了弥补经营担保业务可能带来的损失，担保机构应该按照国家的有关规定提取一定比例的风险准备金。风险准备金是担保机构财务成本的重要组成部分，担保费收入必须能够满足风险准备金的提取，否则担保机构就会发生亏损。

3. 合理的利润。担保机构如果是一个独立经营的经济实体，就必须去追求利润。没有利润，谁也不会去投资担保机构，担保机构也不可能做到可持续经营。因此，担保机构收取的担保费应该包括合理的利润水平。

事实上，由于我国大部分的担保机构都是政策性的组织，其担保费费率往往由政府有关部门来制定。为了支持地方企业的发展，减轻企业的经济负担，政府部门一般不以担保机构的经营成本来制定担保费的收取标准。

（二）担保费费率的确定

具体确定担保费收取标准时，除了要满足担保机构经营成本支出以外，还应考虑到以下因素：

1. 担保项目的风险程度。
2. 市场承受能力，同行业的利润水平。

3. 项目操作流程的简繁程度、时间长短。
4. 保证责任金额的大小、市场平均违约率。

从本章第二节图4-2中可以看出,担保项目的风险与担保机构提供担保的比例是有直接关系的,担保比例越高,担保项目的风险就越大,担保机构为了弥补这些风险损失,就需要收取更高的担保费。因此,担保比例与担保费的收取标准是存在一定的关系的。表4-12是哥伦比亚国民担保基金的担保费收取标准。

表4-12　　　　　哥伦比亚国民担保基金担保费标准

担保比例（%）	担保费标准（担保额的%）
< 20	0.80
21~40	1.20
41~50	1.75
51~60	2.22
61~70	2.80
71~80	3.60

摘自国际劳工局:《小型/微型企业担保基金操作指南》,经济科学出版社2002年中文版。

提高担保费的收取标准尽管可以增加担保机构的收入,但随着担保费用的上升,担保便会失去其吸引力。担保机构在研究、制定担保费收取标准时需要找到一种平衡,以便在弥补成本的同时能够保证担保业务具有吸引力。比如:根据市场状况和担保业务品种的不同,担保机构可以通过减少担保费来增加担保业务的市场份额,以便从担保业务量的扩大和形成规模经济中获得更多的收益。总之,担保费收取标准的制定是一件比较复杂的事情,担保机构应该在广泛市场调查的基础上,通盘考虑各方面的因素,通过精确的计算,确定出一个合理的、银行和借款人都可以接受的担保费费率。

（三）担保费的收取和计算

从理论上讲,担保行为对贷款银行是一种保险,由于贷款银行是担保的最终受益者,它们应该为担保付费。正如其他形式的保险一样,如果贷款银行不向担保机构支付保费,它就不应该从中获得任何好处。因此,国际通行的办法是由贷款人付保费,然后,贷款人以提高利率的形式将担保费转移给借款人。如果贷款人不支付保费,则担保不生效。在我国的担保业务实践中,由于贷款银行先天的强势地位以及资金的供求关系,担保费一般直接由借款人(即被担保企业)支付。

对于不同的项目、不同类型的担保业务,担保费的计算方法可能有较大的差异,但为了使担保业务涉及的各方都容易理解,比较可行的方法是采用"保证责任金额与保费费率及时间的乘积"来计算担保费,即:

$$担保费 = 担保责任金额 \times 担保费率 \times 保证时间$$

(四)其他费用的收取

在担保业务实践中,担保机构除了向项目申请人收取担保费以外,一般还按照项目申请担保金额的一定比例收取项目评审费。收取项目评审费的好处除了可以增加业务收入以外,还可以过滤掉一些对获得担保没有真正兴趣的企业,或者想通过申请担保获得免费咨询服务的企业,有利于减轻担保业务人员的工作量,减轻担保机构的经营成本。

四、担保合同签署

担保机构确认申请企业已缴纳担保费、评审费后,如贷款银行也已经完成项目的审批手续,贷款人、借款人和担保人三方即可签订有关合同。

(一)担保合同的种类

担保机构在经营担保业务的过程中,一般需要与有关方面签订如下合同:

1. 与委托保证人签订《委托保证合同》。
2. 与借款人和反担保人签订《反担保合同》。
3. 与借款人和贷款人签订《保证合同》。

担保合同的样式、具体内容和注意事项等在本书第七章《担保法律实务》将有详细介绍。

(二) 签订担保合同的手续

担保机构所有对外签署的合同必须经法律部门审查批准。担保机构签章后的《保证合同》必须在经办业务人员的监督下由银行盖章，并应在银行盖章后立即收回一份存档，同时应要求银行将《借款合同》原件提供给担保机构一份存档。除已在法定机关登记的，《反担保合同》原则上须经公证机关公证。

担保项目的所有合同签订完毕，担保业务经理应及时将项目的所有合同和综合档案资料装订成册，移交档案管理部门复核登记并存档。

第五节　担保项目后期监督与管理

一、在保项目的监督与管理

担保机构签订《保证合同》后，意味着承担保证责任的开始。在担保责任解除以前，担保机构必须指定专人负责每个项目的跟踪和管理。担保机构对在保项目的监督和管理有如下几方面工作：

1. 担保贷款发放后，业务经理应及时到被担保人的经营现场进行调查，检查资金是否及时足额到位，是否按合同约定使用资金。

2. 在担保期内，经办业务人员应对抵（质）押物定期进行检查。以存货作质押的要建立正规的管理台账，指定专人保管，货物的出入库要有担保机构指定监管人员的书面同意。

3. 在担保期内，经办业务人员要定期对项目进行跟踪调查，填写《在保项目跟踪情况报告》（表4-13），并与企业的领导层定期进行沟通，了解其重大经营策略调整、管理结构及组织结构变化、重要管理人员的变动、重大负债、签订新的重要业务合同等可能影响担保合同履行的情况。

表 4–13　　　　在保项目跟踪情况报告表

项目名称：	开始担保日期：
担保金额：	担保到期日期：
项目监查负责人：	监查日期：
项目运作和资金使用情况：	
企业财务状况：	
企业重大变化事项：	
反担保物状况：	
项目监查结论：	
存在问题：	
项目监查人签字：　　　　日期：	

4. 在担保期内，项目经办人员如发现企业有以下行为或趋势：

（1）抵（质）押物价值有明显减少或有减少可能；

（2）抵（质）押物有明显变化；

（3）被担保人陷于重大民事、经济纠纷中；

（4）被担保人很明显没有还款意愿；

（5）被担保人经营困难、现金流量极度匮乏等。

要及时向机构领导和决策者反映情况,担保机构应根据具体情况采取必要和有效的补救措施。

5. 主合同到期日前 1 个月,业务经理应提前通知被担保人做好还款准备,督促被担保人尽早沉淀还款资金,并确认被担保人是否具备还款能力和还款意愿。

如果确认被担保人在担保到期日没有还款能力或没有还款意愿,担保机构即进入风险处理程序,做好对抵(质)押物进行处理和诉讼的准备。

二、担保责任的解除与代偿

(一) 担保责任的解除

有两种情况可以解除担保责任:

1. 无代偿解除担保责任。委托担保人在担保贷款到期日足额清偿《借款合同》和《保证合同》项下的全部款项,担保机构的保证责任即告解除。

2. 代偿解除担保责任。如果委托保证人在担保贷款到期日未能按时足额归还银行贷款,按照《保证合同》的约定,担保机构需代替委托担保人归还其所欠银行的债务,即发生代偿。

(二) 担保代偿

1. 代偿前的核查。在代偿款支付以前,担保机构应认真、细致地做好以下核查工作:

(1) 审查原始合同,确认协议各方是否严格履行了合同约定的义务,如银行贷款资金全部及时足额到位,是否设置了可以抵扣代偿金的保证金措施等。

(2) 项目是否存在欺诈行为,如企业与银行经办人串通骗取担保机构的担保,用担保贷款归还银行的逾期贷款等行为。

(3) 企业提供基础资料时是否提供了虚假资料,是否存在违反刑法的行为,若是信用问题应及时向社会公示有关的信息,若是触犯了刑法应追究有关当事人的法律责任。

若不存在上述行为，担保机构则必须按照《保证合同》的有关约定，在规定的时间内履行自己的代偿责任，以维护担保机构的信誉。

2. 落实代偿后的追偿权利。在确定担保项目发生代偿后，担保机构应及时与被担保人进行谈判，双方就代偿发生的各项费用的承担、被担保人还款计划、违约金或滞纳金的支付标准等内容达成一致意见并签署相关法律文件，以落实担保机构向被担保人追偿债务的权利。

（三）担保责任解除后的手续

不管是无代偿解除担保责任还是代偿解除担保责任，担保机构在担保责任解除后，应向银行索取《解除担保责任通知书》。如银行方面因特殊原因不能出具《解除担保责任通知书》，担保机构应要求银行在保证合同上注明"乙方担保责任已解除"字样，并加盖单位公章。

三、代偿项目的追偿

担保机构代替被担保人偿还银行的债务后，在法律关系中担保机构由担保人转变为债权人。为尽可能减少代偿带来的经济损失，担保机构要积极采取各种措施来行使追偿权。

（一）代偿项目的管理

担保机构对代偿项目的管理有以下形式：

1. 建立代偿项目风险评级的报告制度，及时监控代偿资金总量及风险级别的转移情况，定期反映代偿项目的动态情况。
2. 指定专人负责代偿资金的回收工作，每个代偿项目有具体的工作方案，对责任人有明确的考核指标，做到责任明确、奖惩分明。
3. 对代偿项目要一户一策，对症下药，重点突破，确保措施有效。
4. 对代偿项目要进行剖析，属业务人员不按工作程序等主观原因造成的要进行经济处罚和行政处分。对催收代偿资金有贡献的要奖励，奖、罚的透明度要高，做到奖罚分明。

（二）代偿资金的回收

担保机构回收代偿资金的主要方式有：

1. 处理抵押（质）物或财产权利。
2. 落实信用反担保方履行义务。
3. 分割债务、转移债权。
4. 变更担保、增加抵押。
5. 以资抵债，减少风险。
6. 债权变股权及债权、产权重组。
7. 依法起诉。
8. 其他方式，如将回收的资产、取得的股权包装卖给其他客户。

（三）代偿损失的核销

经多方努力确认不可能追回的代偿款，或是代偿时间在3-5年以上的代偿款，可以认为是担保机构的呆账、坏账。为了真实反映担保机构的资产状况，对于确认的损失要及时申报核销。按照财务制度的有关规定，担保业务形成的损失可用提取的风险准备金冲销，或者报上级主管部门批准后直接从担保基金中核销。

第五章

担保项目评估

本章提要：担保项目评估是担保业务中的重要环节，是担保业务风险控制的最主要方法之一。对担保项目进行综合评价是保证担保机构科学决策的重要前提。本章和第六章重点介绍担保项目评估工作中需要应用的评估技术。本章对担保项目评估的概念、作用、分类、特点、评估步骤、主要评估内容等进行了综合介绍，并系统介绍了担保项目评估中的两大组成部分——企业资信评估和建设项目评估。

第一节 担保项目评估概述

一、项目评估的概念

担保项目评估是以债务人申报的担保申请资料为基础，结合对债务人的实地考查，根据国家现行经济政策、产业政策、行业发展规划、财务会计制度和税收政策、银行贷款政策、担保机构的经营宗旨及风险管理的有关规定，对担保项目进行系统的、全面的、客观的分析和评价，为担保机构的担保决策提供可靠依据。

担保项目评估指对担保项目的全面评估，包括对债务人、信用反担保人及其他相关单位的资信评估，对用款项目的评估、对担保方案的评估和对反担保措施的评估。

二、项目评估的作用

控制风险是担保机构面临的最重要的问题，社会信用体系的缺失和担保机构与企业信息不对称更加大了担保业务操作的风险。只有有效地控制风险,才能实现担保机构的持续经营和稳定发展。担保项目评估是担保机构控制担保业务风险的主要措施之一。

机构管理和担保业务管理方面的风险控制措施,可控制担保业务的系统风险。机构管理方面的主要方法有:建立风险控制体系,明确岗位责任,建立逐级审核、审批制度,建立业务统计及报告制度,设立风险预警线等;担保业务管理的主要方法包括:建立风险分散机制,包括比例担保、联合担保、再担保等,选择风险较低的担保种类,合理设计担保组合,设定避免风险过于集中的项目选择条件,如设定单笔担保额上限、设定单一企业的最高担保额等。

担保项目评估,这里主要指保前评估,是控制担保业务项目风险的最重要措施之一。其作用在于,全面科学地了解、分析、评价担保项目的各方面,包括企业素质、经营状况、财务状况、信用状况、用款项目和反担保措施,分析项目主要风险所在,对担保项目做出综合评价,为本公司是否承保该项目提供决策依据。通过项目评估,使承保项目的代偿风险降至最低。

三、项目评估的分类

1. 按时间阶段可分为,承保前评估,承保过程中评估,项目结束后的评估。其中,前评估起决策支持作用,中评估是项目监管的手段之一,后评估则作为项目总结。目前担保机构进行的担保项目评估以前评估为主,本章涉及的内容也定位于前评估内容。

2. 按贷款类型可分为,流动资金贷款担保项目评估,固定资产贷款担保项目评估,房地产贷款担保项目评估,贸易融资担保项目评估,消费贷款担保项目评估和其他类型项目评估等。项目类型不同,评估内容及重点均有不同。

3. 按评估内容可分为,企业资信评估、建设项目评估、反担保措施评估等。本章及第六章将分别介绍这几项内容。

四、项目评估的特点

1. 与银行贷款项目的评估原则和评估要素有一致性。担保项目评估应遵循的原则有：系统性、客观性、稳健性、预测性；宏观与微观相结合、定性分析与定量分析相结合、原则性和灵活性相结合、风险和效益相结合并以风险为核心等。以上原则，与银行评估贷款项目的原则具有一致性，但更为重视风险控制。

评估要素可简要归结为5C或5P等，涵盖内容基本相似。5C：信用（Credit），品质（Character），企业能力（Capacity），资本实力（Capital），抵押物（Collateral）；5P：个人条件（Personal），目的因素（Purpose），偿还条件（Payment），保障条件（Protection），前景预测（Perspective）等。

2. 不具有银行的资金实力及对企业的监控能力。为企业提供贷款的银行，一般与企业有长期合作关系，对企业有较为全面的了解。如企业借款余额、本息偿还情况、资金往来、信用等级甚至企业的经营情况，具有借款人在本行的信用记录，并且，能够监督和控制企业账户。担保机构一般成立时间较短，对企业信息积累不足，不一定有稳定的客户群。有些地区的担保机构能够依靠财政部门、银行或地方政府对本地区企业有较多了解，但很多机构不具备这一条件。同时，由于担保机构资金规模普遍偏小，风险承受能力较低。因此，担保机构进行的项目评估需更为全面、严格、审慎。

3. 充分利用社会资源并与相关单位合作。鉴于上述情况，担保项目评估过程中，必须充分利用社会资源，并与相关单位合作，以获得足够的信息支持项目评估。一般说，合作单位主要有：商业银行、工商机关、税务机关、政府机关、行业管理部门或行业协会，借款人的上级单位、供货商、客户、专业征信机构、会计师事务所、律师事务所等。

4. 以担保机构自行评估项目为主。国外很多中小企业贷款担保机构采用自动（组合、授权）担保的形式，担保机构授权合作银行发放担保，担保项目评估主要由贷款银行进行，这样可减少重复劳动，降低担保业务运作成本，提高工作效率。根据我国目前的社会经济状况和信用环境，贷款担保业务主要采用个案担保的方式，担保项目基本由担保机构自行评估，自行决策。担保项目评估可参考银行的贷款项目评估报告，会计师事务所的资产评估报告、审计报告、验资报告，律师事务所的法律意见书，技术专家的项目评估意见等。

五、项目评估的步骤

担保项目的评估主要分为以下几个步骤：

1. 资料收集及审查。收集评估所需资料，并核实申请担保资料是否齐全、不足或不符合要求者，要求企业补齐资料。资料收集内容及核实方法，请参考第四章相关介绍。

2. 项目初审。审查申请担保项目是否符合本单位规定的项目选择基本标准。不符合者不再继续进行。项目选择原则请参考第四章相关介绍。

3. 组织项目组制定评估计划。根据项目类型、金额、期限、主要风险等因素制定评估计划并组织评估小组，确定项目负责人（项目经理）。

4. 现场考察。对借款人、反担保单位（或反担保物）和项目相关单位进行实地考察，并走访银行、客户、管理机构等。

5. 聘请技术专家或行业专家。聘请技术专家及行业专家主要对企业技术装备、工艺水平、产品竞争力、市场前景、行业地位及行业发展前景等做出分析。尤其对固定资产贷款担保项目，聘请专家评估是保证评估质量的一个重要方法。

6. 资料分析。结合现场考察情况，对收集到的资料进行综合分析。

7. 形成报告。按评估计划要求进行分项评估，并得出评估结论，形成评估报告。按规定程序上报。

8. 报告审核。由部门或其他机构审核并签署评估报告。

9. 项目决策。按规定权限审批决策，包括：部门、公司评审会、公司风险管理委员会、总裁办公会等。

以上步骤属一般性步骤，根据担保项目和机构管理方法的不同，评估步骤都会有所不同。

六、项目评估的主要内容

担保项目评估的内容主要可分为三部分,即借款人资信评估、建设项目评估和反担保措施评估。根据具体项目情况,评估内容有所不同。如,流动资金贷款担保项目评估中,不含建设项目评估内容。

1. 借款人资信评估。本书所指借款人主要指借款企业。其资信评估主要从评价企业的履约意愿和履约能力两方面入手。评估内容主要包括企业基本情况分析、企业经营素质分析、市场与产品分析、领导能力及管理水平分析、产业分析、经营状况分析、信用状况分析、经济实力、资产结构与资产质量、经营效率、赢利能力、偿债能力、企业成长性等。其评估结果,是对企业偿债意愿和偿债能力的最终判断。

2. 建设项目评估。对于固定资产投资贷款担保项目和担保贷款用于小型项目建设或技术改造项目时,要对建设项目或技改项目进行评估。主要评估内容有:项目建设的必要性、合法性及可行性,项目所属行业分析,产品市场分析,项目技术分析,项目投资估算及资金筹措计划,项目进度预测,项目经济效益预测,项目风险分析等。通过对项目的综合分析,得出对项目偿债能力的判断。

3. 反担保措施评估。我国担保法规定的反担保方式大致与担保方式相同,为第三方保证、抵押、质押、留置和定金。对于信用反担保,其评估方式与担保项目企业资信评估类似;对其他反担保方式的评估,可归结为担保物的评估和反担保方案的评估。

反担保措施是控制担保项目风险的重要措施,也是实现债权人、债务人、担保人三方风险分担的主要方法。应当注意到,反担保措施降低的风险只是相对的,一般说,担保项目评估应首先关注第一还款来源,即借款人的还款能力。

第二节 担保项目企业资信评估

一、资信评估的一般概念

（一）资信

资信指履约能力和可信任程度，可分为狭义资信和广义资信。狭义资信指信贷活动中债务人的偿债能力、履约状况、守信程度及社会信誉。这里所说的资信，不只是简单的信贷活动中的信用关系，还包括被评估人的基础素质、综合实力和能力、信用记录等。广义资信指各类市场的参与者（包括企业、金融机构、社会组织等）及各类金融工具（股票、债券、基金等）的发行主体履行各种承诺的能力及可信任程度，它已超出金融市场范畴，并涵盖社会经济生活的各个领域。

（二）资信评估

广义资信评估是通过综合考察影响各类经济组织的内外部环境，使用科学严谨的分析方法，对他们履行各种经济承诺的能力及可信程度进行综合判断，并以简单明了的符号，即资信等级的方式，表示其信用水平，公布给社会大众的一种评价行为。狭义资信评估指信贷等经济活动中，对债务人的偿债能力、履约状况、守信程度、基础素质、综合实力和能力及社会信誉的评估。

本章涉及的企业资信评估，属狭义资信评估范畴。

二、担保项目资信评估的特点

担保项目中的企业资信评估是担保项目评估的一部分，对某些类型的贷款担保，如流动资金贷款担保，企业资信评估是担保项目评估中的最主要部分。主要指对借款人的履约能力和可信任程度的评估，实际是对到期还款能力和还款意愿的评估。担保项目中企业资信评估应遵循稳健性、客观性、科学性、系统性和全面性的原则。

资信评估是一个需要运用大量信息和多种分析方法的系统工程。为保证得到全面、科学、可靠的评估结果，必须具有科学有效的评估方法。担保项目企业资信评估方法主要具有静态和动态分析相结合、对过去的分析与对未来的预测相结合、定量和定性分析相结合及资料分析与实地考察相结合等特点。

（一）静态与动态相结合，过去分析与未来预测相结合

评估人员收集到的企业信息一般为反映各时点和各时期的信息，即静态信息。独立的静态信息可以客观地反映企业当时某一方面的状况。全面分析静态信息，可以评估企业当时的生产经营状况、信用状况和在外部环境中的地位等。但是，在不断变化的经济社会中，企业是在不断变化发展的。只有适应社会发展并具有自己的市场竞争能力，才能在社会中占领自己的一席之地。因此，在评估静态指标的同时，必须同时分析动态指标，综合过去多时点和时期的静态指标，分析各类指标的变化趋势；运用预测技术，结合社会经济指标及行业发展趋势、国家经济政策等信息，对企业的发展前景进行预测。

（二）定量评价与定性评价相结合

定量分析和定性分析在资信评估中是相辅相成的，既需要独立进行，又有一定交叉，需要综合考虑，互相借鉴。

1. 定量分析

为客观、科学、高效地反映企业资信状况，得到简单明了并具有可比性的评估结果，对能够进行量化分析的信息，应采取定量分析的方法。在企业资信评估中，财务信息的分析，主要采用定量分析法。对于担保项目企业资信评估，一般情况，在企业资信评估中，定量分析的比例占60%~70%。

2. 定性分析

企业资信评估中，有些指标不能量化，或对量化结果要进行进一步的分析和判断。对此，需评估人员进行综合分析和比较，做出定性判

断。涉及项目包括：企业基本素质、行业竞争力、履约能力、市场竞争能力及发展前景等。财务分析中某些科目的分析，例如无形资产、其他应收款、其他应付款及一些有异常变化的科目，都需要根据具体情况，与定量分析相结合，进行定性分析。定性分析对评估人员的经验和素质有着更高的要求。

（三）资料分析与实地考察相结合

鉴于担保业务具有高风险的特性，担保项目企业资信评估需要特别注意现场考察和资料核实。现场考察可直接了解企业规模、设备能力、主要产品、经营状况、管理能力、技术能力、人员素质等方面，均可得到直接的信息。另外，由于社会信用状况的现时情况，对于重要的或有异常变化的信息，必须进行进一步核实。必要时，可聘请行业专家共同进行考察及评估。

（四）注意审查企业申报资料及报表的真实性

由于担保业务的特点及申请担保企业与担保机构的信息不对称，有些企业为得到担保贷款有可能申报虚假资料和虚假财务报表。对此，担保机构可采用要求企业提供审计报告，对企业进行现场考察，要求企业提供贷款卡信息，银行对账单，查询工商、税务、海关等相关记录，审查企业供货及销货合同等方法了解其财务状况、经营能力、赢利水平及资金需求的真实情况，以避免不必要的损失发生。

三、担保项目资信评估主要分析方法

担保项目企业资信评估中定量分析中的常用方法，包括比较分析法、比率分析法和趋势分析法。

（一）比较分析法

比较分析法是将企业各种经济指标按照固有的联系进行比较，通过指标的对比，从数量上确定差异的一种方法。其作用在于从数量上说明各种指标的偏差和变化。比较的原则应遵循性质上同类、范围上一致和时间上相同的原则，从而保证比较的指标具有可比性。比较分析法是定量分析中最简单并得到广泛应用的方法。主要比较形式有：

1. 实际指标同计划指标比较

实际指标同计划指标对比，以计划指标为准，找出实际指标于计划指标的差距，考核计划完成程度。分析时，可用绝对数额表示，也可用相对数额表示。计算公式为：

$$实际指标与计划指标之差 = 实际指标 - 计划指标$$

$$计划完成率 = \frac{实际指标}{计划指标} \times 100\%$$

$$实际指标比计划指标增减率 = \frac{实际指标 - 计划指标}{计划指标} \times 100\%$$

2. 本期实际指标同往期实际指标比较

以往期为标准，比较本期与往期的差异，分析企业发展过程和发展趋势。往期指标，可以是上期指标、上年同期指标或历史最高水平等。计算公式为：

$$本期指标与往期指标之差 = 本期指标 - 往期指标$$

$$增长速度 = \frac{本期实际指标 - 往期实际指标}{往期实际指标} \times 100\%$$

3. 本企业实际指标与其他企业实际指标的对比

这里所说其他企业，一般指国内外同行业、同类型、同规模的企业，在其他方面具有可比性的企业，或行业平均值。通过与其他企业的比较，可分析本企业在本行业中的地位及各种经济指标的水平等。计算公式为：

$$本企业指标与其他企业指标之差 = 本企业指标 - 其他企业指标$$

$$本企业指标与其他企业指标的增减率 = \frac{本企业指标 - 其他企业指标}{其他企业指标} \times 100\%$$

（二）比率法

比率分析法是一种特殊形式的比较分析法，其方法是计算指标之间的相对数，用以表示企业经济状况。常用的比率分析法有构成比率分析法、相关比率分析法和动态比率分析法。

1. 构成比率法

同一报表的同类项目之间，通过计算同类项目在整体中的权重或份额以及同类项目之间的比例，揭示它们之间的结构关系，通常反映会计报表各项的纵向关系，用于评价经济指标的内在结构是否合理。主要计算项目有：各资产占总资产的比重，各负债占总负债的比重，各负债及所有者权益占总负债及所有者权益的比重，各项业务及产品利润、收入、成本占总利润、总收入和总成本的比重，各类存货占总存货的比重等。

2. 相关比率法

在会计报表的不同类但具有一定依存关系的项目之间，通过计算两个不同类项目的比例，揭示它们之间的内在结构关系，通常反映会计报表各项目之间的横向关系。经常反映的比率关系有：反映企业流动状况的比率，也称偿债能力比率；反映企业资产管理效率的比率，也称资产周转率；反映企业权益状况的比率；反映企业经营成果的比率，也称赢利能力比率；反映企业偿付财务费用的比率；反映企业资金流入流出的比率等。

3. 动态比率法

将不同时期的同类经济指标进行比较，计算出动态比率，用以反映该项指标的发展趋势和发展速度。根据对比的标准不同，又可分为定基速度、环比速度和平均速度。计算方法如下：

$$定基发展速度 = \frac{报告期数额}{固定基期数额} \times 100\%$$

$$环比发展速度 = \frac{报告期数额}{上期数额} \times 100\%$$

$$平均发展速度 = \sqrt[(期数-1)]{报告期数额/基期数额} \times 100\%$$

（三）趋势分析法

趋势分析法是通过分析历史资料，找出事物的变化规律，从而预测其发展趋势的一种方法。应用趋势分析法应遵循相关性、可比性和一致性的原则。主要方法有：

1. 平均增减量趋势法

将分析指标的历史数据按照发生的先后排序，形成时间数列。当时间数列呈现一定的上升或下降趋势，并且逐期增减量大致相同时，可以用平均增减量趋势法测算未来经济指标的发展趋势。计算公式为：

$$x_n = x_0 + n_d$$

式中：x_n——趋势值；

x_0——基期实际值；

d——逐期增减量平均值；

n——期数。

2. 平均发展速度趋势法

当分析指标的时间数列的逐期发展速度大致相同时，可以根据逐期发展速度计算平均数，从而测算其发展趋势。计算公式为：

$$x_n = x_0 \cdot V^n$$

式中：x_n——趋势值；

x_0——基期实际值；

V——平均发展速度；

n——期数。

3. 回归分析法

回归分析法是从一组数据出发，研究其发展规律，确定其变量之间的关系，根据一个或几个变量的变化，测算另一个变量变化趋势的分析方法。按分析对象可分为线性回归分析法和非线性回归分析法；按自变量的多少，又可分为一元回归分析法和多元回归分析法。其中，最常用的是一元线性回归分析法。其回归方程如下：

$$y = a + bx$$

式中：y——因变量；

x——自变量；

a，b——回归系数，用于确定 y 与 x 的关系。

由于篇幅所限，此处不具体介绍其应用方法，有兴趣者可参考相关资料。

四、担保项目资信评估内容

企业资信评估也是对企业信用风险的评估。企业信用风险来自两个方面，其一是履行合同（偿债）的意愿，其二是履行合同（偿债）的能力。因此对企业偿债意愿及偿债能力的评估，是担保机构进行企业资信评估的核心。

评估内容按层次可分为：

企业经营环境分析。包括：经济周期、产业分析、国家支持及限制和禁止政策、市场需求等。

企业经营素质分析。包括：竞争地位、领导能力及管理水平分析、市场与产品、技术能力等。

企业财务实力分析。包括：经济实力、资产结构与资产质量、经营效率、赢利能力、偿债能力及企业成长性等。

五、担保项目资信评估主要指标

企业资信评估涉及绝大多数担保项目。当担保项目种类不同，企业所属行业不同时，其评估的内容也不尽相同。其评估方法可分为定量分析部分与定性分析部分，实际操作中，需要两种方法的综合。

这里分定量和定性两部分介绍一般情况下，担保项目企业资信评估涉及的评估指标。实际应用中，一方面，对一个项目可能不会全部应用此处介绍的指标；另一方面，对一些具有特殊性的项目，可能需要增加某些指标。因此，需根据单个项目或一类项目的具体情况和特点选择评估内容并设计指标体系。

（一）定性部分

定性部分指标主要包括企业基本情况分析、企业经营素质分析、市场与产品分析、领导能力及管理水平分析、产业分析、信用记录等六个方面（表5-1）。通过定性部分分析，可了解企业经营环境及经营素质，并对企业进行综合评价。

表5-1　　　　企业资信评估定性部分主要指标

1. 企业基本素质分析	
	（1）借款主体的合法性（注册信息）
	（2）税务登记及银行开户信息
	（3）股权结构
	（4）组织结构及人员素质
	（5）主要经营范围及主要产品
	（6）历史沿革及主要经营业绩
2. 企业经营素质分析	
	（1）企业规模
	（2）行业地位
	（3）技术能力
3. 市场与产品分析	
	（1）产品生命周期及技术水平
	（2）市场占有率
	（3）主要竞争对手
	（4）主要客户
4. 领导能力及管理水平	
	（1）主要领导人素质及业绩
	（2）企业管理体制及管理制度
5. 产业分析	
	（1）产业在国际、国内市场的地位
	（2）生命周期
	（3）法律保障和政策支持
6. 信用记录	
	（1）银行借款还本付息情况
	（2）货款支付情况
	（3）其他信用记录

1. 企业基本情况分析

主要是对注册信息、银行信息、税务信息及企业其他基本信息的审查及了解。

(1) 借款主体的合法性

包括企业名称、住所、法定代表人、注册资本、企业类型、成立日期、经营期限、经营范围、工商登记机关、企业法人年检情况、组织机构代码证等。

(2) 税务登记及银行开户信息

包括国税和地税的税务登记情况和银行开户情况及贷款卡信息等。

(3) 股权结构

结合公司（企业）性质和股权结构，分析股东对公司承担的责任及决策机制。对企业集团及股权关系复杂的企业，需特别关注股权结构及可能发生的资产重组、关联交易等。

(4) 组织结构及人员构成

组织结构反映企业的组织情况，包括管理层设置、生产、销售、研发等部门设置；分公司设置及业务范围；子公司设置及业务范围、持股比例及投资额；集团组织结构等。

人员构成包括员工数量、文化程度、技术职称及专业素质等，在一定程度上能够反映企业文化。

(5) 主要经营范围及主要产品

企业的实际主导产品及主要业务，往往是营业执照所示经营范围中的一部分。

(6) 历史沿革及主要业绩

反映企业的发展过程。有些企业不断进行改制、合并、分立、改变企业名称、调整注册资本及股权结构、调整业务结构、隶属关系等，申报企业与原企业有一定的延续性，但有些方面已经产生很大变化。主要业绩包括企业获奖情况、企业获得的各种专业资质、产品获奖情况及质量认证情况、已经完成的重大项目等。

2. 企业经营素质分析

包括企业规模、对所在地区的影响、行业地位、技术装备和技术能力、研发能力、营销实力、地理位置及分布、企业发展战略与发展能力。主要反映企业在生产经营方面的素质及实力。

3. 市场与产品分析

主要分析产品竞争能力和产品市场。包括：产品生命周期及技术水平、主要竞争对手、主要客户、产品市场占有率、产品价值链分析、企业产品组合、与业务协作单位及上下游产品单位的合作等。

4. 领导能力及管理水平

主要领导人素质、业绩及本行业工作经验，企业管理体制及管理制度，管理效率，企业文化等。企业领导的素质，对企业起着至关重要的作用。

5. 产业分析

该产业在国际市场中的地位，在国内市场中的地位，产业的竞争状况及生命周期位置，在未来市场中的地位，法律保障及政策支持程度等。

6. 信用记录

银行借款是否按时还本付息，应付账款偿付情况，在法院、海关、工商、税务等部门是否有其他不良信用记录。

（二）定量分析

企业资信评估中的定量评价以财务报表分析为基础。定量分析主要包括6个方面：经济实力分析、资产结构与资产质量分析、经营效率分析、赢利能力分析、偿债能力分析和企业成长性分析（表5-2）。

表 5-2　　　　　企业资信评估定量部分主要指标

1. 经济实力	
	（1）总资产
	（2）净资产
	（3）有形净资产
	（4）注册资金

续表

2. 资产结构与资产质量	
	（1）所有者权益资产比率
	（2）流动资产比率
	（3）固定及长期资产比率
3. 经营效率	
	（1）总资产周转率
	（2）固定资产周转率
	（3）流动资产周转率
	（4）存货周转率
	（5）应收账款周转率
4. 赢利能力	
	（1）销售利润率
	（2）总资产报酬率
	（3）净资产利润率
5. 偿债能力	
短期偿债能力	
	（1）流动比率
	（2）速动比率
	（3）现金比率
长期偿债能力	
	（4）资产负债率
	（5）负债与有形净资产的比率
	（6）利息获取倍数
6. 企业成长性	
	（1）总资产增长率
	（2）净资产增长率
	（3）利润总额增长率
	（4）净利润增长率

1. 经济实力

企业经济实力的大小，与企业的生产能力、竞争能力、赢利能力及担保机构可承保的贷款规模有直接联系。经济实力可用几种资产的绝对指标值—即资产数量表示。

（1）总资产

反映企业拥有的或可控制的全部资产。

（2）净资产

$$净资产 = 总资产 - 总负债$$

反映企业全部自有资产,是企业实际拥有的、在企业清算时真正可用来抵偿到期债务的经济实力。

（3）有形净资产

$$有形净资产 = 净资产 - (无形资产 + 递延资产)$$

反映企业除无形资产及递延资产外的全部净资产。

（4）注册资金

反映股东对公司承担的责任。

2. 资产结构与资产质量

资产结构分析是根据企业资产的不同类别,分析了解企业资产的内部结构,即各类资产占总资产的比率,或各类资产之间的比率。通过这些比率,分析企业资产的流动性和企业承担风险的能力。

（1）所有者权益资产比率

$$所有者权益资产比率 = \frac{所有者权益}{资产总额} \times 100\%$$

在分析资产结构时,用于评价总资产与所有者权益的对比关系,反映企业资产中由所有者权益提供的资金保证的比率。这一比率越高,企业财务状况越稳定。

（2）流动资产比率

$$流动资产比率 = \frac{流动资产}{资产总额} \times 100\%$$

流动资产比率反映流动资产在总资产中所占比率。流动资产比率高,企业资产的流动性和变现能力越强,承担风险的能力强,有足够的货币资产或立即可转化为货币的其他流动资产作为到期必须立即偿付的债务的担保。

(3) 固定及长期资产比率

$$\text{固定及长期资产比率} = \frac{\text{固定资产} + \text{长期投资} + \text{无形及递延资产}}{\text{资产总额}} \times 100\%$$

由于固定资产及长期资产代表企业长期可使用的资金，要经过多次周转才能得到价值补偿。所以，从企业资金运用、企业资本结构的安全稳定及资产风险的回避的角度看，固定及长期资产比率较低为好。降低这一比率，可降低固定费用，并较好地适应经济形势的变化。

3. 经营效率

经营效率是企业运用各项资产的效率，很大程度上取决于企业经营者对企业资产的有效运用程度，直接关系到企业的偿债能力和赢利能力。资产运用效率高，各项资产周转速度加快，资产变现速度快，短期偿债能力强；另一方面，企业能够用较少的资金占用取得更多的收入，赢利能力提高。

(1) 总资产周转率

$$\text{总资产周转率} = \frac{\text{销售额}}{\text{平均总资产}} \quad (\text{次})$$

$$\text{总资产周转天数} = \frac{\text{平均总资产} \times \text{计算期天数}}{\text{销售额}} \quad (\text{天})$$

总资产周转率是企业销售额与平均总资产之间的关系，反映在一定期间内企业全部资产的运用效率及周转速度快慢。该指标越高，说明企业管理水平越高，相应企业偿债能力和获利能力越高。评价时，应与同行业指标进行比较。

(2) 固定资产周转率

$$\text{固定资产周转率} = \frac{\text{销售额}}{\text{平均固定资产}} \quad (\text{次})$$

$$\text{固定资产周转天数} = \frac{\text{平均固定资产} \times \text{计算期天数}}{\text{销售额}} \quad (\text{天})$$

固定资产周转率反映销售额与平均固定资产之间的关系，反映固定资产在经营活动中周转的速度、变现能力和有效利用程度。企业固定资产的利用效率越高，资产经营的风险越小。不同行业，固定资产周转率状况会有很大差别。

(3) 流动资产周转率

$$\text{流动资产周转率} = \frac{\text{销售收入}}{\text{平均流动资产}} \text{（次）}$$

$$\text{流动资产周转天数} = \frac{\text{平均流动资产} \times \text{计算期天数}}{\text{销售额}} \text{（天）}$$

流动资产周转率是销售额与全部平均流动资产之间的比例关系，反映企业投入在全部流动资产上的资金的运用效率和周转速度。是企业流动性分析的重要指标。该指标越高，企业债务保障程度越高，企业面临的市场风险越小；另外，表明企业能够用较少的资金占用实现更大的周转价值，获利能力增强。

(4) 存货周转率

$$\text{存货周转率} = \frac{\text{销售成本}}{\text{平均存货}} \text{（次）}$$

$$\text{存货周转天数} = \frac{\text{平均存货} \times \text{计算期天数}}{\text{销售成本}} \text{（天）}$$

存货周转率是企业一定时期内的销售成本与平均存货余额的比率，用于衡量企业销售能力和存货流动性。对生产企业来说，存货在流动资产中一般占有较大比重，合理数量的存货对企业来说是必要的。存货过多会占用大量资金，增加存储费用；过少可能出现脱销或影响正常生产。

(5) 应收账款周转率

$$\text{应收账款周转率} = \frac{\text{赊销净额}}{\text{平均应收账款}} \text{（次）}$$

$$\text{应收账款周转天数} = \frac{\text{平均应收账款} \times \text{计算期天数}}{\text{赊销净额}} \text{（天）}$$

式中：赊销净额 = 销售收入 – 现金销售收入 – 销售退回、折扣、折让

实际分析中，对以赊销为主的企业，一般用销售净额代替赊销净额。

应收账款周转率反映企业在一定期限内回收赊销账款的能力，用于评价应收账款的变现速度和企业财务管理效率，是考察企业经营能力的主要指标之一。其大小主要取决于企业的销售政策。该比率高，企业资金流动性高，偿债能力强，客户信用状况好，坏账损失小。

4. 赢利能力

赢利能力就是企业获取利润的能力，获取利润是企业经营的最终目的，也是经营者、投资者和债权人最关心的问题。

(1) 销售利润率

$$销售利润率 = \frac{利润总额}{销售收入} \times 100\%$$

销售利润率是企业利润总额与销售收入的比率，反映企业在一定时期内的总获利水平，包括企业所有收支因素。该指标能够较全面、综合地反映企业的获利能力。分析时，可与同行业指标比较。

(2) 总资产报酬率

$$总资产报酬率 = \frac{利润总额 + 利息支出}{平均资产总额} \times 100\%$$

或：

$$总资产报酬率 = \frac{净利润 + 利息支出 + 所得税}{平均资产总额} \times 100\%$$

总资产报酬率是利润总额加利息支出与资产总额的比率，反映企业运用全部资产获取收益的效率和能力。由于总资产包括自有资产和借入资产，而自有资产的报酬通过利润总额反映，借入资产的报酬体现为利息支出（财务费用），故分子应为利润总额加利息支出，从而所用资产和获得的报酬具有一致性。

实际分析中，也较多采用总资产利润率，即利润总额与总资产的比率，用以反映全部资产获取利润的能力。

$$总资产利润率 = \frac{利润总额}{平均资产总额} \times 100\%$$

(3) 净资产利润率

$$净资产利润率 = \frac{净利润}{平均净资产} \times 100\%$$

净资产利润率反映企业所有者拥有的权益的赢利能力，是最重要的衡量企业赢利能力的指标。一般说，该指标应高于同期贷款利率，并高于总资产利润率。净资产利润率高于贷款利率越多，企业经营的安全性越强，资产利用率越高，企业赢利能力越强。

5. 偿债能力

偿债能力评价是企业资信评估的核心，也是担保项目评估的核心。企业偿债能力是财务状况和经营状况的综合反映。偿债能力的强弱，直接影响债权人贷款本金是否能够按时回收和利息是否能够按期偿付，及贷款担保的风险程度。分析企业偿债能力时，应结合长短期偿债指标、经营状况、现金流量、投资及筹资计划等方面情况，重点对该企业本项债务的保障能力进行综合分析。

（1）短期偿债能力

短期偿债能力指企业以流动资产备抵流动负债的能力，一般以短期变现性作为衡量标准，是企业取得现金或将资产转换为现金以偿还短期债务的能力。

1）流动比率

$$流动比率 = \frac{流动资产}{流动负债}$$

流动比率是流动资产与流动负债之比，是衡量企业短期偿债能力的最常用、最重要的财务比率。该比率越高，短期偿债能力越强。但过高的流动比率说明变现性强的资产所占比率过大，使得企业机会成本上升，赢利能力下降。一般认为流动比率等于 2 时，企业状况较为稳定。应当注意，各行业平均流动比率差距较大，其主要影响因素是业务周期，一般说，业务周期越短，正常流动比率越低，反之，该比率则越高。

2）速动比率

$$速动比率 = \frac{速动资产}{流动负债}$$

或：

$$速动比率 = \frac{货币资金 + 有价证券 + 应收票据 + 应收账款净额}{流动负债}$$

或：

$$简化速动比率 = \frac{流动资产 - 存货}{流动负债}$$

速动比率也称为酸性试验比率，能够更准确地反映企业的短期偿债能力。速动资产指现金或很快能够变现的资产。由于存货变现时间相对较长,而且有可能出现积压等损失,流动性较差,不属于速动资产;另外,速动比率中的速动资产,除在流动资产中减去存货外,还要减去待摊费用、预付账款和其他应收款。实际应用中,经常采用简化速动比率的算法,即速动资产用流动资产减存货表示。

一般认为企业速动比率为1较为适当,实际应用中,应参考行业实际平均值。

3) 现金比率

a. $\dfrac{\text{现金类资产对}}{\text{流动负债的比率}} = \dfrac{\text{现金类资产}}{\text{流动负债}} = \dfrac{\text{现金} + \text{现金等价物}}{\text{流动负债}}$

现金等价物指取得日至到期日不超过三个月,且价格风险很小的资产,主要是各种有价证券。现金类资产对流动负债的比率反映的是企业即刻的变现能力。由于该比率排除了流动资产中的非现金类资产,因此用于分析企业短期偿债能力更为可靠。

现金类资产对流动负债的比率反映的是一个特定时点的流动性,若要反映一个时期的流动性,则可采用经营活动净现金流量与流动负债之比。

b. 经营活动净现金流量对流动负债的比率 = $\dfrac{\text{经营活动净现金流量}}{\text{流动负债}}$

该比率反映经营活动产生的净现金流量对流动负债的保障程度,应用时需与行业平均值进行比较。

(2) 长期偿债能力

长期偿债能力指企业以资产或劳务支付长期债务的能力。分析长期偿债能力要考查企业的资本结构,企业应保证一定比率的自有资本,保证在遇到经营风险时仍能偿还债务;同时还要考查企业的赢利能力,利润是企业还本付息的基本来源。

1) 资产负债率

$$\text{资产负债率} = \dfrac{\text{总负债}}{\text{总资产}} \times 100\%$$

资产负债率是分析企业长期偿债能力的最主要指标,表示在总资产中借入资产的比例,也可以衡量在企业清算时保护债权人利益的程度。从偿债能力的角度分析,企业保持较低的资产负债率能够保证较好的长期偿债能力;从投资者的角度看,则当总资产报酬率高于同期银行利率时,提高资产负债率可提高企业的赢利能力。

一般认为资产负债率为50%较为适当,实际应用中应考虑行业实际水平。

2) 负债与有形净资产比率

$$负债与有形净资产比率 = \frac{负债总额}{股东权益 - 无形资产} \times 100\%$$

负债与有形净资产比率是负债总额与有形净资产的比率,也可用来分析长期偿债能力。该指标不考虑无形资产的因素,假定无形资产不能用于偿还债务,比资产负债率更为保守,能够更好地显示债务受股东权益保障的程度。

3) 利息获取倍数

$$利息获取倍数 = \frac{息税前利润}{总利息支出} \times 100\%$$

利息获取倍数是企业从自有资产和借款中获得的收益与所需支付的利息的倍数关系,反映企业利润所能承担利息费用的能力。如果企业有足够的付息能力,则通常有能力再次得到贷款,从而降低不能到期偿付本金的风险。

6. 企业成长性

成长性分析是将企业主要经济指标的历史数据进行对比,分析其发展和增长的速度,预测企业未来发展趋势的方法。成长性分析主要包括企业规模、收入水平和赢利水平的增长分析。实际评估中,应注意分析影响各成长性指标的主要因素。分析方法可采用增长量分析、发展速度分析和增长速度分析的方法,其中发展速度和增长速度又分为定基、环比、平均三种方法。此处,以采用环比增长速度法为例。

(1) 总资产增长率

$$总资产增长率 = \frac{本期总资产 - 上期总资产}{上期总资产} \times 100\%$$

(2) 净资产增长率

$$净资产增长率 = \frac{本期净资产 - 上期净资产}{上期净资产} \times 100\%$$

(3) 销售收入增长率

$$销售收入增长率 = \frac{本期销售收入 - 上期销售收入}{上期销售收入} \times 100\%$$

(4) 利润总额增长率

$$利润总额增长率 = \frac{本期利润总额 - 上期利润总额}{上期利润总额} \times 100\%$$

(5) 净利润增长率

$$净利润增长率 = \frac{本期净利润 - 上期净利润}{上期净利润} \times 100\%$$

六、财务状况分析表格样式

(一) 财务数据分析表

结合多期比较分析、变动百分比分析和结构百分比分析的资产负债表分析表、损益表分析表及现金流量表分析表样式如下（表5－3～表5－9）。表中选列了财务报表的主要科目和财务分析比率的主要指标。

表5－3　　　　　　　资产负债表分析表　　　　　　单位：万元

科目＼时间	20××.12.31	20××.12.31	报告期 20××.××.31	变化率（%）	各科目占总资产比重（%）
总资产					
流动资产					
货币资金					
短期投资					
应收票据					
应收账款					
预付账款					
其他应收款					
存货					
待摊费用					
长期投资					
固定资产净值					
无形及递延资产					

续表

时间 科目	20××.12.31	20××.12.31	报告期 20××.××.31	变化率 （％）	各科目占总 资产比重（％）
负债总额					
流动负债					
短期借款					
应付票据					
应付账款					
预收账款					
其他应付款					
一年内到期的长期负债					
长期负债					
长期借款					
应付债券					
长期应付款					
所有者权益					
实收资本					
资本公积					
未分配利润					

表5-4　　　　　　　　　损益表分析表　　　　　　　　单位：万元

时间 科目	20××年度	20××年度	报告期 20××年1~×月	变化率 （％）
产品销售收入				
销售成本				
主营业务利润				
销售费用				
管理费用				
财务费用				
利润总额				
净利润				

表 5-5　　　　　　　　　现金流量表分析表　　　　　　单位：万元

科目＼时间	20××年	20××年	报告期 20××年1~×月	变化率（%）
经营活动产生的现金流量净额				
经营活动产生的现金流入量				
经营活动产生的现金流出量				
投资活动产生的现金流量净额				
投资活动产生的现金流入量				
投资活动产生的现金流出量				
筹资活动产生的现金流量净额				
筹资活动产生的现金流入量				
筹资活动产生的现金流出量				
现金及现金等价物净增加额				

（二）财务比率分析表

表 5-6　　　　　　　　　　偿债能力比率

财务指标	20××.12.31	20××.12.31	报告期 20××.××.31	变化率（%）
资产负债率（%）				
流动比率				
速动比率				

表 5-7　　　　　　　　　　赢利能力比率

财务指标	20××.12.31	20××.12.31	报告期 20××.××.31	变化率（%）
销售利润率（%）				
销售毛利率（%）				
净资产利润率（%）				
总资产利润率（%）				

表 5-8　　　　　　　　营运能力比率

财务指标	20××年度	20××年度	报告期 20××年1~×月	变化率 （%）
应收账款周转率				
存货周转率				
总资产周转率				

表 5-9　　　　　　　　发展能力比率

财务指标	20××.12.31	20××.12.31	报告期 20××年1~×月	变化率 （%）
总资产增长率（%）				
净资产增长率（%）				
销售收入增长率（%）				
净利润增长率（%）				

七、担保项目资信评估结论

（一）信用等级方式

对企业进行的资信评估结果可用信用等级的形式表示，即用若干等和若干级表示，并对应相应的评分值，表示企业的信用风险。一般的表示方法是将企业信用水平分为四等十级，用 0~100 分表示。其表示方法和含义请参考表 5-10。

信用等级 BBB（含）以上为投资级，是担保机构承作担保业务时可选择的范围；而 DD 级及以下为投机级，应尽量避免涉及。如果经过审慎论证，对这类企业通过非常有力的反担保措施或其他风险控制措施能够控制项目风险，也应对企业的动态情况给予特别关注，以避免发生损失。实际应用中，BB 级以下的企业，一般在项目受理或项目初选时就已被筛选掉，很少进入正式评审程序。尤其是 B 级以下企业，基本不在担保机构的正常业务选择范围之内。另外，对于不同行业、不同规模的企业，应设计不同的评估体系，选取不同的评估指标并设置相应的权重。

表 5－10　　　　　　　　企业信用等级表示方法

等级		记分标准	说　明
一等	AAA	90（含）~100	资信状况很好。企业素质很好，财务实力强，信用风险小。经营状况、赢利能力、发展能力良好，没有不良信用记录，偿债能力很好。
	AA	80（含）~90	资信状况优良。企业素质好，财务实力强，信用风险较小。经营状况稳定，赢利能力较强，发展能力良好，没有不良信用记录，偿债能力良好。
	A	70（含）~80	资信状况较好。企业素质较好，财务实力较强，经营状况基本稳定，有一定的赢利能力，发展前景中有不确定因素，没有不良信用记录，正常情况下，有较好的偿债能力。
二等	BBB	60（含）~70	资信状况一般。企业素质一般，财务实力一般，经营状况正常，赢利能力、发展能力、偿债能力一般，没有不良信用记录，未来发展中存在较明显的不确定因素。
	BB	50（含）~60	资信状况不够好。企业素质较弱，财务实力较弱，经营状况不够稳定，赢利能力较差，偿债能力不足，有不良信用记录，发展前景不明朗，有明显的信用风险。
	B	40（含）~50	资信状况较差。企业素质较差，财务实力、经营状况、赢利能力较差，偿债能力较弱，信用风险大。
三等	CCC	30（含）~40	资信状况很差。偿债能力很差。
	CC	20（含）~30	资信状况非常差。没有偿债能力。
	C	10（含）~20	没有信用。
四等	D	10 以下	近于破产。

（二）信用等级、重点结论表述及重点风险提示相结合

1. 采用定量评估结论和定性评估结论共同表示的方法

由于担保项目中企业资信评估的目的在于为担保项目提供决策支持，其评估结果不能完全用信用等级的方法表示。企业资信评估结论应由两部分组成，其一，以信用等级的方式给出企业信用风险程度的提

示,其二,以文字表述说明企业素质、运行情况、财务实力、偿债能力等各部分评估结论及综合评估结论,并指出主要风险所在。

2. 评估结论应包括总体评估结论和分项评估结论

担保项目企业资信评估结论应包括对评估所涉及的各方面的分项评估结论和对该企业的综合评估结果。分项评估包括企业素质、市场与产品、领导能力及管理水平、产业及经营环境分析、信用记录、经济实力、资产结构与资产质量、经营效率、赢利能力、偿债能力、企业成长性等。对于被评估企业的业务特点和影响其清偿能力的方面,尤其需要做出明确地阐述。给出分项评估结论有利于判断企业的优势、劣势及其主要风险所在,得出对企业的综合判断结论。

第三节 建设项目评估

当担保机构为固定资产贷款项目提供担保时,需对固定资产投资项目和建设单位进行全面评估,以确定项目的可行性及项目单位的到期还款能力。固定资产贷款是借款人用于建筑、设备购置、安装和更新改造固定资产的贷款,包括基本建设贷款和技术改造贷款。基本建设贷款主要用于新建、改扩建工程中建筑安装工程费及设备、工程器具购置费及其他所需费用中借款人资金费用不足部分;技术改造贷款是对借款人进行技术改造设备更新和与之相关的少量土建工程所需资金不足部分而发放的贷款。固定资产贷款多为中期(1~5年)或长期(5年以上)贷款。

对于项目投资小,投资回收期短的建设项目,借款人可能会把流动资金贷款用于基本建设项目或技改项目的建设。在这种情况下,担保业务操作中,也要对建设项目进行评估,以确定其在贷款到期时,项目建设情况和经济效益及借款人偿还贷款的能力。

基本建设贷款项目和技术改造贷款项目评估方法类似,本节着重介绍基本建设贷款项目的评估方法。

一、建设项目评估概述

(一) 建设项目评估的概念和目的

对于以项目融资方式进行的贷款,建设项目评估与企业资信评估和反担保措施评估共同构成担保项目评估的三大组成部分。

担保项目中建设项目的评估,实际上是对建设项目偿债能力的评估。通过对用款项目进行全面、科学、客观的分析,包括行业背景及国家政策、项目建设条件及项目建设单位的能力、技术及工艺的先进性、产品市场前景、筹资能力及投资估算、项目技术经济指标、抗风险能力等方面,从而得出在该担保项目中,建设项目的可行性及项目所产生的现金流对债务的保障程度的结论。

担保机构进行建设项目评估的目的,是结合项目单位的资信状况和提供的反担保措施,做出借款人是否具备按期还贷意愿和能力的判断。

(二) 建设项目评估的内容

担保项目中的建设项目评估主要包括以下几个方面:
(1) 项目建设的必要性、真实性及市场预测;
(2) 项目建设条件和生产条件;
(3) 项目技术评估;
(4) 项目投资估算及筹资计划;
(5) 项目财务效益评估;
(6) 项目风险分析;
(7) 项目整体评估结论与建议。

(三) 建设项目评估的特点

1. 全面收集建设项目资料

建设项目评估涉及资料较多,在评估前,要根据有关法律法规的规定和项目评估的基本要求,全面收集与项目评估有关的必要资料,主要包括:
(1) 法定的批准文件。如:主管部门或有权批准部门的批准文件、项目可行性报告及其批复、城市建设规划许可证、建筑工程规划许可证、国有土地使用证等。

（2）其他资料。如：建设单位的注册登记、财务状况等基本状况、项目筹资计划、项目用款计划、项目还款计划、项目财务预测、项目建设的必要条件、社会对项目产品的需求、项目产品的技术水平、同类项目企业的生产经营状况、效益情况、环境允许的建设条件、项目产品所属行业的国民经济地位、项目建设单位的行业地位、项目未来的经济效益和社会效益等资料。

2. 审查项目的合法性

审查建设项目审批程序是否完备，是建设项目评估的一项重要内容。许多项目的实施都必须经过主管部门、城市规划部门、土地管理等部门的批准，因此，对项目的评估，首先要对项目的合法性进行审查，核实有关批准文件，确保项目的合法性。

3. 聘请行业专家和技术专家共同评估

与企业资信评估不同，进行建设项目评估，需要评估人员较好地了解项目行业背景并具有较强的该行业专业知识。由于担保机构的担保项目涉及行业较宽，机构规模一般不大，从业人员数量不多，不可能深入了解各个行业的行业状况，因此，需要与行业专家、技术专家和经济专家进行广泛合作，组成项目组，共同进行实地考察，共同撰写评估报告。对较小项目，也可以采用专家论证会或个别征询的方式，就需要评估的技术问题进行咨询和论证，就疑点和难点问题研究分析，保证评估质量。

4. 认真审查建设项目的真实性和可行性

由于担保业务的特点及申请担保企业与担保机构的信息不对称，有些企业为得到担保贷款有可能申报虚假建设项目，或大幅度提高建设项目投资估算金额，或申报项目的规模和业务范围大大超出本企业能够达到的建设能力及经营能力。此时，如果申请担保企业得到了计划中的担保贷款，必然将贷款挪作他用，使担保机构的代偿风险大大提高。因此，担保机构需对申请担保企业申报的建设项目的真实性和可行性进行认真审查。

5. 以可行性报告作为评估基础及参考

申请担保企业往往规模不大,技术实力有限,项目可行性报告经常不够规范,另外,可行性报告对项目各项指标评估过于乐观的情况也并不少见。如,市场前景预测过于乐观,技术经济指标预测过高,筹资计划没有真正落实等。因此,担保机构进行建设项目评估时,应以可行性报告为基础,结合实地考察及专家意见,对项目进行分项评估论证,得出担保机构自己的结论,切不可完全依靠可行性报告的分析和结论。

二、建设项目评估的内容及方法

(一) 项目建设的必要性、真实性及市场预测

项目建设的必要性和真实性评估主要从两个方面考虑,其一是从社会需求和企业发展的角度,考察项目建设的必要性。主要是考察项目是否符合国家产业政策、项目产品是否符合社会需求、项目能否为项目建设单位带来经济效益、项目建设规模是否合理、审批手续是否已经具备等问题。其二是从担保项目的角度,考察项目建设对申报企业的必要性及真实性。主要是考察建设项目与申报企业(投资人)的经济实力、业务范围、建设条件、技术能力、生产经营能力及业务经验、发展策略等是否相符,判断企业是否确实计划把本项贷款用于项目建设,避免为虚假建设项目提供融资担保。

1. 国家产业政策

产业政策是国家从宏观上进行产业调控、引导投资方向的政策。从微观来看,有些项目产品市场供不应求,似乎应该建设该项目,但从宏观来看,这些项目产品已经供过于求,如果任其自由发展,牺牲全局利益、保护局部利益,必将导致社会资源的极大浪费。因此,要根据国家产业政策,分析项目可行性研究报告和收集的有关资料,对项目是否符合国家产业政策做出明确评估。

2. 产品市场分析及项目规模评价

建设项目规模评估的基础是行业分析和市场分析。市场分析的主要

内容包括：项目产品的市场容量、供需现状、供需平衡分析、潜在市场分析、产品价格趋势分析及未来产品价格预测、行业竞争情况和主要竞争对手、市场划分情况、相关行业及替代产品分析等，从而确定本项目的市场定位、预测产品的市场占有率和产品价格，并对项目合理规模做出判断。

担保项目评估中，对项目产品市场分析应给予重点关注。有些企业为得到担保贷款，可行性报告对市场需求、产品价格及未来市场占有率预测往往过于乐观。对于项目设计规模明显过大的建设项目，要着重考察其项目的真实性。进行市场分析时，可以可行性报告为基础，同时咨询行业专家，并查询网络、期刊、年鉴及行业统计等资料，对可行性报告的数据加以分析核实。

3. 建设项目对项目建设单位和社会的影响

根据对行业情况和项目规模的初步分析，判断实施该项目对相关产业、社会经济的发展、社会技术的进步、社会效益等方面的影响，并分析实施该项目对项目建设单位在技术能力、现金流量、经营规模、经济效益、人员结构、行业竞争力等方面的影响。

4. 项目建设对该企业发展的必要性及该项目的真实性

识别虚假项目和企业没有能力操作的项目，是建设项目评估的一项重要工作。项目建设对该企业发展的必要性及项目的真实性的评估，除参考项目行业情况、建设规模及项目审批情况外，还需详细了解申报企业（投资人）的全面情况，包括：经济实力、业务范围、建设条件、技术能力、生产经营能力及业务经验、其他投资计划、筹资能力、发展策略等，综合分析该项目建设是否对企业发展有确实的促进作用，企业是否有能力建设并经营该项目，项目建设是否属于企业规模和业务范围的过度膨胀，是否有将贷款用于其他项目的投资或补充其他项目的流动资金的意图等，从而判断项目建设对企业的必要性和项目的真实性。

（二）建设项目的建设条件和生产条件评估

建设项目是否能够按期竣工并达产，是项目单位是否能够按期还贷的先决条件。其主要影响因素是项目单位的建设条件和生产条件。因

此,要对项目建设条件和项目生产条件的有关问题进行深入调查、探讨、评估。主要包括以下方面:

1. 建设条件

(1) 厂址分析

确定厂址主要需要考虑两方面因素,即生产因素和生活因素。

生产因素主要包括:厂区的地形、地质和水文条件;原材料供应、燃料供应、电力供应;交通运输条件;外协条件等。

生活因素主要包括:生活福利设施、文化教育条件、商业网点等社会服务条件、子女教育、就业条件等。

(2) 环境分析

项目建设应符合我国环境保护法中关于建设项目"三同时"的规定,即建设项目中的环境保护设施必须与主体工程同时设计、同时施工、同时使用的环保法律制度,坚持污染物排放总量控制和达标排放的要求,坚持环境效益与经济效益相统一的原则,严防边污染、边治理。

环境分析是就项目可能产生的污染和采取的措施能否防止污染发生、防治污染进行分析,判断防治措施的可行性、有效性。

2. 生产条件的评估

根据市场需求和生产规模测算项目投产后项目对各种原材料、燃料、电、水等的需求,分析评估供给能否在时间、质量、数量上满足生产需求。

(1) 主要物料需求与供给

根据项目的每种产品所需要的每种材料定额和项目每种产品的生产规模,确定每种产品年所需要的材料数量,再汇总项目对每种材料的年总需求量及项目对所有材料的年总需求量。

对项目提出的物料供给方案,逐个对物料品种、规格、供应商进行调查、落实、分析,不仅要从物料品种的供给数量方面进行分析、落实,而且要从供给的质量和时间方面进行分析,判断项目供给方案能否从数量、质量和时间三个方面满足项目的实际需要,得到物料供给是否可行的结论。

(2) 燃料动力需求与供给

燃料动力以及水的需求量计算,一般需要根据工艺方案、所选择的机器设备、成品率、生产规模、燃料和动力的质量等因素确定,也可参照其他运行的同类企业的实际消耗情况确定,同时,需要考虑生活对燃料、动力及水的需求。生产所需燃料、动力及水的需求测算与供给能力测算与物料的测算基本相同。

(3) 交通运输的需求与供给

交通运输的总需求包括运入量和运出量两部分。运入量包括原材料、辅助材料及生活用品;运出量包括产品、废弃物及其他。

1) 运输量的测算:运输量包括运入量和运出量两部分,需要分别测算。包括物料、燃料、生活用品、包装物及产成品、废弃物等。

2) 运能的平衡:对每种运输方式的实际运输能力和需求进行分析、平衡,判断是否存在运输能力缺口,运输能力能否在不同的运输方式之间调节,得到交通运输是否可行的结论。

(三) 建设项目技术评估

建设项目技术评估的内容主要包括:项目工艺技术评价、选用的设备评价、设计方案的评价三部分。

本部分的评估工作专业性强,一般需要聘请技术专家和行业专家参加评估或提供咨询意见。在必要的情况下,可聘请专家与评估小组共同进行现场考察,或单独出具评估意见。

1. 工艺技术评估

该部分主要分析评估所选择的工艺的可靠性、工艺流程的合理性、工艺与原材料的适应性、工序之间物料的平衡。

(1) 项目工艺的可靠性、合理性评估

工艺流程是物料投入生产到产出产品的流动过程。项目工艺流程的合理性评估主要评估上下道工序在技术上是否合理、关键工序能否满足工艺要求、物料流程是否流畅、工序之间的距离是否合理、整个物料流动路线是否合理。工艺流程在很大程度上影响项目的投资额、项目产品的成本、产品的质量和劳动效率,从而影响项目的经济效益。

(2) 物料的平衡评估

物料的平衡主要是解决工序之间物料在数量上的平衡问题,防止工序之间能力的不平衡而产生能力浪费或者某些工序能力不足。具体的评估可以先评估项目产品部件之间的物料是否平衡,再测算生产工序之间的物料是否平衡。根据设计的生产规模和同类生产企业各生产工序的成品率、工艺设计的物料消耗指标,采用逆推的方式,从最后一道工序开始,测算出完成设计生产规模时,每个工序的物料需要量和产出量,然后比较分析,判断评估每一道工序的物料平衡。

2. 设备评估

设备评估,主要是就设备的可靠性、合理性和设备的配套生产能力进行评估。

(1) 设备的可靠性、合理性评估

设备的可靠性、合理性评估是将项目所选用的设备按照功能的标准进行分类,如:机加设备、锻压设备、电工设备、通用设备、矿山设备、运输设备等,然后由专业技术人员对各类设备配置的合理性和可靠性进行评估,特别要对专用设备、新型设备进行仔细的性能分析,判断其可靠性。

(2) 选用设备的原则

选用设备的原则是:技术上可靠,经济上合理。在满足工艺要求的前提下,尽量选择年运行成本和年均购置成本之和最小的设备。

(3) 设备的生产能力配套评估

设备生产能力的评估主要在于评估各道工序之间的生产能力是否平衡,其目的在于减少设备能力的浪费,用最少的设备投资满足设计的生产规模所需要的生产能力。

3. 设计方案评估

对项目设计方案进行评估,考虑的因素包括选址、运输、供电、供水、物料供给、市场需求、总图、工艺流程、设备选型等,对可行的方案进行综合比较、分析、优化,选出整体上较好的方案,即项目寿命期内经济效益和社会效益较大的方案。

(四) 投资估算及筹资计划

建设项目投资估算及筹资计划是担保机构评估人员应重点审查的项目之一。建设资金不能及时到位或被挪用,将严重影响项目进度,使担保项目代偿风险明显上升。

1. 投资估算

(1) 项目投资构成

进行投资估算评估首先要了解项目投资基本构成并考察其合理性。生产企业建设项目基本投资构成如下：

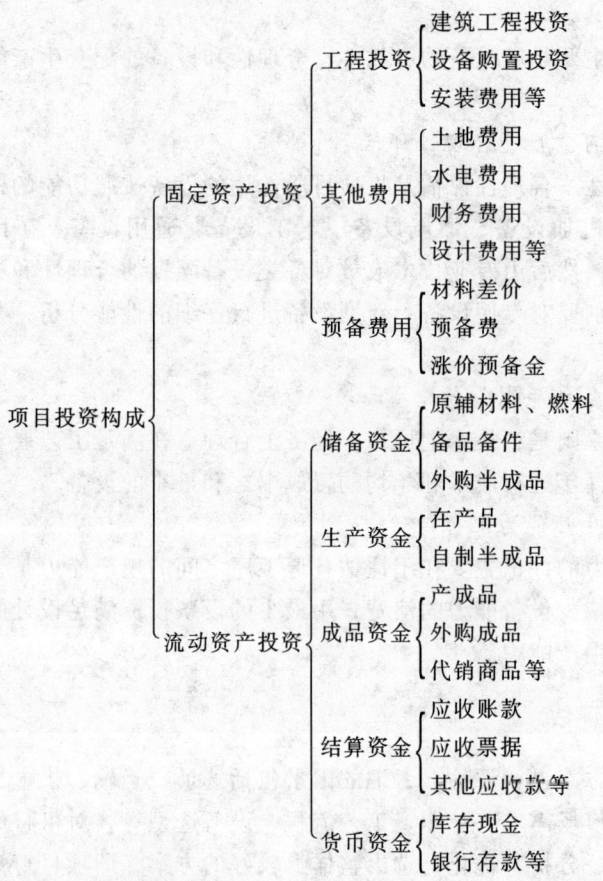

(2) 投资估算评估

项目投资估算是一项很繁杂的细致工作，工作量非常大。随项目内容不同，具体的测算方法也不同。由于篇幅所限，此处不再介绍具体计算方法，需要者可参考相关资料。评估中，可按照项目投资构成，采用逆推的办法，先测算子项投资额、汇总成分项投资额，再汇总成固定资产投资额和流动资产投资额，最终汇总为项目总投资额。

通过每个子项的投资估算评估，我们可以发现哪些子项估算符合实际情况、哪些子项投资估算不足、哪些子项投资估算过多，最终得到整个项目的估算是否切实可行的判断。

另外，根据项目类型的不同，应重点关注、分析投资结构是否合理、计算项目是否全面、合理等问题。若投资结构估算不合理或投资估算不足，有可能在建设过程中出现资金缺口；若投资规模估算过大，则会出现将本项目资金挪作他用的可能。

2. 筹资计划

资金筹措往往是项目建设的一个主要难点，申请担保的建设项目中，筹资计划不落实、投资企业自有资金不能及时到位、其他融资方案不能确定的情况较为多见。因此，筹资计划是担保机构需重点关注的内容。

（1）筹资渠道及筹资计划

项目建设资金的来源主要渠道有，国家拨款、银行贷款、发行债券、股票、项目建设单位自有资金、外国政府贷款、其他金融机构贷款、卖方信贷、租赁信贷等。项目单位应做出分年度的详细筹资计划。对于中小企业，资金来源主要是企业自筹和银行贷款。

（2）资金筹措的可行性分析

评估人员需对筹资方案进行仔细研究分析，索取融资协议、合同，逐项核实，分析筹资方案中每笔款项来源的可能性。

对于银行贷款，根据项目单位提供的承诺贷款银行名单，逐个银行核实，做出进一步的承诺。

对于债券和股票进行的筹资，需要索取有关文件，分析判断债券和股票发行所处的阶段、可能发行的时间和数量、发行价格、发行的成功率等。

对于自有资金，需要根据项目建设单位的目前财务状况、近几年来的生产经营状况、现金流量状况，分析、测算项目建设单位可用于项目建设的自有资金数量和时间，特别要注意资金到位情况。

对于中外合资企业，要根据合资合同的规定，审查资本金是否按期到位，防止以合资为名，行享受合资优惠待遇之实的假合资；或者有些合资企业外方根本没有投入资金,以贷款代替注册资本金,从而不承担项目风险,使部分资金不落实。

(3) 资金筹措分析应注意的问题

1) 担保机构必须避免承担过高的项目风险。《贷款通则》第十七条规定,"申请中长期贷款的新建项目的企业法人所有者权益与项目所需总投资的比例不低于国家规定的投资项目的资本金比例。"对不同行业,国务院规定的投资项目资本金占全部投资的最低比率有所不同,其中最低值为20%。即企业必须承担一定比率的项目风险,其余风险,才可由银行和担保机构承担。筹资结构中贷款比率过高的结果是,项目单位的违约成本很低,缺乏推动项目顺利实施的动力。担保项目评估中,对于流动资金贷款用于建设项目或技改项目的情况,也应参照该标准审核。

2) 对除本项贷款外,从其他渠道筹集的资金的已到位情况及可能到位情况进行严格审查,避免出现由于资金缺口而导致项目不能如期建设的可能。

(五) 财务效益评估

1. 财务效益评估方法

建设项目运行的结果,最终要集中反映在财务指标中。因此,对项目进行财务效益评估,实质上是在项目其他条件可行的情况下,对项目进行的综合性经济评价。其方法是分析项目的预测损益表、现金流量表和资产负债表,评估各个技术经济指标的合理性,及还款计划的可行性;并将测算的项目有关财务指标与行业标准、行业同类项目的相关指标进行比较分析,做出项目财务指标优劣的综合判断。

特别应当引起注意的是,有些项目单位为了取得贷款,可行性报告中项目财务指标预测过于乐观,大大超过行业平均值。对于这种现象,进行担保项目评估时应给予特别关注。

2. 财务效益评估常用指标

(1) 项目赢利能力测算

建设项目的可行性,很大程度上决定于项目的赢利能力。同时,建设项目的赢利能力直接影响项目单位的还款能力。因此，对项目赢利能力进行测算评估是担保机构评估人员重点工作之一。下面将分别介绍测算项目赢利能力的指标。

1）简单投资回收期

简单投资回收期是指在不考虑时间因素的情况下，项目累计净现金流为正时所需要的时间。具体表达式为：

$$\sum_{i=1}^{n} XL = 0$$

式中：XL——年净现金流量；

　　　n——投资回收期。

$$投资回收期 = \begin{matrix}累计净现金流量\\为正的年份数\end{matrix} - \left(\begin{matrix}当年累计净\\现金流量\end{matrix} \div \begin{matrix}当年净\\现金流量\end{matrix}\right)$$

该指标反映了项目收回投资的时间，也反映了项目的风险程度，投资回收期越短，项目的赢利期越长，赢利空间越大，项目抵御风险的能力就越强。

2）内部收益率

内部收益率是指在项目生命周期内，将每年的净现金流量按照一定的贴现率贴现，使累计净现值等于零时的贴现率。即：

$$\sum_{i=1}^{n} \frac{W_i}{(1+r)^i} = 0 \text{ 时的 } r \text{ 即为内部收益率。}$$

式中：W_i——表示第 i 年的净现金流量；

　　　n——表示项目生命周期；

　　　r——表示内部收益率。

内部收益率越高，说明项目的赢利能力越强。

3）净现值

净现值是指在项目寿命周期内，用一定的贴现率将各年的净现金流折算为现在值的数额。具体计算公式如下：

$$P = \sum_{i=1}^{n} \frac{W_i}{(1+r)^i}$$

式中：P——项目净现值；

n——项目生命周期；

r——贴现率。

r值的选定需要考虑无风险利率和风险利率，当净现值大于零时，项目即可取。

(2) 建设项目偿还债务能力分析评估

进行建设项目偿还债务能力的分析，能够在很大程度上判断项目的融资能力和债务保障程度。因此，有必要介绍建设项目偿还债务能力的有关衡量指标。

1) 建设项目贷款偿还期

建设项目贷款偿还期是指在不考虑时间因素的情况下，如果项目净收益首先用于偿还贷款，从项目开始到偿还完全部贷款所需要的时间。具体计算方法与简单投资回收期基本相同。该指标从总量上反映了项目偿还贷款的能力，项目贷款偿还期越短，说明项目偿还贷款的能力越强，但要全面评价偿还能力，还需要根据融资计划、还款计划、现金流量表从时间上分析能否按期偿还贷款。

2) 利息支付倍数

利息支付倍数是指项目在借款期内，各年可用于支付系列的息税前利润与当期应付利息费用的比值，具体计算公式如下：

$$利息支付倍数 = \frac{息税前利润}{当期应付利息费用}$$

该指标反映了项目支付利息费用的能力，指标值越大，说明项目偿还利息的能力越强。

(六) 建设项目风险分析

建设项目的风险分析包括不确定性分析和其他风险分析。此处，不确定性分析指盈亏平衡分析和敏感性分析，另外还将分析在担保项目涉及的建设项目中可能发生的其他风险。

建设项目的收入、成本、费用、收益等有关指标都是在一定条件下设定的，一旦影响这些指标的环境发生变化，将直接影响项目的预期收益，因此，有必要事先对有关影响因素的变化对项目收益的影响进行测算，以便预测风险，防患于未然，使项目按预期轨迹运行。

1. 建设项目盈亏临界分析

建设项目盈亏临界分析，在于测算项目的盈亏临界点，并进一步分析项目的抗风险能力和项目的赢利空间。

下面以单一产品为例来说明建设项目盈亏临界分析。

（1）建设项目盈亏临界点分析图

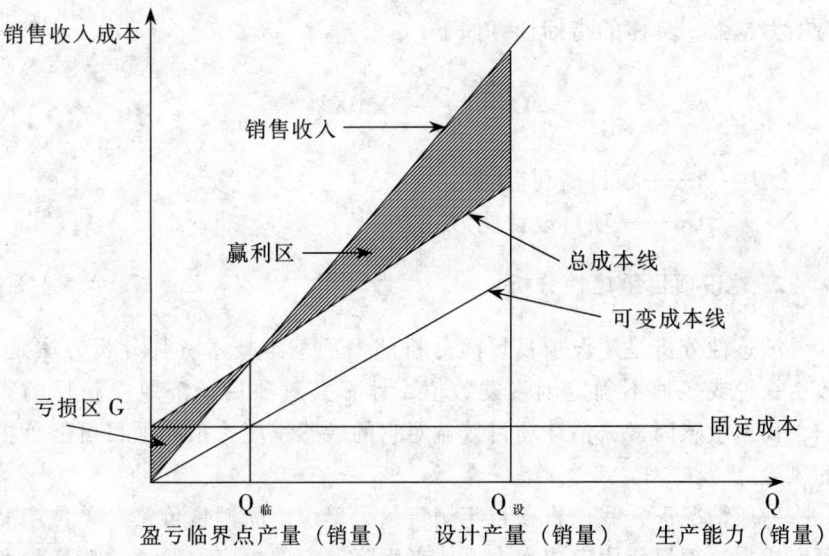

从上图可以清楚地看出项目的利润函数关系为：

利润 = F(销售收入，固定成本，可变成本)

（2）建设项目盈亏临界点分析

项目盈亏临界点是指当单位产品销售价格、单位产品可变成本、项目年固定成本确定的情况下，项目利润为零时的产品产量（或者销售量）。当项目生产的产品为单一产品时，我们将项目盈亏临界点的计算公式简化为下式：

$$Q_{临} = \frac{G}{P - M}$$

式中：$Q_{临}$——盈亏临界点产量（销售量）；

G——年固定总成本；
P——单位产品销售价格；
M——单位产品可变成本。

项目盈亏临界点越小，表明项目赢利的空间越大。

(3) 赢利空间分析

赢利空间是项目赢利产量占设计能力的比重。项目的赢利空间越大，项目赢利的潜在能力越强，抵御项目产品成本增加、价格下降的风险能力越强，具体的指标计算如下：

$$I = \frac{Q_{设} - Q_{临}}{Q_{设}} \times 100\%$$

式中：I——项目赢利空间；
$Q_{设}$——项目设计能力。

2. 建设项目敏感性分析

敏感性分析是建设项目风险分析的一项基本技术。其分析方法是，改变一种或多种不确定因素的数值，计算其对项目经济效益指标的影响，找出敏感因素，估计项目效益对它的敏感程度，预测项目可能承担的风险。

一般情况下，我们将项目年销售量、单位产品销售价格、单位产品可变成本、项目年固定成本上升或者下降一定的幅度，通过这些变量和经济指标的相互关系来测算项目经济指标的变化量、变化方向和变化幅度，并与这些变量的变化幅度进行比较，得到这些变量对项目经济指标的影响程度，进而进行重点风险分析、防范。

(1) 单因素敏感性分析

1) 单因素敏感性分析

单因素影响量分析是指在其他影响因素不变的情况下，仅一个影响因素变化在设定幅度的情况下，经济指标所产生的变化量。下面是单因素影响量分析的计算表格。

表 5-11　　　　　　　单因素影响量分析计算表

影响因素 \ 因素变化幅度 \ 影响量 \ 指标		项目销售利润	内部收益率
项目产品销售量	5%		
	10%		
	-5%		
	-10%		
销售价格	5%		
	10%		
	-5%		
	-10%		
单位产品可变成本	5%		
	10%		
	-5%		
	-10%		
年固定总成本	5%		
	10%		
	-5%		
	-10%		

2) 单因素影响程度分析

单因素影响程度是指在其他因素不变、一个因素在设定变化幅度的情况下，经济指标的变化率与影响因素的变化率的比值。列表分别计算出每个影响因素在不同的变化幅度的情况下，经济指标的变化幅度。

表 5-12　　　　　　　单因素影响程度分析计算表

影响因素 \ 因素变化幅度 \ 影响程度 \ 指标		项目销售利润	内部收益率
项目产品销售量	5%		
	10%		
	-5%		
	-10%		

续表

影响因素 \ 因素变化幅度 \ 影响程度指标		项目销售利润	内部收益率
销售价格	5%		
	10%		
	−5%		
	−10%		
单位产品可变成本	5%		
	10%		
	−5%		
	−10%		
年固定总成本	5%		
	10%		
	−5%		
	−10%		

(2) 多因素敏感性分析

指同时变动一个以上的影响因素，分析经济指标的变化情况，从而确定组合变动影响因素对经济指标的影响程度。具体的计算分析与单因素基本相同。

3. 项目进度预测

项目建设进度的延迟会使项目不能按时投产和按时达产，使项目现金流不能按时达到计划水平，从而影响到期贷款的偿还，增加担保机构代偿风险。影响项目建设进度的因素很多，主要包括：资金不能及时到位、项目审批手续不能及时完成、建设条件及生产条件不能达到项目要求、建设单位技术能力不足、设备不能及时到位、合资各方或合作各方协调不力等。一般情况下，项目可行性报告对项目进度预测较为乐观，对此，担保机构在评估时，应对照报告中项目进度安排，根据项目具体情况，严格分析各类影响因素对项目进度可能造成的影响，做出自己的项目进度预测判断。

4. 其他风险分析

担保项目中建设项目的其他常见风险主要有：

（1）市场风险

市场风险是在竞争性行业中经常遇到的风险。主要来自三个方面：一是供需平衡预测有较大偏差；二是项目产品缺乏市场竞争力；三是预测价格与实际价格有较大偏差。

（2）技术风险

可能出现的技术风险包括：生产线（设备）达不到计划生产能力、产品质量不过关、成本过高等，对高新技术，应重点考察其技术成熟性，即所用技术是否已达到产品化水平。

（3）投资及筹资风险

投资及筹资风险主要表现在：投资估算偏差大、筹资计划不落实、资金不能及时充足到位、资金被挪作他用等。

（4）政策风险

有些项目可能面临政策风险，如涉及进出口政策及配额、涉及国家限制进入的行业等。

（5）内、外部合作、协调不力造成的风险

包括合资、合作单位之间的合作协调不力、上下游企业的合作不力，企业内部管理不善，主要管理人员和主要技术人员的变更等因素造成的风险。

三、建设项目评估结论

担保机构对建设项目评估的核心，是项目偿债能力的评估。其目的是结合项目单位的资信状况，做出借款人是否能够按期还贷的判断。

（一）尽量给出量化评估结论

与企业资信评估相比，用等级表示评估结论，在建设项目评估中应用尚不广泛。因量化的评估结果具有直观性和可比性，已经逐渐得到应用。担保机构对条件类似并具有一定数量的建设项目，可设计评估指标体系，以等级和分数的评估结果表示项目风险水平和还款能力。对风险水平较高和偿债能力较差或项目真实性不能确定的项目，应尽量避免涉及，以避免发生损失。

（二）采用定量评估结论和定性评估结论共同表示的方法

对于能够给出量化或部分量化评估结果的项目，其评估结论可由两部分组成，第一，用等级的方式给出项目风险和偿债能力的水平；第二，以文字表述说明的方式，给出项目分项评估及综合评估结论，并指出主要风险所在。对于不能给出量化评估结果的建设项目，应以文字阐述其分项评估结论、风险分析结果及总评估结论。

（三）评估结论应包括总体评估结论和分项评估结论

建设项目评估结论应包括分项评估结论和综合评估结论。分项评估结论包括：项目建设的必要性、合法性和真实性；建设条件和生产条件；技术能力及产品市场预测；投资估算及筹资计划；项目技术经济指标；主要风险及抗风险能力等。其中最主要方面，是要对项目偿债能力做出明确论述，对于被评估项目的特点和影响其清偿能力的方面，尤其需要做出明确地阐述。给出分项评估结论有利于判断项目的优势、劣势及其主要风险所在，以支持对项目的综合判断结论。

第四节 担保项目评估的模式

一、担保项目评估业务操作现状

担保项目评估技术是担保机构的核心技术之一。国内担保业务开展十几年来，业务技术和业务经验有了长足的发展，但仍然处于"发展中"阶段，在很多方面尚需不断完善。目前项目评估业务操作的基本状况是：

（一）以担保机构自行评估项目为主

国外很多中小企业贷款担保机构采用自动（组合、授权）担保的形式，担保机构授权合作银行发放担保，担保项目评估主要由贷款银行进行，这样可减少重复劳动，降低担保业务运作成本，提高工作效率。根据我国目前的社会经济状况和信用环境，贷款担保业务主要采用个案担保的方式，担保项目基本由担保机构自行评估，自行决策。

（二）利用部分社会资源

由于我国信用体系尚不健全，担保机构与企业存在明显的信息不对称；多数担保机构处于发展阶段，不具有稳定的客户群；另外，担保机构规模普遍较小，技术能力和人员能力有限。担保项目评估过程中，需要充分利用社会资源，以获得足够的信息支持和业务支持。能够合作单位主要有：商业银行、工商机关、税务机关、政府机关、行业管理部门或行业协会、借款人的上级单位、供货商、客户、专业征信机构、会计师事务所、律师事务所等。

（三）评估方式以针对单个项目为主

由于担保业务操作还没有进入规模化运作的阶段，担保项目的操作，主要采取项目经理负责制的方法，由项目经理（项目组）完成担保项目的全过程，包括受理、初审、评审、合同签署、项目监管、代偿、追偿等。担保项目评估，主要以单个项目的评估为主，评估范围、评估标准和评估结果的表述均不尽一致，不具有可比性，评估结果的表示一般以定性结论为主，缺乏量化的评估结论。

（四）评估质量主要依靠评估人员的素质和经验

担保项目评估尚缺乏统一的技术规范，机构和机构之间，甚至一个机构内部，评估指标体系和评估标准不尽一致，评估质量控制主要依靠评估人员的业务素质和工作经验。工作中，评估人员对每个担保项目的各部分情况分别考察评估，分析、汇总，得出结论。项目结论在很大程度上依靠评估人员和决策人员的判断能力。

二、担保项目风险评估的模式

担保项目的评估即是对担保项目风险的评估，是担保业务风险控制的最主要手段之一。随担保业务的不断成熟和规模化，建立统一的评估业务规范和评估体系、提高评估质量和评估效率，逐步量化项目风险水平和评估结论，更有效地分析、控制业务风险，已是担保从业人员面临的主要课题之一。

评估操作实务中，同一评估体系不可能适用于各类行业及各类担保品种。担保业务涉及行业很宽，按企业类型分，有工业企业、商业企业、金融企业等；其中，每类企业又可分为多个行业，如工业企业包括机械、电子、冶金、化工、建材、轻工、节能环保、医药、通讯等行业，其各类行业平均值等指标都有明显的不同。较为可取的方法是，针对同一类项目，设计适用于该类项目的评估体系，选取适当的评估指标、评估参数并设定相应的权重，对其进行定量和定性分析，并得出量化评估结果。如，本章第二节所给出的工商企业资信评估的主要评估内容和评估指标体系。

在此，试综合担保项目的各方面参数，探讨担保项目评估的一般模式。

(一) 基本评估模式

担保项目评估实际是对担保项目风险程度的评估。影响担保项目风险评估结果的主要因素有：担保方案、债务人资信水平、用款项目的偿债能力、担保项目风险控制措施的控制能力等。担保项目的评估，就是逐项分析各个因素的风险水平，分别得出定量和定性的风险评估值，根据一定模式，综合得出担保项目风险分析结果，即担保项目评估结果。可用公式表示如下：

$$GPR = F(W, X, Y, Z)$$

式中：GPR——担保项目风险评估结果；

　　　W——担保方案风险水平；

　　　X——债务人资信水平；

　　　Y——用款项目的偿债能力；

　　　Z——风险控制措施控制能力。

(二) 担保方案的风险评估模式

影响担保方案风险水平的主要因素有：担保项目类型（担保品

种)、担保额度、担保期限、担保方案设计的合理性和可操作性、与银行的风险分担条件、联合担保及再担保条件等。用公式可表示为:

$$W = f_w(w1, w2, w3, w4, w5, w6)$$

式中:W——担保方案风险水平;
　　　w1——担保项目类型(担保品种);
　　　w2——担保额度;
　　　w3——担保期限;
　　　w4——方案设计及操作风险;
　　　w5——与银行的风险分担条件;
　　　w6——联合担保及再担保条件。

(三) 债务人资信评估模式

影响企业资信的主要因素可归结为:经营环境、企业素质、产品及市场、信用记录、经济实力、经营效率和赢利能力、偿债能力及成长性等。可用公式表示为:

$$X = f_x(x1, x2, x3, x4, x5, x6, x7, x8)$$

式中:x1——经营环境;
　　　x2——企业素质;
　　　x3——产品及市场;
　　　x4——信用记录;
　　　x5——经济实力;
　　　x6——经营效率及赢利能力;
　　　x7——偿债能力;
　　　x8——成长性。

(四) 用款项目的偿债能力评估模式

当担保贷款用于某一特定项目时,需审查该项目的偿债能力。影响该项目偿债能力的主要因素可归结为:项目建设的必要性和真实性、产品市场前景、建设条件和生产条件、技术能力、投资估算及筹资计划的可行性、财务效益、项目风险等。可用公式表示为:

$$Y = f_y(y1, y2, y3, y4, y5, y6, y7)$$

式中：Y——用款项目的偿债能力；

y1——项目建设的必要性和真实性；

y2——产品市场前景；

y3——建设条件和生产条件；

y4——技术能力；

y5——投资估算及筹资计划的可行性；

y6——财务效益；

y7——项目风险。

（五）风险控制措施的控制能力

风险控制措施包括反担保措施、账户控制、项目操作过程监管等其他风险控制措施。风险控制措施的控制能力主要由如下因素决定：风险控制措施的种类（包括反担保措施和其他风险控制措施）、可实现的价值、监管的难度、实施的难易程度、债务人的违约成本等。用公式可表示为：

$$Z = f_z(z1, z2, z3, z4, z5)$$

式中：Z——风险控制措施控制能力；

z1——风险控制措施的种类；

z2——可实现的价值；

z3——监管的难度；

z4——实施的难易程度；

z5——债务人的违约成本。

第六章

反担保措施评估

本章提要：设定反担保措施是担保机构分散担保业务风险的一种重要方法。随着担保业务的发展，反担保措施出现了多样化的趋势。本章为担保项目评估的第二部分，着重介绍反担保措施评估的概念、方法、常用反担保措施的评估操作及相关问题等。包括：机器设备评估、房地产评估、未来收益权评估、土地使用权评估、在建工程评估、无形资产评估、债券评估、股权质押与企业整体评估等。

第一节 反担保措施评估概述

一、反担保的概念

反担保是当第三人为债务人向债权人提供担保时，第三人为了分散、化解风险而要求债务人向其提供的担保措施。反担保实质上也是一种担保，是对担保的担保措施，反担保适用《中华人民共和国担保法》关于担保的规定。反担保方式可以是债务人提供的抵押或者质押，也可以是其他人提供的保证、抵押或者质押。

反担保措施能够在一定程度上保护担保人的利益。反担保措施既包括物的反担保、权利反担保，也包括信用反担保。本章所要讨论的反担保措施主要是物的反担保、权利反担保等。

二、反担保措施评估的概念及必要性

设定反担保措施是担保机构分散担保业务风险的一项重要方法。担

保机构为了保护自身利益，分散和控制担保风险，要求债务人提供反担保措施。反担保措施保护担保人的利益的程度，取决于反担保措施的合法性、变现价值、变现费用、变现税负、变现的难易程度等因素，为确定反担保措施的保障程度，在反担保措施设立前，要对其进行客观、科学、稳健的评估。反担保措施评估，是对反担保措施的合法性、权属、价值及可变现性进行的全面评估。本章以反担保标的价值评估为主线，介绍反担保措施评估的相关问题。

价值评估需根据不同的反担保措施，采用不同的评估方法。对于反担保措施标的是物和质等而言，首先，要确定评估基准日的价值；其次，要确定在未来发生代偿时的价值，以及变现的难易程度和变现税费等，还要根据项目风险和反担保措施的种类，分别设定折扣率。

由于反担保措施评估专业性强，涉及面广，有些种类的反担保物的评估需要相关资质。因此，担保机构经常需要和专业评估机构合作或聘请专业机构进行评估。在这种情况下，担保机构应着重判断中介机构的评估方法选择是否适当，是否与评估目的相符，评估结果是否可靠等因素。

三、反担保措施的审核

对反担保措施的评估，除需确定反担保措施的价值外，还要评估将来如果发生代偿时，能够顺利向反担保人追偿或取得反担保标的，并及时变现。因此，进行价值评估前，要审核反担保人、反担保措施的合法性和担保标的的权属，为未来工作奠定法律基础。

（一）合法性审核

合法性审核的主要依据是担保法及其司法解释，担保法及司法解释主要进行了以下几方面的界定：

（1）关于保证人的规定；

（2）关于可以抵押的财产和不能抵押的财产的规定；

（3）关于可以质押的票据及权利的规定。

篇幅所限，此处不一一列举，具体规定请参见《担保法》、《担保法司法解释》及本书第七章。

（二）反担保物和权利的权属审核

担保机构要对反担保标的的权属进行审核。包括：审查有关权属凭证，判断反担保标的是否为反担保措施提供者所有；如属于几方共有，核实是否经过标的共有人同意，是否有权进行有关处置；是否存在权利瑕疵。

四、反担保措施的生效

不同的反担保措施具有不同的生效条件。

（一）保证反担保措施的生效

保证人与债权人应当以署名形式订立保证合同。依法成立的合同自合同成立时生效。

（二）抵押反担保措施的生效

以无地上定着物的土地使用权、城市房地产或者乡（镇）、村企业的厂房等建筑物、林木、航空器、船舶、车辆、企业的设备和其他动产抵押的，应当办理抵押物登记，抵押合同自登记之日起生效。

各类抵押物办理抵押登记的部门参见本书第七章。

（三）质押反担保措施的生效

质押反担保措施包括动产质押反担保措施和权利质押反担保措施。

（1）动产质押反担保措施的生效：出质人和质权人应当以书面形式订立质押合同。质押合同自质物移交于质权人占有时生效。

（2）权利质押反单保措施的生效：根据不同种类，权利质押合同的生效条件分别为：自权利凭证交付之日起，自办理登记或履行 定手续之日起生效等。具体请参照《担保法》等有关规定。

（四）其他反担保措施的生效

其他反担保措施如收益权、个人连带责任等，应当通过公正机构进行公正。

五、反担保措施评估的原则

反担保措施评估要遵循的原则与一般资产评估的原则既有一致性，又有其特殊性，主要可归结为客观性、科学性、替代性、公开市场、稳健性、变现性等原则。

（一）客观性原则

客观性原则指评估人员要从实际出发，对评估对象认真调查、核实、分析，评估前，对评估对象进行认真细致的清理核实，评估过程中，对收集到的信息、资料进行去伪存真、去粗取精的加工处理，使评估结果经得起推敲、验证，能够反映其当时作为反担保标的合理的、符合实际的价值。

（二）科学性原则

在反担保措施的评估中，要根据具体反担保标的的特点和评估目的，选择适用的、正确的评估标准和方法，制定科学的评估方案，运用各种现代科学的检验、分析、预测手段，对反担保标的采用定量与定性相结合、静态与动态相结合的方法进行分析判断，得出科学的评估结果。防止片面经验估算的不科学方法。

（三）替代性原则

对反担保标的评估时，应对其进行纵向与横向的对比分析，将其置于可替代的约束条件之中。如果同一标的或者相同、类似标的可能存在的或者实际存在的价格有多种，则应参照市场上价格最低、且能满足需要的参照物进行评估作价，或选择选用具有同等效用的替代物参照作价。

（四）公开市场原则

公开市场原则是指在现实经济生活中，存在着一个充分发达、竞争性的市场。在公开市场，交易各方能够充分了解、掌握有关的市场信息，使交易价格更为客观、公允；另外，企业经营应符合公平竞争的原则，对通过取得特殊政策形成的赢利能力应进行特殊分析，以不正当手段获得的赢利能力则不能作为评估依据。

（五）稳健性原则

评估目的不同、选用的评估方法不同时，反担保标的评估价值会有很大差别。在选择评估方法或同时采用几种方法评估最终确定评估值时，要充分体现稳健性原则，就低不就高，以保障担保机构利益。对于专业评估机构提供的评估报告，尤其应进行稳健性原则的审查。

（六）变现性原则

担保机构要求债务人提供反担保的目的，是要在债务人不能偿还到期债务而发生代偿时，获得补偿。因此，对反担保措施进行评估时，要采用动态与静态相结合的方法，除进行评估基准日价值评估外，还要预测价值变化趋势，估算评估对象担保到期日的价值、变现的可行性及变现所需税费等因素。

六、反担保措施评估的特点

（一）反担保标的的无瑕性

对反担保措施的评估，首先应解决反担保标的的无瑕性。为保证反担保标的顺利变现，需审查反担保措施的合法性，其设置是否存在法律障碍，反担保标的的权属是否清晰，提供反担保标的的债务人或其他人是否有权处置，及是否存在质量瑕疵等。

（二）反担保标的的可变现性、易变现性

担保机构在债务人不能履行义务而发生代偿时，需要尽快变现反担保标的，以便获得补偿，保持担保机构资产的流动性。因此，评估反担保标的时，要考察变现的有关法律规定，并考察其行业和市场情况，判断反担保标的变现的可行性及所需期限。

（三）反担保标的的未来性

反担保标的物的评估基准日都被选择在承保之前，而债务人不能偿还债务或者发生代偿都发生在未来的某个时刻。因此，对反担保标的的评估要考虑其未来性，分析担保责任期间影响反担保标的物价值变化的相关因素，客观评估反担保标的。

（四）担保物未来的完整性

在担保责任期间，反担保标的存在损坏、灭失的风险，因此，有必要要求对反担保标的进行保险。

（五）反担保标的变现的税费

反担保标的变现时，会发生许多税费，使得担保机构得到的补偿低于变现价值。进行评估时，应对此进行预测，特别是划拨土地使用权及其房地产的抵押，应充分考虑补缴土地出让金等因素。

第二节 反担保措施评估的方法

本节主要介绍反担保措施为物的和权利的价值评估方法，常用的评估方法有：市场价格比较法、重置成本法、收益现值法和清算价格法。下面将各种方法分别做一简要介绍，并给出各种方法的应用比较。

一、市场价格比较法

市场价格比较法也称为市场法，是指在市场上寻找近期出售的与被评估反担保标的相同或者相似的参照物，通过将被评估反担保标的与参照物进行主要功能、参数等因素的比较，做出价格调整，最后得到被评估标的的评估值。主要应用于机器设备评估、房地产评估、土地使用权评估等。

（一）市场法应用的前提条件

（1）存在一个发达的资产交易市场；
（2）影响价值的因素明确，并且可以量化。

（二）运用市场法评估的程序

（1）明确评估反担保标的；
（2）进行市场调查、寻找参照物、收集市场信息；
（3）分析、整理资料；
（4）比较、调整差异，做出价值评估结论。

二、重置成本法

重置成本法是指在评估反担保标的时，重新购置或者建造一个全新的反担保标的所需的全部成本，扣减反担保标的已经发生的实体性贬值、功能性贬值和经济性贬值而得到的反担保标的评估值的一种方法。主要应用于机器设备评估、房地产评估、土地使用权评估、在建工程评估、企业整体评估等。

（一）重置成本法的基本计算公式

（1）反担保标的评估值 = 重置成本 − 实体性贬值 − 经济性贬值 − 功能性贬值
（2）反担保标的评估值 = 重置成本 × 成新率

（二）有关参数的确定

篇幅所限，此处不介绍具体计算方法，需要者可参考相关资料。

1. 重置成本的估算。重置成本的估算主要采用以下三种方法：
（1）重置核算法；
（2）物价指数法；
（3）功能价值法。

2. 反担保标的物实体性贬值估算。反担保标的实体性贬值是指反担保标的由于使用和自然力作用而形成的贬值。基本估算方法有：

（1）成新率法：对标的的主要部位进行鉴定、分析使用状况、分析由于使用和自然力的作用对反担保标的功能、使用效率所带来的影响，判断反担保标的的成新率，从而估算反担保标的的实体性贬值。

(2) 工作量法：该法是以重置成本为基础，通过反担保标的实际工作量与设计工作量的比较，据以估算反担保标的实体性贬值的方法。

3. 反担保标的功能性贬值：它是由于科学技术的飞速发展，性能更好的替代物的出现，使得反担保标的的技术相对落后而造成的贬值。

4. 反担保标的经济性贬值：经济性贬值是由于外部经济环境的变化而造成的贬值。主要是根据由于市场需求发生变化，销售困难而减产、停产而造成反担保标的的闲置，反担保标的的价值不能完全实现等因素，确定反担保标的的经济性贬值。

5. 成新率的确定：反担保标的的成新率是反担保标的的现行价值与其全新状态下重置价值的比率。

（三）重置成本法评估反担保标的的基本程序

1. 确定、审核反担保标的；
2. 估算反担保标的重置成本；
3. 估算反担保标的的使用年限；
4. 估算有关贬值；
5. 确定反担保标的的价值。

三、收益现值法

收益现值法是通过估算反担保标的的未来预期收益，然后将其按照一定的贴现率折算成现值，并累加求得到反担保标的的评估值的一种评估方法。主要应用于机器设备评估、房地产评估、土地使用权评估、未来受益权评估、无形资产评估、在建工程评估、企业整体评估等。

（一）基本评估模式

$$P = \sum_{t=1}^{n} \frac{F_t}{(1+r)^t}$$

式中：P——反担保标的的评估值；

F_t——第 t 个年度的预期收益额；

n——未来收益期间；

r——贴现率。

该模式是将反担保标的的未来收益进行贴现而得到的评估值——现值。

(二) 收益现值法的前提条件

1. 反担保标的未来的收益可观且稳定;
2. 反担保标的的未来期望收益能够用货币衡量;

(三) 收益现值法评估的程序

1. 收集有关反担保标的的信息资料;
2. 分析反担保标的的未来收益状况及变化趋势;
3. 预测反担保标的的未来预期收益;
4. 确定贴现率;
5. 将未来预期收益进行贴现,确定反担保标的的评估值。

四、清算价格法

企业由于破产或其他原因,要求在一定期限内将企业或资产变现,在企业清算之日预期出卖资产可回收的变现价格,即清算价格。清算价格法指以清算价格为标准,对反担保标的进行评估的一种方法。

(一) 清算价格法的适用范围

1. 企业破产。指当债务人不能清偿到期债务时,法院以其全部资产依法清偿各种债务,不足部分不再清偿;
2. 资产抵押。指合同当事人一方用自己的特定财产向债权人保证履行合同义务的担保形式。抵押人不履行合同时,抵押权人有权将抵押财产在法律允许的范围内变卖,从变卖价款中优先受偿。
3. 停业清理。指企业严重亏损,无法继续经营,为查清企业财务状况,对企业全部财产进行清理核查。

(二) 清算价格评估方法

担保业务中,可能应用到的评估清算价格的估价方法主要有:

1. 现行市价折扣法。在市场上寻找相应的参照物,根据现行市价,设定一折扣率,得出清算价格。

2. 模拟拍卖法。模拟拍卖法也称意向询价法，即向潜在购买者询价，经评估人员分析确定其清算价格。这种方法受供需关系影响较大。

五、评估方法的比较与选择

对于不同的评估对象、不同的评估目的，要选用不同的评估方法，才能得到客观、科学、稳健的评估值。

（一）各种评估方法的适用范围及特点

1. 市场价格比较法可用于投资参股、合作经营、课征财产税等业务范围，主要适用于存在市场可比价格的各类单项资产的评估。

2. 重置成本法适用于以资产重置补偿为目的的资产业务，可用于单项资产评估和整体资产评估。由于我国的资产市场发展不够充分，采用市场法时不一定能找到合适的参照物；采用收益现值法中收益和贴现率不易准确估算，重置成本法在评估实务中得到了广泛应用。

3. 收益现值法的典型应用是资产转让业务，包括所有权转让和使用权转让。适用范围主要是，企业整体资产评估和可预测未来收益的单项资产评估，单项资产评估较少采用这一方法。

4. 清算价格法主要应用于破产清算及资产抵押业务。可用于单项资产评估和整体资产评估。

（二）反担保措施评估的方法选择

反担保措施的价值评估属于抵押（质押）物的价值评估。对于不同的担保项目、担保方案、反担保方案、不同的标的和提供反担保物的企业信用状况，需采用不同的评估方法。此处，提出几项选择评估方法的原则，供参考。

1. 担保业务是高风险业务，选择评估方法时，应首先考虑稳健原则，以避免或减小担保机构的资产损失。

2. 注意评估目的和评估方法的匹配及评估参数的选择，在审核专业评估机构提供的评估报告时，要特别注意这一点，避免出现价值虚增的情况。

3. 为得到更为可靠的评估值，条件允许时，可同时选用两种方法进行评估，经对评估结果进行分析判断，得出评估结论。

4. 慎重采用收益现值法，若评估目的和相关条件适用，也应对未来收益预测给予特别关注。需谨慎测算年收益额，注意坚持稳健原则，避免收益估算过高，从而出现评估值过高的情况。

5. 当担保项目风险较大，或提供抵押（质押）物的企业经营状况不良、信用水平不高时，建议采用清算价格法。

第三节　机器设备的评估

《担保法》第三十四条规定，抵押人所有的机器、交通运输工具和其他财产；抵押人依法有权处分的国有机器、交通运输工具和其他财产可以抵押。另外，除《担保法》及《担保法司法解释》规定的不能出质的动产外，出质人依法拥有所有权或处分权且可以转移占有的动产可以质押。机器设备抵押（质押）是常用的反担保措施之一。以债务人或第三人的机器设备作为抵押（质押）标的物时，需对机器设备的价值进行评估。

一、方法——重置成本法

重置成本法是机器设备评估中应用最多的一种方法。

（一）重置成本法基本内容

如前所述，机器设备重置成本法的基本评估模式为：

$$评估值 = 重置成本 - 实体性贬值 - 功能性贬值 - 经济性贬值$$

（二）使用重置成本法的前提

使用成本法对机器设备进行评估的前提是，假设被评估的机器设备将按照原来的用途继续使用。

（三）机器设备重置成本构成

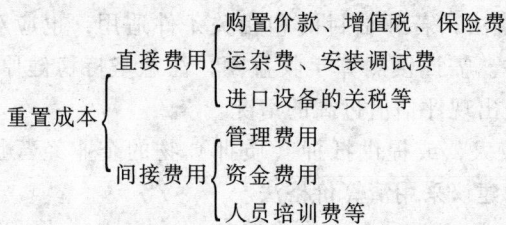

（四）机器设备评估参数的确定

1. 重置成本测算

机器设备的来源不同，重置成本的构成内容不同，估算方法也有所差异，外购的不需要安装的机器设备的重置成本包括：购置价格、运输费用、保险费用、增值税、进口的机器设备还应包括进口关税，需要安装的机器设备的重置成本还应该包括安装费用。直接成本直接计入重置成本，间接成本需要按照一定的标准进行分摊，然后计入重置成本。

2. 机器设备的实体性贬值和成新率测算

机器设备的实体性贬值与机器设备的重置成本的比率称之为实体性贬值率。机器设备的成新率反映机器设备的总体新旧程度。机器设备的实体性贬值率和机器设备的成新率之间的关系如下：

$$实体性贬值率 = 1 - 成新率$$

估测机器设备成新率的几种方法介绍如下：

（1）年限法

$$成新率 = \frac{机器设备尚可使用年限}{机器设备尚可使用年限 + 机器设备已使用年限} \times 100\%$$

（2）观测分析法

由评估人员和专业技术人员对机器设备进行技术检测和观察，确定机器设备的技术状况、正常的负荷程度、机器设备的原始制造质量、实际使用状况、维护保养状况、工作环境等技术经济参数，最终综合分析测算机器设备的成新率。

(3) 修复金额法

该法是假设将被评估的机器设备进行修复、使之达到全新状况所需花费的金额,作为机器设备的实体性贬值,计算出实体性贬值率,然后求得成新率。其计算公式如下:

$$成新率 = 1 - \frac{机器设备修复费用}{机器设备重置成本}$$

3. 机器设备的功能性贬值

机器设备的功能性贬值是由于技术进步而引起的。第一,由于技术进步引起劳动生产率的提高,生产与原机器设备功能相同的机器设备所需要的社会必要劳动时间减少,成本降低,从而造成原有机器设备的贬值;第二,由于技术进步出现了比原有机器设备性能更优、生产效率更高的设备,导致原有机器设备的功能相对落后、运营成本相对增加而引起的贬值。在上述两种情况下,原有机器设备将产生超额投资成本和超额运营成本。这两种超额成本的具体测算如下:

(1) 超额投资成本产生的机器设备功能性贬值的测算

$$\frac{机器设备超额}{投资成本} = \frac{机器设备复原}{重置成本} - \frac{机器设备的更新}{重置成本}$$

(2) 超额运营成本产生的机器设备功能性贬值的测算

第一步:选择参照物,分析对比,确定年超额运营成本;

第二步:测算机器设备年超额运营成本净额;

第三步:将机器设备在剩余年限内的超额投资成本折现,求得机器设备的功能性贬值额:

$$B_{功} = \sum_{t=1}^{n} \frac{C_{超营}}{(1+r)^t}$$

式中:$B_{功}$——机器设备的功能性贬值额(现值);

n——机器设备的剩余使用年限;

$C_{超营}$——机器设备年超额运营成本净额;

r——贴现率。

(五) 机器设备的经济性贬值及其测算

机器设备的经济性贬值是由于设备外部的因素引起的机器设备价值贬值，如机器设备生产的产品市场需求发生变化、产品成本上涨等而导致销售困难、设备利用率下降、经济效益下降所致。基本测算方法如下：

$$经济性贬值率 = \left[1 - \left(\frac{机器设备预计可被利用的生产能力}{机器设备原设计生产能力}\right)^X\right] \times 100\%$$

评估人员根据市场需求对机器设备今后的利用率进行预测。
X 为规模效益指数，一般取 0.6 – 0.7。

$$经济性贬值额 = (重置成本 - 有形损耗 - 功能性贬值) \times 经济性贬值率$$

二、方法二——市场价格比较法

市场价格比较法是通过在市场上寻找相同、同类或者类似的机器设备的近期成交价，通过对比、分析、调整获取机器设备评估值的一种方法。通用设备评估可采用这一方法。基本过程如下：

1. 确定评估对象。
2. 收集有关机器设备的资料。收集被评估的机器设备的有关资料，包括机器设备的类别、名称、生产厂家、出厂日期、主要技术参数、使用状况、目前现状等。
3. 现场察看鉴定评估对象。由评估人员和专业技术人员对机器设备目前的性能、技术状况、尚可使用的年限进行分析鉴定。
4. 选择参照物。由评估人员在市场上寻找近期成交的与被评估对象相同、同类或者相似的机器设备。
5. 分析对比被评估机器设备和参照物。分析、对比评估对象和参照物主要价值影响因数的差异，如购置成本、已使用年限、生产效率、目前技术状况等。
6. 选择估测方法。根据评估对象的基本特点，评估对象和参照物主要指标的差异选择估测方法。机器设备的具体估测方法有：直接比较法、相似类比法、时价折余法。

7. 确定机器设备的评估价值。评估人员通过对被评估机器设备与参照物进行具体分析、对比，按照选用的方法，调整被评估机器设备与参照物之间的可比价值影响因素，测算被评估机器设备的价值。

三、方法三——清算价格法

清算价格的评估，是按企业清理、破产或抵押资产转让、拍卖时，在短期内资产变卖的变现价格确定资产重估价格。变现价格需要考虑变现途径，因此要受市场现实制约。

确定资产清算价格，一般在市场价格比较法的基础上进行。首先在市场上找到类似的资产作为参照物，用市场比较法确定其参照价格。考虑到快速变现的需要及变现费用，可在市场参考价的基础上，设定一个适当的折扣率，得出资产的清算价格。也可采用模拟拍卖法，向潜在购买者询价，经评估人员分析确定其清算价格。

四、机器设备评估的相关问题

1. 权属审核。进行价值评估前，审核标的物的所有权或使用权证明。

2. 评估方法选择。评估作为抵押（质押）标的物的机器设备时，评估方法以市场价格比较法和重置成本法为主，必要时可采用清算价格法，一般不采用收益现值法。具备条件时，可同时采用两种方法评估，通过分析比较，得出评估结果。

3. 预测变现价值，确定抵押率。由于评估值是评估基准日的价值，变现价值是代偿后担保人所能得到的补偿价值，对机器设备来说，二者可能存在较大差别，在评估时应给予预测。

机器设备所属的行业发展水平、机器设备的市场需求、技术水平、生命周期都会对其贬值速度和变现价值产生很大影响。如，对于某些专用设备，其价值可能很高，但应用范围很小，变现困难；有的设备技术性贬值速度很快，1~2年以后，价值会明显下降。对此类问题，要考察该机器设备的行业背景、技术水平和市场需求，综合考虑各种因素，预测担保到期时的机器设备的贬值程度。

另外,还应估算变现税费,在此基础上,确定抵押率。一般说,机器设备的抵押率不高于 60%~70%。

第四节　房地产评估

《担保法》第三十四条规定,抵押人所有的房屋和其他地上定着物;抵押人依法有权处分的房屋和其他地上定着物可以抵押。此外,第三十七条规定了不能抵押的范围,包括"1. 土地所有权;2. 耕地、宅基地、自留地、自留山等集体所有的土地使用权,但《担保法》第三十四条第(五)项、第三十六条第三款规定的除外;3. 学校、幼儿园、医院等以公益为目的的事业单位、社会团体的教育设施、医疗卫生设施和其他社会公益设施;4. 所有权、使用权不明或者有争议的财产;5. 依法被查封、扣押、监管的财产;6. 依法不得抵押的其他财产。"三十六条规定了房屋抵押与土地使用权抵押的关系。其他规定请查阅《担保法》、《城市房地产抵押管理办法》等法律法规。

房地产抵押是反担保措施的一种常见形式。下面介绍房地产的价值评估。

一、房地产的概念

(一)房地产的基本概念

我们通常把土地、建筑物及附着在土地、建筑物上不可分离的部分通称为房地产。房地产可以划分为以下三种形态:
1. 地产:指土地或者土地使用权。
2. 建筑物:指不含土地的地上建筑物。
3. 房地合一:指土地与建筑物结合在一起的状态。

(二)房地产评估值的影响因素

房地产评估值的影响因素主要可归结为:

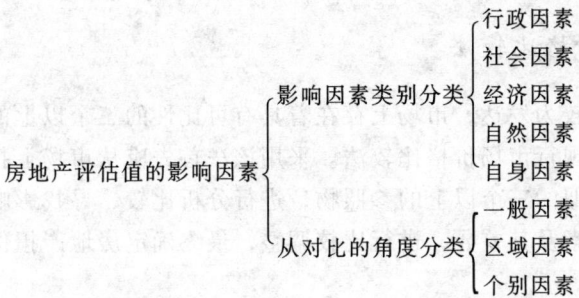

二、房地产的评估方法

(一) 重置成本法

单独评估建筑物一般采用重置成本法,重置成本一般包括前期费用、综合造价、其他费用、资金成本等。

1. 重置成本的确定

(1) 当建设时间不超过一年,竣工时间距离评估基准日不超过一个季度时,可以根据审核无误后的决算价格加上资金成本、合理利润和其他必要的合理费用,确定重置成本。

(2) 在确实掌握了各项成本在账面原值中的构成以及与实际价格的差异后,也可以通过对账面原值的调整,确定重值价值。

2. 房地产实体性贬值的确定

由有关专业人士对房地产进行现场考察、技术鉴定,分析、确定房地产的有关技术经济指标,最终确定房地产价值影响因素及影响程度。需要考虑的影响因素如下:房地产的设计寿命、尚可使用寿命、土地尚可使用年限、房地产建造质量、现在状况、物理尚可使用寿命、房地产使用的环境和条件、建筑物的结构、基础、墙体、装修等。

3. 房地产评估值的确定

房地产的评估值等于重置成本扣减各种贬值,其他贬值的确定和前述有关内容相同,此处不再重述。

（二）市场价格比较法

当房地产市场较为发达，市场上存在着具有可比性的三个以上的参照物时，可以采用现行市场价格比较法。采用该法首先应从市场上找出与评估对象条件相似的三个以上的参照物，进行分析比较，寻找影响房地产价值的主要因素及其差异，进行比较调整，最终确定房地产担保物评估值的方法。

（三）收益现值法

单独经营获利的房地产可以采用收益现值法进行评估，根据宏观经济形势及未来趋势、房地产的未来发展趋势、评估对象的历史获利等资料，对评估对象未来的获利进行定量的分析估算，然后折现求和得到评估对象的价值。基本评估模式如下：

$$P = \sum_{i=1}^{n} \frac{F_i}{(1+r)^i}$$

式中：P——房地产的评估值；

F_i——第 i 个年度的房地产预期收益额；

n——未来收益期间；

r——贴现率。

三、房地产评估的相关问题

（一）标的物的合法性和权属审核

房地产的评估必须以房地产的合法取得、合法使用、合法交易、合法处分等为前提，在对将房地产作为反担保措施进行评估前，应首先核实以下问题：房地产是否有合法的产权证明文件，房地产是否是债务人或者第三者合法拥有，交易、处分是否符合有关法律法规的规定。重点审查房产证及其他抵押登记所需凭证，主要有《国有土地使用证》、《房屋所有权证》或《房地产权证》等。

（二）对共有财产的审核

当设定为抵押物房地产为两个以上共有人的共有财产时，对于按份共有财产，需确认抵押人拥有的份额；对于共同共有财产，需确认是否已经取得共有人的同意。对共有房屋，需审核《房屋共有权证》和其他共有人同意抵押的证明。

（三）房地产评估方法的选择

作为反担保标的物的房地产，建议评估方法以市场价格比较法和重置成本法为主，必要时可采用清算价格法。慎重采用收益现值法，其原因是，尽管房地产作为单项资产时，往往能够预测未来收益，但其未来收益受经济环境、房地产用途影响较大，并且，在市场上，很难以收益现值法评估的价值作为参考价格成交。一般说，采用收益现值法得到的评估值，高于采用市场法和成本法得到的评估值。对于中介评估机构提供的房地产资产评估报告，需认真审核其评估方法及评估参数的选择，并将评估价值与类似地区、类似楼盘的市场价做详细的比较，做出担保机构自己的判断。

（四）变现费用的预测

房地产作为抵押物时，需考虑变现税费。特别是对以划拨方式取得的土地使用权，需考虑变现时要补缴土地出让金。

第五节 土地使用权评估

《担保法》第三十四条规定，抵押人依法承包并经发包方同意抵押的荒山、荒沟、荒丘、荒滩等荒地的土地使用权可以抵押。第三十六条规定了房屋抵押与土地使用权抵押的关系。此外，第三十七条规定了不能抵押的范围。

一、土地使用权评估概述

(一) 土地使用权

土地使用权是土地使用者依法对土地进行使用或者依法对其使用权进行出租、转让、抵押、投资的权利。

(二) 土地使用权转让的实质

土地使用权之所以能够进行出租、转让、抵押、投资,原因在于土地使用权具有价值,价值的高低取决于土地使用权所能够获取的未来预期收益的多少。

(三) 土地使用权的评估

土地使用权可以单独作为无形资产进行评估,也可以和地上建造物一起作为房地产进行评估,还可以与企业其他资产一起随整体企业一并评估。对土地使用权进行评估,可以根据具体的实际情况采用市场价格比较法和重置成本法。

(四) 土地资产的价格

土地资产的价格是地租的本金化价格,而不是土地价值的货币化表现。

二、地产的分类

土地资产可按以下情况分类:

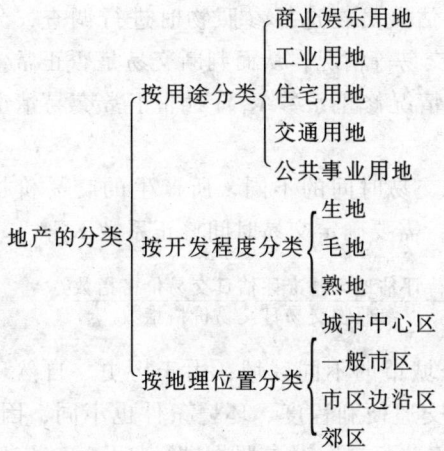

三、土地使用权的评估方法

(一) 方法一——市场价格比较法

市场价格比较法是首先寻找市场上近期内成交的与评估对象类似的多个参照物，并分别与评估对象进行对比，找出影响土地使用权价格的主要因素差异，经过对成交价格的调整修正后，取得被评估土地的使用权价格。

市场价格比较法评估程序如下：

1. 收集待评估土地资料：收集有关位置、面积、用途、形状、周围环境、交通条件、土地类型、基础设施、剩余使用年限、现状等资料。

2. 选择参照物，并收集参照物的有关资料：选择参照物应考虑邻近交易区域、同一交易类型、用地性质相同、交易正常或者可以修正为正常交易、交易发生在近期、个别因数基本相同。收集资料也基本围绕选择参照物需要考虑的内容。

3. 分析、比较待评估土地与参照物的主要影响土地使用权价格的因素差异：经过分析比较，找出主要影响因素差异。

4. 确定主要影响因素差异修正系数。对于影响土地使用权价格的主要因素，根据上述找出的待评估土地和参照物的差异，比较、计算主要影响因素差异修正系数：

(1) 交易情况修正。由评估人员在选择参照物时进行调查,分析交易是否存在关联交易、友情交易等情况,从而判断交易是否正常,并由评估人员根据经验确定交易情况修正系数 K_1,对非正常交易情况进行修正。

(2) 交易时间修正。由于交易时间的不同,所产生的交易价格也不同,因而产生交易时间差异,需要确定交易时间修正系数 K_2。

$$交易时间修正系数 K_2 = \frac{待评估地产基准评估日交易价格指数}{参照物交易日交易价格指数}$$

(3) 区域因素修正。一个城市的不同区域,由于历史、自然环境等因素的不同,其繁华程度、交通便利程度、环境条件也不同,因而,要以待评估土地所在区域的因素为标准,对参照物进行打分,确定区域因素修正系数 K_3,对区域因素进行修正。

$$K_3 = \frac{100}{参照物区域因素打分值}$$

(4) 个别因素修正。对因土地使用年限、容积率、临街宽度、面积等因素而产生交易价格的差异进行修正,以待评估土地为标准,确定个别因素修正系数 K_4。对个别因素的修正采用打分法,但对土地使用年限、容积率也可单独修正。

5. 确定待评估土地使用权的评估价值。

(1) 待评估土地使用权相对于参照物的初步评估价格:

$$P_i = R_i \times K_1 \times K_2 \times K_3 \times K_4 \times \cdots$$

式中:P_i——待评估土地使用权相对于参照物的初步评估价格;

R_i——第 i 个参照物的单位面积交易价格。

(2) 待评估土地使用权的初步评估价格:

$$P = \frac{\sum_{i=1}^{n} P_i}{n} \times m$$

式中:P——待评估地块土地使用权评估值;

P_i——待评估土地相对于第 i 个参照物的评估价格;

n——参照物的个数;

m——待评估土地的面积。

(二) 方法二——重置成本法

1. 基本概念

土地使用权评估的成本法是以取得和开发土地的所有费用之和为基础，加上一定的资金成本、开发利润、税金和土地所有权收益等来确定土地使用权价格的一种方法。

2. 基本假设

土地使用权评估成本法的基本假设是土地使用权所花费的成本费用是社会成本，土地使用权的评估价值等于取得开发该宗土地的所有成本。也就是说：土地使用权的价值是取得开发土地使用权的所有成本的资本化。

3. 土地重置成本构成

重置成本构成 $\begin{cases}\text{农地征地、补偿费用或城镇土地使用权出让金和动迁费用}\\ \text{土地开发、配套费用}\\ \text{资金成本、利润、土地所有权收益}\\ \text{其他有关税费}\end{cases}$

4. 土地使用权评估值的基本模式

土地使用权评估值 = 重置成本 - 各种贬值

5. 贬值估算

（1）经济性贬值：由于经济环境、土地供求关系、社会发展等因素的变化，土地使用权的经济价值会发生变化，因此而产生的土地使用权收益的减少，我们称之为经济性贬值。具体估算如下：

$$B_{功} = \sum_{i=1}^{n} \frac{S_i}{(1+r)^i}$$

式中：$B_功$——土地使用权经济性贬值；
　　　S_i——第 i 年地产损失额；
　　　n——土地使用权收益损失持续的时间；
　　　r——贴现率。

（2）使用年限贬值：一般而言，依法出让的土地都规定了土地的使用年限，随着时间的推移，土地的可收益时间在不断的减少，因此而使土地使用权的贬值，我们称之为土地使用年限贬值。具体估算如下：

$$土地使用年限贬值率 = \frac{实际已使用年限}{约定使用年限}$$

四、土地使用权评估的相关问题

（一）预测变现价值

土地使用权的评估值是评估基准日的评估价值，而可能发生的担保代偿发生在贷款期满后，此期间土地使用权的价值在不断的发生变化。由于土地出让合同约定的可收益年限减少，市场价格及重置成本可能会降低，也有可能由于政策等因素的变化而带来升值。因此，评估时应综合考虑土地位置、用途等因素预测变现难度，并结合贷款期限和变现税费预测变现价值。

（二）评估方法选择

作为反担保标的物，考虑到稳健原则，建议评估方法以市场价格比较法和重置成本法为主，必要时可采用清算价格法。慎重采用收益现值法，其原因是，尽管土地使用权作为单项资产，往往能够预测未来收益，但其未来收益受经济环境、房地产用途影响较大，并且，在市场上，很难以收益现值法评估的价值作为参考价格成交。一般说，采用收益现值法得到的评估值，明显高于采用市场法和成本法得到的评估值。对于中介评估机构提供的土地使用权评估值，要特别注意核实，土地价值虚增的情况在房地产抵押价值评估中较为常见。

（三）权属及土地使用权获得的方式

土地使用权抵押必须以其合法取得、合法使用、合法交易、合法处分等为前提。在对土地使用权进行价值评估前,首先要进行权属证明审核和共有情况审核,重点审查《国有土地使用证》或《房地产权证》。

我国国有土地使用权的取得方式主要是出让取得和行政划拨取得。对于行政划拨取得的土地,评估时要考虑变现时要补缴的土地出让金。另外,对于农业用地转为工业、商业用地或住宅用地的土地,要审查其审批手续是否完备。

第六节 在建工程评估

《担保法司法解释》第四十七条规定:"以依法获准尚未建造的或者正在建造中的房屋或者其他建筑物抵押的,当事人办理了抵押物登记,人民法院可以认定抵押有效。"根据担保法司法解释,在建工程可以作为抵押物。

一、在建工程的概念

在建工程指正在建设、尚未完工的工程建设项目,或者虽已完工但尚未验收交付使用的工程建设项目,以及建设项目备用材料、设备等物资。

二、基本评估方法

(一)重置成本法

1. 在建工程评估一般采用重置成本法,按照正常情况下,以在评估基准日重新建造该在建工程已完成的工程量所需发生的全部费用确定重置价值。当存在较为明显的各种贬值时:

$$在建工程评估值 = 在建工程重置成本 - 各种贬值$$

该法以工程预算为基础,按照现场观察、测量、勘察计算确定的各单位工程的完工程度,测算各单位工程的价值量,求和得到在建工程的评估值的一种评估方法。

2. 在影响在建工程价值量的因数变化较小的情况下,在建工程的评估方法如下：

$$P = \sum_{i=1}^{n} P_i \times \zeta_i$$

式中：P——建筑工程评估值；
P_i——第 i 个单位工程的预算；
ζ_i——第 i 个单位工程的完成率；
n——组成单项工程的单位工程数量。

（二）变动因素调整法

该法是在在建工程实际完工价值的基础上，扣除因材料价格、工时费用价格、变更设计等因素对在建工程价值的影响而确定评估值的一种方法。

当在建工程正常施工建设，工程款项正常支出，开工时间离评估基准日不超过一年时，可将实际支付工程款项中的不合理费用扣除，再按照各类费用的价格变动幅度调整，并考虑在建工程的变化，得到在建工程评估值。具体估算如下：

$$\text{在建工程评估值} = \text{实际支出金额} + \text{各种因数导致的价值增加额} - \text{各种因素导致的价值减少额}$$

三、在建工程评估的相关问题

1. 《城市房地产抵押管理办法》第三条规定："在建工程抵押指抵押人为取得在建工程继续建造资金的贷款，以其合法方式取得的土地使用权连同在建工程的投入资产以不转移占有的方式抵押给贷款银行作为偿还贷款履行担保的行为。"该办法体现了两个问题，第一，在建工程作为担保措施的抵押贷款，需用于在建工程的继续建设；第二，在建工程进行抵押时，其合法取得的土地使用权必须同时抵押。在建工程作为反担保措施时，应同样遵循这一规定。

2. 在建工程作为反担保标的物，在进行价值评估前，需着重审查项目是否符合抵押登记条件，审查开发商应取得的在建工程抵押登记所需权力证书和法律文件，包括《建设用地规划许可证》、《建设工程规划许可证》、《国有土地使用证》、《建设施工许可证》等。如果未取得相关凭证和文件，需详细了解其障碍和原因，判断是否能及时取得有关凭证。否则，在建工程不能完成抵押登记。

3. 在建工程抵押作为反担保措施，在价值评估前，担保机构要慎重考察、评估其建设项目背景。如项目地段、项目用途、项目工期、开发商资质及业绩、承包商资质及业绩等，并需了解和预测项目预售情况及使用价值，以判断其转让、变现的难易程度。

4. 由于在担保责任期间，在建工程处于建设期，其价值在不断的变化，总价值不断增加；同时，对于在建的商品房，随着预售、按揭，其价值也存在下降的因素。因此，评估时，不但要评估其评估基准日的价值，还要预测在建工程在贷款到期时的价值及变现税费。

5. 作为反担保标的物，建议评估方法以重置成本法和变动因素调整法为主，必要时可采用清算价格法。考虑到稳健原则，一般不采用收益现值法，其原因与房地产评估和土地使用权评估相同。

第七节 未来收益权评估

《担保法》第七十五条规定了可以质押的权利范围，除规定了"1. 汇票、支票、本票、债券、存款单、仓单、提单；2. 依法可以转让的股份、股票；3. 依法可以转让的商标专用权，专利权、著作权中的财产权；"外，还规定了"4. 依法可以质押的其他权利"。担保法司法解释规定，"以公路桥梁、公路隧道或者公路渡口等不动产收益权出质的，按照《担保法》第七十五条第（四）项的规定处理"。根据以上条款，不动产收益权及依法可以转让的其他权利，可以进行质押。

一、评估方法及适用范围

根据项目历史资料或者相似项目历史资料及相关数据，结合目前项目运行状况，考虑可能影响项目未来收益的因素变化，预测出项目未来年度的收益，根据一定的贴现率，将未来收益贴现求和，算出项目的收益现值，即得到项目未来收益评估值。

将未来收益权作为反担保措施，一般适用于产生收益的主体明确、独立、未来收益额基本确定，现金流量可靠，影响收益的因素变化范围能够锁定在一定的可控范围内，运行费用较低，风险较小的工程项目。本节介绍的评估方法，可用于不动产收益权、租赁权、项目特许经营权等价值评估。

二、影响未来收益的基本因素

对正在运行的项目可以收集其运行的历史资料，对于尚未运行的项目，可收集相同项目或者类似项目的运行资料，进行类比。资料的收集范围包括：年度分类费用、成本资料、年度收入资料、年度分类税费资料、意外事件资料等。

1. 确定影响因素。根据收集到的项目基本资料运用逻辑分析、散点图分析、相关分析等方法，确定影响未来收益的影响因素，并根据其影响程度，将影响因素划分为 A、B、C 三类，着重分析、控制 A 类重要影响因素。

2. 分析预测影响因素的变化方向。根据收集的项目基本历史资料或者相似、类似项目的运行资料、结合目前项目的运行状况、考虑到未来可能发生的变化，分析预测影响因素的变化方向，对于改变影响项目方向的因素应高度关注。

3. 敏感性分析。对于重要的影响因素，根据其与收益的函数关系，进行敏感性分析，确定其对收益的影响量、影响方向和影响程度，为项目的过程控制奠定基础。

三、测算项目未来收益及收益现值

1. 确定计算期间。保证人和抵押人确定用于反担保措施的项目未来收益期间。

2. 确定项目未来年度收益。根据收集到的项目运行历史资料或者相似项目的运行资料，结合影响项目收益因素的未来可能变化趋势，确定项目未来年度的收入、成本、费用、税收，最终确定未来年度的收益。

3. 确定贴现率。确定贴现率应以信誉度最高的同期国债利率为基础，考虑担保责任期间长短、通货膨胀、利率变化趋势、风险利率等因素，确定一个高于国债利率的贴现率。

4. 估算项目未来收益权价值。将项目未来各年度的收益以确定的贴现率进行折现求和，即为评估值，其基本估算公式如下：

$$P = \sum_{i=1}^{n} \frac{F_i}{(1+r)^i}$$

式中：P——项目未来收益评估值；
  F_i——第 i 个年度的预期收益额；
  n——未来收益期间；
  r——贴现率。

四、未来收益权评估的相关问题

1. 根据担保法司法解释，公路桥梁、公路渡口、公路隧道的收益权可以设置质押。实际操作中，由于质押标的的特殊性，此类收费权质押应征得主管部门的许可或批准。

2. 未来收益权作为质押标的时，担保机构应加强对收费资金的监控和管理，以防此项收费被挪用。

3. 由于质押权不能对抗公权，担保机构在接受一项收益权作为标的时，应调查、核实修建桥梁、隧道、渡口的资金来源和收费用途，如资金来源是拨款还是自筹，收费是否用于公益事业建设等。担保机构以不接受属于"公权"性质或用于公用事业的不动产收益权质押为宜。

4. 未来收益权的价值评估方法为收益现值法和重置成本法。采用收益现值法时，科学、客观地测算未来收益是得到合理评估值的关键。为此，需详细考察项目现状、周边环境及类似项目的收益情况，坚持稳健原则，与重置成本法相结合，做出评估结论。

第八节 无形资产评估

根据《担保法》第七十九条规定，依法可转让的商标专用权、专利权、著作权的财产权可以作为质押标的物。以上权利，都属于无形资产范畴。本节介绍无形资产评估的概念和方法。

一、无形资产概述

(一) 无形资产的基本概念

无形资产是指由特定的主体控制的、不具有独立实体、而在生产经营活动中长期持续发挥作用并能够为特定主体带来经济利益的经济资源。

(二) 无形资产的特征

1. 不具有物质实体,但却又要依托于一定的物质实体;
2. 具有某种权利或信誉,且是由其自身发展形成的;
3. 能够为生产经营持续带来经济利益,并由其主体排他性地控制;
4. 为其主体带来的经济利益具有一定的不确定性。

(三) 无形资产的分类

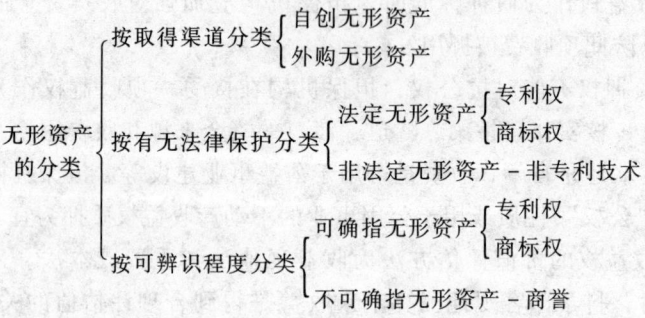

(四) 影响无形资产评估值的因素

1. 取得成本:无形资产的取得成本,一般包括外购或者自创成本、法律保护成本、发行宣传推广成本等。
2. 机会成本:由于转让无形资产后,转让方因此失去市场和收益损失的成本。
3. 超额利润:无形资产价值的大小在一定程度上受无形资产产生超额利润大小的影响。
4. 收益年限:受法律保护的无形资产,有规定的保护期限,剩余保护期的长短影响无形资产评估值的高低。

5. 技术成熟程度：技术越成熟，其评估值就应越高。

6. 转让内容：无形资产所有权和使用权的评估值是不同的，无形资产使用权的许可程度不同，其评估值也是不同的。一般而言，无形资产所有权的评估值高于无形资产使用权的评估值，无形资产使用权的许可程度越高，其评估值就应越高。

7. 无形资产的发展趋势、更新换代速度：无形资产的贬值取决于科学技术的发展速度、更新换代速度。

8. 市场供求关系：市场上供不应求的无形资产的评估值较高，相反，供过于求的无形资产的评估值就较低。

二、无形资产评估方法

（一）方法一——收益法

收益法是根据无形资产的历史收益状况、未来的收益趋势、科学技术的发展速度、替代技术的可能性，对无形资产的可利用年限、未来收益进行预测，然后按照一定的贴现率进行贴现，求得无形资产的现值。基本评估模式如下：

$$P = \sum_{i=1}^{n} \frac{F_i}{(1+r)^i}$$

式中：P——无形资产评估值；

　　　n——未来收益期间；

　　　Fi——第 i 年无形资产的预期收益；

　　　r——贴现率。

在使用该法对无形资产进行评估时需要注意的问题：

1. 无形资产的收益往往是在与其他资产的共同作用下取得的，一般难以确定无形资产自身的价值，这一点在进行评估时应该得到充分考虑。

2. 未来收益期间的确定，必须充分考虑法律和合同的规定：

（1）法律和合同均规定有效期限的，按法律规定的有限期限和合同规定的受益年限孰短原则确定；

(2) 法律未规定有限期限的，可按合同规定的受益年限确定；

(3) 法律和合同均未规定有限年限和受益年限的，可按预计受益年限确定。

（二）方法二——重置成本法

无形资产成本评估法，是假设在现行条件下，创制或者购置一项与反担保标的相同的全新无形资产所花费的全部成本，乘以成新率而得到无形资产评估值的一种方法。其基本计算公式如下：

$$无形资产评估值 = 无形资产重置成本 \times 成新率$$

1. 自创无形资产重置成本的测算

（1）调整法：将创制该无形资产时发生的材料、工时、间接费用等，按照现行的价格、工时费用标准、分摊标准，进行计算。

（2）市价比照法：近期在无形资产市场上有类似无形资产的成交，可比照该无形资产售价确定评估值，也可根据类似无形资产市价与成本的关系和类似待评估无形资产的市价，确定待评估无形资产的重置成本。

2. 外购无形资产重置成本的测算

以物价指数法为例来予以说明，物价指数法是根据无形资产的历史成本，用物价指数调整为在现行条件下创制该无形资产的成本的方法。其基本计算公式如下：

$$无形资产重置成本 = \frac{无形资产原值}{} \times \frac{现行物价指数}{购置时物价指数}$$

3. 成新率的估测

无形资产的成新率也就是无形资产的新旧程度，它受科技发展速度、技术更新换代速度、有效使用年限等多种因素的影响，因此，一般较难准确的计算，但可以通过专家调查、技术的历史发展轨迹测算，目前可供采用的方法如：德尔菲法（专家意见调查法），由多个相关专业的专家根据自己的经验对需要评估的无形资产的成新率做出自己的判断，综合多个专家的判断，得到无形资产的成新率；有些评估人员也采用无形资产经济寿命法来测算其成新率,即无形资产的剩余使用寿命与总使用寿命的比率。

三、无形资产评估的相关问题

1. 以专利权、商标专用权等知识产权的财产权作为质押标的物的反担保措施在担保业务操作中已经出现,主要是在对高新技术企业提供的担保业务中。由于无形资产的特殊性,由不同评估机构、根据不同的评估目的进行的评估得到的评估值往往会有很大差距。因此,担保机构应谨慎选择评估方法,对中介机构提供的评估报告,要认真分析其评估方法和评估结果的合理性及可靠性。

2. 对于用于资产转让和投资的无形资产评估,以采用收益法为宜。无形资产——尤其是自创无形资产,使其所有者获得的收益可能明显大于其投入的成本。对于作为反担保标的的无形资产,则不宜简单地采用收益现值法进行评估,要全面了解其作用、获利能力、产品市场、寿命期、可能的转让价格及对所有者的重要性等因素,综合考虑,确定其评估价值。

3. 对于获利能力很低、很难转让的无形资产,则不宜作为质押标的。此时,不可能用收益法或重置成本法评估的价值变现,对出质人的约束力也很弱。

第九节 债券评估

《担保法》第七十五条规定,汇票、支票、本票、债券、存款单、仓单、提单;依法可以转让的股份、股票可以质押。债券质押作为反担保措施,有较强的风险控制能力。本节介绍债券价值评估的方法及涉及的相关问题。

一、债券评估概述

(一) 债券的概念

债券是一种证券化的债权,是发行人为了筹集资金,依照法定程序发行,并向债权人承诺在一定期限还本付息的有价证券。

(二) 债券的特点

一般情况下,债券具有偿还性、安全性、流动性、收益性的特点。

1. 偿还性:债券的票面要素包括偿还期限、债券利率,规定了债务人要在一定的期限、按照规定的利率向债权人支付债券利息和偿还债券本金。也就是说,资金筹措者发行债券筹集的资金是有偿使用和有一定使用期限的。

2. 安全性:与股票相比,债券持有人的收益相对固定,一般情况下,不随发行者经营状况的变化而变动,并且可以按期收回本金,相对于股票及其他投资而言,投资风险较小,即使是债务人破产清算,债券投资人也优先于股票投资人而得到清偿。

3. 流动性:按是否流动来划分,债券可以分为非流通债券和上市流通债券。对于上市债券而言,其易于交易流动,容易变现。

4. 收益性:债券的利息收入能够为投资者带来一定的收入。对于非流通债券来说,债券的收益主要来自利息收入;对于上市流通债券来说,债券的收益除了一定的利息收入外,还可在债券期满前转让债券,从而可能获得债券买卖价差。

(三) 债券的分类

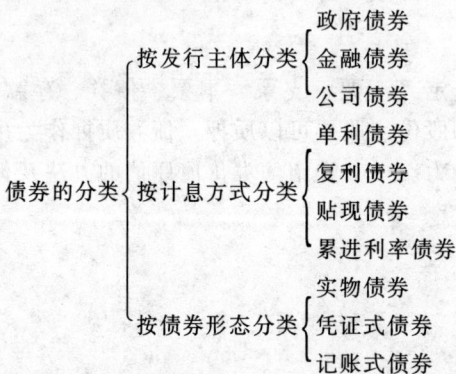

（四）影响债券价值的主要因素

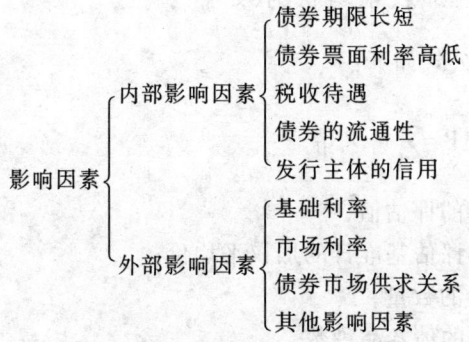

二、债券价值评估的基本假设

即使是信誉很高的政府债券，也存在着某种程度的相对不确定性，即风险。因此，在进行债券评估时，首先要假设债券的名义金额和实际支付金额都是确定的，其次要假设通货膨胀的幅度能够准确地预测。

三、上市流通债券的评估

上市流通债券指可以在证券市场自由交易的债券，其交易价格反映了债券的现值，因此债券的现行市价就是债券的评估值。债券的现行市价可以选择评估基准日的收盘价或者平均交易价。考虑到稳健原则，也可采用评估基准日前，一段时期内的债券平均价作为评估基础。

（一）以收盘价为基础

流通债券评估值计算公式如下：

$$P = \sum_{i=1}^{n} c_i \times q_i$$

式中：P——基准日债券的评估值；

c_i——第 i 种债券的收盘价；

q_i——第 i 种债券的数量；

n——用于反担保的债券品种数。

(二) 以评估基准日的加权平均价为基础

1. 流通债券评估值计算公式如下：

$$P = \sum_{i=1}^{n} c_i \times q_i$$

式中：P——基准日债券的评估值；
c_i——第 i 种债券评估基准日的加权平均价；
q_i——第 i 种债券的数量；
n——用于反担保的债券品种数。

2. 债券的加权平均价。

$$C_i = \frac{\sum_{j=1}^{n} c_j \times q_j}{\sum_{j=1}^{n} q_j}$$

式中：C_i——第 i 种债券评估基准日的加权平均价；
c_j——第 i 种债券在评估基准日第 j 次交易价格；
q_j——第 i 种债券在评估基准日第 j 次交易数量；
n——第 i 种债券在评估基准日的交易次数。

四、非上市债券的评估

非上市债券的评估值即为债券的预期货币收入的现值。非上市流通债券的货币收入主要来自两个方面，第一，债券的利息收入；第二，债券的票面金额。非上市流通债券的价值较为稳定，其风险主要来自债务人到期不能偿还债券本金和利息。

(一) 单利到期一次还本付息

单利到期一次还本付息债券价格现值的估算公式：

$$P = \frac{M(1 + i \times n)}{(1 + r)^{(n-j)}}$$

式中：P——债券价格；

M——债券的票面价值；

i——债券的每期利率；

n——债券的时期数（以年为单位）；

j——债券从发行到评估基准日已经过的时期数；

r——贴现率。

（二）复利到期一次还本付息

复利到期一次还本付息债券价格现值的估算如下：

$$P = \frac{M(1+i)^n}{(1+r)^{n-j}}$$

式中：P——债券价格；

M——债券的票面价值；

i——债券的每期利率；

n——债券的时期数；

j——债券从发行到评估基准日已经过的时期数；

r——贴现率。

（三）一年付息一次

每年支付一次利息的债券价格现值估算公式：

$$P = \frac{X}{1+r} + \frac{X}{(1+r)^2} + \cdots + \frac{X}{(1+r)^{n-j-1}}$$

$$+ \frac{X}{(1+r)^{n-j}} + \frac{M}{(1+r)^{n-j}}$$

$$= \sum_{k=1}^{n-j} \frac{X}{(1+r)^k} + \frac{M}{(1+r)^{n-j}}$$

式中：P——债券价格；

M——债券的票面价值；

X——每年支付的债券利息；

n——债券的时期数；

j——债券从发行到评估基准日已经过的时期数；

r——贴现率。

(四) 总评估值

以上的计算是各种类债券价格的计算,当质押标的为几种债券时,需计算各类债券的总价值。

$$P_{总} = \sum_{i=1}^{n} P_i \times q_i$$

式中:$P_{总}$——用于反担保措施的所有债券的总价值;

P_i——用于反担保措施的第 i 种债券的价格;

q_i——用于反担保措施的第 i 种债券的数量;

n——用于反担保措施的债券品种数。

五、债券评估的相关问题

1. 进行企业债券评估时,可参考其债券信用等级评定结果。债券信用等级是对债券到期还本付息能力的评价,能够反应债券风险。2001~2002 年我国共有 18 家企业发行了企业债券,总规模 325 亿元。其中,除一家资信等级为 AA^+ 以外,其余全部为 AAA 级,信用水平较高。作为质押标的,担保机构应了解、分析发行人的行业状况、经营状况、财务状况及偿债能力,根据风险的大小设定适当的质押率。一般说,企业债券质押率不高于国债质押率。

2. 注意审查债券权属和到期日。作为反担保标的的债券应是未到期的债券。另外,凡所有权有争议,已经挂失或被依法止付的债券,不能作为质押物。

3. 《担保法司法解释》第一百零一条规定,"以票据、债券、存款单、仓单、提单出质的,债权人再转让或者质押的无效"。担保机构进行债券价值评估前,应注意核实该债券是否已经出质,以避免不必要的损失。

第十节 股权质押与企业价值评估

股权质押是常用的反担保措施之一。《担保法》第七十五条规定，依法可以转让的股份、股票可以质押。本节介绍股权质押的有关概念、操作中应注意的问题及股权价值的确定方法——企业价值评估方法。

一、股权质押概述

（一）股份

《公司法》第一百二十九条规定，股份是资本的成分，它表示构成公司资本的均等单位，每一股份均代表完全相等的一定金额。

股份代表股东地位（即股东权），它是股东行使权力的计算标准，股东按其持有的股份行使股东权利。

（二）股份的表现形式

股份有限公司根据上市公司与非上市公司之分，其股份的表现形式不同，上市公司的表现形式为"股票"，非上市公司为股票、股权证、股东证等形式。股票是股份的外在表现形式，是证券化的股份。

有限责任公司通常不发行股票，其股份由"出资证明书"代替。根据《公司法》规定要求，有限责任公司向股东签发的"出资证明书"应当具备股票的基本要素。

（三）股权质押

股权质押指以未证券化的股份（包括有限责任公司的股份和部分股份有限公司，主要是非上市公司的股份）设立质权进行的质押。

（四）股东权利和义务

股东的权利主要表现在三个方面：
1. 经营管理权。出席股东会，参与公司重大问题决策；选择管理者；按照出资比例行使表决权；被选举为董事会成员和监事会成员的权利。

2. 财产权。按照出资比例分取利润；依法转让出资；公司新增资本时有优先认购的权利；公司解散时有剩余财产的分配权；依法将自己的出资设定为质权标的的权利。

3. 监督权。查阅股东会会议记录和会计报告的权利；对公司的经营活动进行监督的权利。

股东的义务是：足额认缴出资，连带补缴出资差额，不得擅自抽回出资，以出资额为限对公司债务承担责任。

二、企业的价值

股东有获取公司预期收益、转让所持有股份和分配公司剩余资产的权利。股东所持有的股份的价值直接决定于企业的价值。这里，我们关注的企业价值主要是企业的交换价值，而决定企业交换价值的主要决定因素是其获利能力。根据评估目的的不同，企业价值可以通过不同的方面表现，主要有：

1. 企业各类资产的价值总合。指构成企业的全部有形资产和无形资产之和。在持续经营前提下，企业价值不是各类资产的简单相加，而是各类资产对整体企业的贡献所决定的价值之和；

2. 企业投入资本的价值。指企业长期债务与股东权益之和；

3. 股东权益价值。指扣除企业各种负债后的企业价值。

三、企业价值评估的基本方法

股份之所以能够作为质押标的物，就在于企业存在价值。企业的价值可以从两个角度进行分析，其一，企业作为整体来说，具有获利能力；其二，如果企业在现行条件下没有获利，并不表明企业没有获利能力，仅说明该企业的资产没有发挥最佳效率，组成企业的资产仍具有其价值。基于上述考虑，对不同的评估目的，可选用以下评估方法：

（一）加和法

加和法是体现企业重建思路的方法。是按照评估时的条件，再建造一个与被评估企业相同或者具有相同的生产经营能力及获利能力的企业所需要的投资作为整体企业评估值的方法，其具体方法是将企业各类资产加总求和。基本计算公式如下：

$$P = \sum_{i=1}^{n} P_i$$

式中：P——整体企业评估值；

P_i——第 i 项资产的评估值；

n——建造企业的资产项数。

由于企业价值不等于各类资产的简单求和，在持续经营假设的前提下，不宜单独采用加和法对企业价值进行评估，可作为收益现值法和其他方法的补充和验证。

（二）收益现值法

企业价值主要取决于其获利能力，因此收益法是企业价值评估的一种有效方法。其应用条件是：企业持续经营，具有获利能力，企业未来的收益能够较为准确的预测，并且能够以货币的形式表现。其基本计算公式如下：

$$P = \sum_{i=1}^{n} \frac{F_i}{(1+r)^i}$$

式中：P——企业整体评估值；

F_i——第 i 个年度的预期收益额；

n——未来收益期间；

r——贴现率（贴现率一般应考虑无风险利率、风险利率等因素）。

采用收益现值法应特别注意，合理预测企业收益、企业风险、获利持续时间并设定适当的折现率。

（三）权益法

权益法是以企业不能持续经营时的净资产作为企业整体评估值的一

种评估方法。其基本思路是分别对企业现有的资产和负债进行评估,从而得到企业整体评估值。基本评估模式如下:

$$P = \sum_{i=1}^{n} P_i - \sum_{j=1}^{m} Z_j$$

式中:P——整体企业评估值;
P_i——第 i 项资产的评估值;
n——企业的资产项数;
Z_j——第 j 项负债的评估值;
m——企业的负债项数。

此方法是对企业权益价值的估价,是担保机构为进行股权质押所做企业价值评估时,应重点考虑的方法。

(四) 市盈率乘数法

市盈率乘数法是用与被评估企业相似的上市公司的市盈率作为乘数,与企业年收益相乘,进行必要的调整,得出企业价值的方法。市盈率是市场对上市公司获利能力的一种价格认定,反映了公司的获利能力和风险程度。当存在发达活跃、健康成熟的资本市场及证券交易市场时,市盈率乘数法是评估企业价值的一种直接、有效的方法。

四、企业价值评估和股权质押的相关问题

(一) 担保机构设定股权质押的目的

担保机构设定股权质押时,目的在于提高债务人的违约成本,控制担保项目风险,保证担保项目顺利实施。如果出现代偿,担保机构实现了质押权,其处理方法有两种:一是自行持有股权,取得财产权、经营权等股东权利;二是将其转让,收回资金。为保证担保机构资产的流动性,一般情况是将股权转让,担保机构长期持有的情况,只能占很小的比例。进行企业价值评估时,要充分考虑这一点。

(二) 评估方法选择

收益现值法是在企业持续经营、具有预期收益的前提下的评估值,

是一种"将利求本"的方法。此方法更为适合于收购、兼并等资产转让业务，其评估值为将长期持有股权的股东提供由未来收益决定的企业价值的参考值。

成本法是指在企业持续经营的前提下，建造一个与被评估企业相同或者具有相同的生产经营能力及获利能力的企业所需要的投资作为整体企业的评估值。其评估值包括负债。

采用权益法得出的评估结果，是质押权人可获得的企业权益价值。担保机构作为质押权人，应以股东权益价值作为主要参考价值。

由于我国的资本市场和证券市场还不够成熟，采用市盈率乘数法还不完全具备条件。

因此，在选择评估方法时，宜首先考虑权益法和加和法，可以收益现值法和市盈率作为辅助方法。

(三) 转让、变现的条件和难度

《担保法》规定，出质的股份、股票必须是依法可以转让的。设定股权质押时，应注意核实出质的股份、股票是否符合转让条件。

选择股权质押作为反担保措施时，应注意到，目前在我国，尽管有些地方已建立了产权交易机构，但产权交易市场并不发达，使产权转让、变现有一定的难度。

第七章

担保法律实务

本章提要：担保法律制度是随着商品经济的发展而产生的一项重要的民事法律制度，担保法跨越物权法和债权法两大法域，而物权法和债权法又是民商法的核心内容，担保法在民商法律制度中所占的篇幅不大，但分量很重，在民商法律制度中占有重要地位。随着市场经济的进一步发展，各类经济活动中的担保行为对促进经济的发展起着越来越重要的作用。本章主要介绍担保的种类、担保合同的特点及其法律适用、担保人的法律地位、担保纠纷的诉讼程序、担保业务中应当注意的几个法律问题等内容。

第一节 担保合同的概念和特征

一、债、债权、债务

要了解担保、担保合同的概念，有必要从什么是债、什么是债权、债务的法律概念谈起。

法律上的债，是指特定当事人之间得请求为特定行为的法律关系。《民法通则》第八十四条规定："债是按照合同的约定或者依照法律的规定，在当事人之间产生的特定权利和义务关系，享有权利的人为债权人，负有义务的人是债务人。"债权人有权请求债务人按照合同的约定或法律的规定为特定行为以满足债权人的请求。"债"有以下几方面的含义：

1. 债是一种民事法律关系；
2. 债是特定当事人之间的法律关系；

3. 债是特定当事人之间得请求为特定行为的法律关系；

4. 债是按照合同约定或者法律规定而发生的法律关系。

债发生的原因即债发生的根据，在法律上有合同、不当得利、无因管理、侵权行为及其他，"其他"包括继承法中的遗赠和合同法中的缔约过失，因为这两种行为也会在特定的当事人之间产生特定的债权债务关系。

二、债权担保

债权担保就是为了担保债权的实现而采取的措施，债权担保不仅增强了债权实现的程度，而且具有确保债务履行的作用。《担保法》第一条就明确了担保法立法的目的是"为促进资金融通和商品流通，保障债权的实现"。

在债权担保法律关系中，债的担保仅指因合同之债发生的债权才适用担保法，受其调整。其他的不当得利之债、无因管理之债、侵权之债都不是担保法调整范围。《担保法》第二条规定"在借贷、买卖、货物运输、加工承揽等经济活动中，债权人需要以担保方式保障其债权实现的，可以依照本法规定设定担保"，可见担保法在此规定了担保法的适用范围，采用的是列举式；实践中，可以为之设立担保的民商活动很丰富，简单加以列举并不能全部概括，因此，司法解释用"民事关系"这一词来表达，司法解释第一条规定"当事人对民事关系产生的债权，在不违反法律、法规强制性规定的情况下，以担保法规定的方式设定担保的，可以认定为有效"。

在专业担保公司业务实践中，担保的触角已伸展到经济活动的各个领域，专业担保公司已经从承做单一品种融资担保，开拓出担保业务崭新的领域。

三、担保合同及其特征

债权担保有着不同于其他民事制度的特点，担保合同也就具有以下三个固有的属性：

担保合同的从属性、担保合同的补充性、担保合同的相对独立性。

(一) 担保合同的从属性

担保合同是为担保债权的受偿而由债务人或者第三人另为提供的担保而形成的合同，它从属于担保债权基于产生的主合同，比如在融资担保合同中，借款合同是主合同，保证合同是从合同。

(二) 担保合同的补充性

这是指债权人所享有的担保权对于债权实现仅有补充的意义。债权人行使担保权的前提是债务人不履行或不能履行，且债务已届清偿期，尤其在一般保证责任的保证合同中，保证人有先诉抗辩权，即保证人在主合同纠纷未经审判或者仲裁，并就债务人财产依法强制执行仍不能履行债务前，对债权人可以拒绝承担保证责任。

(三) 担保合同的相对独立性

《担保法》第五条第一款规定："担保合同是主合同的从合同，主合同无效，担保合同无效。担保合同另有约定的，按照约定。"从本条内容看，担保合同当事人可以约定担保合同的独立性，即担保合同具有相对独立性，这种独立性表现在担保合同虽然基于主合同产生但独立于主合同，担保人的责任并不取决于主合同是否履约或违约，只要债权人提出付款要求，担保人就必须无条件履行代偿义务。可见，《担保法》此条规定是承认保证合同的独立地位的，但这种做法仅适用于国际贸易、国际融资经济活动广泛采用，而不能适用于国内经济活动，否则将加重担保人的责任，不利于国内担保法律制度的健全。最高人民法院在《关于适用〈中华人民共和国担保法〉若干问题的解释（送审稿）的说明》中，也作了如上的说明。

四、反担保合同及其特点

反担保是债务人或第三人向担保人承诺或设定物的担保，在担保人因代为清偿债务人的债务而受到损失时，向担保人进行清偿。反担保法律关系中，从其当事人的构成看，担保人即本担保中的债务人，债权人即本担保中的担保人，债务人即本担保中的债务人。当然根据担保法司法解释第二条关于反担保方式的规定，反担保法律关系中的担保人可以是本担保中债务人自己，也可以是债务人之外的第三人。从反担保合同的内容看，反担保合同的内容与本担保合同的内容是一致的。反担保合同的当事人对反担保合同主要事项协商一致所达成的合意就是反担保合同。

反担保合同的特点与担保合同的特点相同。

第二节 担保合同的种类及法律适用

合同的担保是指法律为保证特定债权人利益的实现而特别规定的以第三人的信用或者以特定的财产保障债务人履行债务、债权人实现债权的制度。

一、担保的种类

依照不同的标准可将担保分为不同的类型。依照提供担保的主体划分，担保分为人的担保和物的担保；依照承担担保责任的方式划分，担保分为一般责任担保和连带责任担保等等。

（一）人的担保

人的担保是指债务人以外的第三人以其信用为债务人提供的担保，这是一种比较古老，且便于操作的担保方式，比如，保证合同不以登记为生效条件，一般情况下，保证合同成立即生效。当然也有特殊情况，比如，对外担保必须经国家有关主管部门批准或登记，保证方式的担保适用的范围也比较广泛，人的担保的最基本的方式是保证，即在债务人不履行或不能履行债务时，由担保人代为履行的担保方式。这种担保方式，对于债权人来说是有一定缺陷的，比如，债权人不能直接支配担保人的财产，只能请求保证人承担保证责任，债权人对担保人所享有的担保利益，与担保人的其他债权人所享有的普通债权地位平等，并不享有优先权。如果担保人的全部财产不足以清偿其所负担的全部债务的，债权人只能与担保人的其他普通债权人一同按比例对担保人的全部财产行使权利。因此采用这种担保方式时，债权人对担保人客观条件的要求比较高，要求担保人实力雄厚，拥有较强的偿还能力，具有相当高的信用度。

与人的担保相对应的担保法律文本就是保证合同。

（二）物的担保

物的担保，是指以债务人的特定之动产、不动产或其他财产权利担保债务履行而设定的担保。在物的担保的制度下，当债务人不履行债务时，债权人可以与担保人协商处置用以担保的特定财产，由担保权转化为物权，从而使债权物权化。债权人因为物的担保而享有的权利，优先于其他未设担保的普通债权，物的担保更大程度上增强了债权人实现债权的可能性。

在担保业务实践中，专业担保机构以保证的方式为债务人向债权人提供担保，看起来物的担保与专业担保机构关系不大，实际上对于专业担保公司来说，物的担保是一项很重要的救济手段，《担保法》明确规定了反担保，担保机构提供担保后，可以要求债务人提供反担保。为保全担保权，担保权人要求债务人提供的大部分是物的担保形式。物的担保方式，具体包括：抵押担保、质押担保、留置担保、定金。

二、担保合同的种类

与人的担保相对应的担保法律文本就是保证合同；与物的担保相对应的担保法律文本就是抵押合同、质押合同、定金合同，留置担保虽然也是物的担保的一种方式，但因为它是一种法定担保，所以无需用合同来表示。

三、担保合同的法律适用

关于担保合同的法律适用问题，《担保法》对各类担保合同主体、基本条款、合同生效的要件等均做了比较原则的规定，关于担保合同的规定，还散见于《中华人民共和国民法通则》、《中华人民共和国合同法》、最高人民法院的有关担保问题的司法解释（包括关于适用《中华人民共和国担保法》若干问题的解释及有关担保问题的复函、批复、答复、电话答复等。）及各行政主管部门有关担保问题制定的部门规章，比如中国人民银行的《境内机构对外担保管理办法》、专利部门《专利权质押合同登记管理暂行办法》等。

1999年有一部很重要的法律出台，即《中华人民共和国合同法》，这是一部非常重要的基本法，它将原来的三部法律合成一部，这三部法律是《中华人民共和国经济合同法》、《中华人民共和国技术合同法》、《中华人民共和国涉外合同法》。《合同法》是调整合同关系的基本法、一般法。但是，《合同法》并非调整合同关系的惟一法律。根据特别法优于一般法的法理，当特别法对于某一事项做出特别规定时，特别法应当优先适用；如果特别法对于某一事项没有做出特别规定时，仍适用一般法。比如合同法第一百二十三条规定："其他法律对合同另有规定的依照其规定。"可见，担保合同优先适用《担保法》，但是《担保法》没有规定的，仍要适用《合同法》。

第三节 保 证

保证是指当事人以外的第三人作为保证人和债权人约定，当债务人不履行债务时，保证人按照约定履行债务或承担责任的担保方式。保证合同就是当事人之间约定上述有关担保事项所达成的合意。

一、保证人的资格

《担保法》及担保法司法解释对保证人的资格问题作了明确规定。保证合同的当事人不是《担保法》及司法解释所限制的担保合同主体即可。这里就讲到保证人的资格问题，那么，什么样的当事人具有保证人的资格呢？担保法第七条规定："具有代为清偿能力的法人、其他组织或者公民，可以作保证人。"具有代偿能力是保证人的基本资格要求，只有保证人具有代偿能力，才能保证债权的实现，实际上是为了保护债权人的权利。但是担保法对于保证人资格的这一基本要求，性质是属于指导性条款，不具有强制效力，保证合同不会因保证人没有或失去代偿能力而无效,《担保法》司法解释第十四条也做了规定:"不具有完全代偿能力的法人、其他组织或者自然人,以保证人身份订立保证合同后,又以自己没有代偿能力要求免除保证责任的,人民法院不予支持。"

《担保法》对自然人、法人作保证人的主体资格除了上面所讲的指导性规定外,并未做强制性要求,但《担保法》以列举的方式在第八条、第九条、第十条规定了禁止性和限制性条款,即规定了哪些主体不能作保证人或限制作保证人。分为以下几种情况:

（一）合格的保证人

包括具有民事行为能力的自然人、企业法人、金融机构、从事经营活动的事业单位社会团体、其他组织。关于"其他组织",担保法司法解释规定了五种:

1. 依法登记领取营业执照的独资企业；
2. 合伙企业；
3. 经依法登记领取营业执照的联营企业,依法登记领取营业执照中外合作经营企业；
4. 经民政部门核准登记的社会团体；
5. 经核准登记领取营业执照的乡镇、街道、村办企业。

（二）禁止或限制的保证人

包括如下主体:

1. 未经国务院批准的国家机关；
2. 以公益为目的的事业单位、社会团体,包括学校、幼儿园、医院等；
3. 企业法人的职能部门；
4. 未经授权的企业法人分支机构；
5. 对外担保中无外汇收入的企业法人和无外汇担保权的金融机构。

在这里提醒大家注意,企业法人的职能部门对外提供担保是绝对无效,而企业法人的分支机构对外提供担保是相对无效。因为企业分支机构经法人书面授权在授权范围内是可以对外提供担保的。此处担保法把经国务院批准的国家机关可以作保证人的情形仅限定为一种,就是经国务院批准为使用外国政府或者国际经济组织贷款进行转贷的情形。

二、保证的方式

保证的方式有两种，这是担保法第十六条规定的内容，一种是一般责任保证，一种是连带责任保证。《担保法》第十七条规定："当事人在保证合同中约定，债务人不能履行债务时，由保证人承担保证责任的，为一般保证。"连带责任保证就是指债务人在主合同规定的债务履行期届满没有履行债务的，债权人可以要求债务人履行债务，也可以要求保证人在其保证范围内承担保证责任，即保证人和债务人对所担保的债权承担连带责任。一般保证责任形式下，保证人所承担的责任要轻一些，因为一般保证责任的保证人享有先诉抗辩权，即担保法第十七条第二款规定的"一般保证的保证人在主合同纠纷未经审判或者仲裁，并就债务人财产依法强制执行仍不能履行债务前，对债权人可以拒绝承担保证责任"。我们称之为一般保证人的抗辩权。而连带保证责任形式下，债权人主张担保债权，没有先后顺序之分，债权人可以向债务人主张债权，也可以向保证人主张债权，还可以同时向债务人、债权人主张债权。

因此，当事人在订立保证合同时，一定要约定保证的方式，使保证人的保证责任更加清晰，以保证合同各方的利益。如果当事人对此没有约定或约定不明怎么办？担保法第十九条规定："当事人对保证方式没有约定或约定不明确的，按照连带责任保证承担保证责任"。

三、保证合同

（一）保证合同成立

保证合同的成立是指订约当事人就合同的主要条款达成合意，合同的成立标志着当事人意思表示一致。

需要强调的是，对于保证合同的成立、生效、履行等内容在担保法没有特别规定的情况下要依照合同法的规定执行。一个标准的保证合同的成立必须具备如下条件：

1. 存在双方或多方当事人，并且当事人要适格

保证合同的当事人不应是《担保法》及司法解释所限制的担保合

同主体，否则，签订的保证合同也是无效合同。

2. 订约当事人对主要条款达成合意

保证合同的主要条款包括被保证的主债权种类数额，债务人履行债务的期限，保证的方式，保证担保的范围，保证的期间等等。对于约定的事项，当事人的意思表示真实。意思表示不真实，也会导致合同无效或者导致保证人保证责任的变更，这在担保法、司法解释及合同法中都有相关规定。如担保法司法解释第四十条规定：主合同债务人采取欺诈、胁迫等手段，使保证人在违背真实意思的情况下提供担保的，债权人知道或者应当知道欺诈胁迫事实的，按照担保法第三十条的规定处理。担保法第三十条规定的内容是什么？是保证人不承担民事责任的两种情形，一种是主合同当事人双方串通，骗取保证人提供担保的；一种是主合同当事人采取欺诈、胁迫等手段，使保证人在违背真实意思的情况下提供担保的。在合同法中也规定了合同无效的五种情形，一是一方以欺诈胁迫的手段订立合同，损害国家利益；二是恶意串通，损害国家、集体或者第三人利益；三是以合法形式掩盖非法目的；四是损害社会公共利益；五是违反法律、行政法规的强制性规定。在担保业务实践中，要注意对这些担保人免责条款的运用，以保护保证人的利益。

3. 合同的成立应具备要约与承诺阶段

要约和承诺是合同成立的基本原则，也是合同成立必须经过的两个阶段。如果合同没有经过承诺，而只是停留在要约阶段，则合同根本未成立。要约是希望和他人订立合同的意思表示。承诺是受要约人同意要约的意思表示。

（二）保证合同成立的特殊情形

以上我们所说的是一个标准的保证合同的成立，对此担保法第十三条对此作了规定。在实践中，还有两种情形也被视为保证合同的成立。担保法司法解释第二十二条对这两种情形作了规定。这两种情形是：

1. 第三人单方以书面形式向债权人出具担保书，债权人接受且未提出异议的，保证合同成立。

2. 主合同中虽然没有保证条款，但是，保证人在主合同上以保证人的身份签字或者盖章的,保证合同成立。

(三)保证合同的生效

保证合同在一般情况下成立即生效,不像抵押合同、质押合同一样登记或转移质物才生效。但有些保证合同成立后需履行一定的手续才生效,比如,我们前面讲过的境内机构对外担保时的保证合同。这里有一个相关的问题,就是担保人提供保证方式的担保后,如果保证人要求债务人提供物的反担保,因物的担保担保合同的成立需履行一定的法定手续,比如抵押担保合同需经登记生效、动产质押合同需转移质物占有生效等等,这样容易产生反担保合同的成立滞后于保证合同成立的情形,保证人的权益可能得不到全面保护。在这种情况下,担保人就要尤其注意对拟担保项目风险的评审,正确预测反担保合同签署的可能性,有时甚至可以采取先要求债务人提供第三人保证的反担保方式,然后以物的担保置换的方式,以确保担保人的合法权益。

(四)保证合同生效后的法律后果

保证合同成立就意味着保证人要按照保证合同的约定承担保证责任,因此,保证人在提供保证时,尤其要注意保证合同成立的要件。

[例] A公司与B公司签订一笔总价为1 200万元人民币的钢材购销合同,合同约定B公司收到钢材后5个月内支付该货款。合同签订时,由C公司向A公司出具了名为担保书的担保函,担保书的内容是:

A公司:

为保证你公司与B公司签订的《供钢材合同》不受损失,我公司愿为B公司提供担保。担保内容如下:根据《供钢材合同》约定,B公司在收到钢材后5个月内支付钢材款1 200万元,B公司如不能按期支付,由我公司偿还以上款项,并承担由于B公司违约造成的利息、违约金、赔偿金。本担保为连带责任担保。(落款是C公司,有法定代表人签字并加盖公司章)

对以上案例进行分析,它是一个由作为担保人的第三人单方向债权人出具的担保书。文字虽然不长(加上落款及法定代表人签字也就150

个字），但涵盖的内容却很丰富，包括这些内容：被保证的主债权种类、数额（1 200万元货款）、债务人履行债务的期限明确（收到钢材后）5个月、保证方式是连带责任担保、保证担保的范围是货款及利息违约金赔偿金，保证的期间虽然没有约定的很清楚，但根据担保法可以推断出来，担保法第二十六条规定："连带责任保证的保证人与债权人未约定保证期间的，债权人有权自主债务履行期届满之日起六个月内要求保证人承担保证责任。"由此可以推出保证期间是从B公司收到钢材5个月开始往后计算6个月。在本案中，A公司在B公司收到钢材后7个月时起诉，A公司将B公司与C公司作为共同被告起诉。这样确定诉讼当事人，按照最高人民法院关于适用《中华人民共和国民事诉讼法若干问题的意见》第53条的规定是可以的。《意见》第五十三条规定"因保证合同纠纷提起的诉讼，债权人向保证人和被保证人一并主张权利的，人民法院应当将保证人和被保证人列为共同被告，"A公司将C公司列为共同被告，并且要求C公司承担连带责任是有法律依据的。

无论是单方出具担保函，还是依法律规定的其他形式出具担保函、承诺书、安慰信等等，关键是看是否具备了保证合同成立的要件及保证合同所包含的主要内容，内容与形式的不同，直接关系到保证人是否承担保证责任的问题。

四、保证期间与诉讼时效

（一）保证期间

保证期间是指保证人承担保证责任的起止时间，在合同约定的保证期间或法律规定的保证期间，债权人未要求保证人承担保证责任的，保证人免除保证责任。如果有些保证合同对保证期间没有约定或者约定不明怎么办？《担保法》仅对未约定的情形作了规定，规定无论是一般保证责任还是连带保证责任，"未约定保证期间的，保证期间为主债务履行期届满之日起六个月"。司法解释又对另外两种情形作了规定，一是保证期间早于或等于主债务履行期间的，视为没有约定，保证期间为主债务履行期届满之日起六个月；二是保证合同约定保证人承担保证责任直至主债务本息还清时为止等类似内容的，视为约定不明，保证期间为主债务履行期届满之日起二年。

明确约定、准确掌握保证期间是非常重要的,保证期间届满,当事人的作为与不作为与当事人的切身利益密切相关。因此保证合同要明确规定保证期间。

(二) 诉讼时效

诉讼时效是指权利不行使达一定期间而失去诉讼保护的制度。我国民法上的诉讼时效具有以下特点:

1. 诉讼时效以权利人不行使法定权利的事实状态的存在为前提。

2. 诉讼时效届满并不消灭实体权利。这就意味着:诉讼时效期间的经过,不影响权利人提起诉讼,当事人不丧失起诉权。权利人起诉后,法院在确认诉讼时效届满的情况下,应驳回权利人的诉讼请求,也就是说,权利人丧失的是胜诉权。诉讼时效届满后,义务人自愿履行的,权利人仍然可以受领且受法律保护。义务人履行后,不得以诉讼时效届满为由,向法院起诉要求返还。

3. 诉讼时效具有强制性和普遍性。法律关于诉讼时效的规定属于强制性规范,其具体内容由国家法律做出强制性规定,当事人就诉讼时效的提前终止、延长和提前放弃所达成的协议都是无效的。

(三) 保证期间与诉讼时效的关系

保证期间与诉讼时效既有区别又有联系。在诉讼时效与保证期间届满前债权人没有行使权力,都可能导致保证人不再承担保证责任。但两者的性质不同,保证期间是除斥期间,其法律性质是权利存续的期间,如果债权人在保证期间不行使权利的话,保证人免责。对于债权人来说,就是"有权不使,过期作废"。保证期间不发生中断、中止、延长的情形,它所起的作用只有一次。诉讼时效可以发生中断、中止、延长的情形。保证期间与诉讼时效的关系问题,两者的连接点是,主债务履行期届满开始计算保证期间,也同时开始计算主合同的诉讼时效。但是在担保民事法律关系中,因为它的复杂性,存在着两个合同,也就存在着两个诉讼时效。对于主合同的诉讼时效的起算,实践中没有争议。但对于保证合同诉讼时效的起算担保法没有规定。一般保证责任与连带保证责任有所区别,连带责任保证下,债权人有一个选择权,他可以向债务人主张权利，也可以向保证人主张权利，此时保证人的法律地位与债务人是相同的。在连带责任保证条件下，如果债权人向债务人主张了权利而没有向连带责任保证人主张权利，有可能发生保证期间完成或保证合同诉讼时效完成的情形。对此，担保法司法解释做出规定，司法解释第三十四条对一般保证和连带责任保证保证合同的诉讼时效的起算问题做出明确规定："一般保证的债权人在保证期间届满前对债务人提起诉讼或者申请仲裁的，从判决或者仲裁裁决之日起，开始计算保证合同的诉讼时效。连带责任保证的债权人在保证期间届满前要求保证人承担保证责任的，从债权人要求保证人承担保证责任之日起，开始计算保证合同的诉讼时效"。

五、保证的范围及责任的免除

（一）保证的范围

《担保法》对于保证担保的范围用列举式，明文规定"保证担保的范围包括主债权及利息、违约金、损害赔偿金和实现债权的费用。"但同时又规定："保证合同另有约定的，按照约定"。据此规定，担保人的责任是很重的，但作为专业担保机构，好好利用一下"保证合同另有约定的，按照约定"这一条款，来减轻自己的保证责任，实行比例担保是可以做到的。

"保证合同另有约定的，按照约定"这一条款，还能非常好地运用在交易履约担保中。担保责任一定要明确限定在约定的范围内，这里强调与债权人明确约定并限定担保责任的范围。

在一些传统的交易履约担保中，采取的交易保证金的方式，担保公司收取一定比例的保证金，一旦出现保证合同约定的承担保证责任的情形，首先以保证金赔付。严格来说，保证金并不是一个法律概念，它不具有定金的担保功能，但在交易履约中被广泛运用，担保法司法解释对保证金也做了一些规定，即特定化了的保证金，且要转移占有，如果发生承担保证责任的情形，可以用保证金优先赔付，这样使保证金具有了一定的担保功能。

在业务实践中，担保责任的明确约定，是担保人维护自己合法权益的有力武器。

(二) 保证责任的免除

保证担保中保证责任的免除,也称为保证责任的消灭,指因为发生了法定或约定的事由,保证人不再承担保证责任。《担保法》及《担保法》司法解释多处出现保证人"不再承担保证责任"的表述,正是法定的保证人解除担保责任的事由。保证责任因被担保的债权消灭而消灭,如债务人自动履行债务,这是担保责任解除的最常见的情形。按照当事人约定的事由出现而解除担保责任、当事人协议解除保证合同而担保责任解除、保证期间届满而保证责任解除等。

1. 主债务转让与保证责任解除

担保法规定:"保证期间,债权人许可债务人转让债务的,应当取得保证人书面同意。保证人对未经其同意转让的债务,不再承担保证责任。"司法解释对未经保证人书面同意转让债务的情形分为两种,一是未经保证人同意已经转让的部分,保证人对该部分不承担保证责任;二是未转让的部分,保证人仍应承担保证责任。

2. 主合同变更与保证责任解除

《担保法》第二十四条对主合同变更与保证人的保证责任解除的关系是这么规定的:"债权人与债务人协议变更主合同的,应当取得保证人书面同意,未经保证人书面同意的,保证人不再承担保证责任。保证合同另有约定的,按照约定。"从字面上理解,只要债权人与债务人协议变更主合同,未经保证人同意的,保证人就可以解除保证责任。担保法第二十四条规定实际上对保证人是有利的,只要主合同的当事人即债权人、债务人协商变更主合同,不管是什么变更,不管是实质性条款变更,还是非实质性条款变更,保证人都可以免除保证责任。但担保法司法解释的立法者认为,未经保证人同意的债权人和债务人协商的主合同变更的情形,不一定只对保证人不利,也许这种变更对保证人是有利的。比如,债权人与债务人协商减轻保证人的保证责任,免去保证人对利息及部分本金的担保。因此,司法解释将债权人与债务人未经保证人同意变更主合同分成几种情形:

（1）如果变更后加重了保证人责任的，保证人对加重的部分不承担责任，但仍应对其余部分承担保证责任；

（2）如果变更后减轻了保证人责任的，保证人对变动后的合同内容承担保证责任；

（3）只变更了主合同的履行期限的，不解除保证人承担保证责任，虽然未经保证人同意，变更了主合同的履行期间，保证人仍应按原合同约定的保证期间或法律规定的期间承担保证责任；

（4）主合同变更后未履行的，因并没有产生变更后的法律后果，因此保证人仍应承担保证责任。

3. 保证期间届满与保证责任解除

在合同约定的保证期间或法律规定的保证期间，债权人未要求保证人承担保证责任的，保证人免除保证责任。没有约定和约定不明的保证期间的确定问题，司法解释规定，保证期间早于或等于主债务履行期间的，视为没有约定，保证期间为主债务履行期届满之日起六个月；保证合同约定保证人承担保证责任直至主债务本息还清时为止等类似内容的，视为约定不明，保证期间为主债务履行期届满之日起两年。

六、保证人的追偿权

担保法第三十一条规定："保证人承担保证责任后，有权向债务人追偿。"保证人的这种权利就是保证人的追偿权。

担保法第三十一条是对保证合同有效，保证人承担保证责任的情形所做的规定。担保法并未对保证合同无效，保证人承担赔偿责任后是否享有追偿权做出规定，司法解释第四十二条对此做了规定，司法解释第四十二条规定："人民法院判决保证人承担保证责任或者赔偿责任的，应当在判决书主文中明确保证人享有担保法第三十一条规定的权利。判决书中未予明确追偿权的，保证人只能按照承担责任的事实，另行提起诉讼。保证人对债务人行使追偿权的诉讼时效，自保证人向债权人承担保证责任之日起开始计算。"

在保证纠纷案件中，法院所作判决涉及追偿权的，如果不是债权人将债务人、保证人一并起诉的情形，或者是保证人提出明确追偿权的情形,则保证人对债务人的追偿权之诉,属于另外一个法律关系,保证人需另外提起诉讼。

保证人自行承担保证责任后,向债务人追偿的数额如何确定呢?担保法司法解释第四十三条同时做出规定:"保证人自行履行保证责任时,其实际清偿额大于主债权范围的,保证人只能在主债权范围内对债务人行使追偿权。"

七、最高额保证

(一) 最高额保证的概念

最高额保证指保证人对债权人与债务人在一定时间内连续发生的若干笔债务,在最高限额内,承担保证责任的保证。最高限额保证属于保证的一种。

(二) 最高额保证的法律特征

1. 最高额保证是对一定时间内连续发生的债权提供担保。适用于借款合同或连续商品交易合同。
2. 最高额保证所担保的债权是不特定的。
3. 最高额保证所担保的债权是有限额的。

(三) 最高额保证的决算期和清偿期

最高额保证与普通保证的区别之一就是最高额保证的范围是在决算期确定的。最高额保证合同所约定的被保证债权发生期的截止日,即为最高额保证的决算期,决算期之日前发生的债务余额就是最高额保证的保证范围。

最高额保证的债务清偿期是指主合同约定的债务人清偿债务的期限。决算期到来后,经决算得到的债务余额,先有一个清偿期,清偿期届满后,开始计算主债务的保证期间,并开始计算主债务的诉讼时效。

八、委托保证合同的使用

《委托保证合同》是委托担保人为其向贷款银行提供担保而与担保

人签署的合同,是债务人为表达委托担保人为其担保的意思表示而与担保人达成的协议。

1. 《委托保证合同》当事人

(1) 委托人即债务人。
(2) 受托人即担保人。

2. 《委托保证合同》约定的基本内容

(1) 委托内容;
(2) 双方的权利与义务;
(3) 保费的计算与收取;
(4) 担保人的代位追偿权;
(5) 合同生效条件;
(6) 合同纠纷的处理方式与途径;
(7) 合同文本的份数。

《委托保证合同》是债务人与担保人之间签订的,债务人和担保人的关系是委托关系,只有在债权人和担保人之间才存在担保法律关系。因此,在担保业务实践中,如果担保人仅仅在《委托保证合同》中与债务人约定免除担保责任的条款,是无济于担保人自身利益的保护的。

第四节 金融机构出具的《保证合同》存在的问题

当前融资担保业务中,债权人一般不允许保证人选择《保证合同》文本,而要求一律使用金融机构起草的该金融机构系统内统一格式的《保证合同》文本。当然,随着专业担保公司的发展,有些金融机构也会在这些方面做些让步,针对专业担保公司提供的担保,金融机构和专业担保公司之间会通过谈判形成一个金融机构系统内统一格式外的"《保证合同》第二文本"。在承做项目时,我们通过分析发现,当前金融机构系统内部统一文本的《保证合同》多处规定明显与《担保法》的明文规定相违背,过分扩张债权人的利益,人为加重保证人的负担。

其问题可归纳为：

一、担保合同的从属性问题

我们在前面讲过担保合同的从属性问题及主合同、从合同的关系，即像《担保法》明确规定的："担保合同是主合同的从合同，主合同无效，担保合同无效。担保合同另有约定的，按照约定。"但中国银行的《保证合同》关于保证合同的性质是这么表述的"本合同所设立担保具有独立性，无论何种情况，本保证合同将不因其所担保的借款合同的无效而无效。"最高法院经济庭在向最高法院审判委员会提交的司法解释送审稿的说明中，明确了独立担保只用在对外担保中，不能适用于国内经济活动。遗憾的是，在担保法司法解释中，并未对这种精神以条文的形式加一规定。

二、保证担保的范围问题

担保法第二十一条规定："保证担保的范围包括主债权及利息、违约金、损害赔偿金和实现债权的费用。"这种约定对保证人来说，负担已经是很重了，但有的金融机构出具的《保证合同》，对于保证担保的范围的规定比上述规定更大。中国建设银行《保证合同》规定："保证担保的范围：本金及利息、借款人应支付的违约金、罚息、赔偿金和实现贷款债权的费用（包括诉讼费、律师费等）。"再如，中国光大银行的保证合同规定的保证担保的范围是："主债权、利息、逾期利息、手续费、违约金、损害赔偿金，以及实现主债权的费用（包括但不限于诉讼费、律师费、差旅费等）和所有其他应付费用。"

三、见索即付问题

金融机构出具的保证合同中的见索即付条款，就是只要债权人索要，保证人必须立即代为支付款项。中国银行保证合同规定："保证人保证，保证人在本保证合同项下的债务均为见索即付，即只要贷款人向保证人提交以下单据和文件，保证人应当在收到下列单据和文件之日起

5日内履行全部债务,不得基于本保证合同和借款合同提出任何抗辩理由。"这一规定,剥夺了保证人的抗辩权。

四、保证人债权的保全问题

金融机构出具的保证合同,对本应是保证人的合法权利做出不合理的规定,比如,对于保证人在代偿之后,享有对债务人的代位追偿权,中国银行保证合同则规定:"保证人履行了保证责任后,在不影响借款人今后偿还债务的前提下,有权向借款人追偿有关款项。但同时借款人面临保证人的追偿和贷款人在借款合同项下的任何支付要求,保证人同意借款人优先偿付其对贷款人的债务。"对于债务人来说,金融机构的债权与保证人代偿后对债务人形成的债权都是一般债权,没有谁优先的问题。再如,保证人对于自己权利的保全,有些金融机构的合同文本也作了限制性规定。如,同是中国银行的《保证合同》规定:"未经贷款人书面同意,保证人不得要求借款人就保证人在本保证合同项下承担的义务以财产抵押形式设立反担保。"

五、直接扣划保证人款项的问题

民生银行及中国银行的《保证合同》都有类似规定,即保证人未按本保证合同约定及时清偿借款人的债务,贷款人有权扣划保证人在贷款人任何营业机构的任何账户上的款项。这种规定,明显违反金融法律法规。

合同是当事人之间的一种合意,《合同法》强调当事人意思自治,担保法也允许保证合同当事人另有约定,但在目前的融资担保业务中,担保机构还做不到真正平等地、按照法律法规的规定与金融机构约定有关事项,随着担保行业的发展,相信这种状况会有所改变。

实际上,关于格式条款,《合同法》已经规定了一些有利于保护非提供格式合同一方利益的条款。我们可以称之为"非提供格式合同一方合同权利的保全"。比如,《合同法》要求"提供格式条款的一方应当遵循公平原则确定当事人之间的权利义务";规定"提供格式条款一方免除其责任、加重对方责任、排除对方主要权利的,该条款无效";规定"对格式条款有两种以上解释的,应当做出不利于提供格式条款一方的解释";规定"格式条款和非格式条款不一致的,应当采用非格式条款"。等等。以上规定,都可以成为担保人可利用、可依赖的自救条款。

第五节 抵 押

保证担保是专业担保机构在开展担保业务中,最主要的担保方式,是一种信用担保;抵押、质押、留置是物的担保,定金也是一种特殊形式的物的担保。对于专业担保公司来讲,物的担保多用于债务人为担保机构提供反担保,因此这些物的担保也是确保担保机构代位追偿权实现的一种手段,学习、了解物的担保的相关规定,也是非常有必要的。

一、抵押及抵押合同的概念

(一) 抵押的概念

抵押是指债务人或者第三人不转移对某一特定财产的占有,将该财产作为债权的担保,债务人不履行债务时,债权人有权依照法律规定以该财产或者以拍卖该财产的价款优先受偿。

抵押法律关系中的当事人为抵押人和抵押权人。抵押人是指为担保债的履行而提供抵押物的债务人或第三人。抵押权人是指接受担保的债权人。

抵押权以抵押物作为债权的担保,抵押权人对抵押物有控制支配的权利。所谓控制权,表现在抵押权设定后,抵押人未经抵押权人同意,不得处分抵押物。所谓支配权,表现在抵押权人在担保物担保的债权已届清偿期而未受清偿时,有权依照法律规定,以抵押物折价或者以拍卖抵押物的价款优先受偿。

(二) 抵押合同的概念

抵押合同是当事人对抵押担保有关事宜所达成的合意。根据担保法第三十九条规定,抵押合同主要包括这些内容:

1. 被担保的主债权种类；
2. 债务人履行债务的期限；
3. 抵押物的名称、数量、质量、状况、所在地、所有权权属或者使用权权属；
4. 抵押担保的范围；
5. 当事人认为需要约定的其他事项。

可以看出，抵押合同与保证合同有一些相同之处，比如被担保的主债权的状况、债务履行期限、担保的范围等，不同之处是多了关于担保物的描述。抵押合同必须对用以抵押的财产作详细描述，包括抵押物的名称、数量、质量、状况、所在地、所有权权属或者使用权权属。

二、抵押合同的成立及抵押权的设立

抵押合同的当事人就主要条款达成协议，并经签署后成立。但是抵押合同是否生效要区别对待。大约可以分为两种情形：

（一）抵押权经登记生效

根据担保法第四十一条、第四十二条的规定的抵押物设置抵押的，抵押合同经当事人就主要条款达成协议，并经签署后成立。但并不因此生效，也就是说，抵押合同成立，并不意味着抵押权设立。《担保法》对抵押合同的形式要求是书面形式，在抵押合同的生效上，我国《担保法》第四十一条规定法定登记的抵押权，抵押合同自登记之日起生效。该法第四十二条规定了应当办理抵押登记及其登记部门。可以看出，以第四十二条规定的财产设置抵押的抵押合同是要式合同，当事人就主要条款达成合意，并签署后，合同仅为成立而不生效，只有履行了抵押物登记这一法律手续后，抵押合同才生效，抵押合同才能对抗第三人。担保法第四十二条规定的必须进行登记的财产包括的内容为：

1. 土地使用权；
2. 城市房地产、乡镇村企业的厂房；
3. 林木；
4. 航空器、船舶、车辆；
5. 企业的设备和其他动产。

（二）抵押权经协议生效

根据担保法第四十三条规定："当事人以其他财产抵押的，可以自愿办理抵押物登记，抵押合同自签订之日起生效。"该条第二款规定："当事人未办理抵押物登记的，不得对抗第三人。当事人办理抵押物登记的，登记部门为抵押人所在地的公证部门。"可见，以担保法第四十二条规定的财产之外的财产设定抵押的，抵押合同经当事人就主要条款达成协议，经签署后成立并生效，即抵押权生效。当事人可以自愿办理抵押物登记，登记部门是抵押人所在地的公证部门。在担保业务实践中，对于协议生效的抵押合同，要力争办理抵押物登记。因为抵押物的登记虽然与抵押权的设立没有关系，但是否登记与抵押权是否具有对外对抗力有直接关系。根据担保法上述规定，当事人如果未办理抵押物登记，则不得对抗第三人。

三、抵押财产的范围

（一）法定可以抵押的财产

担保法第三十四条用列举式方法规定了抵押物的范围。具体范围是：抵押人所有的房屋和其他地上定着物，抵押人所有的机器、交通工具和其他财产，抵押人依法有权处分的国有的土地使用权、房屋和其他地上定着物，抵押人依法有权处分的国有机器、交通运输工具和其他财产，抵押人依法承包并经发包方同意抵押的荒山、荒沟、荒丘、荒滩等荒地的土地使用权。此外，还有一个兜底性的条款，就是依法可以抵押的其他财产。

通过分析我们可以这样认为，除法律规定的禁止抵押的财产以外的财产，就是可以设置抵押的财产。在担保法列举的可以设置抵押的财产中，有几种财产具有特殊性，主要包括：

1. 在建工程

担保法规定抵押人所有的房屋或依法有权处分的国有房屋可以设定抵押。对于在建工程能否设定抵押，担保法未规定，各地情况不尽相同。担保法司法解释第四十七条规定:"以依法获准尚未建造的或者正在建造中的房屋或者其他建筑物抵押的,当事人办理了抵押物登记,人民法院可以认定抵押有效。"以在建工程抵押的必须具备国有土地使用证、建设用地规划许可证、建设工程规划许可证等。

2. 楼花按揭

在房地产开发过程中,房屋分期付款买卖采用按揭担保,成为楼花按揭担保。楼花按揭担保是指房屋预售合同中的买方向房地产开发商支付部分购楼款后,将其根据合同取得房屋的期待权向银行提供担保,以取得贷款。如果买方还清所有贷款本息后将期待权赎回,取得房屋产权;如果买方未能还清所有贷款本息,银行有权处分按揭房屋并优先清偿其贷款的民事法律行为。

3. 共有财产

财产共有是指某项财产由两个或两个以上的权利主体共同享有所有权,换言之,是指多个权利主体对一物共同享有所有权。我国民法通则第七十八条确认了两种共有形式,即按份共有和共同共有。按份共有是指两个或两个以上的共有人按照各自的份额分别对共有财产享有权利和承担义务的一种共有关系。共同共有是指两个或两个以上的公民或法人,根据某种共同关系而对某项财产不分份额地共同享有权利并承担义务。共有人对共有财产的处分,因共有形式的不同而不同。对于按份共有财产,每个共有人有权要求将自己的份额分出或者转让;对于共同共有财产,共有人在处分共有财产时,必须征得全体共有人同意。

依照共有财产的上述性质,相应地担保法司法解释对以共有财产设定抵押的情形进行了规定。担保法司法解释第五十四条规定:"按份共有人以其共有财产中享有的份额设定抵押的,抵押有效。"该条第二款又规定:"共同共有人以其共有财产设定抵押,未经其他共有人的同意,抵押无效。但是,其他共有人知道或应当知道而未提出异议的视为同意,抵押有效。"在共同共有形式下,夫妻共有财产和家庭共有财产是两种比较典型的情形,在实际操作中又比较复杂,如果用以设置抵押,一定要精心设计,缜密操作。

（二）禁止抵押的财产

担保法第三十七条同样用列举式规定了不得抵押的财产，具体包括以下各项：

1. 土地所有权。
2. 耕地、宅基地、自留地、自留山等集体所有的土地使用权。这里需要说明的有两种情况除外，一是抵押人依法承包的并经发包方同意抵押的荒地可以抵押，二是以乡镇企业的厂房等建筑物抵押的，其占用范围内的土地使用权同时抵押。
3. 学校、幼儿园、医院等以公益为目的的事业单位、社会团体的教育设施、医疗卫生设施和其他社会公益设施。
4. 所有权、使用权不明或者有争议的财产。
5. 依法被查封、扣押、监管的财产。
6. 依法不得抵押的其他财产。

另外，禁止流通的财产不得设置抵押，比如枪支、弹药、违章建筑不得设置抵押，如果违反法律的强制性规定，则会导致抵押合同无效。

担保法司法解释对担保法规定用学校、幼儿园、医院等以公益为目的的事业单位、社会团体的财产提供担保的情形作了规定。司法解释规定上述单位为其自身债务，并且以教育设施、医疗卫生设施和其他社会公益设施以外的财产提供担保的，人民法院认定为抵押有效。

另外，司法解释规定，当事人以农作物和与农作物尚未分离的土地使用权同时抵押的，土地使用权部分的抵押无效。可见这与以乡镇企业的厂房作抵押，其占用的土地使用权同时抵押是不一样的。

四、最高额抵押

担保法第五十九条规定："本法所称最高额抵押，是指抵押人与抵押权人协议，在最高债权额度内，以抵押物对一定期间内连续发生的债权作担保。"最高额抵押的成立必须具备三个要素，引起抵押权发生的原因合同、最高限额、决算期。

最高额抵押权所担保的不特定债权，以连续性法律关系为限，即债权是连续发生的。因此，原则上任何债权都可以设定抵押权，但并不是所有的债权都可以设定最高额抵押,只有将来连续发生的不特定的债权,可以设定最高额抵押。

最高额抵押所担保的债权,在设置抵押时并未确定,只是确定了最高限额和一定时间。最高额抵押确定时,如果实际债权额不足最高限额的,则以实际债权额为抵押权所担保的债权额;如果实际债权额超过最高限额的,则以最高限额为抵押权所担保的债权额。超过部分的债权额为普通债权,不受最高额抵押权所担保,由债务人按普通债权清偿。

五、签订抵押合同时应注意的问题

(一) 抵押物的限制性规定

哪些财产可以作为抵押物设置抵押,作为债权的担保,《担保法》第三十四条用列举式列举了可以用于抵押的财产,司法解释对在建工程、农作物及社会公益单位财产抵押作了有条件的认可;第三十七条列举了不得用于抵押的财产,这些是绝对禁止设置抵押的财产或财产权。担保机构在接受抵押反担保时,一定要核实债务人或第三人提供的抵押物是否合乎《担保法》的规定。

(二) 抵押期间的问题

虽然《担保法》第五十二条规定:"抵押权与其担保的债权同时存在,债权消灭的,抵押权也消灭。"但在担保业务实践中,专业担保机构在有些地方办理抵押时,碰到这样的问题,即地方房地产管理部门统一制作的《房地产抵押合同》中规定抵押合同的有效期限,如果超过其规定的有效期限,或者要求重新登记,或者擅自认定抵押无效,有的抵押物又被设置抵押,这样,加大了担保成本,又使抵押权人的抵押权处于不确定状态。司法解释第十二条对此问题做出明确规定:"当事人约定的或者登记部门要求登记的担保期间,对担保物权的存续不具有法律约束力。"

(三) 抵押权与租赁权的对抗问题

担保法第四十八条规定:"抵押人将已出租的财产抵押的,应当书面告知承租人，原租赁合同继续有效。"对于抵押权人实现抵押权后，租赁合同是否有效的问题，司法解释第六十五条对此进一步明确为："抵押人将已出租的财产抵押的，抵押权实现后，租赁合同在有效期内对抵押物的受让人继续有效。"这种情况是先有租赁合同，后有抵押合同，即租赁权对抗抵押权的情况；还有一种情况是，先有抵押合同，后有租赁合同，即抵押权对抗租赁权的情况，司法解释第六十六条规定："抵押人将已抵押的财产出租的，抵押权实现后，租赁合同对受让人不具有约束力。"抵押人出租抵押物时，应当书面告知承租人该财产已抵押的情况，否则，由此给承租人造成损失的，应承担赔偿责任。

第六节 质 押

一、质押与质押合同的概念

（一）质押的概念

质押是指债务人或者第三人将其财产移交债权人占有，以该财产作为债权的担保，债务人不履行债务时，债权人有权以该财产依法卖得价款优先受偿。

（二）质押合同

质押合同是当事人对质押主要条款所达成的合意。出质人和质权人应当以书面形式订立质押合同。依据质物的不同，质押合同分为动产质押合同和权利质押合同。质押合同的主要内容包括：

1. 被担保的主债权种类、数额；
2. 债务人履行债务的期限；
3. 质物的名称、数量、质量、状况；
4. 质押担保的范围；
5. 质物移交的时间；
6. 当事人认为需要约定的其他事项。

二、质押的种类

质押是物的担保的一种方式，按照质物的不同，质押可分为动产质押和权利质押。

（一）动产质押

动产质押是指债务人或者第三人将其动产移交债权人占有，将该动产作为债权的担保，债务人不履行债务时，债权人有权依法以该动产折价或者以拍卖、变卖该动产的价款优先受偿。动产质押的质物和抵押的抵押物有时是同类的，比如，交通工具和企业的机器设备，因管理手段不同而分为抵押和质押。动产质押合同是要式合同，以将质物移交债权人占有为生效条件，质权人有权收取质物的孳息，质权与其担保的债权同时存在。

（二）权利质押

权利质押是以所有权以外的可让与的财产权作为质权标的的担保方式。

担保法第七十五条用列举式规定了可以质押的权利，具体包括：
1. 汇票、支票、本票、债券、存款单、仓单、提单；
2. 依法可以转让的股份、股票；
3. 依法可以转让的商标专用权，专利权、著作权中的财产权；
4. 依法可以质押的其他权利。

另外，担保法司法解释规定了普通债权的质押问题，即公路桥梁、公路渡口、公路隧道的收益权可以设定质押的问题。

三、质权的设立与取得

动产质押合同是要式合同，以将质物移交质权人占有为生效条件，质权人有权收取质物的孳息，质权与其担保的债权同时存在。

权利质押合同是要式合同，有的质押合同以权利凭证交付为生效条件，如：以汇票、支票、本票、债券、存款单、仓单、提单出质的质押合同，就要将这些权利凭证交付质权人，质押合同从权力凭证交付之日起生效；有的质押合同则以办理登记或履行一定的手续为生效条件，如：以依法可以转让的股票出质的，如果是上市公司，即以向证券登记机构办理出质登记为生效条件，如果是非上市公司，即以记载于股东名册为生效条件，以有限责任公司的股份出质的，质押合同自股份出质记载于股东名册之日起生效。另外，以依法可以转让的商标专用权、专利权、著作权中的财产权出质的，以向管理部门办理登记为生效条件。

四、质权的行使

（一）动产质权的行使

债务履行期届满，债务人不履行债务的，质权人可以持续占有质物，并以质物的全部行使权利。担保法第七十一条第二款、第三款规定："债务履行期届满质权人未受清偿的，可以与出质人协议以质物折价，也可以依法拍卖、变卖质物。质物折价或者拍卖、变卖后，其价款超过债权数额的部分归出质人所有，不足部分由债务人清偿。"由第二款规定可以看出，动产质权的行使与抵押权不同，质权人有单方面变卖、拍卖质物的权利。

（二）权利质权的行使

债务履行期届满，债务人不履行债务的，质权人可以持续占有质物，并以质物的全部行使权力。同时，鉴于汇票、仓单等存在其兑现日或提货日早于债务履行期届满时日的客观情况，担保法第七十七条规定："以载明兑现或者提货日期的汇票、支票，兑现或提货日期先于债务履行期的，质权人可以在债务履行期届满前兑现或者提货，并与出质人协议将兑现的价款或者提取的货物用于提前清偿所担保的债权或者向与出质人约定的第三人提存。"

五、质押的有关问题

（一）质押的担保期间

质押同抵押一样没有期限。《担保法》第七十四条规定："质权与担保的债权同时存在，债权消灭的，质权也消灭。"担保实践中，有这样的情形，即用于质押的存单在担保期间届满前到期，为了确保债权的实现，在订立抵押合同时应充分考虑到这种情况，可以依照担保法的规定与抵押人约定提前还债或者约定由第三人提存。

（二）普通债权的质押问题

担保法对可以用于质押的权利做出了明确规定，并不包括普通债权，担保法司法解释对此做出了扩大的解释，即在权利质押部分增加了普通债权可以作为质押标的的规定，但仅限于不动产的收益权，并且明确规定公路桥梁、公路渡口、公路隧道的收益权可以设置质押，如果以其他不动产的收益权或者担保法、司法解释未规定的权利设立质押的，面临的是质押是否有效的法律风险。除此之外的普通债权设定质押的，因违反物权法定原则，可能导致无效。

第七节　留置及定金

一、留置

（一）留置的概念

留置是指依照担保法的规定，债权人按照合同约定占有债务人的动产，债务人不按照合同约定的期限履行债务的，债权人有权依照担保法的规定留置该财产，以该财产折价或者拍卖、变卖该财产的价款优先受偿。留置权是债权人对已占有的债务人的动产，在债权未能如期获得清偿前，留置该动产作为担保实现债权的权利。

（二）留置的适用范围

留置权是一种担保物权，具有物权的性质。对于留置这种担保方式，其适用范围有严格的限制。依照担保法的规定，仅因保管合同、运输合同、加工承揽合同发生的债权，债务人不履行债务的，债权人有留置权。

所留置的标的物必须与债权的发生有牵连关系。比如，加工承揽中，加工人所留置的标的物只能是加工定作物；保管合同中，保管人所留置的标的物只能为保管物。

（三）留置权的实现

留置权的实现，可以借助于公力，也可以借助于私力，这一点与抵押权的实现是不同的，但无论借助于哪种力，都必须依法行事，比如，留置后给债务人以不少于两个月的宽限期，债务人逾期仍不履行债务的，债权人可以与债务人协议以留置物折价，也可以依法拍卖、变卖留置物，以实现债权的清偿。

二、定金

（一）定金的概念

定金是主合同双方当事人约定，以担保主合同的履行为目的，由一方交付另一方一定数额的金钱的一种担保方式。债务人履行债务后，定金应当抵作价款或收回。

（二）定金合同的成立与生效

定金合同是主合同的从合同，它可以在主合同中作为担保条款一并订立，也可以单独订立。定金合同必须以书面形式约定，并且定金的数额应当符合法律的要求，即担保法第九十一条规定："定金的数额由当事人约定，但不得超过主合同标的额的20%。"定金合同是实践性合同，以定金的实际交付生效。

定金的效力：根据担保法第八十九条规定，定金具有以下效力：给付定金的一方当事人不履行主合同约定的债务的，无权要求返还定金，定金归收受定金的一方当事人所有。收受定金的一方当事人不履行主合同约定的债务的，应当双倍返还定金。

第八节　担保法律实务应注意的几个问题

在担保业务实践中，无论是担保机构提供保证方式的担保，还是担保机构提供保证后接受的反担保，担保人、债权人的权利、义务最终都要落实在担保合同文本上，因此对这些法律文本的设计就显得十分重要。保证合同、抵押合同、质押合同、留置担保、定金担保各具特点，《担保法》在第二章、第三章、第四章、第五章、第六章分别对上述五种担保形式做出详细规定，在总则部分仅以较小的篇幅对上述五种担保合同共性的东西做出规定。相应地，担保法司法解释也在第一部分做出相应解释。正是这些规定，让我们总结出担保业务实践中应当注意的问题，包括：

一、反担保问题

《担保法》在第四条规定："第三人为债务人向债权人提供担保时，可以要求债务人提供反担保。反担保适用本法担保的规定。"债务人自己向担保人提供的反担保只能是物的担保，而不能是保证，只有第三人为债务人提供的反担保才可以是保证或者是物的担保，因为债务人为自己提供的信用保证等于没保证，不利于保障担保债权的实现。这一精神在《担保法》司法解释第二条的规定中有所体现，司法解释第二条第二款规定："反担保方式可以是债务人提供的抵押或者质押，也可以是其他人提供的保证、抵押或者质押。"这一规定的立法宗旨仍然是为了保障债权人债权的实现。

二、担保合同主体问题

担保法的立法宗旨是为了保障债权的实现,因此尤其强调担保人的代偿能力,但是,并非所有具有代偿能力的主体都能成为担保人,担保法对担保合同的主体作了限定。担保合同主体的设定,如果违反了法律的强制性规定,会导致担保合同无效。对于担保合同主体的限制,《担保法》只在"保证"一章中规定:国家机关不得为保证人,学校、幼儿园、医院不得为保证人,《担保法》司法解释将上面列出的当事人保证主体资格的禁止性规定扩大到了所有担保合同,即第五条所规定的:"国家机关和以公益为目的的事业单位、社会团体违反法律规定提供担保的,担保合同无效。因此给债权人造成损失的,应当根据担保法第五条第二款的规定处理。"

三、对外担保问题

《担保法》并未对涉及对外担保的问题做出专门规定,关于对外担保的规定,只有两个部门规章即中国人民银行在1996年发布的《境内机构对外担保管理办法》及国家外汇管理局于1997年根据该办法发布的《境内机构对外担保管理办法实施细则》,因此在审判实践中,涉及对外担保时,存在法律适用的问题。因为根据我国立法法的原则,部门规章在效力等级上属下位,部门规章不能直接规定某类合同无效,即使规定了也不发生效力。《合同法》第五十二条列举的合同无效的情形中,其中有一款规定"违反法律、行政法规的强制性规定"的合同无效。在立法法出台之前,我国法的渊源并不包括部门规章,人民法院在审判案件时,对部门规章的适用只能是参考,不能作依据。因此,立法法出台后,法理上将部门规章列为法的渊源,但法院对部门规章的适用,仍是"参照",不能作依据。为弥补对外担保立法方面的不足,担保法司法解释对对外担保做出规定。主要从以下几个角度进行规范:

(一)从对外担保设立的批准程序上进行限定

规定未经国家有关主管部门批准或登记的对外担保合同无效、未经国家有关主管部门批准或者登记，为境外机构向境内债权人提供担保的担保合同无效。为什么要强调为境外机构向境内债权人提供担保未经批准无效？中国人民银行《境内机构对外担保管理办法》在对外担保概念的解释方面所作的规定，很容易引起误解，该办法第二条对对外担保的解释是：本办法所称对外担保是指中国境内机构以……形式向中国境外机构或者境内的外资金融机构承诺，当债务人未按照合同约定偿付债务时，由担保人履行偿付义务。因此有人认为为境内机构向境外债权人提供担保才属于对外担保，而为境外机构向境内债权人提供担保不是对外担保。司法解释明确了为境外机构向境内债权人提供担保的情形是对外担保。实际上，国家外汇管理局为该办法所制定的实施细则中，对于担保人为境外机构向境内债权人提供的担保也是对外担保，实施细则是这么规定的。《实施细则》第四十七条规定："以下担保适用本细则：1. 对外反担保。2. 担保人为境外机构向境内债权人提供的担保。……"

（二）从对外担保的内容上进行规范

规定为外商投资企业注册资本、外商投资企业中的外方投资部分的对外债务提供担保的担保合同无效。那么，在国内担保中，保证人对债务人的注册资本能否提供担保呢？担保法未作规定，其他法律也未作禁止性的规定，司法解释第二十七条作了规定，即保证人对债务人的注册资金提供担保的，债务人的实际投资与注册资金不符，或者抽逃转移注册资金的，保证人在注册资金不足或者抽逃转移资金的范围内承担连带保证责任。

（三）从对外担保的主体上进行规范

规定无权经营外汇担保业务的金融机构、无外汇收入的非金融性质的企业法人提供外汇担保的担保合同无效。一般来说，专业担保公司既不是经营外汇业务的金融机构，也不是外汇收入的非金融性质的企业法人，如何开展对外担保业务？这些都是对专业担保公司开展对外担保业务的限定。在对外担保的问题上，希望通过一些工作渠道，向有关部门反映，专业担保公司能否作为一个特例，在担保资格、对外担保的范围等方面予以变通。

（四）合同的变更及债权人对权利的转让

合同的变更及债权人对权利的转让对保证人担保责任解除的关系与国内担保相关规定不同。对外担保中，主合同进行变更或者债权人将对外担保合同项下的权利转让，未经担保人同意和外汇管理局批准的，担保人不再承担担保责任。这是由于对外担保本身所具有的特点所决定的，也是担保人自我保护的重要条款。值得注意的是，在担保业务实践中，要注意对适用中国法律条款的约定，以切实维护担保人的合法权益。

在当前的担保业务实践中，国内担保机构涉及对外担保的项目还比较少，但随着经济的进一步发展及中国加入WTO，担保行业必定会与国际市场接轨，因此熟悉对外担保的有关法律法规，是非常必要的。

四、主合同与从合同的关系问题

《担保法》规定："担保合同是主合同的从合同，主合同无效，担保合同无效。担保合同另有约定的，按照约定。"，该条第二款又规定了担保合同无效后的处理问题："担保合同被确认无效后，债务人、担保人、债权人有过错的，应当根据其过错各自承担相应的民事责任。"

关于担保合同的独立性问题，独立担保只存在于对外担保中，国内担保不承认担保合同的独立性。

《担保法》司法解释只对担保合同无效后的处理问题，作了进一步的解释，将担保合同无效的情形分为：

（1）主合同有效而担保合同无效，债权人无过错的，担保人与债务人对主合同债权人的经济损失，承担连带赔偿责任；

（2）主合同有效而担保合同无效，债权人、担保人有过错的，担保人承担民事责任的部分，不应超过债务人不能清偿部分的二分之一；

（3）主合同无效而导致担保合同无效，担保人无过错的，担保人不承担民事责任；

（4）主合同无效而导致担保合同无效，担保人有过错的，担保人承担民事责任的部分，不应超过债务人不能清偿部分的三分之一。

五、保证合同中保证人的抗辩权

在保证合同中，保证人享有一项很重要的抗辩权，就是先诉抗辩权，担保有两种方式，即一般保证责任与连带保证责任，担保机构在签订担保合同时一定要约定保证责任的形式，相对于连带保证责任来说，一般保证责任形式下，保证人所承担的责任要轻一些，因为一般保证责任的保证人享有先诉抗辩权，即担保法规定"一般保证的保证人在主合同纠纷未经审判或者仲裁，并就债务人财产依法强制执行仍不能履行债务前，对债权人可以拒绝承担保证责任"。

担保机构在订立保证合同时，要明确约定保证责任的形式，否则，按照担保法的规定，对于保证责任形式没有约定或者约定不明的，保证人就要按照连带责任保证承担保证责任。那么，保证机构就失去了先诉抗辩权。

第九节 担保纠纷案件的诉讼程序及法律适用

由于担保法律关系复杂，涉及的当事人较多，因此担保纠纷案件的诉讼程序比较复杂。担保纠纷案件的诉讼程序主要由最高人民法院的司法解释来调整。担保法司法解释第七部分对担保纠纷案件的诉讼程序中当事人诉讼地位的确定、诉讼管辖等作了规定。

一、担保纠纷案件的管辖

担保纠纷案件的管辖基本上遵循民事诉讼法确定的"原告就被告"的原则来确定，但是由于担保纠纷案件有时诉讼当事人为多人，因此在管辖上也要依照主合同、从合同的主从关系来确定。担保法司法解释第一百二十九条规定："主合同和担保合同发生纠纷提起诉讼的，应当根据主合同确定案件管辖。担保人承担连带责任的担保合同发生纠纷，债权人向担保人主张权利的，应当由担保人住所地的法院管辖。"该条第二款规定"主合同和担保合同选择管辖的法院不一致的，应当根据主合同确定案件管辖。"

二、担保纠纷案件保证人的诉讼地位

(一) 一般保证纠纷案件中保证人的诉讼地位

在一般保证条件下,由于保证人拥有担保法规定的先诉抗辩权,因此担保法司法解释第一百二十五条规定:"一般保证的债权人向债务人和保证人一并提起诉讼的,人民法院可以将债务人和保证人列为共同被告参加诉讼。但是,应当在判决书中明确在对债务人财产依法强制执行后仍不能履行债务的,由保证人承担保证责任。"由此可见,在一般保证责任条件下,人民法院可以将保证人列为共同被告,但此时的保证人是第二顺序的债务人。

(二) 连带责任保证纠纷案件中保证人的诉讼地位

在连带责任保证条件下,保证人对债权人承担连带责任清偿责任,保证人与债务人的地位相同,保证人不享有先诉抗辩权,债权人在其债权得不到清偿主张债权时,可以向债务人主张,也可以向保证人主张。就是说,债权人可以起诉债务人,也可以起诉保证人。司法解释第一百二十六条规定:"连带责任保证的债权人可以将债务人或者保证人作为被告提起诉讼,也可以将债务人和保证人作为共同被告提起诉讼。"

三、抵押权实现所涉及的诉讼程序

担保法第五十三条规定:"债务履行期届满抵押权人未受清偿的,可以与抵押人协议以抵押物折价或者以拍卖、变卖该抵押物所得的价款受偿;协议不成的,抵押权人可以向人民法院提起诉讼。"可见,抵押权人与抵押人如果就抵押物的处理不能达成一致,抵押权人只能通过诉讼来解决,而不能自行处置抵押物。

第八章

担保项目风险分类管理与损失资产处理

本章提要： 对担保业务运作的风险控制能力、对担保代偿的现金支付能力以及对代偿项目的追偿能力并列为担保机构不可或缺的三大核心能力。担保机构应加强对风险因素的监测，及时提出并实施风险控制措施，以化解担保项目风险，最大限度地减少损失，确保担保机构实现可持续发展。本章主要介绍了担保业务风险项目的分类管理办法、化解担保业务风险的措施以及对损失项目的处理方法。

第一节 担保项目的风险分类管理

为强化和规范担保机构的风险管理，防范和化解担保业务的经营风险，减少担保项目带来的损失，提高担保项目质量，担保机构应参照商业银行贷款分类的做法，结合担保机构经营担保业务的实际情况，建立按项目风险程度进行分类的制度。

从风险管理流程角度看，担保项目分类管理工作的实质是，根据项目执行中出现的风险因素状况，对在保项目和代偿项目的实际风险水平进行定量和定性的评价，并按风险大小程度进行依次分类。担保项目风险分类和管理工作应遵循客观、准确、实事求是的原则。通过项目风险分类和管理工作，达到揭示担保机构经营担保业务的风险程度，真实、全面、动态地反映担保项目质量，加强对在保项目和代偿项目的风险管理，防范和化解担保业务风险的目的。

一、项目风险分类标准

担保项目按其风险程度可划分为"正常"、"关注"、"次级"、"损失"四大类。

（一）正常

正常类的项目是指被担保企业能够履行合同，有充分把握按时足额归还本金及利息，担保机构不会发生担保代偿；被担保企业的资产状况、财务状况和资信情况良好，经营绩效较显著，有良好的发展前景和成长性；担保项目设置的反担保措施充足、安全、可靠。

正常类担保项目的主要特征为：

1. 被担保企业能够履行合同，有充分把握足额偿还本金及利息。

2. 被担保企业还款记录良好，对担保机构、银行或其他金融机构均无拖欠本金及利息的行为。

3. 被担保企业虽然有逾期或欠息，但在银行允许的宽限期内，且信用支持手续完备，有充分把握最终无须由担保机构实施代偿。

4. 被担保企业虽然出现资金周转不畅、经营困难等现象，但担保项目设置的反担保措施价值充足、状况安全，且变现性很强。

（二）关注

关注类的项目是指被担保企业目前有能力偿还本金和利息，但是存在一些可能对偿还债务产生不利影响的因素，如果这些因素继续发展下去，有可能出现不能按期偿还本金及利息或者需要担保机构发生部分代偿的情况；被担保企业的资产、资信和财务状况出现了在一定程度上影响企业正常经营的问题，企业的成长性一般，实际资产质量不良，并有继续恶化的趋势，或经营亏损已连续六个月以上；不能按照担保机构要求定期提交反映真实情况的财务报表和相关材料；担保项目设置的反担保措施出现价值下降、担保机构控制力减弱的情况。此类项目可能会发生代偿，但最终给担保机构带来的损失较小。

关注类担保项目的主要特征为：

1. 宏观经济、市场、行业等外部环境的变化对被担保企业的经营产生不利影响,并可能影响被担保企业归还本金、利息和完成经营计划的能力。

2. 被担保企业所处的行业呈下降趋势,属夕阳产业。

3. 被担保企业所处的行业属新兴行业,虽取得有关产品的专利权和技术认定,但尚未进入批量生产阶段,且产品尚未完全进入市场。

4. 在担保责任期间内,被担保企业因改制(如并购、分立、租赁、承包、合资等)可能对担保项目产生不利影响。

5. 在担保责任期间内,被担保企业的主要股东、关联企业或母子公司等发生了重大的不利变化。

6. 在担保责任期间内,被担保企业的财务状况趋于恶化,如净现金流量减少或为负值,销售收入、经营利润下降或发生亏损,一些关键财务指标低于同行业平均水平或有较大下降等。

7. 在担保责任期间内,被担保企业现金支付出现困难,如不能偿还对其他债权人的债务,内部管理出现严重问题,投资决策出现重大失误。

8. 在担保责任期间内,出现反担保抵押品、质押品价值下降,或担保机构对抵押品失去控制或控制力减弱的情况。

9. 在担保责任期间内,反担保人的经营情况和财务状况出现问题。

10. 在担保责任期间内,被担保企业出现不能按时归还其他贷款的情况。

(三) 次级

次级类项目是指被担保企业的还款能力出现明显的问题,依靠其正常经营收入无法保证足额偿还贷款本金及利息,不得不通过重新融资或拆东墙补西墙的办法来归还银行贷款;被担保企业的资信和财务状况差,企业成长性差,并且其经营和资产状况在一段时期内未有好转的可能,债权人和保证人的权益不能得到较充分的保障;担保项目的反担保措施价值不足,变现性较差;担保机构已经为被担保企业实施代偿,尽管能够回收部分代偿资金,但最终会给担保机构造成损失的概率在30%~50%之间。

次级担保项目的主要特征为:

1. 在担保责任期间内,被担保企业已处于停产、半停产状态。

2. 在担保责任期间内,被担保企业已资不抵债。

3. 在担保责任期间内，被担保企业借改制之机逃避债务，改制后可能使担保机构的债权落空。

4. 在担保责任期间内，被担保企业因改制或其他原因导致财务状况趋于恶化，关键财务指标持续下降。

5. 在担保责任期间内，发生银行或其他债权人将被担保企业诉诸法律来保全资产的情况。

6. 在担保责任期间内，发生企业资金周转不畅、经营困难等问题，且担保项目设置的反担保措施价值不足，变现性较差。

7. 担保机构已经为担保项目实施代偿，虽然被担保企业经营仍然正常、担保项目设置的反担保措施仍然有效，但被担保企业一年内没有偿还代偿资金。

（四）损失

损失类项目是指担保机构为被担保企业实施代偿后，被担保企业无法偿还担保机构代偿资金的全部或部分，即使执行抵押或反担保，也肯定要造成担保机构的损失。在采取所有可能的措施和一切必要的法律程序之后，代偿资金仍无法收回，或只能收回极少部分；被担保企业已严重资不抵债，经营活动基本停止，已经给担保机构造成实际损失。

损失类担保项目的主要特征为：

1. 发生代偿后，已确定被担保企业和反担保人目前和今后都无力还款，且无任何抵押、质押物品。

2. 发生代偿后，已确定被担保企业和反担保人目前和今后都无力还款，且被担保企业提供的抵押、质押物品价值不确定，明显低于担保机构代偿的本息资金数额；或担保项目设置的反担保措施变现性和可执行性都很差，担保机构不可能通过处置反担保措施来回收代偿资金。

3. 发生代偿后，被担保企业和反担保人依法宣告破产，经法定清偿后，仍不能归还担保机构的代偿资金。

4. 发生代偿后，被担保企业虽未破产，工商行政管理部门也未吊销执照，但企业早已关停或名存实亡。

5. 发生代偿后，被担保企业遭受重大自然灾害或意外事故，损失巨大且不能获得保险补偿，或所获保险补偿金额相对较少，确实无力偿还担保机构代偿资金。

6. 发生代偿后，被担保企业和反担保人均已人去楼空，无从查询，或被担保企业和反担保人均已停止经营活动三个月以上。

7. 发生代偿后，被担保企业已经逾期两年以上不能偿还担保机构的代偿资金。

二、项目风险分类工作的实施

担保项目风险分类工作应由担保机构指定的风险管理职能部门，如风险管理部、资产保全部或其他类似部门，负责牵头与各担保业务部门共同实施。

（一）担保业务部门的职责

在对担保项目进行风险分类和管理工作方面，担保业务部门的主要职责是：

1. 负责监管本部门在保项目，依据其项目质量状况提出风险分类意见，评定担保项目质量。

2. 负责对本部门在保项目的风险状况进行跟踪监控和分析，及时掌握项目风险状况的变化情况。

3. 负责整理反映本部门在保项目质量状况的相关材料，送风险管理职能部门备案。

正常、关注类的担保项目由担保业务部门负责监控管理。担保业务部门经办的各类项目，应责成专人负责，随时了解项目的进展情况和掌握影响其风险程度的因素，遇有影响项目风险程度变化的重大情况发生应及时报告，并采取积极措施避免造成损失。

次级类的担保项目由担保业务部门负责，法律事务和风险管理职能部门配合或参与。对情况比较复杂，问题较为严重的次级类项目，可由风险管理职能部门协调组成由有关部门参加的专门小组，指定项目负责人，制定化解风险、减少损失的方案。

（二）风险管理部门的职责

担保机构内部应设置专门的风险管理职能部门，其主要职责是：

1. 负责制定（修订）评定担保机构项目质量的有关风险管理办法。

2. 负责组织、协调担保机构项目风险分类评定工作。

3. 负责配合担保业务部门对担保机构的项目质量进行跟踪和综合分析。

4. 负责根据担保业务部门提供的信息,对各类担保项目的风险分类结果进行复核汇总。

5. 负责定期报送反映担保项目质量状况的报表。

6. 负责建立担保项目风险分类档案。

风险管理职能部门应配合担保业务部门对风险状况不明和风险较大的担保项目,通过调查确定其风险程度,提出化解风险的措施,以加强管理,减少风险隐患。

损失类项目由担保业务经办部门将项目移交给风险管理职能部门,由风险管理职能部门负责管理。担保业务部门移交损失类项目时应提交项目损失原因报告、确定为损失类项目的批件以及项目运作的全部原始资料及清单等材料,并完善交接手续。

风险管理职能部门应与有关部门配合,努力盘活损失类项目。对于经过所有必要手段进行保全后仍无法收回的损失,由风险管理职能部门提出核销报告,财务会计部门复核并签注意见,报经担保机构领导审核批准核销,并由财务部门按国家有关规定做账务核销处理。

(三)担保项目风险状况分析会

担保机构应该建立健全由担保业务主管领导主持、相关业务部门参加的"担保项目风险状况分析会"制度。"担保项目风险状况分析会"一般按月或按季度定期举行,旨在通报、分析、预测在保项目和已代偿项目当前和未来的风险状况,审定各类项目的风险级别,制定对高风险项目实施风险化解和保全的措施和行动方案。

第二节 担保风险项目的认定

按照担保项目分类办法规定的划分标准,次级以下的担保项目可定为风险项目。在风险项目中,因项目的风险因素已经显现,或者发生损失概率明显提高,应该与正常运营的担保项目区分开来,给予特别的关注，经常监测其风险因素的发展动态，并采取一系列措施对其风险因素以及可能造成的损失加以控制。

一、风险项目的提出

风险项目区别于正常运行的担保项目，担保机构如何在担保业务的正常运行中发现并确认风险项目，是一个十分重要的问题。发现得太晚或掌握标准过宽，将会导致错过风险控制的最佳时机，造成项目损失进一步扩大的趋势；而掌握标准过严，稍有不确定因素即将正常项目界定为风险项目，也会产生适得其反的效果，既会影响正常担保项目的运行效率，还会增加不必要的项目监管成本，更为重要的，从绩效管理的角度看，还会影响到担保业务人员工作的积极性。

风险项目的提出，一般通过两个渠道进行：

（一）担保业务部门提出

这是风险项目提出的主要渠道。大部分风险项目的提出都是在项目正常执行过程中通过项目负责人对项目的跟踪检查发现并提出的。

担保业务部门是担保项目的运行主体，掌握项目运行的第一手资料。当项目环境、项目单位财务状况发生重大变化时，如这些变化足以影响被担保企业还债支付能力，则应当对该项目给予足够的关注。依据担保机构项目分类办法规定的标准，结合担保业务运行的具体情况，各个担保业务部门应定期调整其监管担保项目的风险分类。个别项目出现突发性事件时，如其性质特别严重，也要及时调整其项目的风险分类。

（二）风险管理部门提出

由担保机构内部的风险管理部门在进行项目风险例行检查或抽查后提出，这是风险项目提出的辅助渠道，也是风险管理体系中交叉检查制度的一种具体体现。

根据风险管理工作交叉检查的原则，风险管理部门对各担保业务部门的在保项目进行定期或不定期检查，依据本机构项目分类办法规定的标准，对业务部门的在保项目分类划分工作中标准掌握不当的项目提出异议。

不管是由担保业务部门提出的风险项目还是由风险管理部门检查发

现的风险项目，按一定的程序复核后，都必须及时向本机构决策层或风险管理委员会提交风险项目报告。

二、风险项目报告

担保风险项目报告的内容主要包括风险分析、风险控制和处理方案两部分内容。

（一）风险分析

对担保项目的风险分析应从以下几方面着手：

1. 体现风险的具体指标，即通过对那些可衡量或不可衡量的指标进行分析，从而判断项目处于什么样的风险状态。
2. 风险值，包括风险概率和可能损失额。
3. 对风险项目采取后续控制措施的建议，如风险因素为行业性或地区性的，提出对该行业或地区的风险控制对策。
4. 出现风险的原因及责任分析。

（二）风险控制和处理

风险项目报告中风险控制和处理方案部分的内容，主要是根据项目风险的具体情况，提出采取风险控制和处理方案的建议。具体方案措施及其采用原则如下：

1. **签订还款计划**。如被担保企业系因临时性因素而出现资金周转困难，其反担保措施足值、有效，可考虑签订还款计划。
2. **增加抵押物、质押物、反担保人**。经与被担保企业协商，增加抵押物、质押物、反担保人；或通过工商、房屋土地部门查询及其他手段获知，通过法律保全措施增加设置抵押物、质押物。
3. **一揽子解决方案**。对于反担保措施不足、被担保企业确无力全额还款，并且确实无法查询并查封其有效资产的项目，为最大限度避免损失，可考虑与对方磋商一揽子解决方案。如：减免部分代偿本金、利息，全部或部分以资抵债，等等。
4. **处置抵押物、质押物**。
5. **提起诉讼**。

三、风险项目及其风险控制方案的确认

根据担保机构的业务部门或风险管理部门提出的风险项目报告，担保机构的决策层或风险管理委员会审议决定是否将其列为次级以下项目，并决定是否采取风险控制方案。按照担保项目的不同性质和不同情况，对风险项目所实施的风险控制方案，可由担保业务的经办部门执行，也可移交担保机构内部专设的风险管理部门实施。

第三节 担保项目的代偿与追偿

担保业务的代偿是指担保机构提供担保的项目，其债务人不能履行债务时，担保机构按照《保证合同》所规定的被保证的主债种类、数额以及保证担保的责任范围，代债务人向债权人履行债务的过程。

一、担保代偿的操作程序

（一）严格界定法律责任

担保业务中的《保证合同》是主债合同的从属合同，并且涉及债权人、债务人和保证担保人三方关系。担保机构在收到债务人或债权人要求代偿的请求后，首先要依据《担保法》以及《保证合同》的约定条款，界定各方的法律责任，弄清楚该不该代偿、代偿范围以及代偿的最高限额等问题。其中关键步骤包括如下几个方面：

1. 确认债务人履行债务期届满而未能全部或部分履行的债务。
2. 检查《保证合同》的有效性。如果发现主债务合同无效、债务人和债权人双方串通骗取保证人提供保证等情况，则《保证合同》无效，担保机构不予以代偿。
3. 如果担保机构提供的担保是一般保证方式，要确认债权人已对债务人提起诉讼或申请仲裁，诉请强制执行主债务人财产，担保机构只对清偿差额部分代偿。

4. 检查债权人是否在《担保法》和《保证合同》规定的保证期间内向担保机构主张权利。

5. 检查保证范围和保证的最高限额。

(二) 认真测算与代偿有关的财务数据

根据法律界定的代偿责任，在最高代偿范围内，计算应该代偿数额。与代偿有关的财务数据包括如下一个或几个方面：

1. 本金：主债务全部或部分本金。

2. 利息：根据主合同规定的利息及计息方式，依据债务人实际计息期间，计算债务人应付债权人合同期利息以及逾期利息。

3. 违约金：如主合同有明确约定，债务人不能按期偿还债务本息，债务人必须支付一定数量的违约金，违约金一般为一个固定数目，与按逾期天数计息的罚息在计算方法上有所区别。

4. 罚息：如主合同有明确约定，债务人不能按期偿还债务本息，自逾期之日起计算，以约定的惩罚性逾期利息（一般高于同期正常利息20%~50%）对逾期本息之和计算罚息。

以上只是列举了与担保代偿可能有关的财务数据，在实际的担保业务中，为了避免出现银行经办人员没有道德责任、故意向担保机构转嫁风险的情况，我们不提倡担保机构为银行贷款的全部本金提供担保，更不提倡为贷款的利息、罚息、违约金以及银行实现债权所可能发生的费用等提供担保。

如主债务为外汇计价，则须以国家公布的当日汇价折算为人民币代偿，根据对方主债务外汇外债登记，向所在地外汇管理部门购汇后代偿。

(三) 代偿方案谈判

对于代偿项目，尤其对于涉及代偿金额数目较大的代偿项目，担保机构应该与债权人一起协商，确定担保合同项下的担保责任，并就代偿方案及其细节进行磋商。为了取得时间上的主动，担保机构应争取债权人给予一定时间的代偿宽限期，代偿宽限期一般为3~6个月。

(四) 切实履行代偿方案，维护担保机构信誉

信誉是担保机构的生命。为维护担保机构的信誉，一旦确定代偿方

案，担保机构就应按照《保证合同》以及代偿谈判中的书面约定，及时、足额地履行担保代偿的责任和义务。

（五）认真落实代偿后续工作

代偿的后续工作包括：

1. 办理解除担保责任等内部财务处理手续。按照财务制度的有关规定，担保业务在未确定发生代偿时，财务上的反映是"或有负债"。一旦明确必须发生代偿，"或有债务"即转变为担保机构的现实债务。发生代偿以后，代偿金额及利息即成为担保机构向被担保企业的应收账款。因此，在代偿解除担保责任时，担保机构在财务处理上不仅要记录减少担保责任额，同时还要记录增加应收账款。

2. 书面通知债务人，担保机构根据《委托保证合同》的约定自动取得债权人的权力。担保机构在代偿后，须立即书面通知被担保企业，告知担保机构已经应债权人的请求、按照《保证合同》约定条款，履行了担保义务，代为偿还一定数量的债务，并要求被担保企业对担保机构以上代偿所形成的债务予以书面确定，并要求债务人在给定的期限内偿还上述债务以及相应利息。送达书面通知的同时一并附上支付代偿款项的银行划款单据复印件。

3. 如果被担保企业拒不按担保机构的要求出具以上书面债务确认文件，担保机构应想方设法取得主张债权的明确证据，如：要求债务人在送达主张债权文件原件副本上签章，或通过公证方法送达主张债权文件等。特别需要注意的是，为了保证债权的法律时效，担保机构应当在最长不得超过两年的时间内取得主张债权的明确证据，否则可能会陷入被动的局面。

二、对担保代偿项目的追偿

（一）追偿的概念

如果被保证债务人不能按期、足额偿还债权人的债务，根据《保证合同》条款的约定，担保机构作为保证人代债务人向债权人清偿全部或部分债务后，即取得对债务人相应的债权。在此情况下，根据担保机构与被担保企业先前签订的《委托保证合同》所规定条款，担保机构向被担保企业要求实现债权。这一过程，在实际工作中称作追偿。

担保机构发生代偿后，需要对被担保企业不能按时还本付息的实际原因进行调查，分析被担保企业财务现状和预期状况，重新检查反担保措施。根据代偿项目的性质和严重程度，决定下一步采用何种方式进行追偿。

（二）担保代偿项目追偿的方式

1. 与被担保企业重新制定还款计划

在不降低原先反担保措施的前提下，与被担保企业重新制定还款计划，规定债务人偿还担保机构代偿债务的具体日期、金额、利率等。

2. 追索反担保保证人

设置第三方信用反担保是担保机构经常采用的反担保措施之一。在被担保企业遇到困难无力履行债务的情况下，担保机构就可以依据事先签订的《反担保保证合同》，追索反担保保证人，由其承担反担保责任，代债务人履行债务，从而获得清偿或适当的补救。

追索反担保保证人的方式有两种：一是平和方式；二是强制执行方式。所谓平和方式，就是担保机构向保证人发出正式要求，提请保证人履行保证义务。强制执行方式就是担保机构在平和方式无效，即反担保保证人对反担保责任提出异议且双方协调不一致，或反担保保证人不守信用、恶意逃废债务的情况下，担保机构应将反担保方提起诉讼或仲裁，必要时可申请法院强制执行反担保保证人的财产。

3. 行使抵押权

抵押反担保是担保机构常用的一种反担保形式，是债权担保制度体系中的一个重要的组成部分，能有效地保障债权的实现。行使抵押权是担保机构经常采用的追偿方法和措施。《担保法》第五十三条规定：债务履行期届满抵押权人未受清偿的，可以与抵押人协议以抵押物折价或者以拍卖、变卖该抵押物所得的价款受偿；协议不成的，抵押权人可以向人民法院提起诉讼。抵押物折价或者拍卖、变卖后，其价款超过债权数额部分归抵押人所有，不足部分由债务人清偿。

4. 行使质押权

质押反担保也是担保机构常用的反担保形式。根据《担保法》规定，所谓质押，是指债务人或第三人将其动产或权利移交债权人占有，作为债权的担保，当债务人不履行债务时，债权人以该动产或权利折价或拍卖、变卖所得价款优先受偿的一种担保形式。按照质物的不同种类，可将质押分为动产质押和权利质押两种。

质权的实现方法有以下几种：

（1）以质物折价。即质权人与出质人协商，以应受清偿的债权额作为价款之一部分或全部，取得物质的所有权。与抵押中的折价类似。

（2）拍卖或变卖质物并从该质物拍卖或变现所得的价款中优先受偿。质权人在拍卖或变卖质物之前必须与出质人协商，如果协商不成，则质权人可以依法拍卖或变卖质物，质权人具有拍卖或变卖的最终决定权。质权人可以自己行使质权，也可以申请法院执行；可以在满足前提条件时行使，也可以视市场行情晚些时候行使。这一点很重要，与抵押物的拍卖或变卖不同，抵押权人不享有这一权利，只能申请法院拍卖或变卖。

（3）兑现质物。对于以存单、票据等质押的，质权人可以直接兑现质物，实现债权。

（4）提取货物。对于以仓单质押的，质权人可以提取仓储的货物，然后再行变现。

（5）许可使用。对于专利权质押的，质权人可以同意许可他人使用该专利，以收取许可费用以清偿债务。

5. 起诉

所谓起诉，是当事人依法向人民法院提起诉讼请求的行为。担保机构在追偿过程中的起诉是指担保机构以债权人的身份，依据民事诉讼法向人民法院提起诉讼请求的行为。这是担保机构利用法律赋予的权利，运用法律手段，维护债权人的合法权益，追讨债务最基本、最有效的措施。

起诉是一种法律行为，是债权人解决债务纠纷的最有效、也是最后

的手段。考虑到起诉行为程序复杂、耗时长久,在实际工作中,须慎重权衡以下情形后方可实施:

(1)债务人主观有意逃废债务。

(2)债务人有多重逾期债务或潜在逾期债务,面临多个债权人争夺有限资产的局面。

(3)债务人有可执行资产,或有望通过法律措施发现其可执行资产。

(4)债权债务关系不明确,希望通过法院司法裁定予以明确。

(三) 制定追偿方案应考虑的因素

担保项目发生代偿后,担保项目的管理工作由在保阶段转向了追偿阶段。追偿方案是否切实可行,直接关系到追偿工作的实际效果。追偿方案应充分考虑到实际追偿工作中的各种可能性,从中选择一个最佳的解决方案,努力使担保机构的损失最小化。在制定追偿方案时,应充分考虑以下因素:

1. 制定追偿方案目标要防止过低和过高两种倾向

债务追偿工作是一项同时需要高度责任心、创新精神、坚韧性和务实态度的综合性工作。在债务追偿实际工作中,追偿方案的制定具有举足轻重的作用,直接关系到追偿工作的好坏甚至成败。

制定追偿方案,首先要防止经办部门和员工的畏难情绪、浅尝即止,提出过于宽松的追偿目标的倾向。如果追债方案过于宽松,追债人员势必失去必要的工作压力,直接降低工作成效,其危害是显而易见的。

制定追偿方案,还要防止理想化倾向,即不考虑具体项目的具体情况,单纯地从理想化的愿望出发,过高地制定追偿目标。追偿目标定得过高,往往使得原本可以减少损失的方案不能得以顺利实施,延误解决问题的最佳时机,造成工作的一再被动状况。过高地制定追偿目标可能会延误甚至彻底丧失解决问题的有利时机,其损失往往是隐性的,而且往往冠以堂皇的理由,与过低地制定追偿目标一样同样具有很大的危害性。

2. 充分贯彻现场原则

追偿工作是一项艰巨的工作，在实际工作中，追偿人员应尽可能深入到项目单位，与该单位主要负责人及相关人员保持密切接触，充分贯彻现场原则。

经常深入现场，可以与债务人单位保持密切的个人接触，培养良好的人际关系，并对债务人单位保持一定的道义上的压力。经常深入现场，可以深入了解债务人单位的实际经营状况，切实了解企业财务危机的性质与程度，更好地评价追偿方案，并发现解决问题的新思路。

3. 充分评价各种追偿备选方案

被担保企业在不能按期还本付息的情况下，企业往往会主动提出一些其他的解决方案，包括减免方案和以资抵债方案。这些方案，有些是债务人为搪塞责任而随意编造、甚至是为躲避责任而刻意编造的，但也有些是项目单位确实不能按照合同还本付息而根据实际情况提出的有效性弥补措施。担保机构的追偿人员应充分听取债务人这些解决方案，也可主动与项目单位探讨一些备选方案，同时充分评价这些备选方案。在项目反担保措施不完备或不足值的情况下，担保机构的追偿人员更不能轻易否定任何一种可能性。担保机构应该在充分评价每种方案的基础上，再对各种方案进行综合比较，从中选择最佳或相对最佳方案来实施。

4. 评价追偿方案效果应同时考虑回收金额和实现概率两个因素

在对各种追偿方案进行比较时，不能单纯依据回收金额多少来评判追债方案的好坏。是采用一个回收金额较大、但实现概率较小的方案，还是采用一个回收金额较小、但实现概率较大的方案？担保机构只能根据项目的实际情况来分析决定。因此，评价一个追偿方案要综合考虑可能回收金额和可能实现概率两个参数，比较可行的办法是根据"回收金额×实现概率"的大小，以及担保机构自身对风险的承担能力和偏好来确定追偿方案。

5. 非现金资产抵债方案中要充分考察抵债资产的法律手续是否齐备

特别是对于抵债所用土地、房产等资产，要考察其土地使用证、房产证是否齐全，是否有法律上的瑕疵，如是否欠交土地出让金、是否已作抵押、是否已被法院查封等。

第四节　化解担保项目风险的其他措施

一、控制企业账户

所谓控制企业账户，是指担保机构在与债务人签订《委托保证合同》时，事先约定担保机构可以保证人所拥有的有关权利，当发现债务人偿债能力不足、偿债意识不强、甚至已经出现到期债务不还的情况时，可以通过银行或请求司法机关协助，控制企业经营收入与支出，以保证债务人按时足额偿还债务。

根据中国人民银行有关银行账户管理办法，企业可以在银行开立基本存款账户、一般存款账户、临时存款账户和专用结算账户等企业账户。企业通过这些账户存储资金、办理结算、收付现金等。因此，控制企业账户是担保机构制约企业、化解不良资产的有效手段之一。

二、行使代位权

这里所谓行使代位权，就是发生代偿后取得债权的担保机构，通过代替行使债务人原有的债权，以达到间接回收代偿款、保全担保机构资产的目的。代位行使的债权主要是指债务人的应收账款债权。实践中几乎每一个企业不同时期都不同程度地存在应收账款，担保机构通过行使代位权，可以间接地实现债权，债务人则可以实现债权与债务的冲抵，对双方都有利。

三、债务重组

债务重组是债务人对现有债务进行清理、评估、重新组合的行为。担保机构资产保全工作中的资产重组活动是在被担保企业发生财务困难、不能清偿到期债务的情况下,对其现有债务进行重新组合的过程。

债务重组的前提是,企业已经遇到经营困难,资金周转不畅,债务到期无法正常清偿。但从长远看企业具有发展潜力,没有完全丧失清偿债务能力。

债务重组的具体形式有：

1. 以资抵债。以资抵债是指债务人以其拥有和占用的资产来抵偿到期债务。在理论上,在企业资产负债表上除递延资产和待处理财产损失外的所有资产,都可以用来抵偿企业债务。在实践中,用于抵债的资产主要包括短期投资、应收票据、应收账款和存货(产品、半成品)等流动资产以及股票投资、债券投资等长期投资。固定资产和无形资产也是以资抵债常用的资产形式。但以固定资产抵债往往会影响到企业的正常生产,而且涉及资产变现难等复杂问题；以无形资产抵债则涉及评估价值难以确定和执行难等问题,因而在实际运用中应慎重考虑。

2. 债转股。所谓债转股,是指将债权转为股权,即担保机构将对债务人的债权转变为对该企业的股权。实行债转股有两个前提条件：一是担保机构事先已实际为债务人代偿到期债务,从法律上拥有对该企业的债权；二是债务人必须是公司制企业,即股份有限公司或有限责任公司。

3. 债务展期或借新还旧。在担保项目尚未到期时,如果担保机构了解到被担保企业可能会因暂时性资金周转等原因,发生不能按期归还银行贷款的情况,且项目情况和企业的财务状况都没有出现明显恶化的迹象,此时应鼓励被担保企业尽可能向银行争取贷款展期或借新还旧,以帮助被担保企业度过暂时性的危机。一般来说,被担保企业向银行申请债务展期或借新还旧时,银行都会要求担保机构继续为企业的债务提供担保。

四、债权证券化

债权证券化是一个将呆滞债权资产重新盘活的过程,是指将一组流动性较差的债权经过一定的组合,使这组资产所产生的现金流比较稳定并且预计今后仍将保持稳定,再配以相应的信用担保,把这组债权所产生的未来现金流的收益权转变为可在金融市场上流动、信用等级较高的债券或证券的技术和过程。参与组合的债权资产总期限、现金流收益水平和收益的风险程度方面都可以不同。债权证券化的实质是融资者将证券化的金融资产的未来收益权转让给债权资产投资者，而债权资产的所有权可以转让，也可以不转让。债权证券化在西方国家是比较流行的一种处理应收账款的方法，但在我国目前还受到政策上的限制，不可能全面推广实行。

五、打包出售

目前社会上已经出现专门替金融机构或其他债权人处理债务的资产管理公司或"讨债公司"，这些机构可能拥有比担保机构更强大的处理不良资产和债务的能力。担保机构可以与这些机构进行合作，如将不良债权按地区或行业捆绑在一起，以一定的打折价格出售给专业处理不良资产的公司，达到盘活担保机构的不良资产、加快资金周转的目的。

第五节 担保机构资产损失的处理

一、担保机构资产损失确认的标准和条件

担保机构的资产损失，是指资产从事实上已丧失而形成的损失以及资产在法律上尚存，但已超过五年尚未收回，且收回无望，依据有关程序确认的损失。具体确认担保机构资产损失的基本标准和条件可按下述原则认定：

具备下列条件之一，可确认为担保赔付损失：

1. 被担保企业或反担保人仍在经营，但因受重大不利因素的影响，已五年以上不能归还其欠担保机构的各项债款，且经认真核查确已丧失还债能力的。

2. 担保机构发生代偿后，依法处置反担保抵（质）押财产或对债务进行重组仍不足补偿被担保企业所欠担保机构的各项债款，且没有其他还款保证的。

3. 担保机构发生代偿后,通过诉讼、仲裁程序,并经强制执行或被担保企业依法宣告破产进行清算,被担保企业仍不能归还所欠担保机构的各项债款,而反担保人经核查认定也无能力代其偿还所欠债款的。

二、担保机构资产损失的核实程序及审批原则

担保机构资产需要报损的,其资产损失的审查、核实、认定和处理,要区别本金性资产损失和收益性资产损失分别处理。属收益性资产的损失可适当简化程序,比照本金性资产损失的有关程序办理。属本金性资产损失,按下列程序办理:
1. 由担保业务的经办部门提出报告,并附详细报损资料。
2. 担保机构内审部门对报损项目进行审计。
3. 对项目报损程序的审查及核实。
4. 出具资产损失的报告。

资产损失报告连同业务经办部门的报告、审计报告一同报给担保机构的决策者,并按以下原则和权限审批:
1. 属于收益性资产的损失,由担保机构经营决策者审批,其中数额巨大的报董事会审批。
2. 属于本金性的损失,应由担保机构的董事会负责审批。
3. 国家及有关部门对资产损失审批有另行规定的,按国家规定审批。

担保机构的资产损失经审批后,由担保机构的计划与财务管理部门负责按规定程序核实和办理损失资产报损的有关财务手续和进行会计账务处理工作。

三、报损的后续工作

担保机构的资产损失核销后,并不意味着追偿工作的结束,担保机构对于报损项目,可采取"账销债留"的方式,继续保留对债务人的追偿权,其项目继续由相关业务部门安排专人负责,跟踪项目企业的后续发展情况,在此过程中,担保机构要特别注意保持追偿债务的法律时效。一旦出现转机,担保机构应马上采取和调整相应的追偿措施。

四、担保业务的风险责任及绩效评价

担保机构应该在对担保业务部门和业务经办人员的绩效考评中充分考虑风险管理工作的质量，评估经营管理活动中风险因素实际管理的状况，以及进行风险责任的认定，适当制定和调整绩效评价指标，尽可能做到全面、真实地反映部门和员工的实际绩效水平。

之所以提倡采用风险管理质量指标来评价和考核担保业务的风险管理业绩，主要是为了防止担保业务部门和员工片面追求高担保额、高担保费收入等经营指标而忽视了对项目风险的控制。在金融活动中，风险与收益是相生相伴的，高收益总是伴随着高风险。如果片面地追求担保业务量、担保费收入等经营性指标，可能会导致业务部门和员工不惜冒着巨大的风险去追逐这些指标的可能性。担保机构出于稳健经营的需要，必须对过度冒险行为进行限制和调节。因此，担保机构有必要引入风险管理质量因素来制定和调节担保业务的业绩考核指标。业务部门和员工如果在高风险状况下运作担保业务，即使其担保业务量、担保费收入等指标再高，由于风险因素指标的调节作用，其最终的绩效评价得分也不会很高。

按照担保项目风险分类办法划分，当担保项目质量状况出现问题时，应相应扣减项目负责人及其相关人员的绩效成绩；对于及时识别担保项目风险并采取风险控制措施提高担保项目质量状况或避免担保项目质量下降的项目负责人，应相应增加项目负责人及其相关人员的绩效成绩。

用风险管理质量指标调节绩效评价结果时，还必须注意到以下两种情况：

1. 风险因素一个重要的特征就是不可预测性，即风险的出现是不以人的意志为转移的。在某些情况下，由于担保机构及其业务人员的认知水平所限，在项目决策阶段，没有能够识别出其存在的风险，其风险因素在项目执行过程中逐步显现出来。还有一些情况下，由于企业外部、内部经营管理环境发生重大变化，产生了新的风险因素。

2. 风险因素有可控和不可控之分。有些风险因素，可以通过一定的风险控制工具和手段加以控制；而有些风险因素是不可控或基本不可控，尤其是项目执行过程中新出现的风险因素，由于担保机构的担保责任一般是中途不可撤销的，对担保项目风险时间的控制难度很大。

因此，在采用风险管理质量指标调节和评价担保业务部门和员工的绩效情况时，要注意区分风险因素方面的主观责任和客观原因，否则，可能会对担保业务部门和业务人员的责任认定出现不公平现象，严重的甚至会影响到部门和员工工作的主动性和积极性。

对于风险项目责任认定，除衡量风险数额大小外，按照项目负责人履行项目风险识别和控制责任的实际情况，还应按责任的主客观因素划分下列情况考虑：

1. 项目评估时，履行项目识别和控制标准，项目执行中也发现新的风险因素，并及时提出控制措施，但项目仍然出现损失。

2. 项目评估时，履行项目识别和控制标准，项目执行中也发现新的风险因素，但没及时提出控制措施，导致项目出现损失。

3. 项目评估时，履行项目识别和控制标准，但项目执行中未能发现新的风险因素，也未及时提出控制措施，导致项目出现损失。

4. 项目评估时，未能全部履行项目识别和控制标准，项目执行中也未能发现新的风险因素并及时提出控制措施，导致项目出现损失。

根据风险损失大小及其责任的认定，担保机构的人力资源部门对担保业务部门的业绩考核应予以调整，并予以相应的奖赏或处罚。

为体现责、权、利一致性原则，对于风险交叉检查人员的业绩考评，也要与其所检查的担保项目风险水平相挂钩，即：如项目风险交叉检查中未能按风险识别和控制标准检查出风险识别和控制问题的人员，扣减相应检查人员绩效成绩；如项目风险交叉检查中按风险识别和控制标准检查出风险识别和控制问题的人员，并采取措施提高资产质量或避免、减少资产损失的，增加相应检查人员绩效成绩。

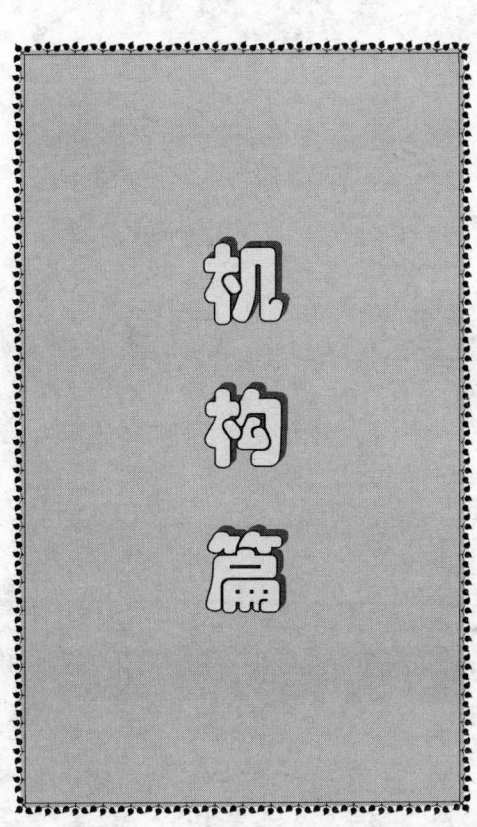

机构篇

第九章

担保机构的风险管理和持续经营

本章提要：担保业务的风险是客观存在的，担保机构不可能完全消除风险，但可以通过风险管理来防范和控制风险。在风险管理卓有成效的前提下，只有做到社会效益与经济效益协调增长，担保机构的持续经营才有保证。本章通过论述担保机构风险管理和持续经营的重要性，对担保机构的担保能力和担保放大比例的计算方法进行了探讨，并探索性地提出对担保机构进行业绩考核和风险管理的评价指标体系。

第一节 风险管理概述

风险管理是指人们对各种风险的认识、控制和处理的主动行为。我们可以通过研究风险发生和变化的规律，测算和评价风险对机构经营管理可能造成损害的程度，并采取有效的措施来防范和控制风险的发生，以期用最小的管理成本和代价，获得机构最大的安全保障。

风险管理作为独立的管理系统而成为一门新兴的学科，自本世纪50年代开始在美国逐渐兴起，至今风险管理的科学方法仍在不断地探索和发展之中，对于不同性质的经营机构、不同种类的风险所采用的风险管理模式差别较大。尽管如此，风险管理的一般适用原则已经形成，并逐渐得到学术界和企业界的认同。

一、风险管理的基本程序

风险管理的基本程序包括风险识别、风险测算、风险评价、风险控制和效果评价等环节。

（一）风险识别

风险识别是风险管理的第一步，它是经营机构在风险发生以前，通过感知和分析等方法，对自身面临的或潜在的风险加以判断、归类和鉴定风险性质的过程。经营机构所面临的风险是多种多样、错综复杂的，无论是已经发现的还是潜在的，是静态的还是动态的，是机构内部的还是外部相关联的，所有这些风险在一定时期和特定条件下是否客观存在？发生风险的原因是什么？是否有损害发生的可能性？都是应该在风险识别阶段予以回答的问题。风险识别主要收集和分析的信息包括风险源、风险因素、风险敞口（风险暴露）和损失可能等。

（二）风险测算

风险测算是在风险识别的基础上，通过对所收集的各种信息进行分析，运用科学的统计和分析方法，估计和测算风险发生的概率和损失程度。风险测算不仅使风险管理建立在科学的基础上，还能为风险管理者和机构经营决策者进行风险决策、选择最佳防范风险措施提供可靠的科学依据。

（三）风险评价

风险评价是指在风险识别和风险测算的基础上，利用科学的统计和评价指标体系，结合其他因素综合考虑、测算和分析，得出系统发生风险的可能性及其危害程度，并与公认的安全指标进行比较，以确定系统的危险等级，然后根据系统的危险等级，决定是否需要采取风险控制措施、采取什么样的控制措施以及控制措施采用的程度。

（四）风险控制

风险控制是风险管理工作的实施阶段，经营机构根据风险评价的结果，为实现风险管理的目标，选择最合适的风险管理措施和办法来防范和控制风险。

（五）风险管理效果评价

风险管理效果评价是对采用的风险管理措施和办法的适用性及其产

生的效果进行跟踪、分析、检查、修改和评估。风险管理的投入产出比，即能否以最小的风险管理成本来取得最大的安全保障，是风险管理效果的主要衡量和评价标准。在实际工作中，我们还要考虑到风险管理实现的目标与机构整体的管理目标是否一致，以及风险管理方案实施的可行性、可操作性和有效性等因素。

二、风险管理理念及风险处理方法

（一）风险管理理念

风险管理理念是指经营机构如何看待风险以及如何管理风险的基本态度，风险管理理念是一切风险管理的出发点。尽管风险管理理念在某种意义上讲是一种软性指标，但经营机构在制定风险管理战略体系时，应该通过一系列程序和规定，确保经营机构风险管理体系的各项政策和措施符合既定的风险管理理念，并定期进行评估和修订。

一个经营机构健全的风险管理理念至少应该包括以下三方面内容：对自身业务风险水平的基本评价；管理风险的基本原则；承担风险的基本意愿。

没有风险管理理念的风险管理战略是没有灵魂的风险管理战略。一个经营机构如果没有明确的风险管理理念，其所有的风险管理规章制度都只能是徒有形式的条条框框而已。事实上，每个经营机构都有自己的一套风险管理理念，有的用明确清晰的语言对本机构风险管理理念加以定义和描述，有的则散见于经营机构的各项规章制度和文件之中，有的则体现在日常不成文习惯之中。所有从事高风险业务的经营机构，包括担保机构，都应该有明确、成文的风险管理理念，而且有一套规范的程序，确保风险管理体系各项政策措施符合既定的风险管理理念。

（二）风险处理的一般方法

风险处理是指经营机构以自身认可的风险管理理念为出发点，依据机构制定的风险管理战略，通过采取不同的措施和办法，用最小的风险管理成本达到最大安全保障的过程。风险处理的方法很多，最常用的有回避、自留、预防、分化和转嫁等。

1. 回避风险

回避风险是指设法回避风险损失发生的可能性，它是处理风险的一种消极办法。回避风险的办法虽然简单易行，但多数时候是不适当的。一个经营机构要想全部回避风险只能是不经营。因此，回避风险的办法通常只在两种情况下采用：一是某种特定风险所可能导致的损失程度和损失频率相当高；二是针对某种业务风险的防范处理成本大于其可能产生的效益。

2. 自留风险

自留风险是指对风险的自我承担，并自我承受风险损失的后果。自留风险有主动自留和被动自留之分，被动自留风险实属无可奈何，主动自留风险通常在以下情况下适用：某种风险可能导致损失的程度和频率比较低，损失的时间和数量可以预计和测算，且该风险的最大损失不会影响到机构的财务稳定。在这样的情况下采用风险自留办法，其成本要低于其他处理风险办法的成本，且方便有效。应当注意的是，自留风险是有度的，当自留风险过多，甚至超出经营机构自身承担风险的能力时，一旦大规模发生风险损害，极有可能会导致经营机构出现财务危机。

3. 预防风险

预防风险是指在风险导致的损失发生之前，为了消除或减少可能引发损失的各种因素，采取有效措施进行防范，减少或避免风险的发生。预防风险的办法在银行业和担保业采用得比较多，如抵押、质押等。预防风险通常适用于损失频率较高而损失程度相对较低的风险种类。

4. 分化风险

分化风险是指在风险导致的损失发生之前或之后，通过采取各种针对性的具体措施，将风险单位分割成许多独立的小单位而达到减少损失的一种办法。保险业和担保业采用的"分保"和"共保"也是分化风险的一种做法。分化风险的办法通常适用于损失程度较高而风险又无法避免和转嫁的情况。

5. 转嫁风险

转嫁风险是指经营机构出于避免风险损失的目的，有意识地将可能发生的损失或与损失有关的财务后果转嫁给另一机构或个人去承担的一种风险处理方式。转嫁风险的做法在经济生活中比较常见，银行发放贷款时需要提供担保、担保机构提供担保时需要反担保等，都是风险转嫁的具体例子。

在现实生活中，究竟选择哪一种风险处理办法最为合适，除了经营机构自身的风险管理理念以外，还要根据不同类型风险的不同特性，并结合行为主体本身所处的环境和条件而定。一般而言，每个机构的经营管理者都会尽一切可能去回避并排除风险，把不能回避和排除的风险尽可能地转嫁给第三者，不能转嫁的或损失可能比较小的风险自留下来并设法消化掉。

第二节 担保机构的风险管理

一、担保机构发生风险的原因

风险是一种不确定性，是引致损失发生的一种可能性。担保行为是保证人和债权人约定，当债务人不履行债务时，保证人按照约定履行债务或者承担责任的行为。因此，担保业务的风险很大程度上是来自债务人信用方面的风险。担保机构在为债务人提供担保后，由于各种事先无法预料的因素的影响，被担保的债务人可能无法按时、如数归还借款，这时就需要担保人代为偿还债务，即发生了担保代偿。如果担保机构最终不能全部回收担保代偿资金，就会导致担保机构经济上的损失。这就是担保机构经营担保业务所特有的风险。

担保机构发生风险的原因是多方面的。外部经济环境、信用环境、法律环境和国家政策导向等因素都会对担保机构的经营产生影响；担保机构自身的经济实力、人才素质、经营管理经验、对风险的控制和管理能力等，更决定着担保机构能否持续经营。作为一个独立经营的经济实体，担保机构发生风险的原因与其他企业有着许多相同之处，但担保机构又是一个经营信用产品的特殊企业，其主营业务是为企业的融资提供信用担保。从其特殊性出发，导致担保机构发生风险的主要原因有：

（一）债务人还款能力不足

在担保行为中，债务人具有良好的还款能力是担保责任得以顺利解除的关键，事实上，大部分担保机构发生风险的原因都是源于债务人没有足够的还款能力。因此，担保机构在为债务人提供担保之前，必须先学会如何科学、准确地评价和判断债务人的还款能力。

（二）债务人的道德水平低下

债务人有还款能力并不一定能够保证其能偿还债务，债务人如果在道德品质上存在问题，在主观上不愿意偿还债务，同样也会给担保机构带来极大的风险。受社会信用环境、法律意识和道德水平的影响，有些企业通过提供虚假资料、隐瞒事实等不正当手段骗得担保机构的信用，从而套取银行贷款；有些债务人在具备还款能力的情况下，也拖欠银行的债务，造成担保机构代偿。这些都属于债务人的道德风险。因此，在法制建设尚未健全、信用环境不够完善的情况下，企业的还款意愿可能要比企业的还款能力更重要。

（三）债权人对债务人监管不力

如果担保机构在做担保业务时，为债权人提供了百分之百的担保，也就是债权的保障完全依赖于担保人，担保行为就可能成为债权人转移风险的一种手段，债权人在贷款项目的评审、审批和贷后项目的监督管理等方面就可能有某种程度的放松，增加了贷款信用风险发生的可能性，从而也增大了担保机构的风险。

（四）担保机构自身经营管理不善

担保机构是经营信用的特殊机构，只有自身保持良好的资产质量、充足的现金支付能力，才有可能为债务人提供信用保证。担保机构在为别人提供担保的同时，也要尽可能避免由于经营担保业务而带来的损失。如果担保机构本身因经营管理不善而发生较大的资产损失，甚至无法持续经营,也就根本谈不上保证自己的信用了。

二、担保机构风险的种类

从原理上讲,担保业务(尤其是融资类的担保业务)应该是一种金融中介业务,担保机构所面临的风险与银行、保险公司等机构面临的风险有许多相同之处,但由于担保机构业务性质的特殊性和业务品种的单一性,其经营担保业务可能发生的风险远大于可能获取的收益。担保机构如果不能有效地解决代偿损失资金的补偿问题,或者没有其他业务收入作为支撑,其面临风险的可能要大于银行和保险公司所面临的风险。一般来说,担保机构所面临的风险主要有以下几种:

(一)担保项目代偿风险

担保项目风险也称为担保信用风险,是指由于被担保人违约而造成担保人代偿的风险,这是担保机构面临的最主要也是最直接的一种风险。由于债务人在债务到期时无力偿还或不愿偿还,担保机构就必须按照保证合同的约定代债务人偿还到期债务,也就是发生了代偿。尽管担保机构一般在事前都设置了反担保措施,发生代偿并不一定意味着担保机构最终会发生损失,但代偿肯定会导致担保机构现金的流出。如果担保机构代偿流出现金较多且无法及时收回,或者因为代偿金额巨大而超出了担保机构正常的现金支付能力,其产生的后果可能是非常严重的。

(二)反担保措施风险

担保机构防范担保业务风险的一项重要措施就是设置反担保,比如:固定资产抵押或有价证券质押。但由于银行本身也可以接受抵押或质押而直接发放贷款,现实中往往就产生这样相悖的现象:能够提供反担保措施的项目不需要担保机构担保,不能提供反担保措施的项目担保机构不敢担保。如果担保机构没有过硬的控制风险和管理风险的能力,单纯为了承揽业务而放宽反担保的条件,或者不充分考虑反担保措施的可操作性和可变现性,就可能为日后埋下风险的隐患。

（三）法律风险

担保业务涉及的法律合同包括保证合同、委托保证合同、反担保抵押或反担保质押合同等，每项合同的公平性、合法性和严密性，都关系到担保机构风险的大小，可以说法律是维护担保机构权益的基本保障。不仅担保机构与债务人之间存在着法律风险，担保机构与债权人之间也存在着法律风险，如果债权人强加给担保机构不公平、不合理的代偿要求，同样也会增加担保机构的风险。

（四）业务操作和项目管理风险

主要是来自担保机构内部因业务操作和项目管理不善而引起的风险。担保业务的整体运作过程一般包括项目评审、反担保措施的设置和落实、项目评审和决策、合同起草和签订、在保项目动态跟踪和管理、代偿后项目的追偿等，无论是评估不充分、操作不规范还是决策不科学，哪个程序管理不善或采取措施不到位，都有可能给担保项目带来风险。

（五）担保资金安全风险

担保机构以自身管理的担保资金或有效资产作为开展担保业务的经济支撑，这部分资产的安全性和流动性是担保机构维持信用的根基。如果担保机构经营管理不善或投资失误导致担保资金（或资产）损失，必将影响其信用水平和担保能力。

（六）道德风险

道德风险分为外部的道德风险和内部道德风险两种。外部道德风险主要表现为债务人法律意识淡薄，以虚假报表、隐瞒事实等不正当方式骗取担保机构的担保，或者是债务人缺乏诚信，恶意拖欠银行债务而导致担保机构代偿等。内部道德风险主要是担保机构内部员工责任心不强、收受贿赂、以权谋私或者是为"人情"项目开"绿灯"，人为地放宽项目的评审和审批条件等。

三、担保机构风险控制和风险管理的措施

担保机构的风险是客观存在的。当担保机构为债务人的还款出具了保证合同，只要债务人没有全部清偿债务，担保风险就会存在。担保机构不可能完全消除担保风险，但担保机构可以通过自身的管理以及采取有效的措施来防范和控制风险，尽可能地把担保风险控制在担保机构可以接受的水平。担保机构可采用以下措施控制和管理业务风险：

（一）提高担保项目的评审水平

项目评审是担保机构风险管理的第一道程序，也是防范和控制担保项目风险最重要的措施。担保项目的评审一般包括企业和项目基本情况评估、企业财务状况和偿债能力评估、企业赢利能力和市场竞争力评估、反担保方式的可行性和可变现性评估、反担保物价值和法律合同关系的评估等部分，基本上包含了风险识别、风险预测、风险评价以及风险防范等风险管理的大部分内容。与此同时，担保项目的评审工作也是一项复杂的系统工程：项目材料和了解情况的真实可靠是项目评审的重要前提，科学合理的评估方法能够保证项目评审的准确性，把握项目法律关系的合法性和严密性可以有效地防止法律风险的发生，评审工作需要涉及技术、管理、市场、政策、财务、法律等诸多方面的知识。因此，要提高担保项目的评审水平，关键是要拥有一支高素质的项目评审人才队伍和专家顾问队伍，并在此基础上制定出一整套适合担保业务特点的项目评估办法和评审工作规范。

债务人的还款能力往往决定了担保项目的成败，因此，评价和判断债务人的还款能力是担保机构进行项目评审工作最重要的内容之一。考察债务人的还款能力应该从现金流量、赢利能力、资产收益率以及资产负债比例等多方面来综合评价。

一般来说，赢利企业比亏损企业的还款能力要大，但并不等于赢利企业就一定有现金归还到期债务，亏损企业一定无法归还到期债务。利润是偿还债务的来源，但利润不等于现金，偿还债务最终靠的是现金，因此，有人称现金就是企业生命中的"血液"。在很多时候，企业用款项目的资金回收周期与贷款担保期限是不一致的，当我们在评价一个建

设周期与贷款周期不一致的担保项目时，不要过分关注项目最终会产生多少效益，而要把重点放在评价贷款到期日企业的现金流量情况和偿债能力情况。担保机构不要轻易把企业认为或政府部门推荐的"好项目"都当成担保机构的"好项目"，特别是流动资金贷款担保项目，"好项目"的定义是非常狭义的，通常仅指"能够按期还本付息的项目"。

赢利能力是企业通过生产和经营活动获取利润的能力。利润是企业偿还债务的重要资金来源，债务人赢利能力越强，其还款能力就越有保障。所以，债务人的赢利能力直接关系到为其提供担保的担保机构风险的大小。

资产收益率反映了企业资产运营的效率，资产周转率越快，资产收益率越高，企业取得的收入和赢利就越多，其还款能力就越强。

资产负债率是反映企业偿债能力的一项重要指标，流动比率和速动比率能够反映企业短期负债的合理性以及偿债能力的大小。企业的资产负债结构越合理，其经济基础就越牢靠，偿债能力也就越强。

（二）建立科学的项目决策程序和内部风险控制机制

建立权责对称、责任明晰、科学规范的项目议事规则和决策制度，是提高担保机构决策水平、有效防止项目风险和道德风险的一项重要措施。担保机构应该严格按照"按权限决策、按程序决策、按制度决策"的原则，全面规范担保业务各个流程中所涉及的项目经办、项目评审、项目审批、代偿支付等各个环节责任人的行为。

1. 实行"审保分离"，强化项目决策的约束机制

担保机构中直接办理担保业务的部门要与项目评审部门分开，建立"横向平行制衡"的约束机制。经办部门直接面对客户，其职责是营销并管理担保业务，负责对客户的初审和在保项目的跟踪管理；评审部门的职责则是在经办部门工作的基础上，独立对客户的资信情况进行调查评估，提出评审意见，供业务部门和领导决策参考。

2. 严格授权管理，强化决策程序的制约作用

担保机构内部应建立严格的内部授权管理制度，在建立风险管理制度的前提下，明确规定各级领导、分支机构的决策权限额度和责任。对

于超过一定额度的项目必须经过项目评审委员会（或技术委员会）的审议和表决方可做出决策。授权范围内项目的基本流程是：项目经理调查→评审部门评审→评审委员会审议表决→决策人员审批→经办部门实施项目管理。

3. 规范评审委员会审议规则和决策人员审批行为

项目评审委员会应该由担保机构内负责项目评审、风险管理、法律事务、计划财务等有关人员担任委员，评审委员会既要对决策者起到智力支持作用，又要对决策者起到制约作用。为了保证评审委员会的独立性和公正性，担保机构的决策者一般不是评审委员会的成员，或者在评审委员会中没有表决权。

4. 建立项目责任制度，严格责任监督和责任追究

根据担保项目的不同阶段，可建立不同的项目责任制：建立项目经理责任制，对报批项目的初审和资料的真实性负责；建立项目评审责任制，对项目评审的结果和项目操作的合规合法性负责；建立项目审批责任制，对担保业务的审批负责；建立在保项目管理责任制，对在保项目的跟踪了解、风险防范负责；建立代偿项目责任制，对代偿项目的管理和追偿回收负责。

5. 提高担保业务决策的科学性和准确性

通过建立担保业务的信息管理系统，使担保决策行为建立在全面、及时、真实的经济和技术信息基础上，从而提高决策的准确性；通过建立专家咨询制度，对一些重大项目选聘行业技术专家进行项目的行业、技术、产品和市场风险的评估，从而提高决策的科学性。

（三）加强对在保项目的动态跟踪管理

开出保证合同只是担保机构承担责任的开始，如何对在保项目的动态情况进行跟踪管理，才是担保机构进行风险管理的重要内容。在保项目管理主要包括项目动态跟踪和反担保物监管两方面工作。

1. 在保项目动态跟踪

对于担保期内的担保项目，担保机构业务人员至少每个月要进行一

次跟踪调查,定期填写《在保项目跟踪情况报告表》(见表4-16)。如果发现债务人生产和经营恶化、企业现金流量严重不足、发生重大民事或经济纠纷等情况,要及时研究对策,并采取一切必要的有效补救措施,严格防范可能发生的风险。

2. 在保项目反担保物的监管

设置了资产抵押或质押反担保的项目,在担保期内,担保机构要对抵(质)押物定期进行检查和监管,并采取有效的措施,防止债务人减少或转移抵(质)押物。一旦确认债务人到期没有还款能力,担保机构要提前做好诉讼和处理抵(质)押物的准备工作。

(四) 加强对代偿项目的管理和追偿

担保机构代偿后,在法律关系中的身份已由担保人转变为债权人,担保机构要积极行使追偿权,把担保损失降低到最低程度。

1. 代偿项目的管理

担保项目发生代偿后,担保机构应建立代偿项目风险分类评级管理和报告制度,及时监控代偿资金总量及风险级别的变化情况,做到情况清楚、责任明确、措施有效。代偿资金回收工作要指定专人负责,有具体工作方案,有考核指标,做到责任明确。对特殊的代偿项目要一户一策,对症下药,重点突破,保证措施有效。

2. 代偿项目的追偿

代偿发生后,担保机构要迅速组织力量对项目进行剖析,视不同情况分别采取不同的追偿措施。在一般情况下,对代偿项目的追偿方法主要有:

(1) 督促债务人尽快筹资归还欠款。担保机构代偿付出的是现金,追偿回来的东西当然最好还是现金。为了保持担保机构的现金流量和担保能力,追回现金无疑是担保追偿工作中的第一选择。如果债务人受经济条件的制约,无法一次性地偿还欠款,担保机构可以根据债务人的实际情况,为其制定分批还款计划,并监督其严格执行。

(2) 处理抵押、质押物(权)。经种种努力后,如果债务人确实无法筹集到偿还债务的资金，担保机构就要考虑将可以变现的抵押、质押物（权）进行变现处理，尽可能收回现金。

（3）落实信用反担保方义务。设置了第三方信用反担保的担保项目，发生代偿以后，在积极促使债务人尽快归还欠款的同时，还要积极催促反担保方尽快落实反担保义务，帮助督促债务人还款或替债务人还款。

（4）转移债务，保全债权。在对债务人多次催收无果的情况下，如果发现债务人的经济状况还在继续恶化，甚至有破产危险时，应通过各种渠道了解债务人是否还有其他效益较好的关联企业，如有可能应千方百计将债务转移给债务人的其他关联企业，使担保机构的债权先得到保全，以后再选择机会进行处理。

（5）变更反担保，增加抵押物价值。受到各种因素的影响，担保项目事先设定的反担保措施可能会随着时间的推移而发生变化。在担保项目尚未解除时，如果担保机构感觉该项目的反担保措施有问题或者抵押物价值不足，应尽可能说服债务人变更反担保措施或增加抵押物。即使在项目已经发生代偿后才发现反担保措施有问题，也要千方百计采取补救措施，在反担保方面获取更多的保障，以增加担保机构和债务人谈判的砝码，增强担保机构追偿工作的主动性，尽可能减少损失。

（6）以资抵债，减少损失。发生代偿后，如果确认债务人没有足够的现金偿还能力，为减少损失，可以适当接受债务人"以资抵债"的做法，但要注意用以抵债的资产应该是有价值的、容易变现的。

（7）债权转股权及债权重组。设置了股权质押反担保的项目或者是比较特殊的代偿项目，如果经多方努力仍无法回收欠款，但经评估后确认债务人或其关联企业的股权是有价值的，可以采取"债权转股权"的方式来保障担保机构的利益。当然，除非是发展前景特别良好、持有股权可能带来持续分红回报的企业，一般来说，担保机构不应把过多的资金转变为股权，而是应该把持有的股权尽可能地进行转让，回收现金。

（8）依法起诉，通过法律手段来维持担保机构的权益。必要时，可向法院申请诉讼保全来查封债务人资产，通过法院拍卖债务人抵押物或其他资产的方式回收代偿资金。通过法律手段保全担保人的权益要注意法律诉讼时效问题，现实中很多担保机构都是经过各种方法催收未果后，出于无奈才采用法律诉讼办法的，此时一般已离发生代偿的时间较远，如果超出了法定的诉讼时效（一般为两年），担保机构的权益可能就得不到有效的保证。

（五）提高担保机构自身的抗风险能力

担保风险是不可避免的，关键是担保机构必须提高抗风险能力，将担保风险控制在自身可以承受的范围之内。

1. 坚持以"稳健经营"的理念来经营担保业务，切实保证担保机构资金的安全性和效益性。担保业务是一项高风险的业务，担保机构以有限的资本来承担比自身资本大得多的可能发生的风险，仅以有限的担保费收入来支撑担保业务的巨大风险是很困难的。如果担保机构取得的收益长期无法弥补担保业务发生的损失，必将影响到担保机构的可持续经营。资金的安全性是担保机构运作担保业务的根基，担保机构的经营者必须树立"稳健经营"的基本理念，将资金的安全性放在首位；效益性则是担保机构可持续经营的保障，担保机构只有在风险与收益中求得平衡，才能在业务发展中不断壮大。

2. 建立健全内部业务运作监控制度，严格防范道德风险的发生。目前国内金融机构的不良贷款率居高不下，很重要的一个原因是因为金融机构在控制内部人员道德风险方面有较大的漏洞。信用担保业务从性质上讲与金融机构的贷款业务有许多相似之处，对担保从业人员和决策者采取的道德风险防范标准绝对不应该低于金融机构的严格程度。担保机构应该把"钱、权、人"都作为风险监管的重点，除了建立相关的业务操作规程、加强职业道德教育以外，还需建立将担保项目风险与当事人的个人利益直接挂钩的绩效管理制度和项目责任制度，并采取措施使制度予以落实，绝不能流于形式。

3. 坚持量力而行、分散风险的业务运作模式，不要"将鸡蛋都放在一个篮子里"。担保机构应该科学、合理地制定自身的担保业务放大倍数，尤其是新成立的担保机构，不要简单地认为政府批准能放大多少倍就可以将担保业务做到多少倍。每个担保机构最大担保放大比例的确定应该有科学依据，如果超出了担保机构真实的担保能力和抗风险能力去做担保业务，最后可能会招至"灭顶之灾"。为了防止风险过于集中，避免发生代偿支付危机，担保机构对单个项目的担保额度也应该严格控制，不能为了片面追求高收益和低成本只做大额担保项目。将担保项目的客户集中度保持在一个适当的水平，是防范由于不可预测事件的影响而导致风险集中爆发的一项有效做法。财政部在《中小企业融资担保机构风险管理办法》（财金字［2001］77号）中明确规定："对单个企业提供担保的担保责任金额最高不得超过担保机构自身实收资本的10%。"稳健经营的担保机构都应该严格遵守这项规定。

4. 努力建立"利益共享、风险共担"的担保业务运作体制，争取政府给予"担保损失核销补偿"的政策支持。国内外成功的经验证明，担保机构只提供比例担保，与债权人风险共担、利益共享，是避免债权人单纯转移项目风险、降低担保人风险的一项有效办法。实行比例担保不仅可以降低担保机构的风险，还可以提高担保机构的总体担保能力，因此，担保机构在运作担保业务时应尽可能实行比例担保。很多政府出资成立的担保机构的业务范围为中小企业担保，业务性质属于政策性担保，理应享受到政府的政策扶持。在担保业务收入不足以支撑担保业务损失的情况下，政府对于担保机构的担保业务损失给予一定的补偿是十分必要的，因为只有担保机构实现了可持续经营，才可能更好地、持续地为政府的政策目标服务。

5. 保证担保资金的安全性和流动性。担保机构一旦出现现金支付危机，必将严重影响其信用水平和担保能力。因此，担保机构必须保持其资产中有足够的现金水平，在保证资金安全性的前提下追求资金的收益性。担保机构在经营和投资活动中要尽量避免进行长期投资和不可回收现金的股权投资，以防止资产的固化。

（六）开拓思路，转变观念，将风险管理工作由被动转为主动

担保机构一般的风险管理只是强调"风险防范"，既然是"防范"，更多是处于被动的状态。其实，只要我们转变观念，完全可以将担保业务"风险防范"工作由被动变为主动。这方面的思路可能很多，以下只是"抛砖引玉"地提出两种思路：

1. 想方设法增大债务人违约的成本。在担保合同关系中，只要债务人没有违约，担保机构就没有代偿的风险。而债务人主观原因的违约，很大程度是受其违约成本大小限制的。因此我们在考察一个担保项

目时,可以重点考察债务人违约成本的大小,如果债务人违约后自身的损失较大,一般来说就可以排除债务人主观违约的可能性。同样,我们在设置反担保措施时,有价值充足的抵(质)押物当然更好,如果没有或者价值不足,可以通过设置一些使债务人增大违约成本的方法来达到防范风险的目的。

2. 把银行和担保机构之间纯粹的担保关系转变为"合作伙伴"关系。按照商业性原则,任何一项业务只有合作的各方都有利益,才有长久合作的可能。如果银行感觉某项目风险大、仅是为了转嫁风险而将项目推荐给担保机构担保,这种"银担"合作关系肯定是不会长久的。担保机构在与银行开展合作时,必须与银行讲明道理,与银行交朋友,结成利益的"共同体",相互取长补短,只有"双赢"的运作模式才是"银担"长久合作的模式。如果银行和担保机构对一个项目的认识能达到一致,"联手"设计出防范风险的方案,这样的项目风险应该是可控的。

(七) 建立健全担保业务风险管理评价和预警制度

担保机构应及时收集、汇总项目的详细情况,建立每日、每周、每月和每年的业务统计信息分析系统,并对统计数据进行有关风险评价指标的测算和分析工作。担保机构的管理层应密切关注担保业务的代偿率、回收率以及对未来动态风险度的预测情况,遵循安全性、流动性的原则,严格管理好担保资金;根据风险分散的原则和担保机构自身实际担保能力,科学、合理地制定担保规模和担保计划,从业务的各个层面入手,有针对性地采取综合、有效的风险管理措施。

第三节 担保能力与担保放大比例

担保能力是指担保机构能够对外提供担保的最高额度,也就是担保机构对担保风险的总体承受能力。一般工商企业的担保能力不会高于其净资产额,但专业担保机构则不同,其资产的运作和管理与一般企业有很大的区别。专业担保机构除了资产的安全性、流动性要大大好于一般企业以外,其对担保风险的专业控制技术和管理能力更是一般企业所不具备的。诚信固然是担保机构的根本，履约代偿是担保机构赢得债权人信任的最好体现，但担保机构自身需要生存和发展，肯定不能仅仅靠履约代偿去维持自身的信誉，更为重要的是担保机构要千方百计增强自身的风险防范和控制能力，始终把担保风险控制在自己的承受能力范围内，这样才可以做到既维持了信誉，又实现了可持续发展。因此，有人认为担保机构的担保能力主要体现于两项无形资产——诚信度和风险控制能力，这种说法有一定的道理。但诚信度和风险控制能力都是无法量化测算和评价的抽象指标，如果用来确定担保机构的担保能力显然是不够科学的。

一、担保能力与担保放大比例的关系

担保放大比例（也称放大倍数）是担保机构所提供的担保额（准确地说应该是担保余额）与其承担担保风险的担保资金或资产的比例。担保放大比例越高，说明担保机构的成效越大，为社会做的贡献越多；与此同时，担保放大比例越大，意味着担保机构所要承担的风险就越大，需要担保机构具备更高的风险控制技术和风险管理能力。

我国担保机构的担保放大比例一般是在担保机构成立之初就由政府监管机构规定好的，实际上，靠行政命令来规定一个担保机构的担保放大比例不可能十分合理。不同担保机构的情况不尽相同，每个担保机构最大担保放大比例的确定应该有严格的科学依据，随意过高或过低地确定担保放大比例，都会对担保机构的经营和发展带来不利的影响。过高确定担保放大比例，会增大担保机构的经营风险，可能导致担保机构面临的风险超出其承受能力，以致无法持续经营；过低确定担保放大比例，则会使担保机构的担保规模受到限制，不利于提高担保机构的社会贡献率。

一个合理的担保放大比例应该是与担保机构的担保能力相对应的，担保能力越大，担保的放大比例也就越大。担保投机的担保能力不是一个简单的常数，而是随着担保机构各方面因素的变化而变化的。

二、决定担保机构担保能力的因素

决定担保机构担保能力的因素很多，这里以一般性的中小企业融资担保机构为例，影响其担保能力的主要因素有：

（一）承担担保风险的资金量或资产量

担保机构承担担保风险的方式一般有两种，第一种是基金型，担保风险完全由担保基金承担，担保机构只是基金的管理者，不直接承接担保责任。第二种是公司型，担保风险直接由担保公司的资产来承担。不管那种方式，关键是确定用以承担担保风险的担保资金或资产数额。基金型的担保机构承担担保风险的资金量是很容易确定的，但公司型的担保机构一般须扣除其维持正常运转所需资金或资产量后才能确定用于承担担保风险的资金或资产数额，道理很简单，如果担保机构自身都无法正常运转，也就不可能再为别人提供担保了。担保资金或资产的多少直接关系到担保机构担保能力的大小，担保机构的担保能力与其资金量或资产量成正比。

（二）担保成功率

融资担保是金融业务的一个品种，但我国的担保机构一般都不得同时经营其他金融品种，担保机构不可能直接从社会上融资用以支付担保代偿。那为什么社会上一般的企业只能以其净资产为最高限额向银行提供担保，而专业担保机构的担保额度却能够超过其担保基金或净资产的数额、甚至放大数倍呢？这是因为担保机构拥有专业的风险控制技术和风险管理经验，其所做担保业务的成功率大大高于社会上的一般企业。担保成功率的高低直接决定了担保机构的担保能力，担保成功率越高，担保机构的担保能力就越大。

由于新成立的担保机构没有历史数据的积累，其担保成功率一般是无法确定的。要取得一个比较有说服力的担保成功率数据，担保机构至少需要经过三至五年的经营期。担保成功率除了需要时间上的"考验"以外，担保项目的数量及品种也应该具备统计学意义，项目数过少、客户集中度过高等情况可能会导致担保成功率的计算不够准确。

(三) 担保机构最终承担担保责任的比例

担保机构为银行承担100%贷款风险的方式是不可取的，为了增加银行对担保贷款的责任心，提高担保项目的成功率，担保机构应努力做到比例担保。此外，对于一些大型的担保项目，担保机构之间也可以实行"利益共享、风险共担"的"比例分保"办法。实行比例担保或比例分保后，担保机构的担保能力可以根据其最终承担担保责任的比例相应放大。担保机构承担的担保责任比例越小，其担保能力就越大。

(四) 担保机构的资产质量

随着时间的推移和经营管理等方面的原因，担保机构不可避免地会发生担保代偿和担保基金的损失，从而形成未收回的代偿余额和不良资产，这些资产是不可能用来承担担保责任的。确定担保机构的担保能力时应该把未收回的代偿余额和不良资产扣除掉，否则就会虚增其担保能力。

三、最大担保能力和最大担保放大比例的计算方法

既然担保放大比例是与担保能力紧密相连的，要确定担保机构的最大担保放大比例，就先要计算出担保机构的最大担保能力。而计算最大担保能力的一个重要前提就是要根据历史数据计算出担保机构的担保成功率。以下分别是计算担保成功率、最大担保能力及最大担保放大比例的公式：

$$担保成功率 = \frac{累计已解除担保额 - 累计担保损失额}{累计已解除担保额} \times 100\%$$

$$最大担保能力 = \frac{承担担保责任的资金或资产 - (代偿余额 + 不良资产额)}{(1 - 担保成功率) \times 担保责任比例}$$

$$最大担保放大比例（倍数）= \frac{最大担保能力}{承担担保责任的资金或资产}$$

应该注意的是，对于仅有注册资本金而没有管理担保基金的公司型担保机构，为了维持正常的经营，不可能也不应该把全部资金或资产都

用于承担担保责任。所以计算一个担保机构的担保能力时,很重要的一点是首先确定该担保机构能够用于承担担保责任的资金或资产数额(即扣除能够维持担保机构最基本经营所需资金或资产以后的资金或资产)。计算担保放大比例只能把担保能力与用于承担担保责任的资金或资产相比,而不能与担保机构全部的资金或资产相比。

[例] ABC 担保公司成立于 1999 年 1 月,注册资本金 2 亿元,管理用于承担担保责任的担保基金 3 亿元。担保公司成立时与银行达成了承担贷款本金 80% 担保责任的协议。截至 2002 年 12 月,ABC 担保公司累计提供担保额 35 亿元,共发生担保代偿 1.5 亿元,目前尚未解除的担保余额为 20 亿元,已收回代偿款 5 000 万元,代偿余额为 1 亿元。另外,ABC 担保公司还有 2 000 万元的担保基金投资款已长期不能回收。假设该担保机构的担保费收入和担保基金运作收益全部作为经营费用,不增加担保基金数额。请计算 2002 年年底 ABC 担保公司实际的担保能力和最大担保放大倍数。

计算步骤如下:

1. 计算出 2002 年 12 月 ABC 担保公司已解除担保额。

已解除担保额 = 35 - 20 = 15(亿元)

2. 计算出截至 2002 年 12 月 ABC 担保公司的担保成功率。

担保成功率 = $\frac{15-1}{15} \times 100\% = 93.33\%$

3. 计算 2002 年年底 ABC 担保公司的最大担保能力。

担保能力 = $\frac{3-(1+0.2)}{(1-93.33\%) \times 80\%}$ = 33.73(亿元)

4. 计算 ABC 担保公司的最大担保放大比例。

最大担保放大比例 = $\frac{33.73}{3}$ = 11(倍)

即从理论上说,ABC 担保公司的最大担保余额可以达到其担保基金规模的 11 倍。

这里需要强调的是,最大担保放大比例或最大担保倍数是一个动态值,而不是一个固定值。比较科学的做法是每年测算一次。

第四节 担保机构业绩考核与风险管理评价指标体系

大多数政府组建的担保机构其经营宗旨都是为了实现政府特定的社会目标。为了保证担保机构能够坚持经营宗旨，及时了解担保机构的经营和管理情况，政府有关部门可能会对担保机构进行定期检查，或者通过聘请中介机构对担保机构实现的业绩和经营管理状况进行定期的考核。由于担保机构与一般经济实体有着较大的区别，如何科学、合理、准确地对担保机构实现的业绩、经营管理水平以及面临的风险等情况进行考核和评价，是政府监管部门所面临的一道难题。与此同时，担保机构的风险管理能力决定着担保机构的经营水平和可持续发展能力，对于担保机构自身而言，及时、科学、准确地测算出自己所面临的风险程度、了解自己的经营管理水平和担保能力，也是日常风险管理工作中随时需要掌握的信息。因此，根据担保业务的特性设定相应的业务评价和风险监控指标，通过计算相关的指标来评价分析担保机构的整体业绩水平和风险管理水平，既是政府监管部门和投资者对担保机构进行有效监管和业绩评价的基础，同时又是担保机构对自身进行风险管理不可缺少的一项重要内容。

一、业绩考核和风险管理评价的作用和意义

（一）树立担保机构良好的信用形象

通过对担保机构的社会效益指标和经济效益指标进行考核和宣传，可以体现担保机构为政府和社会所做出的贡献，提高担保机构的社会知名度和社会影响力；通过对担保机构的业务质量指标和风险度指标进行评估，对担保机构的经营状况、面临风险水平、总体担保能力等进行科学合理的测算，从而揭示担保机构当前和将来的信用水平，可以让政府监管部门、金融机构以及社会各方面对担保机构的信用程度有一个"量化"的认识，提高金融机构和社会各方面对担保机构担保能力的认知程

度，从而更好地促进担保机构与有关各方面的合作，促进担保机构及其业务的发展。

（二）完善内控制度，健全风险管理

对担保业务的风险管理能力是担保机构能否持续经营的基础。通过对担保业务风险管理的有关指标进行测算，可以对担保机构自身内控制度的有效性和风险管理水平做出更好的评价，以利于担保机构进一步完善内控制度，健全风险管理办法。

（三）业务监管与合作的重要参考依据

担保机构业绩和风险管理的评估结果可以作为政府和投资者对担保机构进行业务监督、绩效考核、风险预警与政策扶持的重要参考依据；金融机构可以把担保机构的评价结果作为评价担保机构担保能力、与担保机构开展业务合作并合理确定风险分担比例的参考依据；担保机构之间开展合作业务，也可以把评价结果作为制定相应政策和办法的参考依据。

由于我国担保行业发展的时间不长，专门研究担保机构业绩考核和风险管理评价指标方面的文献并不多见。因此，探索并建立一套适合我国担保机构的业绩考核和风险管理评价指标体系，是一项既有较大难度又有很重要现实意义的工作。本节涉及的评价指标具有一定的探索性，希望担保业务工作者能够不断地加以完善和发展。

二、经营业绩考核指标

（一）社会效益指标

对于政府出资成立的担保机构来说，社会效益指标不仅体现其存在的价值和为实现政府社会发展目标所做出的贡献，而且还是政府对其业绩进行考核的重要依据。担保机构的社会效益可以选用以下指标进行考核和评估：

1. 担保杠杆系数（社会贡献率）

担保杠杆系数是企业通过担保机构担保获得的贷款额与担保机构用

以承担担风险的资金或资产的比率，反映了担保机构利用担保资金支撑、通过担保杠杆引导信贷资金的作用。担保杠杆系数越大，说明担保机构对社会的贡献越大，所以担保杠杆系数又称为社会贡献率。

$$担保杠杆系数 = \frac{企业通过担保获得的贷款额}{担保基金或资产额}$$

有些担保机构对银行实行的是比例担保，因此企业获得的贷款额可能要大于担保机构的担保额。担保杠杆系数可分为年度担保杠杆系数和累计担保杠杆系数，计算该指标的担保贷款额可相应采用年度数或累计数。

2. 担保放大比例（放大倍数）

担保放大比例是担保余额与承担担保风险的担保资金或资产的比例。担保放大比例不仅可以衡量担保机构的担保业务是否已经形成规模，还可以用来衡量担保资金实际作用的大小以及担保机构对社会的贡献程度。在不突破担保能力的前提下，担保放大倍数越高，说明担保机构对社会的贡献度越大。

$$担保放大比例 = \frac{担保余额}{承担担保责任的资金或资产}$$

3. 增加量

增加量是指由于担保机构提供担保而直接导致可以获取银行贷款的借款人数量。反映了担保机构为目标客户提供服务的数量。增加量也可以用借款人获得贷款的笔数或金额来表述。

4. "毕业"量

"毕业"量是指经担保机构担保后提升了信用，不再需要担保就可以取得贷款的借款人数目。"毕业"量反映了借款人通过担保获得信用的受益情况。

一个企业的"毕业"可能是一种渐进的转变，在这个过程中，连续借贷所需要的担保比例可能是逐步降低的，直到借款人自身的信用或自身的抵押物增加到足以满足贷款人的全部需要为止。

5. 间接社会效益指标

除上述可以量化计算的社会效益指标以外,担保机构通过担保活动还可以给社会带来很多间接的好处,即担保的间接社会效益。由于担保机构本身比较难获得或加以证明这方面业绩的数据和资料,因此衡量担保机构的间接业绩比较困难。

体现担保机构间接社会效益的指标一般有:

(1) 由于担保的作用,被担保企业产生的就业增加数目;

(2) 由于担保的作用,被担保企业利润、税收增加的贡献;

(3) 由于担保的作用,被担保企业对进出口创汇或税收增加的贡献;

(4) 由于担保的作用,节约公共支出或财政补贴的数量。

(二) 经济效益指标

担保机构在完成政府下达的社会发展目标的同时,还必须同时做好作为一个经济实体的经营工作,只有处理好社会效益和经济效益两方面的关系,在为社会做出贡献的同时实现企业的经济价值,在防范风险的前提下不断扩大担保规模,才有可能实现长期、稳定的发展。担保机构的经济效益可以选用以下指标进行考核和评估:

1. 担保业务收入

担保业务收入是担保机构在一定时期内开展担保业务所收取的担保费、项目评审费、手续费等相关收入的总和。担保业务收入既是衡量担保业务发展规模的客观尺度,也是提高担保机构经营效益的基础和出发点。衡量担保机构的担保业务收入指标主要有:

(1) 担保业务收入增长率

担保业务收入增长率是指担保机构在报告期担保业务收入增长额与基期担保业务收入的比率。

$$担保业务收入增长率 = \frac{报告期担保业务收入 - 基期担保业务收入}{基期担保业务收入} \times 100\%$$

(2) 人均担保业务收入

人均担保业务收入是指担保机构全员人均担保业务收入额,该指标可以从活劳动的消耗上考核担保机构的经营效益水平。

$$人均担保业务收入 = \frac{（年度）担保业务收入}{（年度）平均职工人数}$$

（3）担保业务收入比重

担保业务收入比重是指担保机构担保业务收入占全部收入的比例，该指标反映了担保机构主营业务收入占全部收入的水平，一般用来分析担保机构的收入结构情况。

$$担保业务收入比重 = \frac{（年度）担保业务收入}{（年度）全部业务收入} \times 100\%$$

2. 担保赔付率

担保赔付率是指担保业务已确定发生的赔付损失与担保业务收入的比率。已确定发生的赔付是指担保机构按财务制度规定的程序已核销的赔付损失。

本比率可用以反映担保机构经营担保业务的盈亏情况。在不考虑担保业务的经营成本以及代偿资金的财务成本前提下，该比率等于1时，说明担保业务处于盈亏平衡点；该比率小于1时，说明担保业务是赢利的；该比率大于1时，说明担保业务是亏损的。根据计算期限的不同，担保赔付率也可分为累计担保赔付率和年度担保赔付率两项指标。

$$担保赔付率 = \frac{（同期）担保赔付损失}{（同期）担保业务收入} \times 100\%$$

3. 成本

担保机构的成本，是指担保机构在一定时期内经营担保业务及其他业务所发生的各项支出。从理论上讲，担保成本既是制定担保收费标准的依据，也是衡量担保机构经济效益的一项重要指标。担保机构的成本一般包括员工工资、办公费用、业务经营费用等现金性支出以及固定资产折旧、提取风险准备金等非现金性支出。考核担保机构成本的指标有：

（1）人均费用

人均费用是指担保机构全员分摊的现金性支出费用数，主要反映和分析担保机构的人均经营成本情况，不同担保机构人均费用指标的横向比较是分析担保机构人力成本及其市场竞争能力的一种方法。

$$人均费用 = \frac{（年度）现金性支出费用}{（年度）平均职工人数}$$

(2) 担保业务成本比重

担保业务成本比重是指担保机构经营担保业务所发生的直接成本与其总成本的比例。该指标与担保费收入比重指标结合起来，可以用来反映和分析担保业务对担保机构整体经济效益的贡献情况。

$$担保业务成本比重 = \frac{（年度）担保业务直接成本}{（年度）总成本} \times 100\%$$

4. 利润

利润是指担保机构在一定时期内，通过担保业务和其他业务的经营活动，以其全部财务收入抵补全部财务支出后的结余。利润指标是考核担保机构经济效益的综合指标，能综合反映担保机构经营的各方面情况。对担保机构利润的考核一般包括利润率和人均利润两项指标：

(1) 利润率

利润率是指担保机构在某一年度的利润总额与该年度营业收入总额之间的比率。该指标综合反映了担保机构的经营和管理水平。

$$利润率 = \frac{利润总额}{担保业务收入 + 其他业务收入} \times 100\%$$

(2) 人均利润

人均利润是指担保机构在某一年度内平均每个职工所创造的利润，该指标是衡量担保机构平均每个职工创造多少经济效益的综合性指标。

$$人均利润 = \frac{（年度）实现利润总额}{（年度）平均职工人数}$$

三、风险管理评价指标

（一）担保项目组合指标

担保业务的高风险性要求担保机构必须遵循"风险分散"原则开

展业务，对担保项目组合的信用质量、流动性、多样化、单一风险、项目类型分布等应当有明确的规定和限制。通过对担保项目组合指标的分析，可以了解担保机构的经营管理水平以及对业务风险的认识程度和管理能力。评价担保项目组合的主要指标有：

1. 行业集中度

行业集中度是指担保机构的在保项目中某个行业的担保余额占总担保余额的比例。该指标能够体现担保机构对某些行业的侧重情况和侧重程度，我们可以通过对侧重行业的市场表现情况以及发展前景来分析担保机构在开展业务中行业选择是否合理。

$$行业集中度 = \frac{某个行业担保余额}{担保余额}$$

2. 客户集中度

客户集中度是指担保机构前几家最大客户的担保余额占总担保余额的比例。该指标反映了担保机构是否遵循风险分散的原则去经营担保业务，可用于对担保项目风险的分散程度或风险集中程度进行评价。将担保项目的客户集中度保持在一个适当的水平，是防范不可预测事件而导致担保风险集中爆发的一项有效措施。在计算该项指标时，最大客户的户数一般选前5户，如果在保项目的数量超过100户，可适当增加最大客户数，但最多不应超过10户。

$$客户集中度 = \frac{前5家最大客户的担保余额}{担保余额}$$

（二）担保业务运营质量指标

担保机构是一种经营信用产品的特殊企业，衡量其业务运营质量的经济指标与一般企业有着较大的差别。担保业务的运营质量指标比较多，监管部门和担保机构可根据不同的考核和评估目的选用不同的指标进行考核、评价和预测。

1. 担保代偿率

担保代偿率是衡量担保业务运营质量最重要的指标，它反映担保机构已解除的担保额中出现代偿支出的比例。本比率越低说明担保机构经营担保业务的成功率越高。根据计算期限的不同，担保代偿率也可分为累计担保代偿率和年度担保代偿率两项指标。

$$担保代偿率 = \frac{（同期）代偿支出}{（同期）已解除担保额} \times 100\%$$

需要说明的是，一些担保机构或相关文章在计算"担保代偿率"时，采用的计算公式是"代偿支出/担保余额"或"代偿支出/累计担保额"，我们认为这样的计算方法是不合理的。同一时期的"代偿支出"与"担保余额"或"累计担保额"是不可比的两个数，"担保余额"和"累计担保额"都包含了尚未解除责任的担保额，其中还可能会发生"代偿支出"，只有"已解除担保额"与"代偿支出"才具有同期的可比性。此外，如果采用"代偿支出/担保余额"的公式来计算和考核担保代偿率，担保机构完全可以通过人为调节某个时点担保余额的大小来控制"担保代偿率"的高低，这样也就失去了该项指标的考核意义。

担保机构经过若干年的运行后，如果担保业务客户群相对稳定，业务操作和风险控制措施比较规范，宏观经济环境没有发生大的变化，其"担保代偿率"应该能够保持在一个相对稳定的水平。此时，担保机构就可以运用"担保代偿率"来预测未来可能发生的代偿风险，提早筹集和调度代偿所需的资金。

未来可能发生的代偿额 = 担保余额 × 担保代偿率

截至某时可能发生的代偿额 = 截至某时到期的担保余额 × 担保代偿率

2. 担保代偿余额率

担保机构发生代偿后，其代偿款可以通过追偿回收全部或部分，因此，担保机构不仅要重视所发生的代偿额，在内部业务考核上更应该重视代偿余额。担保代偿余额率是担保代偿余额与已解除担保额的比率，该指标比"担保代偿率"更具动态性和合理性，可用于担保机构的内部业务考核、责任制考核以及对担保业务风险的预警。

$$担保代偿余额率 = \frac{（同期）担保代偿余额}{（同期）已解除担保额} \times 100\%$$

3. 担保未决赔付率

担保未决赔付率是指担保业务可能发生的损失（即未决赔付）与担保业务收入的比率。代偿发生后，代偿款的回收无论在时间上还是数量上往往具有较大的不确定性，在无法准确确定担保代偿最终损失的情况下，可按照谨慎原则，把未收回的代偿款都作为可能发生的损失处理。由于有关财务制度的限制，本比率不适合作为经济效益考核指标使用，但在担保机构的内部经营管理上，可运用本比率代替"担保赔付率"对担保业务进行考核，其意义与"担保赔付率"基本相同，但比"担保赔付率"更具有财务稳健性。

$$担保未决赔付率 = \frac{代偿支出 - 已回收代偿}{担保业务收入} \times 100\%$$

4. 担保成功率

担保成功率是反映担保机构在一定期间内经营担保业务的成功程度，是体现担保机构经营水平的一项重要指标。计算本指标时要注意保证每项数据都是同一期间的发生数。

$$担保成功率 = \frac{已解除担保额 - 担保损失额}{已解除担保额} \times 100\%$$

或：

$$担保成功率 = (1 - \frac{代偿支出 - 收回代偿}{已解除担保额}) \times 100\%$$

5. 代偿回收率

代偿回收率是指已收回代偿金额与已发生代偿支出的比率。本比率反映了担保机构对代偿支出的追偿回收程度。由于回收的代偿资金与代偿发生的资金难以在时间上对应，所以本比率一般采用累计数据进行计算。

$$代偿回收率 = \frac{累计已收回代偿金额}{累计已发生代偿支出} \times 100\%$$

6. 担保成本系数

担保成本系数是担保机构某一时期所发生的担保赔付损失与同期已

解除担保额的比率。担保成本系数反映了担保机构为社会提供担保而付出的担保资金损失成本。担保成本系数越小,说明该担保机构的担保业务运作越成功。

$$担保成本系数 = \frac{（同期）担保赔付损失}{（同期）解除担保额}$$

7. 担保单位成本

担保单位成本是指提供每1元担保额所发生的成本,一般包括担保机构的运营成本和担保代偿损失发生的成本。

$$担保单位成本 = \frac{（同期）运营成本 + （同期）代偿损失}{（同期）提供担保额}$$

(三) 担保机构经营稳健度评价指标

担保机构从事的担保业务是风险性较高的业务,担保机构应该严格按照"稳健经营"的原则来运行。以下几项指标可以用来监测和评价担保机构运行的风险状况以及经营的稳健程度,也可以作为政府监管部门或信用评级机构对担保机构进行资信评估的依据。

1. 准备金充足率

准备金充足率是指担保机构提取的各种担保风险准备金与未处理代偿损失的比率,反映了担保机构提取的担保风险准备金对可能发生的损失的保障程度。按有关财务制度规定,未处理代偿损失一般是指账龄在三年以上的代偿应收未收款项。稳健型的担保机构准备金充足率应该达到100%以上。

$$准备金充足率 = \frac{担保风险准备金余额}{账龄三年以上代偿余额} \times 100\%$$

2. 代偿支付保障率

代偿支付保障率是指担保机构在某一期间内可用来支付代偿的现金和现金等价物对同期可能发生的代偿额的保障程度。该指标可用来考核担保机构经营担保业务的稳健程度,同时也可用来评估担保机构是否存在代偿支付危机。按照稳健经营的原则，担保机构的"代偿支付保障率"一般要求大于或等于1。在该指标中，"可能发生的代偿额"可根据担保机构的平均代偿率计算得出，如果担保机构的业务量不是很多，也可根据某一时期的担保余额具体分析每个项目的情况后得出。

$$代偿支付保障率 = \frac{（同期）可承担担保责任的现金 + 现金等价物}{（同期）到期的担保余额 \times 平均代偿率}$$

本计算公式里的现金包括库存现金、银行存款和其他货币资金；现金等价物是指担保机构持有的期限短、流动性强、易于转换为已知金额的现金，价值变动风险很小的投资。现金等价物的支付能力相当于现金，能够满足担保机构即期支付的需要。

3. 担保能力利用率

担保能力利用率是指担保机构当前的在保余额与最大担保能力的比率。该比率在总体上反映了担保机构在当期担保能力的利用程度和剩余担保能力。该指标可用于监控担保机构业务总规模对机构资产安全可能发生的影响，并可用于预测、计划今后待发展的业务规模。

$$担保能力利用率 = \frac{担保余额}{最大担保能力} \times 100\%$$

$$最大担保能力 = \frac{承担担保责任的资金或资产 - （代偿余额 + 不良资产额）}{（1 - 担保成功率）\times 担保责任比例}$$

应该注意的是，担保机构的最大担保能力不是一个常数，而是一个动态值，比较科学的做法是每年测算一次。

第五节　担保机构的持续经营

一、担保机构持续经营的重要性

我国大多数的担保机构是政府为了实现某些社会发展目标而设立的，其经营宗旨最重要的是依照政府的政策要求去实现政府的社会发展目标。如中小企业信用担保机构的经营宗旨就是要支持中小企业的发展,增加政府税收和社会就业。担保机构作为一个独立经营的经济实体,不可避免地受到来自外部和内部各种因素的影响。国内外的经济环境、当前担保行业的发展状况与竞争条件、政府的监管与政策支持等都对担保机构的生存与发展产生极大的影响;与此同时,担保机构自身也面临着人才资源、经营管理、财务平衡等方面的问题。

"高风险、低收益"是经营担保业务的真实写照,如果担保机构纯粹以担保作为经营业务,外部得不到政府政策和资金的支持,内部没有建立完善的风险控制和管理制度,仅以担保费收入来维持担保机构的经营和发展将是十分困难的。我们可以通过举一个简单的例子来说明担保机构要持续经营所遇到的困难。

[例] 某担保机构为一个贷款额为100万元的项目提供担保,收取担保费费率为1%,如果项目全额发生损失,试问要再做多少笔相同的担保业务才能挽回损失?担保机构需要有多高的成功率才可能保本?

答案是:$100 \div 1 = 100$(次)

$(100-1) \div 100 = 99\%$

即如果按担保费率1%计算,每损失一笔担保,需连续成功地再做100次相同额度的担保才可能弥补损失;担保项目成功率需达到99%以上才可能保本,这里还未包括人员成本、管理成本以及资金成本等。可见担保业务的风险与收益相差是多么的悬殊,确保担保项目的成功率是多么的重要。

当担保机构"自身难保"时,不可能再去为别人提供担保。因此,防范风险、提高担保项目的成功率是担保机构可持续发展的前提,而担保机构实现持续经营又是政府通过担保业务实现其社会发展目标的前提。

二、影响担保机构持续经营的因素

(一) 外部原因

外部经营环境是担保机构生存和发展的重要条件。影响担保机构持续经营的外部经营环境包括很多因素,其中最重要的是经济环境、行业环境、政府监管与政策导向等。

1. 经济环境

影响担保机构持续发展的经济环境包括宏观经济、地区经济和被担保企业的经营状况等，担保机构对经济环境的分析和判断将对其经营产生重大的影响。

（1）宏观经济。国家宏观经济的发展状况和走势对大多数企业都会产生影响，对担保机构也不例外。在没有特殊情况影响的条件下，宏观经济的表现是有一定规律和周期性的，一般来说，在宏观经济环境较好的时期，担保机构的生存和发展环境较为宽松；在宏观经济环境表现不佳的时期，担保机构面临的困难也比较多。在特殊情况下，宏观经济环境也会受到难以预测事件的影响而恶化，如亚洲金融危机、"9.11"事件、"非典"疫情或特大自然灾害、战争等，由于波及社会的方方面面，可能会在短时间内发生大批被担保企业无力偿还借款的情况。如果担保机构平时没有建立针对突发和重大事件的风险防范机制，其对担保机构的影响也可能是致命的。

（2）地区经济。我国的担保机构多分散在各个地区，各地区的财政状况、经济形势、产业结构及该地区企业的经济结构、整体经营状况等，都是影响担保机构经营的因素。由于我国的担保机构主要是服务于当地的中小企业，因而地区经济的发展状况对担保机构的影响程度更大。与此同时，地区经济的发展状况也影响到当地政府对担保机构及其担保的中小企业支持力度和政策导向。

（3）被担保企业的经营状况。中小企业是我国担保机构的主要担保对象，一般来说，中小企业是社会的相对弱势群体，对宏观经济环境变化的适应性较差，一旦宏观经济环境发生变化，往往会导致许多中小企业发生经营困难，而中小企业的经营状况将直接影响到担保机构的担保业务质量。

2. 行业环境

行业环境是指担保机构所处行业在国民经济中的地位、行业的发展与竞争状况以及行业前景等，这些因素对担保机构的生存和发展都有着重要的影响。

（1）行业地位。行业在国民经济中的地位最终决定了国家产业政策的取向。作为主要为中小企业提供融资担保服务的担保机构,其行业地位与政府对中小企业的产业政策取向是密切相关的。近年来,我国各级政府对中小企业的发展日益重视,随着中小企业在国民经济中的地位不断上升,我国的担保行业也得到了快速发展。但是,由于我国担保行业发展的时间较晚,大多数担保机构在社会中的地位和知名度并不高,担保机构在政府、金融机构和企业等方面得到的信任度还不高。有些地区的金融机构对担保机构作用的认识和了解还不够深入,许多地方担保机构与银行的合作还存在着较多的问题,有些银行甚至把担保机构纯粹看成其转移贷款风险的一种手段。虽然目前担保行业对国民经济的影响度还十分有限,但随着担保行业的快速发展和业务量的迅速提高,担保机构的作用和担保业务产生的社会效益逐渐得到政府和社会各方面的认可,其在国民经济中的地位和影响力相应得到提高,一些地方政府已将开展政策性担保业务视为政府扶持中小企业发展最重要的举措之一。

（2）行业发展与竞争。虽然我国担保行业出现的时间较短,但近年来,各地成立的担保机构有如雨后春笋,数量增加很快。由于政策性的中小企业担保机构基本上是按地域设立的,开展业务的范围也仅限于其所在地区,因此各地的担保机构之间目前的竞争状况还不明显。但我们也应该注意到,随着一批跨地区、实力较强、专营商业性担保业务的担保机构的出现,已经打破了我国担保机构以地区为界限、"各自为政"的局面,担保行业也开始面临市场和人才的竞争。

（3）行业前景。目前,中小企业融资难的问题较为普遍和突出,这就为政策性担保机构的发展提供了广阔的天地。但是,我国的经济环境、信用环境和法律环境对以融资担保为主业的担保机构的生存和发展并不是十分有利,加上担保业务本身的高风险性和收益之间严重不对称,从总体上看,目前我国的中小企业担保机构还是面临着较大的信用风险和法律风险。如果不能得到政府有关政策和资金的后续支持、没有建立相应的担保损失补偿机制,中小企业信用担保机构的生存环境和发展条件将得不到保障。

3. 政府监管与政策导向

在影响担保机构可持续经营的诸多因素中,政府部门的监管、产业政策的导向及相关法律规定对担保机构的影响最为直接。因此,我们不仅要看到目前政府的监管与产业政策对担保机构的影响，而且还要分析政府监管与产业政策的变化趋势对担保机构产生的影响。

（1）产业政策和相关法律规定。我国担保行业发展的时间较短，国家有关产业政策还不是十分完善，但基本的监管与产业政策已经建立。1999年6月14日，国家经贸委发布了《关于建立中小企业信用担保体系试点的指导意见》（国经贸［1999］540号），以贯彻政府扶持中小企业发展政策意图为宗旨的全国中小企业信用担保体系正式启动。该指导意见规定，中小企业信用担保机构的担保收费标准一般控制在同期银行贷款利率的50%以内；担保放大倍数一般在担保资金的10倍以内。

2000年8月24日，国务院《关于鼓励和促进中小企业发展的若干政策意见》（国办发［2000］59号）出台，我国中小企业信用担保体系开始进入制度建设和完善阶段，该办法规定："对纳入全国试点范围的非营利性中小企业信用担保、再担保机构，可由地方确定，对其从事担保业务收入，3年内免征营业税。"

2001年3月，财政部印发了《中小企业融资担保机构风险管理暂行办法》（财金［2001］77号），政府部门开始对中小企业担保机构实行风险管理。该《办法》规定：担保机构对单个企业提供的担保责任金额最高不得超过担保机构自身实收资本的10%，担保机构担保责任金额一般不超担保机构自身实收资本的5倍，最高不得超过10倍；担保机构应按当年担保费的50%提取未到期责任准备金，按不超过当年年末担保责任余额1%的比例以及所得税后利润的一定比例提取风险准备金，用于担保赔付。风险准备金累计达到担保责任余额的10%后，实行差额提取。

中华人民共和国第九届全国人民代表大会常务委员会第二十八次会议于2002年6月29日通过了《中华人民共和国中小企业促进法》，并于2003年1月1日起施行。国家以立法形式进一步明确了通过信用担保方式促进中小企业发展的各项政策，体现了国家对建立中小企业信用担保体系的高度重视和支持。《中华人民共和国中小企业促进法》规定：中央财政预算应当设立中小企业科目，安排扶持中小企业发展专项资金；地方人民政府应当根据实际情况为中小企业提供财政支持；国家设立中小企业发展基金。国家中小企业发展基金可用于支持建立中小企业信用担保体系。国家推进中小企业信用制度建设，建立信用信息征集与评价体系，实现中小企业信用信息查询、交流和共享的社会化。国家鼓励各种担保机构为中小企业提供信用担保。

（2）政府监管和后续政策支持。各地政策性的中小企业担保机构一般由原经贸委系统和财政部门进行行业管理。政府有关部门对担保机构开展担保业务的行政干预程度、担保资金的出资额和管理方式、担保资金核销补偿机制是否建立等管理体制，都在不同程度上影响着担保机构的经营和发展。特别是还没有建立担保资金核销补偿机制的担保机构，一旦出现经营和代偿危机，其可持续经营能力是很值得怀疑的。

（二）内部原因

在我国，由于政府管理部门并未规定担保行业的准入条件，成立一个担保机构并不是很困难的事情，但是，担保机构成立以后，要想保持长期、稳定的经营并不是件容易的事情。事实上，很多担保机构由于自身经营管理方面的原因，经过一段时间的经营后都面临可持续经营的危机。影响担保机构持续经营的内部因素有：

1. 人才资源

担保机构是一种知识密集型企业，一个担保机构能否成功经营担保业务，很大程度上取决于其经营管理人员和业务操作人员的专业知识水平以及对担保项目风险的控制和管理能力。因此，担保机构的管理层应该具备很高的风险管理经验以及对风险和经营环境的认知和判断能力；对于从事担保业务具体操作的人员，除了要求具备所需专业知识、业务技能和经验以外，还应该具有良好的职业道德，只有同时具备以上两方面条件的员工，才称得上是一个合格的"担保人"。

2. 营运机制和风险控制、管理能力

担保业务的高风险性要求担保机构必须将风险管理与相互制衡机制贯穿于具体的经营管理之中。对担保业务风险的控制和管理能力决定了担保机构能否持续经营以及持续经营的水平。一个稳健的担保机构必须建立起比较完善的风险管理制度，不仅对每项业务有比较充分的风险认识，还需要在具体的业务操作过程中将风险控制和风险管理工作融入到每一个环节。担保机构的风险控制和风险管理能力主要体现在以下几方面：

（1）内部基本管理制度是否健全，档案管理、信息系统与统计系统是否及时有效反映业务运行情况。

（2）担保项目的评审方法、评审程序与具体操作办法是否科学、严密。

（3）项目审查与决策过程、权限划分、决策程序是否严格、科学；决策过程和组织结构之间是否建立了相互制衡的机制；是否建立了对道德风险的防范制度；公司监事会和审计机构的权限是否真正独立。

（4）对担保项目设置的反担保方式和操作过程是否严格、可行、有效。反担保措施是否具有法律的时效性、执行的可行性和有效性。

（5）对有潜在风险的项目和已经发生代偿的项目处理方法是否及时、有效。代偿率和损失率是否控制在合理的范围，代偿项目回收的及时性和回收比例。

（6）是否与银行建立了比例担保的合作关系。

（7）担保项目的组合是否符合风险分散的原则，项目的集中度是否合理。担保余额与担保资金的比例、担保能力的利用率是否合理。

（8）担保机构用以支撑担保业务风险的担保资金数额的大小，担保资金是否具有稳定性和增长性，是否建立了担保资金的核销补偿机制。

（9）担保机构的财务状况是否良好，是否保持了资产的安全性和流动性；担保资金运作的收益率及其安全性是否有保障。

（10）担保机构是否建立了担保业务的风险监控和评价办法、对未来风险的预测和预警制度。

3. 财务平衡状况

担保业务的高风险性决定了担保机构不可避免地会发生一定的担保损失，如果担保机构实现的收入不能弥补担保活动中涉及的全部成本，或者担保机构经营担保业务发生的损失过大且未能得到及时、足额的补偿，都会对担保机构的信誉和持续经营构成重大威胁。担保机构是一个经营信誉的特殊经济实体，不仅要通过经营担保业务来实现财务上的收支平衡，还需要保证资产的安全性和流动性，保证有充足的现金流量和

代偿能力。因此,保持良好的财务状况是担保机构持续经营的基础。担保机构发生财务危机的原因一般有:

(1) 担保基金数额太少,资金运作收益率过低,不足以产生足够的投资收益来维持担保机构的正常运转以及弥补担保业务造成的损失。

(2) 担保业务未形成规模,担保业务收入过小,不足以弥补担保业务所发生的成本。

(3) 担保费率设置过低,导致担保费收入与担保业务成本差额较大。

(4) 担保业务风险过于集中,某一段时间内的代偿额过多或单个项目的代偿额过大,导致资金周转困难或产生支付危机。

(5) 担保代偿回收率太低或未能尽早回收代偿资金,导致现金流入未能及时弥补现金流出。

(6) 机构运营成本过高。担保机构员工数量过多或人工成本过高、机构设置臃肿、业务操作程序过于复杂等,都会造成担保机构运营成本的升高。

三、担保机构的持续经营水平

担保机构虽然是一种特殊的经济实体,但最终决定其能否持续经营的因素与其他经济实体的区别不大。一般来说,当担保机构的总收入可以弥补全部成本时,担保机构就具有财务意义上的持续经营能力。

(一) 担保机构的收入和成本

1. 担保机构的收入

担保机构的收入来源一般包括两部分:

(1) 来自担保业务的收入。主要是经营担保业务收取的担保费、评审费、手续费和其他相关费用。

(2) 来自运作担保基金的投资收益。为保证担保基金的安全性和流动性,担保机构的投资一般只限于风险小、易于变现的短期投资,如购买国债、企业债券等。

2. 担保机构的成本

担保机构的成本主要包括：

（1）现金性支出成本。主要指担保机构和业务运营的管理费用，包括员工工资、办公费用、交通费用、评审费用等支出成本。

（2）非现金支出成本。包括固定资产折旧、提取的风险准备金等。风险准备金的具体提取比例受到相关财务制度的限制，原则上风险准备金要足以弥补担保代偿发生的损失，但过多地提取风险准备金会导致担保机构的利润减少，这是担保机构的商业投资者所不能接受的。

（二）担保机构持续经营的层次

在财务意义上，确定担保机构持续经营水平有三个不同的层次：

1. 基本业务运营的持续经营

这是担保机构可持续经营的第一个层次。当担保机构经营担保业务产生的收入与担保机构营业总支出（不包括担保代偿损失）之差不为负值，即说明该担保机构达到了基本业务运营的可持续性经营。

担保机构可持续经营的第一层次：

$$担保业务总收入 \geq 营业总支出（不包括代偿损失）$$

2. 财务意义上的持续经营

这是担保机构可持续经营的第二个层次。如果担保机构通过经营担保业务产生的收入加上担保基金运作产生的投资收益，能够完全弥补担保业务的总成本（包括担保代偿损失）和担保基金运作的总成本，即达到了财务意义上的持续经营。此时担保机构才有可能为其投资者产生投资回报。

担保机构可持续经营的第二层次：

$$（担保业务总收入＋担保基金运作收益）\geq（营业总支出＋代偿损失）$$

3. 完全业务运营的持续经营

这是担保机构可持续经营的第三个层次，也是最高层次。如果担保机构仅靠经营担保业务产生的收入就能够弥补担保业务的营业支出和担保业务的代偿损失,即担保业务的营业收入大于或等于担保业务总成本,担保机构就达到了完全业务运营的持续经营。达到这个层次后,担保机构就完全可以按照商业化原则来经营和管理担保业务。一般来说,由于政策性融资担保业务的风险和收益的严重不对称性,以中小企业贷款担保为主营业务的担保机构很难达到完全业务运营的持续经营这个层次。

担保机构可持续经营的第三层次:

$$担保业务总收入 \geq (营业总支出 + 代偿损失)$$

此外,还有两种特殊情况:一是有些担保机构从制度上得到了政府对其担保损失补偿的承诺,这种情况下,计算担保机构的持续经营水平应在收入来源中加上政府的补贴款。二是有些政府组建的担保机构,政府对其担保业务和经营人员干预较大,有些经营人员的工资和管理费用不在担保机构中开支,政府对担保损失的补偿也未形成制度,此类担保机构的持续经营水平较难予以量化的评价。

四、担保机构如何实现可持续经营

(一) 处理好实现社会发展目标与维持自身生存的关系

大多数政府组建的担保机构经营目的并不是为了赢利和实现最大可能的投资回报,而是直接或间接地赋予其支持地方企业发展的职能,实现政府提出的社会发展目标。由于担保业务的收益与风险是不对等的,一个担保机构如果过多关注自己的可持续经营水平,就容易导致其尽可能少地做担保业务,而将担保基金大多用于投资业务,获取大量的投资收益。此时,这个担保机构虽然达到了财务意义上的可持续经营水平,但其实际上已不是一个以担保为主业的担保机构,也无法实现政府要求的社会发展目标,很难再得到政府资金和政策的支持。因此,担保机构应该在实现政府要求的社会发展目标和持续经营性方面保持一种相对平衡的关系。担保机构的社会贡献目标与其自身经济效益虽然很难达到统一,但应该尽可能的做到协调增长,这样担保机构的持续经营才有保证。

（二）采取必要的措施，保障担保机构的经营具有可持续性

在以担保业务为主营业务的前提下，担保机构要保证经营的持续性，可采取以下措施：

1. 建立、健全内部经营管理和风险管理有关规范制度

相关制度有：担保项目评审规范、担保业务操作规范、担保项目责任制度、项目决策规范、风险监控和预测办法、担保业务从业人员道德规范等等。

2. 提高担保业务数量

在担保代偿率相对稳定的情况下，担保规模越大，实现的担保业务收入越多。但提高担保业务数量不应该是通过集中承保大项目来实现，担保机构要根据具体项目的情况和自身的担保能力来决定担保组合，在坚持风险分散和对风险有效控制的前提下实现更多的担保业务收入。

3. 提高担保业务质量

通过对贷款比例担保，增加贷款银行的责任心，可以减少担保机构承担风险的比例；通过提高担保机构对担保项目的评审水平，可以在事前更有效地防范风险的发生；通过采取更有效、更严格的反担保措施，可以增加债务人的违约成本，防止道德风险的发生。以上这些措施都是提高担保业务质量的必要途径。

4. 降低成本，提高收益

简化不必要的工作程序，提高业务运作效率。在可能的前提下合理增加担保费费率，但对此应极为谨慎，应避免超出市场的接受水平和借款人的负担能力。

5. 开发担保相关业务

如通过为借款人提供多样化的咨询、信息等服务，增加担保机构的收入渠道。

6. 提高担保代偿回收率

通过建立项目责任制或通过法律诉讼程序,提高代偿项目的回收率,尤其是现金回收率。

7. 增加担保基金数额,实现更多的投资收益

大多数担保机构的担保业务是不能做到收支平衡的,必须依靠运作担保基金产生的投资收益来支撑。担保机构应努力说服投资人增加更多的担保基金,并在保证担保基金安全性和流动性的前提下多途径运作资金,实现更多的投资收益。

8. 争取政府政策和资金支持,建立稳定的补偿机制

中小企业融资担保业务"高风险、低收益"的特性决定其必须是一种政策性的业务,融资担保业务如果没有政府的政策和资金支持是难以为继的。因此,世界上很多国家都为政策性融资担保机构制定了"代偿损失核销补偿制度",政府对担保机构的担保代偿损失给予一定比例的资金补偿,或者定期补充担保机构的资金数量,其目的就是要保证担保机构的可持续经营,实现政府更多的社会发展目标。

令人欣喜的是,2003年7月财政部颁发了财金〔2003〕88号《关于加强地方财政部门对中小企业信用担保机构财务管理和政策支持若干问题的通知》,文件明确规定:"政府出资的中小企业信用担保机构发生的代偿损失,在年末担保责任余额5%以内、担保机构提取的风险准备金不足以弥补的,主管财政部门审核后可给予一定补偿,有条件的地区可适当提高补偿比率。"这一规定是我国政府支持中小企业担保机构的重大举措。如果这一政策能够得到落实,将为我国中小企业信用担保机构的可持续发展创造十分有利的条件。

第十章

担保机构的会计核算

本章提要：由于国家没有明确的规范，担保机构如何执行会计制度，如何做到核算准确、规范，报告真实、完整，已成为困惑担保机构财务人员的一个问题。本章未对会计基础理论及实务问题做全面的叙述，而是根据我们对担保业务相关的会计理论的理解和研究，试图对或有负债、担保准备金、担保费收支及质押和抵押资产的会计核算、报告等实务操作问题进行一些阐述。

第一节 概 述

一、担保机构的会计制度背景

为了规范企业的会计核算，真实、完整地提供会计信息，2000年12月财政部发布了《企业会计制度》，从2001年1月1日起暂在股份有限公司范围内执行；2001年11月财政部又发布了《金融企业会计制度》，并从2002年1月1日起暂在上市的金融企业范围内实施，同时鼓励其他股份制的金融企业实施。

统一会计制度是大势所趋。担保机构如何执行会计制度，如何做到核算准确、规范，报告真实、完整，已成为担保机构从业人员关注的一个焦点。

从担保业务的性质、作用及经营方式等分析，可以说担保与保险很相近，其业务领域也有交叉。传统的融资担保是指第三方对借款人的贷款提供的还款保证，在借款人到期未能履行还款义务时，担保人代为偿还债务。这种担保实际上是金融业务中介或延伸。因此，担保机构应该被视同为金融企业,执行《金融企业会计制度》。

二、担保机构会计的对象及特点

担保机构会计的对象是指担保机构会计核算、分析、监督及报告的内容。即在担保机构组织担保经营活动中发生的能以货币形式记录和反映的各项经济业务。可概括为资产、负债、所有者权益、收入、费用和利润等六个会计要素。

(一) 资产

《金融企业会计制度》第九条规定,"资产是指过去的交易、事项形成并由企业拥有或者控制的资源,该资源预期会给企业带来经济利益。"担保机构资产按流动性分类,主要分为流动资产、长期投资、固定资产、无形资产和其他资产。其中流动资产包括现金、银行存款、其他货币资金、短期投资、应收票据、应收担保费、应收分担保款、应收评审费、应收股利、应收利息、应收手续费、存出保证金、其他应收款、预付账款、应收补贴款、预付代位补偿款等。担保机构资产的确认、计量等核算原则与金融企业或其他企业基本相同,只是在担保资产和预计资产的核算上,与其他企业相比有很大的特殊性。如:可否在资产负债表中的流动资产项目内增加"开出担保函"科目,用以核算反映担保机构开出的担保保证。如果可以,这是否意味着对"资产"定义的突破。下面章节将会重点分析和叙述。

(二) 负债

负债是指过去的交易、事项形成的现时义务,履行该义务预期会导致经济利益流出企业。担保机构的负债分为流动负债和长期负债,其具体内容包括短期借款、应付票据、应付账款、应付工资、应付税金及长期借款等一般企业所具有的负债项目,除此之外,还应该包括应付分担保费、短期责任准备金、存入担保保证金、预计负债、应付担保额和长期担保准备金等内容。

或有负债是担保机构经营中一个重要内容,而新会计制度规定企业不得确认或有负债,即企业不能将担保等或有负债纳入表内反映。担保机构的主营业务不能在表内反映,对担保机构来说是一个大问题,在研究制定担保机构会计核算办法时,需要解决此问题。因此,负债的确认和计量问题,是担保机构会计核算的重点。或有负债的会计核算问题将在本章第二节中重点论述。

(三) 所有者权益

所有者权益是指所有者在企业资产中享有的经济利益,其金额为资产减去负债后的余额。主要包括实收资本、资本公积、盈余公积和未分配利润等。为了规避担保业务风险,应该允许担保机构从税后利润中按规定比例计提代位补偿金。

(四) 收入、成本费用和利润

担保机构与金融企业相比,担保机构应该包括担保费收入、分担保费支出和担保赔偿支出等项目,除这些收入和成本费用项目略有差别之外,其收入、费用和利润的确认、计量等核算原则基本相同。下面重点对担保机构的特殊核算问题进行描述和说明。

第二节 或有事项会计核算

一、或有事项的概念

或有事项是专业担保机构经营运作和会计核算中的一个重要概念。所谓或有事项,是指过去的交易或事项形成的一种状态,其结果须通过未来不确定事项的发生或不发生予以证实。它包括"或有负债"和"或有资产"两部分内容。

二、或有事项的特征

或有事项具有如下四个特征:
(一)或有事项是过去的交易或事项形成的一种状态。如贷款担保,就是由借款人、放款人和担保人三方进行交易所形成的现存状态。而未来可能发生地震、火灾等,则不符合本特征。

(二)或有事项具有不确定性。是指或有事项的结果是否发生具有不确定性,如为其他单位提供贷款担保,如果被担保人到期无力还款,担保人将负连带责任,进行代偿。对担保人来说,担保事项构成或有事项,但这种连带责任是否履行,在开始签订担保合同时是无法确定的。

(三)或有事项的结果只能由未来发生的事项确定。如上所述的担保事项,未来是否履行代偿,只能看被担保人的经营情况及偿债能力。也就是说随着影响或有事项结果的因素发生变化,或有事项最终会转化为确定事项。

(四)这种影响或有事项结果的不确定因素不能由担保机构所控制。担保业务发生后,被担保企业经营得好坏如何,担保机构往往很难控制和影响。

三、对担保或有事项的会计处理方式

在新会计制度执行之前,各类企业(包括专业担保机构)对担保业务所形成的或有负债的会计处理方式可划分为三种:

第一,担保业务发生和正常解除时,除对收取担保费进行会计处理之外,对担保这一经济活动不再做任何会计处理。只有当代偿发生时,有实际资金运动或债权债务发生时,才进行有关账务处理。理由是:担保业务并没有引起担保机构的资金运动。

第二,设立表外科目,如"开出担保保证",采取单式记账,进行表外核算。在担保业务发生时,按承担的担保责任金额,贷记本科目;到期解除担保责任或代偿后,借记本科目。本科目按担保委托人设置明细账。本科目期末贷方余额为承担的担保责任余额,该数字不在资产负债表内反映,而是在报表附注中说明。现行会计制度下,担保机构一般采用此种方式。

第三,设置表内科目,采用复式记账方式纳入表内核算,如在资产方设"应收担保函"、"应收追偿款",负债方设"应付担保额"、"应付担保责任款"等科目。担保业务发生时,借记"应收担保函"账户,贷记"应付担保额"账户。担保责任解除后,做相反的会计分录。确

认应代偿金额时,借记"应付担保额",贷记"应付担保责任款"。代偿时,借记"应付担保责任款",贷记"银行存款"。同时,借记"应收追偿款",贷记"应收担保函"。

采取这种方式将担保资产余额、在保责任余额、应代偿款及应收追偿款等重要信息纳入了会计报表内反映。对专业担保机构来说采用第三种方式似乎更恰当。但是,此方式与新会计制度发生了严重的冲突。

四、新会计制度对或有事项的规定

《企业会计准则—或有事项》、《企业会计制度》和《金融企业会计制度》,对或有事项的会计核算都做出了特别规定。

(一) 或有负债转化为负债的条件

《金融企业会计制度》第一百二十六条规定:如果与或有事项相关的义务同时符合以下条件,企业应当将其作为负债:

1. 该义务是企业的现时义务;
2. 该义务的履行很可能导致经济利益流出企业;
3. 该义务的金额能够可靠地计量。

符合上述确认条件的负债,应该在企业资产负债表中单列项目反映。

(二) 或有负债不应该纳入表内核算

《金融企业会计制度》第一百二十九条规定,企业不应当确认或有负债和或有资产。

由此可见,或有负债不应该纳入表内核算,但应当在会计报表附注中披露。只有当与或有事项有关的义务符合上述三个条件,达到确认为负债的条件时,才能纳入表内核算。

(三) 或有资产的会计处理原则

根据谨慎性原则,或有资产不应纳入表内核算,一般也不应当在会计报表附注中披露。但当或有资产"很可能"给企业带来经济利益时,应当在会计报表附注中作适当披露。只有当能够"基本确定"收到时,方可作为资产单独确认，纳入表内反映。

（四）预计负债的核算

新会计制度规定，企业应该设置"预计负债"科目，用于核算企业各项预计负债。企业必须按规定的项目和标准，合理地确认和计提各项很可能发生的负债。本科目按预计负债项目设置明细账，进行明细核算。本科目贷方余额反映企业预计代偿的债务，该数字期末应在资产负债表中单独列示。

按新会计制度规定，担保业务主要会计核算分录举例如下：

1. 担保业务发生时，不进行账务处理。
2. 确认担保费收入时：

借：银行存款或应收担保费
　　贷：担保费收入

3. 会计期末按规定确认预计负债项目及金额：

借：营业费用（担保赔偿支出）
　　贷：预计负债

4. 合同到期代偿时，按如下几种情况处理：

（1）该项目代偿金额与原预计负债金额相等

借：预计负债
　　贷：银行存款

（2）该项目代偿金额大于原预计负债金额

借：预计负债
　　营业费用（担保赔偿支出）
　　贷：银行存款

（3）该项目代偿金额小于原预计负债金额

借：预计负债
　　贷：银行存款
　　　　营业费用（担保赔偿支出）

（4）该项目已计提预计负债，到期解除合同，但未发生代偿。

如果该项目金额较小，可冲减当期担保赔偿支出。会计分录为：

借：预计负债
　　贷：营业费用（担保赔偿支出）

如果该项预计负债金额较大,超过了上年营业费用的10%,则按重大会计差错更正办法,调整期初留存收益及会计报表的其他项目的期初数。

(五) 预期可获得补偿的处理

企业不得确认或有资产,只有在补偿金额基本确定能收到时,作为资产单独确认,而且确认的补偿金额不得超过所确认的负债账面价值。

确认补偿金额的会计分录为:
借:其他应收款
　　贷:营业费用(担保赔偿支出)
　　　　或追偿收入

五、新会计制度的适用性

以上是按新的《企业会计制度》或《金融企业会计制度》规定,对担保业务所产生的或有事项的一般会计处理流程。对此可概括为三句话:(1)对"很可能"或"基本确定"要发生的或有事项,才能确认,并纳入表内核算和反映;(2)对"可能"发生的或有事项仅在备查簿中登记,期末在会计报表附注中披露;(3)对"极小可能"发生的或有事项,不记录也不报告。

该处理方法是目前处理担保业务核算问题最合法的方式。这对一般工商企业是适用的,而对以担保为主业的担保机构来讲,显得过于简单,不完全适用。因为一般企业之间很少发生担保业务,对偶尔的一笔或几笔担保业务来说,其发生代偿的可能性很小。而专业担保机构以担保为主要经济活动,随着担保规模的逐步扩大,发生代偿的可能性也迅速增大。无论是贷款担保,还是其他担保品种,都有一个共同特点,即每一笔担保都是"可能的"负债,可能给担保机构带来损失。对如此大量的"可能的"负债,"不记录也不报告"显然不够恰当。对担保机构的主营业务"仅仅在备查簿中登记、期末在会计报表附注中披露",不能完整地反映担保机构的经营全貌,也不符合重要性原则。只是对"很可能"或"基本确定"要发生的或有事项,才能确认并纳入表内核算和报告,不能真实地反映担保机构资产和风险状况。

总之，新的会计制度对专业担保机构不完全适用。担保行业在中国才刚刚起步，需要我们担保行业的会计人员在新的经济环境中，逐步探索和运用新的会计核算方法，有些方面必须从理论上有所突破。譬如：担保本身没有引起价值运动，而只是作为中介，为价值运动（经济活动）提供了条件。就是说，一笔担保业务从签订担保合同，到解除担保责任，如果没有发生任何代偿与追偿行为（收取担保费除外），该笔担保业务就没有引起担保机构的价值（资金）运动。从传统的会计理论上讲，企业会计的对象是：企业经济活动中可以用货币表现的资金运动。按照这一理论指导，上述担保业务没有引起资金运动，无须进行会计核算，只需在发生代偿与追偿时，或收取担保费时，对相应的内容进行会计核算。

对专业担保机构来说，担保就是其主要经济活动，是其提供的有偿服务，担保额即是其营业额。担保机构所担保的规模、发生的代偿数量等，都是他人了解该担保机构的担保能力、财务状况、风险大小的重要信息，按重要性原则理应进行核算，并在会计报表中充分披露。

六、对担保机构会计核算问题的探讨

在国家推行统一企业会计制度，并正在着手制定《担保企业会计核算办法》之际，特建议专业担保机构执行《金融企业会计制度》，并在此制度基础上通过增设部分表内科目的方法，如在资产方设"应收担保函"、"预付代位赔偿款"科目，在负债方设"应付担保额"科目，对担保机构担保业务的发生、解除、代偿和追偿等一系列经济活动，进行全面系统的会计核算和监督。由于担保业务与保险业务有相似之处，因此"存入保证金"、"存入分保准备金"、"未决赔款准备金"、"未到期责任准备金"、"长期责任准备金"及"保费收入"等保险企业所采用的会计科目，担保机构也可以借鉴使用。通过增设部分表内科目，采取复式记账的方式，期末将有关担保信息纳入资产负债表内反映，解决了担保机构对担保主业的会计反映问题。

具体会计核算分录举例如下：

1. 担保机构签订一笔100万元的贷款担保合同时

借：应收担保函　　　　　　　　　　　　　　　1 000 000

第十章　担保机构的会计核算

　　贷：应付担保额　　　　　　　　　　　　　　　1 000 000
　2. 合同到期借款人还款 80 万元
　　借：应付担保额　　　　　　　　　　　　　　　800 000
　　　　贷：应收担保函　　　　　　　　　　　　　　　800 000
　3. 确认应该代偿 20 万元
　　借：应付担保额　　　　　　　　　　　　　　　200 000
　　　　贷：预计负债　　　　　　　　　　　　　　　　200 000
　4. 实际代偿时
　　借：预计负债　　　　　　　　　　　　　　　　200 000
　　　　贷：银行存款　　　　　　　　　　　　　　　　200 000
　　借：预付代位赔偿款　　　　　　　　　　　　　200 000
　　　　贷：应收担保函　　　　　　　　　　　　　　　200 000
　5. 实际追偿收回 10 万元
　　借：银行存款　　　　　　　　　　　　　　　　100 000
　　　　贷：预付代位赔偿款　　　　　　　　　　　　　100 000
　　6. 由于借款人破产等原因，最终确认损失 10 万元。如果该担保机构已计提担保赔偿准备金，则冲销担保赔偿准备金；如果没有计提或计提不足，则全部或部分记入担保赔偿支出。

　　借：担保赔偿准备金（或担保赔偿支出）　　　100 000
　　　　贷：预付代位赔偿款　　　　　　　　　　　　　100 000

　　本办法的优点是：将担保机构承担的担保余额、应代偿的预计负债以及代偿后应追偿的权利等重要信息纳入了表内核算，解决了专业担保机构对主营业务的会计核算和会计报告问题。

　　本办法缺点是：将担保机构开出担保函列入资产，虚增了担保机构的资产规模；将其所承担的担保责任全部列为负债，夸大了负债金额。最关键的是本办法突破了新会计制度的规定，很难被接受。

　　此条仅为对解决担保机构核算问题的探讨。在《担保企业会计核算办法》发布之后，以该办法为准。

第三节 担保准备金的会计核算

担保是一种高风险的经济活动,而且,其风险往往是滞后的,在保险企业中采取的计提未决赔款准备金、未到期责任准备金和长期责任准备金等政策,也应该在担保机构中执行,这也是"谨慎性原则"的要求。

一、短期责任准备金

即对损益核算期在1年(含1年)以下的担保项目,按当期担保费收入的一定比例(建议按当期担保费收入的50%)提取短期责任准备金。一般采用提存本期、转回上期的办法。通过"短期责任准备金"、"提存短期责任准备金"和"转回短期责任准备金"科目进行会计核算。短期责任准备金科目期末余额要列入资产负债表的流动负债中。

1. 提取短期责任准备金时

   借:提存短期责任准备金

   　　贷:短期责任准备金

2. 期末结转利润时

   借:本年利润

   　　贷:提存短期责任准备金

3. 期末转回上年同期提取的短期责任准备金

   借:短期责任准备金

   　　贷:转回短期责任准备金

4. 期末结转利润时

   借:转回短期责任准备金

   　　贷:本年利润

这种通过"提存本期、转回上期"的核算办法,从长期来看,并没有减少利润,而只是起到了延缓实现利润的作用,能够弥补担保风险滞后性这一缺点,因此符合谨慎性原则。为了简化核算,我们也可以将"提存短期责任准备金"和"转回短期责任准备金"合并为一个科目。

二、长期责任准备金

对损益核算期在1年以上的担保项目,在业务还没有到结算损益年度时,按业务年度担保费收支余额提取的长期责任准备金,应该通过"长期责任准备金"、"提存长期责任准备金"和"转回长期责任准备金"科目进行会计核算,其提存、转回等会计核算原理和方法与短期责任准备金类似。长期责任准备金期末余额列入资产负债表的长期负债中。

1. 提取长期责任准备金时
   借:提存长期责任准备金
       贷:长期责任准备金
2. 期末结转利润时
   借:本年利润
       贷:提存长期责任准备金
3. 期末转回上年同期提取的长期责任准备金
   借:长期责任准备金
       贷:转回长期责任准备金
4. 期末结转利润时
   借:转回长期责任准备金
       贷:本年利润

三、担保赔偿准备金

按年末担保责任余额的一定比例提取担保赔偿准备金,列入成本。当担保赔偿准备金余额达到担保责任余额的一定比例后实行差额提取。担保赔偿准备金用于支付担保损失支出,已计提的担保赔偿准备金不足支付的部分,直接计入当期损益表中的担保赔偿支出科目。担保赔偿准备金科目期末余额可列入资产负债表的长期负债中;也可将其作为预付代位赔偿款的备抵项目,将预付代位赔偿款余额减除该项目余额后列入资产负债表中的资产方。

1. 提取担保赔偿准备金时

   借：营业费用（担保赔偿支出）

   　　贷：担保赔偿准备金

2. 代偿时

   借：预付代位赔偿款

   　　贷：银行存款

3. 追偿收回现金或其他资产时

   借：银行存款（或固定资产等）

   　　贷：预付代位赔偿款

4. 确认赔偿损失时

   借：担保赔偿准备金

   　　贷：预付代位赔偿款

这种会计处理方法，从短期看，可能加大了成本，减少了利润；从长期看，并不影响利润总额。最主要的是：它体现了权责发生制和谨慎性原则的要求，按各期担保责任合理分摊担保损失。

四、代位赔偿基金

年终从税后利润中按一定比例提取代位赔偿基金。其会计分录如下：

借：利润分配

　　贷：代位赔偿基金

这种处理方法的目的是增加担保机构的资金积累，增强抗风险能力。

五、担保风险基金

担保机构可以用上述提取的各种准备金，连同其他专用资金，如在税收优惠中减免的税金等作为资金来源，建立担保风险基金。严格规定风险基金的用途，譬如只能以存款形式存放银行或购买易于变现的国债等，以提高担保机构资金的流动性，增强支付能力，抵御担保代偿的财务支付风险。

第四节 担保费收支的会计核算

担保费核算主要通过在损益表中增设"担保费收入"、"分担保费支出"、"担保赔偿支出"等会计科目完成。

一、担保费收入

担保费收入科目核算担保机构按担保合同、分保合同规定收到的担保费收入及分担保费收入。按合同计算当期应收担保费时,借记"银行存款"或"应收担保费"科目,贷记本科目。

二、分担保费支出

分担保费支出科目用于核算担保机构分出分担保业务时,向分担保单位支付的分担保费。发生分担保费时,借记本科目,贷记"银行存款"、"应付分担保费"等科目。

三、担保赔偿支出

在营业费用中设"担保赔偿支出"二级科目,用于核算担保失败的赔偿支出。按规定计提担保赔偿准备金时,借记本科目,贷记"担保赔偿准备金"。在担保业务失败出现代偿后,担保机构按担保合同和反担保合同进行追偿,或处理抵押资产,对经过追偿确实无法收回的部分,可确认为损失。担保损失按如下办法进行会计核算:如果已计提了担保赔偿准备金,则冲销担保赔偿准备金,借记"担保赔偿准备金",贷记"预付代位赔偿款";如果担保机构没有计提担保赔偿准备金或计提的金额不足,则全部或部分记入当期担保赔偿支出,借记本科目,贷记"预付代位赔偿款"。

第五节　担保质押、抵押资产的会计核算

作为反担保措施，担保机构往往要求被担保企业以适当可靠的资产为抵押或质押。对该部分资产如何进行会计核算，也是一个值得探讨和研究的问题。

资产是指过去的交易、事项形成并由企业拥有或者控制的资源，该资源预期会给企业带来经济利益。资产有三个特征：（1）资产是由过去的交易或事项所形成的；（2）资产是企业拥有或者控制的；（3）资产预期会给企业带来经济利益。

一、质押资产的会计核算

根据《担保法》规定，质押包括动产质押和权利质押。动产质押是指债务人或者第三人将其动产移交债权人占有，将该动产作为债权的担保。权利质押是指以汇票、支票、存款单、仓单、股票、专利权等法律允许的权利凭证出质，在合同约定的时间内将权利凭证交付担保人，将该权利凭证作为债权的担保。

虽然质押转移了财产的占有，但担保机构并不能随意处置，其性质属于或有资产。从谨慎性原则考虑，不应在担保机构的资产负债表中列示，应该在备查簿中登记。只有在担保业务发生代偿后，才能将质押资产列入资产负债表中。其会计核算方法可参照《金融企业会计制度》对抵债资产的处理方式。

1. 担保代偿时
借：预付代位赔偿款
　　贷：银行存款

2. 以实际代偿款作为抵债资产的入账价值，将质押资产纳入表内核算。其会计分录如下：
借：待处理抵债资产
　　贷：预付代位赔偿款

3. 处置抵债资产时，如果取得的收入大于抵债资产的账面价值，

其差额应退还出质人。其会计分录如下：
　　借：银行存款
　　　　贷：待处理抵债资产
　　　　　　其他应付款
　　4. 处置抵债资产时，如果取得的收入小于抵债资产的账面价值，其差额作为担保损失。其会计分录如下：
　　借：银行存款
　　　　担保赔偿准备金
　　　　贷：待处理抵债资产
　　5. 保管和处置过程中发生的费用，可直接计入营业外支出。
　　借：营业外支出
　　　　贷：银行存款
　　6. 经协商将抵债保留自用，转为固定资产等。其会计分录如下：
　　借：固定资产
　　　　贷：待处理抵债资产
　　根据谨慎性原则，期末应将待处理抵债资产按照账面价值与可收回金额孰低计量，列入资产负债表的其他资产中。

二、抵押资产的会计核算

《担保法》规定，抵押是指债务人或第三人不转移资产的占有，将该财产作为债权的担保。债务人不履行债务时，债权人有权以该财产折价或者以拍卖、变卖该财产的价款优先受偿。

由于抵押资产不转移财产的占有，即担保机构不能拥有或者控制，也不能随意处置，因此，抵债资产不符合资产的第二个特征，不应在担保机构的资产负债表中列示。担保机构应该在备查簿中登记。在担保业务发生代偿后，根据双方协商以抵押物折价或者以拍卖、变卖该抵押物所得价款受偿；协商不成的可以向法院提出诉讼。

1. 经协商或经法院裁决以抵押物折价的会计核算分录，请参考上述质押部分。
2. 经协商或经法院裁决以拍卖、变卖该抵押物所得价款受偿，在收到受偿价款后，借记"银行存款"，贷记"预付代位赔偿款"。不足弥补代偿款的部分为担保损失。

三、担保保证金的会计核算

《担保法》对担保保证金没有明确规定。《担保法司法解释》第八十五条规定，"债务人或第三人将其金钱以特户、封金、保证金等形式特定化后，移交债权人占有作为债权的担保，债务人不履行债务时债权人可以以该金钱优先受偿。"由于目前实际操作中，担保保证金基本上是存入担保机构的银行账户或以担保机构名义开立的共管账户，此类担保保证金符合资产的定义，应按照如下进行会计核算：

1. 收到担保保证金时
   借：银行存款
       贷：存入担保保证金
2. 担保合同到期解除担保责任，返还保证金时，会计分录如下：
   借：存入担保保证金
       贷：银行存款
3. 发生代偿时
   借：预付代位赔偿款
       贷：银行存款

同时，按合同约定以保证金抵补代偿款。其会计分录如下：
   借：存入担保保证金
       贷：预付代位赔偿款

第六节　会　计　报　告

按照上述描述和说明进行会计核算的担保机构，其可能的资产负债表、利润表和资产减值表格式如下：

一、资产负债表

担保机构可能的资产负债表格式如下：

表 10－1　　　　　　　　资产负债表

编制单位：　　　　　　　　　年　月　日　　　　　　　　　　单位：元

资产	行次	年初数	期末数	负债和股东权益	行次	年初数	期末数
流动资产：				流动负债：			
货币资金	1			短期借款	37		
短期投资	2			应付票据	38		
应收票据	3			应付账款	39		
应收股利	4			预收账款	40		
应收利息	5			**应付分担保费**	41		
应收账款	6			应付工资	42		
应收担保费	7			应付福利费	43		
应收分担保费	8			应付股利	44		
其他应收款	9			应交税金	45		
预付账款	10			其他应交款	46		
应收补贴款	11			其他应付款	47		
预付代位补偿款	12			预提费用	48		
存货	13			**短期责任准备金**	49		
待摊费用	14			**存入担保保证金**	50		
一年内到期的长期债权投资	15			**预计负债**	51		
（应收担保函）	16			**（应付担保额）**	52		
其他流动资产	17			其他流动负债	53		
流动资产合计	18			一年内到期的长期负债	54		
长期投资：				流动负债合计	55		
长期股权投资	19			长期负债：			
长期债权投资	20			长期借款	56		
长期投资合计	21			应付债券	57		
固定资产：				长期应付款	58		
固定资产原价	22			专项应付款	59		
减：累计折旧	23			**长期责任准备金**	60		
固定资产净值	24			其他长期负债	61		
减：固定资产减值准备	25			长期负债合计	62		
固定资产净额	26			递延税项：			
工程物资	27			递延税款贷项	63		

续表

资产	行次	年初数	期末数	负债和股东权益	行次	年初数	期末数
在建工程	28			负债合计	64		
固定资产清理	29			所有者权益（或股东权益）：			
固定资产合计	30			实收资本（或股本）	65		
				减：已归还投资	66		
无形资产及其他资产：				实收资本（或股本）净额	67		
无形资产	31			资本公积	68		
长期待摊费用	32			盈余公积	69		
其他长期资产	33			其中：法定公益金	70		
无形资产及其他资产合计	34			**代位补偿金**	71		
递延税项：				未分配利润	72		
递延税款借项	35			所有者权益（或股东权益）合计	73		
资产总计	36			负债和所有者权益（或股东权益）总计	74		

会计主管： 　　　　复核： 　　　　制表：

表中涉及担保业务的项目用黑体加下划线特别标出。其中资产方"应收担保函"和负债方"应付担保额"为本章第二节特别建议的内容，在表中用括号标出，需财政部专门批准，并在《担保企业会计核算办法》中明确后方可使用，否则，不得使用。

1. 第7行"应收担保费"项目反映担保机构按担保合同规定应收未收的担保费。

2. 第8行"应收分担保费"项目反映担保机构按分担保协议规定应收未收的分担保费。

3. 第12行"预付代位赔偿款"项目，按担保机构已经代偿尚未追偿回的资金余额，并扣除担保赔偿准备金余额后填列。

4. 第16行"应收担保函"项目反映担保机构开出的到期末尚未解

除的担保资产余额。

5. 第33行"其他长期资产"项目反映的内容，应包括待处理抵债资产科目的借方余额。

6. 第41行"应付分担保费"项目反映担保机构按分担保协议规定应付未付的分担保费。

7. 第49行"短期责任准备金"反映按规定提取和转回的短期责任准备金的期末余额。

8. 第50行"存入担保保证金"项目反映担保机构按合同规定收取的担保保证金余额。

9. 第51行"预计负债"项目反映担保机构已预计未支付的债务。

10. 第52行"应付担保额"反映担保机构期末仍然承担担保责任的在保债务余额。

11. 第60行"长期责任准备金"项目反映担保机构按规定提取和转回的长期责任准备金的期末余额。

12. 第71行"代位补偿金"反映担保机构从税后利润中提取的代位补偿基金余额。

二、利润表

担保机构可能的利润表格式如下：

表 10－2　　　　　　　　利　润　表

单位：　　　　　　　　　年　月　　　　　　　　　单位：元

项　目	行数	本月数	本年累计数
一、主营业务收入	1		
减：主营业务成本	2		
主营业务税金及附加	3		
二、主营业务利润（亏损以"－"填列）	4		
加：其他业务利润（亏损以"－"填列）	5		
减：营业费用	6		
其中：担保赔偿支出	7		
财务费用	8		

续表

项　　目	行数	本月数	本年累计数
三、营业利润（亏损以"-"填列）	9		
加：投资收益（损失以"-"填列）	10		
补贴收入	11		
营业外收入	12		
减：营业外支出	13		
四、利润总额（亏损以"-"填列）	14		
减：所得税	15		
五、净利润（亏损以"-"填列）	16		

会计主管：　　　　　　　　　　　复核：　　　　制表：

1. 第1行"主营业务收入"项目反映担保机构担保业务所取得的担保费和分担保费等收入合计数。

2. 第2行"主营业务成本"项目反映担保机构当期经营担保业务所发生的直接费用。

3. 第5行"其他业务利润"反映担保机构担保业务以外取得的收入，减除所发生的相关成本、费用以及相关税金及附加等支出后的净额。

4. 第6行"营业费用"反映担保机构在经营中所发生的间接费用，发生的担保赔偿支出和计提担保赔偿准备金也在此填列。

5. 表中的其他项目不再说明。

三、资产减值准备明细表

担保机构应将计提的各种准备金填列到资产减值准备明细表中（表10-3），本表作为资产负债表的附表之一，反映担保机构各项资产减值准备及准备金的增减情况。

除此之外，其他报表格式无须做很大改动，不再赘述。

表 10 – 3　　　　　　　　　　　资产减值准备明细表

编制单位：　　　　　　　　　　年度　　　　　　　　　　　单位：元

项　　目	年初余额	本年增加数	本年转回数	年末余额
一、坏账准备合计				
其中：应收账款				
其他应收款				
二、短期投资跌价准备合计				
其中：股票投资				
债券投资				
三、存货跌价准备合计				
其中：库存商品				
四、长期投资跌价准备合计				
其中：长期股权投资				
长期债权投资				
五、固定资产减值准备合计				
其中：房屋、建筑物				
机器设备				
六、无形资产减值准备				
七、在建工程减值准备				
八、委托贷款减值准备				
九、担保短期责任准备				
十、担保长期责任准备				
十一、担保赔偿准备金				

第十一章

担保机构组织结构与职能管理

本章提要：担保业务的特点决定了担保机构组织结构的与众不同，担保机构组织结构的设立必须为实现其战略任务和经营目标服务。本章主要介绍担保机构组织结构设立的主要依据、原则以及担保机构的职能管理、人员基本素质要求和人员配置，从理论和实务两个方面对担保机构组织架构的设立、运营和管理提供指导。

财政部2001年发布的《中小企业融资担保机构风险管理暂行办法》第三条规定，"设立担保机构需依照法律及有关规定办理注册。担保机构注册后方可开展业务"。第四条规定，"担保机构应建立完善的法人治理结构和内部组织结构。鼓励担保机构采取公司形式。目前难以采用公司形式的担保机构，应按照上述要求逐步规范，在条件成熟时改组为公司"。

现阶段我国担保机构主要有三种组织形式，即：企业法人、事业法人和社团法人。根据《中小企业融资担保机构风险管理暂行办法》的有关规定，事业法人和社团法人的形式将逐渐过渡为企业法人的形式。在此，着重介绍作为企业的担保机构的组织结构和职能管理。

第一节 担保机构组织结构设立的主要依据

组织结构是企业的基本框架结构，是企业运营的基础。担保机构的管理者必须加强对企业组织的规范管理、科学设计、及时调整，必须精心管理、调配、应用组织的各种资源，保障企业的高效运转。

在组织结构的具体设立上，应参考、依据组织的基本理论和基本模式，并充分考虑影响担保机构组织结构设立的个性化因素。

第十一章 担保机构组织结构与职能管理

一、组织理论

组织理论是组织结构设计工作的理论指导和基础,反映了组织的发展脉络和演进过程,概括了不同阶段、不同类型组织的基本特征。组织的形成和发展大致可以概括为古典组织理论、现代组织理论和后现代组织理论三个阶段。

组织理论及社会经济的发展,要求我们在设计组织结构时,要遵循组织的一般性质和规律,要与时代同步合拍,同时充分考虑担保机构经营宗旨和业务特点,建立符合业务发展需要、具备有效的风险控制能力,符合经济、文化背景的组织模式,这是我们进行企业组织结构设计的前提。篇幅所限,此处不再介绍组织理论的具体内容,有兴趣者,可参考有关文献。

二、组织结构的基本模式

组织结构并不能解决所有的组织问题,一个组织能否正常运转,除了要选择合理的组织结构形式外,还取决于人员配备、工作激励、行为控制和组织文化等诸多因素。企业的组织结构形式很多,以下介绍几种基本的组织结构模式及其适用范围。担保机构可根据自身规模和业务状况,决定采取哪一种组织模式。

(一)直线制

直线制是一种最简单的集权式组织结构形式,又称为军队式结构。其领导关系按垂直系统建立,不设专门的职能机构,自上而下形同垂直。

直线制结构简单,指挥系统清晰、统一;内部协调容易,管理效率较高。但缺乏专业化的管理分工,经营管理事务依赖于少数管理者。因此,直线制的适用范围是有限的,它只适用于那些规模较小或业务活动简单、稳定的企业。小型担保机构可以采取这一组织结构。

（二）直线职能制

直线职能制是一种以直线制结构为基础，在经理领导下设置相应的职能部门，实行经理统一指挥和职能部门参谋、指导相结合的组织结构形式。

直线职能制是一种集权和分权相结合的组织结构形式，它在保留直线制统一指挥优点的基础上，引入管理工作专业化的做法，因此，既能保证统一指挥，又可以发挥职能管理部门的参谋指导作用，弥补领导人员在专业管理知识和能力方面的不足，协助领导人员决策。所以，它不失为一种有助于提高管理效率的组织结构形式，在现代企业中适用范围比较广泛。较小型或中型担保机构可采取这一组织结构。

（三）事业部制

事业部制也称分权结构，是一种在直线职能制基础上演变而成的现代企业组织结构形式。

事业部制机构遵循"集中决策，分散经营"的总体原则，实行集中决策指导下的分散经营，按产品、地区和顾客等标志将企业划分为若干相对独立的经营单位，分别组成事业部。各事业部在经营管理方面拥有较大的自主权，实行独立核算、自负盈亏，并可根据经营需要设置相应的职能部门。总公司主要负责研究和制定重大方针、政策，掌握投资、重要人员任免、价格幅度和经营监督等方面的大权，并通过利润指标对事业部实行控制。

事业部制结构的优点是权力下放，有利于最高管理层摆脱日常行政事务，集中精力于外部环境的研究，制定长远的全局性的发展战略规划，使其成为强有力的决策中心；各事业部可集中力量从事某一方面的经营活动，实现高度专业化，整个企业可以容纳若干经营特点有很大差别的事业部，形成大型联合企业。主要缺点是容易造成组织机构重叠，管理人员膨胀现象；各事业部独立性强，考虑问题时容易忽视企业整体利益。因此，事业部制结构适合那些经营规模大、生产经营业务多样化、市场环境差异大、要求较强适应性的企业采用。规模较大、业务类型多的担保机构可选择事业部制结构。

（四）矩阵制

矩阵制结构由横纵两个管理系列组成，一个是职能部门系列，另一个是为完成某一临时任务而组建的项目小组系列，纵横两个系列交叉，即构成矩阵。

矩阵制结构的最大特点在于其具有双道命令系统，小组成员既要服从小组负责人的指挥，又要受原所在部门的领导，这样就突破了一个员工只受一个直接上级领导的传统管理原则。矩阵制结构的优点是较好地解决组织结构相对稳定和管理任务多变之间的矛盾，使一些临时性的、跨部门性工作的执行变得不再困难，为企业综合管理和专业管理的结合提供了有效的组织结构形式。但是，矩阵制结构组织关系比较复杂，一旦小组与部门发生矛盾，小组成员的工作就会左右为难。

矩阵制结构适合于业务处于发展阶段，业务类型和业务规模尚不够稳定的担保机构。

（五）子公司和分公司

子公司是指受集团公司或母公司控制，但在法律上独立的法人企业。子公司不是母公司本身的一个组成部分或分支机构，因为它有自己的公司名称和管理机构，有独立的法人财产并以此承担有限责任，可以以自己的名义从事各种业务活动和民事诉讼活动。在母公司和子公司的关系上，母公司通过股权对子公司的经营方向和主要负责人的任免等进行控制。子公司有全资、控股和参股等几种形式，母公司以出资额为限对子公司承担责任。

分公司（营业部）是总公司的分支机构或附属机构，在业务、资金、人事等方面受总公司管辖，在法律上和经济上均无独立性，不是独立的法人企业，没有独立的章程和董事会，其全部资产是总公司资产的一部分。分公司（营业部）可以在总公司的授权下，独立经营，独立核算。总公司对分公司（营业部）承担全部责任。

从组织结构来看，子公司和分公司集中在母（总）公司的周围，构成企业集团的紧密层组织。他们的功能是组织生产经营活动，成为利润中心，其所属单位则以提高质量、降低成本、发展品种为主要职能，成为成本中心。一个企业如果没有子公司和分公司，就不成为企业集团,只能是一个松散的联合体或大企业。因此,子公司和分公司的形式适用于企业集团和集团公司等企业组织。

担保机构设立子公司和分公司(营业部)一般出于建立业务体系的需要。主要从两个方面考虑,一是建立纵向业务体系,如建立资信评估(评级)、信息咨询、投资顾问等子公司;二是建立地区性业务网络,如与某一地区的机构合作,建立开展该地区担保业务的子公司或分公司。

以上是最常见的几种企业组织模式,公司制专业担保机构的组织结构也不外乎以上几种模式。我们在设计担保机构的组织结构时,要充分考虑自身的实际状况,要对本企业的规模、宗旨、组织理念及其他相关因素有全面的了解和把握,这样才能确保组织结构设立科学、合理,符合实际。

三、影响担保机构组织结构设立的主要因素

影响和制约担保机构组织结构设立的因素主要来自行业特点、业务特点、经营宗旨和经营战略、管理体制、企业规模和环境等多方面的因素。

(一)行业特点

首先,专业担保机构的主营业务为信用担保,业务性质属于金融服务范畴,其业务涉及金融、保险、投资、法律、财务、管理等多个学科,属于技术密集和智力密集的行业,担保业务工作中各部门及各类业务人员,既需要责任清楚,分工明确,又需要高度的协调与合作;其次,担保是一个高风险的行业,风险控制既是业务体系中的重要环节,又贯穿于整个业务体系之中;再有,目前担保行业在我国还是一个很不成熟的行业,并且市场需求很大,业务种类和操作技术都在不断创新和发展,开拓业务和规范业务也是担保机构面临的重要工作。这些担保行业的基本特点,对担保机构组织结构的设立具有重要的影响。

(二)经营宗旨与经营战略

担保机构的经营宗旨是其经济活动的目标。经营宗旨一旦确定,就

成为企业一切经济活动的指南。经营战略是实现其经营宗旨的主要路线和指导思想，它决定企业的业务结构、竞争形式和发展方向，企业需根据经营战略对人财物、技术、管理等资源进行相应配置。典型的企业总体战略包括：进入新领域战略、一体化战略和多元化战略；企业竞争战略包括：成本领先战略、差别化战略和重点集中战略等。担保机构经营宗旨的确定要考虑地区定位、行业定位、客户定位、业务类型定位等，具体请参考第四章第一节和第五章第二节。经营战略与组织结构必须与经营宗旨相一致，并为实现其宗旨服务。

（三）业务特点

担保机构的主营业务为信用担保，其突出特点表现为：高风险低收益，风险与收益不对等。因此，不断开拓业务并扩大业务规模，提高担保业务、资金运作业务及投资业务的收入，降低代偿风险，控制营业成本，实现担保机构的持续经营和稳定发展，是担保机构运行中的重要任务。而合理的机构设置是担保机构建立具有有效的业务操作能力和高水平风险控制能力的业务体系的基础。因此，担保机构组织结构的设置要充分考虑以下几点：业务开拓、市场开发与风险控制的一致性，工作效率与审慎原则的一致性，业务部门之间的分工、配合与制约的一致性，经济效益与社会效益的一致性等。

（四）管理体制

担保机构的成立背景、管理体制等，对担保机构的组织结构设立也有一定的影响。由于受多种因素的影响，有些机构仍然延续机关的管理方式，采用以行政手段为主的管理体制。这可能带来工作效率低、风险控制能力差、营业成本高、市场适应能力差等弊端。担保机构的组织结构设计必须面向市场，提高管理效率。

（五）机构规模

机构规模是制约组织结构的又一个重要因素。组织结构的规模和复杂性是随着企业规模的扩大而相应增长的。担保机构的组织结构要与其规模相适应，规模较小的机构，一般采用简单的结构。

(六) 外部环境

企业面临的环境特点，对组织结构中职能的划分和组织结构的稳定性有较大影响。担保业面临的环境主要可归结为：国内经济处于持续发展时期；各类担保业务有较大的市场需求；国家对担保业有一系列的政策支持；法律环境基本建立但仍需不断完善；社会信用体系长期缺失、正在建立但仍然很不完善，担保机构与企业信息不对称现象严重；与贷款人相比，担保机构处于明显的弱势地位；担保机构面对的市场以国内市场为主，地区性担保机构的市场以本地区为主等。宏观经济环境直接影响担保机构的生存与发展，这些因素在机构设置时应予以充分考虑。

第二节 担保机构组织结构设立的一般原则

担保机构组织结构的设立应遵循以下原则：

一、与企业战略目标一致

担保机构组织结构的设立必须为实现企业的战略任务和经营目标服务。企业的任务、目标是企业组织设计的"出发点"和"落脚点"。企业的组织体制和机构是一种手段，而企业任务、目标则是采取这种手段的目的，二者是行为和目的之间的关系。贯彻这一原则，应抛弃组织机构的"上下对口"和"整齐划一"。机构岗位的设置不应"因人设事"，而应当"因事设人"。所有的机构设置和资源配置都要服从并服务于公司的经营宗旨和战略目标。

二、组织设置精干高效

企业的组织结构，在完成任务目标的前提下，应当力求做到机构最精干、人员最少、管理效率最高。现代管理同小规模的经验管理不同。小规模经验管理依靠增加劳动力的数量和提高劳动强度来增加效益。现代企业管理主要依靠先进的科学技术、合理的分工与协作。这时如果企业的机构臃肿，人浮于事，不仅增加企业的运营成本，降低经济效益，更重要的是造成办事效率低下，程序复杂，推诿拖拉，降低企业的经营和管理效率，影响企业的发展。担保机构是新兴的行业，属于智力密集企业，更应该遵循精干、高效的原则，合理配置内部资源，发挥经营优势。

三、组织职能整体协调

分工协作是现代企业发展的客观要求。担保机构管理工作量大，专业性强，因此须分别设置不同的专业部门，这样才有利于把管理工作搞得更深、更细，提高各项专业管理效率，有效扩大业务规模。但是，分工过细也会带来问题和缺点，引起办事程序和手续复杂化，增加各部门之间的协调工作量，导致管理效率下降。因此专业分工不是越细越好，而是有个限度，衡量的标准就是有利于提高工作效率。同时，出于担保业务风险管理的要求，相关业务部门之间不但要有分工、合作，还要有必要的业务制约。

随着专业分工，各专业管理部门之间会在管理目标、价值观念、工作导向等方面产生一系列的差别，因此必须在组织结构设计中十分重视部门间的协作配合，建立有效的分工、合作、制约机制，加强横向协调，提高管理效率，保证企业整体任务和目标的实现。

四、提高组织运行效率

企业管理体制和机构的设置，应该保证经营管理指挥的集中统一，这是现代化企业经营发展的另外一个客观要求。为了保证企业命令和指挥的统一，提高企业的运营效率，要实行以下制度和措施：

1. 实行首脑负责制。企业中的每一个管理层次，如整个企业、部门、科室等，都必须确定一个总负责，并实行全权指挥，以避免多头指挥和无人负责现象。

2. 正职领导副职。企业组织内的正职同副职的关系，不是共同分工负责的关系，而是上下级的领导关系，由正职确定副职分工管理的范围并授予必要的权责。

3. 实行直线职能制。企业的管理人员分为两类。一类是直线指挥人员，如总经理、部门经理、主任等，他们有指挥权，可以向下级发号施令；另一类是参谋职能人员，他们是同级直线人员的参谋和助手，没有对下级的指挥命令权，对下级只能实行业务指导和监督，对下级的命令只能通过同级的指挥人员下达，这样可以避免多头指挥。

五、集权与分权相结合

集权与分权是处理企业上下级分工关系的中心问题。集权与分权是辩证统一的。在企业的经营管理中，既有一定的权力要集中，又有一定的权力要分散。

担保机构内部分工明确，业务风险较大，这就要求在企业高层集中必要的权力，对企业经营活动实行集中统一的领导和管理。这样做，有利于贯彻企业整体经营战略和经营目标，有利于合理利用企业人力、物力、财力资源，提高企业的经济效益，控制业务风险。

同时，担保机构的管理者又必须把一部分管理权限分散到下级组织。这样做，有利于下级单位根据实际情况特别是市场变化迅速正确做出决策，有利于调动下级人员和部门的积极性和主动性，有利于高层领导摆脱日常事务，集中精力处理重大经营问题。

六、责、权、利相结合

担保机构组织结构要做到责任同权力相符。要做到以下几点：

1. 建立岗位责任制。明确规定每一个管理层次、每一个管理岗位、每一个管理人员的责任和权力。这样做，有利于增加人的责任感，也有利于建立和健全正常的管理秩序。

2. 赋予管理人员的责任权力要相匹配。有多大的责任，就应当赋予多大的权力。满足这一要求必须防止两种偏差：一种是有责无权或权力太小，这将影响管理人员的积极性、主动性，从而使其不可能真正负起应有的责任，导致责任制形同虚设；另一种偏差是有权无责或权力很大，但不负具体责任，这种情况必然助长滥用职权和瞎指挥的官僚主义。

3. 责任制度的贯彻必须同相应的经济利益结合起来。为了调动管理人员尽责用权的积极性，还要实行严格的经济责任制度、考核制度和奖惩制度。工作有成绩，应当给予必要的精神上和物质上的鼓励；工作不好的，则要给予行政上和经济上的处罚，严重失职的要开除直至追究其法律责任。

七、稳定性与适应性相结合

担保机构的组织结构必须要有一定的稳定性，即企业要有相对稳定的组织结构、权责关系和规章制度，以保证企业管理机构能按部就班地正常运转，这是企业能够正常地开展经营活动的前提条件。相反，如果企业管理机构朝令夕改，必然产生指挥失灵、职责不清、秩序失常等现象，管理人员也会因此而工作不负责任，采取临时应付的工作态度。

但是担保机构的组织结构又必须有一定的适应性。在市场经济条件下，担保机构的外部环境和内部条件会经常发生变化，这要求企业组织有良好的适应能力，克服僵化状态，能及时而有效地做出相应的改变，进行适应性调整，以适应内外环境的变化。

组织结构的稳定性和适应性是对立统一的。稳定性是基础，应当在保持稳定性的基础上，进一步加强和提高组织结构的适应性。

第三节 担保机构组织结构的设立

在国外，担保机构可以是专业的担保公司，更多的则是保险公司专门从事担保业务的一个部门或子公司。比如在美国，在金融监管方面，保证担保业被各州保险部视作财险类的一种业务，联邦政府对于承保联邦项目的担保公司虽有特别的监管，但监管标准也基本上套用各种财险指标，担保公司的总体组织结构与保险公司大致相同。

在我国，担保业是一个独立的、新兴的行业，国家在审批、监管等方面都有别于保险机构。近年来，国内担保机构发展迅速，各个类型的担保机构不断涌现。在机构性质上有企业法人，有社团法人，还有事业法人。在投资主体上，有政府和政府部门投资的，有以政府投资为主的,还有以民营资本为主的。不同类型、性质的担保机构,其设立的背景、宗旨和目标不同,在机构的设置上、职能划分上等方面会有很大的差异。在此主要介绍公司制专业担保机构的组织结构。

信用担保机构的主要业务和产品是信用担保,有的兼营投资、中介服务等其他业务。在组织架构上,专业担保机构无论采取哪种组织结构模式,都应该设置一些基本的组织功能。例如担保业务经营、项目评估、担保品种开发、投资管理、业务风险管理、行政管理、财务管理、人力资源管理等。要具备这些基本功能,担保机构就应设置相应的部门。机构规模比较大的,有些功能可以细分,建成更细化的部门;机构规模较小的,有些功能可以合并设置部门。担保机构的基本业务功能和管理功能按照运营程序,经过科学合理的组合,便形成了公司的组织架构。

以下列举一些担保机构的组织结构范例(见图11-1、图11-2、图11-3)。

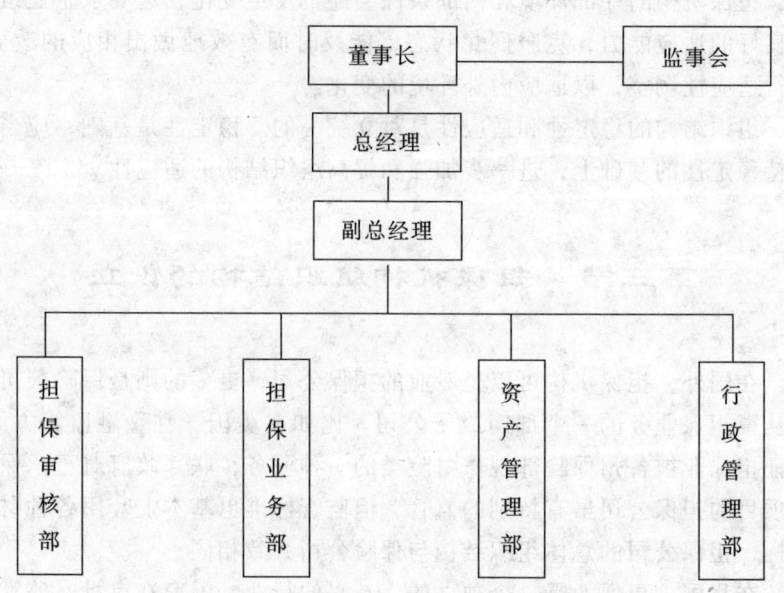

图11-1 小规模担保机构组织结构范例

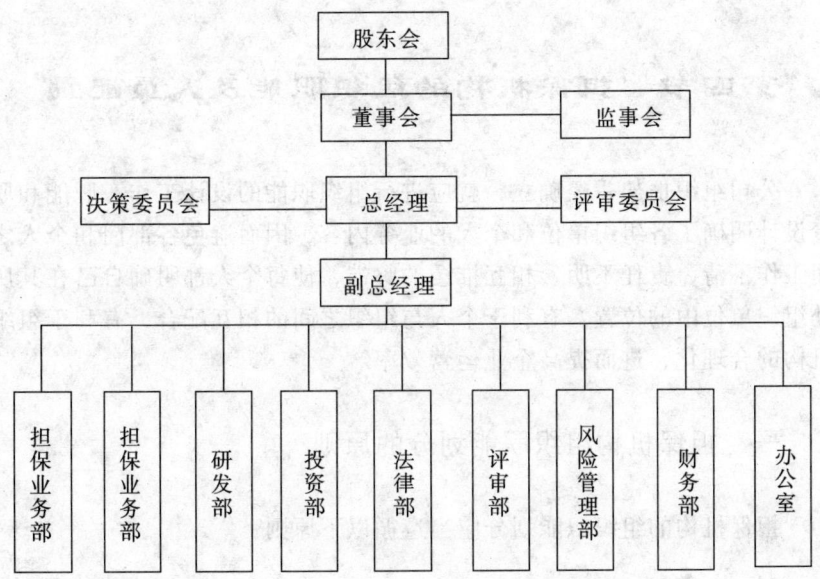

图 11-2　中等规模担保机构组织结构范例

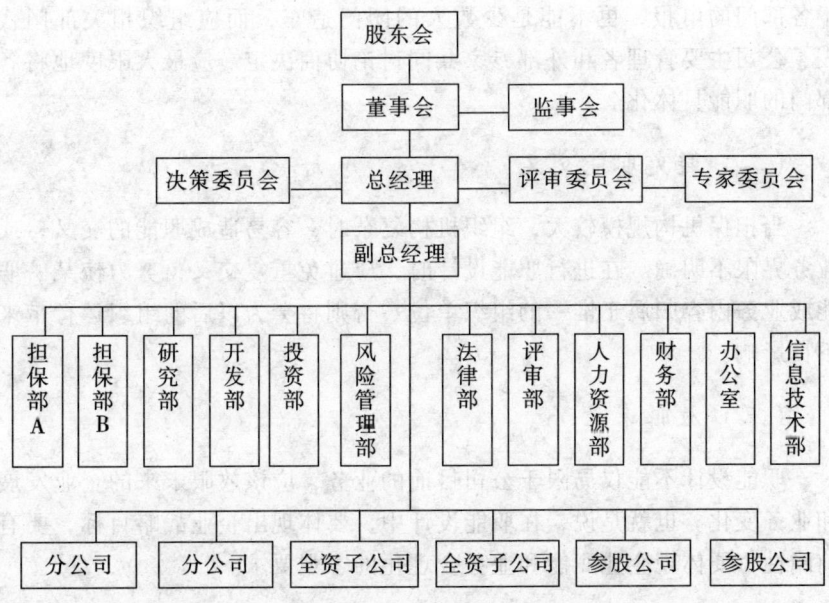

图 11-3　较大规模担保机构组织结构范例

第四节　担保机构的组织职能及人员配置

公司组织框架一经确立,就应进行组织职能的设计工作。职能和职责设计明确了各组织单位和个人的业务内容,因而避免各部门和个人之间工作不清、责任不明、相互推诿的弊端,使每个人都明确自己在其所处组织单位中的位置,有利于个人与组织之间的相互配合,有利于组织机构的合理化,进而提高企业运营效率。

一、担保机构组织职能划分的原则

担保机构的组织职能划分应当遵循以下原则:

(一) 科学具体

职能设计是按组织部门进行的。在进行职能设计时,不能仅仅依赖于各部门的申报,更不能是少数人的闭门造车,而应组织相关部门代表、公司主要管理者和外部专家共同讨论协商决定。应最大限度地将各部门的职能具体化。

(二) 避免职能交叉

当担保机构规模较大,组织机构复杂时,容易造成职能的交叉,或业务界限不明确。在进行职能设计时,应避免重复交叉,努力使某一职能或业务内容归属于惟一的组织单位,否则将会为以后的组织运行带来不良影响。

(三) 放眼未来

职能设计不能仅局限于公司目前的业务,应该放眼未来的企业发展和业务变化。也就是说,在职能设计中,要体现出企业战略目标,要有前瞻性,要体现企业职能和业务合理化的客观要求。

(四) 业务设计均衡

在职能设计过程中,应该注意使各组织单位或个人业务内容均衡,使各组织单位和个人承担的业务职能的质量与数量大致平衡,不存在偏重偏轻的现象;同时,其职能应与该部门的人员素质、资格条件相一致。

二、担保机构业务人员应具备的基本素质

担保机构属于技术密集和智力密集型企业,其最大的运营资本是人才。机构的竞争能力,实际是全体从业人员知识和技能的外在体现。担保机构业务建设的重大任务之一,就是各类专业人员的组织、配置与培养。

1. 职业道德

职业道德是一般社会道德与职业特点相结合的产物,是依据职业特点产生的道德标准,是一般社会道德在特定职业活动中的体现。它体现了人们在职业领域内进行工作的指导思想、劳动态度、责任与义务、协作关系和工作效果。担保从业人员应遵守的职业道德主要有:

(1) 遵守国家法律法规和政策,维护国家和社会的公共利益;

(2) 坚持诚信、敬业、进取的原则,尽职尽责,高质量完成本职工作,自觉维护本企业权益;

(3) 廉洁自律,不得利用职务之便牟取私利;

(4) 对客户的技术和商务秘密,负有保密责任;

(5) 发扬团队协作精神,尊重同行,相互学习,诚恳交流,共同发展。

2. 知识技能

担保业务涉及经济、金融、法律、财务、保险、投资、工程、管理等多个学科,要求从业人员知识结构具有跨学科、多领域的特点,担保业务从业人员应是一专多能的复合型人才。对担保业务人员专业技术具体要求为:

（1）熟悉国家经济政策、行业规划，了解担保相关行业和领域的发展变化和业务运行方式，如银行、保险、信托、基金、国际国内贸易等，确定和调整担保业务与这些行业的结合点；

（2）了解申请担保企业所在行业的特点和变化趋势，如钢铁、汽车、房地产、交通、能源、医药、制造业等，判断在该行业开展业务的可行性，及时捕捉业务机会并开拓业务；

（3）了解宏观经济形势和担保业从业环境，如经济运行周期、行业生命周期、国家政策支持度等，判断和预测担保业务期间经济环境的变化对担保业务的影响；

（4）掌握担保业务的基本原理、操作方法和操作程序，设计担保业务体系，策划担保业务方案，进行一类或几类担保业务的操作；

（5）掌握担保项目评估技术，包括企业资信评估、建设项目评估和其他类型的用款项目评估、反担保措施评估等方面，对担保项目进行全面评估及策划；

（6）熟悉法律业务，掌握担保业务有关法律法规和国家相关政策，设计担保业务合同文本和相关文件，处理有关法律事务，如合同谈判、代偿、诉讼等，用法律手段保障担保机构的权益；

（7）熟悉投资及资金运作业务，熟悉资本市场及金融产品，合理运作担保基金，在保证资金安全性的前提下，通过投资和资金运作，使担保机构获取最大投资收益；

（8）掌握风险管理技术，能够识别、分析担保机构及担保业务的风险，建立风险控制体系，在担保业务的各环节中，设立有效的风险分散、风险控制、风险转移、风险化解措施，进行担保业务全过程风险控制；

（9）熟悉行使抵押权、质押权、起诉等追偿方法，掌握债务重组、抵债资产拍卖、打包出售、资产证券化等化解代偿风险的措施，出现代偿时，最大限度地化解代偿风险，降低代偿损失。

（10）熟悉财务会计和财务管理业务，了解担保业务财务处理及管理的方法和特点，从安全性、流动性、营利性等方面有效管理担保基金和担保机构的各类资产。

另外，担保机构从业人员应具备的技能和素质还有，语言表达能力和文字表达能力、公共关系、计算机办公软件及网络信息应用能力、信息收集及处理能力、业务沟通能力和业务协调能力、创新能力等。

3. 成为复合型、学习型、创新型人才

我国的担保业从1993年起步经历了10余年的发展，目前仍是一个成长初期的行业，正在不断调整业务内容和完善业务技术，实现业务的提升与整合。另外，担保业务所需要的知识技能具有明显的多学科、跨领域的特点，这些都要求担保机构业务人员在工作中不断学习，不断创新，在完成本职工作的同时不断完善自我，成为复合型、学习型、创新型的新型担保业务人才。

三、担保机构主要业务部门职能划分及人员配置

（一）担保业务部

担保业务部是担保机构的主营业务部门，负责担保业务的管理、运营和营销。担保业务部设经理一名，副经理、经理助理及业务经理若干名。担保业务部员工主要与银行、企业、有关部门联系，除应具有一般的业务素质和基本技能外，要有较高的风险意识和项目运作能力，精通担保业务知识，了解金融、投资、法律等相关知识，熟悉企业融资及资金运作。

担保业务部是担保机构必须设立的部门，视其规模大小可设一个或几个担保业务部，按业务品种和客户特点确定各担保部的业务范围。其主要职责可归结为：

1. 担保产品的市场营销和业务发展；
2. 运作担保业务，增加担保收入；
3. 担保业务管理规范和操作规程制定；
4. 担保业务统计、分析等担保业务管理。

当机构大小不同、职能划分不同时，担保业务部的职责会有一定变化。有的机构的担保部承担担保项目受理、评审、在保项目跟踪、追偿等项目全过程；在具有"审保分离"机制的担保机构，则不承担项目评审工作。

（二）开发部

担保业务的"开发"具有两方面的意义，其一是担保品种的开发；其二是担保业务的市场开发。因此，开发部是担保机构的产品研发和市场开发机构，负责新产品设计、市场推介和具体营销。开发部一般设经理一人，副经理、经理助理及业务经理若干名。开发部主要面对银行、客户和有关部门，员工除了具备担保机构员工应具备的一般素质和技能外，要有较高的风险意识、开拓精神、创新能力、市场营销能力和项目运作能力，能够制定科学、完善的项目、产品运作方案和操作流程，为产品的规模运作奠定基础，创造条件。

具有一定规模、业务处于开拓和发展阶段的担保机构可设立开发部。开发部的具体职责是：

1. 担保新产品的运行机制和结构设计、业务流程设计和风险控制方案设计；
2. 营销网络和营销策略设计和开发；
3. 新担保品种的运行，营销网络的前期建设；
4. 已开发成熟产品的运作模式和规范制定。

（三）评审咨询部

评审咨询部的最主要工作是承担担保业务的项目评估，另外，根据项目评估的重点及项目风险点的不同，还可能承担申请担保企业、信用反担保企业的资信调查、资信评估工作，并向客户提供财务咨询、管理咨询、项目策划等咨询业务。一般设经理一人，副经理、经理助理及业务经理若干名。评审部主要面向客户、中介咨询机构、有关部门，员工除具备担保机构员工应具备的一般素质和技能外，要具有较高的财务分析、建设项目评估、资产评估、风险控制等专业知识，能够独立、客观、科学、公正地对项目进行评估，满足担保业务前期风险控制的需要。

评审部的具体职责是：

1. 担保项目评审；
2. 担保组合的风险评价；
3. 评审管理规范和操作规范的制定；

4. 提供资信调查、财务咨询、管理咨询、方案策划等咨询服务。

随担保机构部门职能分工的不同，评审部职能不尽相同。如，具有"审保分离"机制的担保机构只承担担保项目的评审环节；有些担保机构的评审部则承担担保项目受理、评审、在保项目跟踪、追偿等多个环节，涵盖了评审部和担保部的职能。

（四）法律部

法律部是担保机构的法律支持部门。一般设经理一人，副经理、经理助理和业务经理若干名。法律部主要与客户、中介机构、司法机构及有关部门进行联系，员工除具有担保机构应有的一般素质和技能外，要有较高深的法律知识及相应职业资格，熟悉担保业务及相关知识，能够利用经济、行政、法律等手段维护公司的利益，确保公司依法经营。

法律部的具体职责是：

1. 出具或审核担保业务各类合同和协议；
2. 从法律角度对担保项目方案提供咨询意见或审查意见；
3. 负责代偿、追偿工作中的法律工作；
4. 公司法律事务的管理。

法律部的功能是所有担保机构都具备的，但所在的部门有所不同。较大机构一般设立独立的法律部，有的机构则把法律部的职能设在风险管理部或办公室。

（五）风险管理部

风险管理部是担保机构的风险管理部门，负责公司的风险体系、制度、办法的制定及组织实施工作。风险管理部一般设经理一名，副经理、经理助理及业务经理若干名。风险管理部主要面对客户、中介机构、司法机构及有关部门。员工除具有担保机构应具有的一般素质和技能外，要有较强的风险意识，较高的风险化解、项目操作和危机攻关能力，能够有效经营、整合、处置风险资产，利用各种有效、合法的手段，保全公司资产，维护公司权益。

风险管理部的具体职责是：

1. 识别、分析担保业务风险，制定风险管理办法；
2. 对担保业务进行全面风险管理；

3. 逾期代偿资金的催收和追偿工作；

4. 管理、经营、处置和保全公司风险资产。

风险管理部的设置不尽相同，有些担保机构的风险管理部以追偿和资产保全为主，有的具有评审部和法律部的功能，也有的机构没有风险管理部，其功能分布在担保部、评审部、法律部、计财部、办公室等部门。

（六）投资部

投资部负责公司的投资和资金运作业务。投资部一般设经理一名，副经理、经理助理和业务经理若干名。投资部主要面对的是企业、银行、证券公司、信托公司及有关部门，员工除具备担保机构应具有的一般素质和技能外，要熟悉投资及资金运作业务，有较高的投资业务运作能力，熟悉资本市场及金融产品，能够设计、运作高收益、低风险的投资品种，合理运作担保基金，在保证资金安全性的前提下，通过投资和资金运作，使担保机构获取最大投资收益。

较大规模的担保机构和有投资功能的担保机构一般会设立专门的投资部，有些担保机构投资和资金运作业务很少，不设立单独的投资部，投资和资金运作功能设在计划财务部等部门。

投资部的具体职责是：

1. 投资和资金运作策略研究及方案设计；

2. 投资业务开发及实施；

3. 投资项目的收益回收、股权管理；

4. 策划并实施资金运作业务。

（七）研究部

研究部是公司技术、产品创新的前沿，负责公司业务理论、技术、产品的研究开发工作。研究部设经理一人，副经理、经理助理及业务经理若干名。研究部面对的主要是科研机构、大学院校、信息机构及相关部门。员工除具有担保机构应具备的一般素质和技能外，要有较高的理论水平，熟悉国家宏观经济政策，熟悉信用担保及相关行业的法律法规及有关政策，具有较强的创新意识和创新精神，精通担保业务及相关专业知识，为公司开发、创造新的产品和业务机会。

研究部的基本职责是：
1. 担保市场需求及其相关区域、行业和政策研究；
2. 担保的潜在市场和目标客户分析；
3. 国内外担保市场研究和开发成果、发展趋势研究；
4. 公司发展战略和业务方向的研究。

担保机构视其业务需要设立研究部或将其功能设在相关部门。

(八) 信息技术部

信息技术部是公司信息、技术支持部门。负责公司信息系统建设及维护工作。一般设经理一人，副经理、经理助理及技术经理若干名。信息部员工主要面向计算机公司、软件开发公司、客户及有关部门，员工除具有担保机构应具有的一般素质和技能外，要具有良好的计算机软、硬件知识，能够组织建设、维护公司的信息系统及相关设备，确保系统正常运行。

信息技术部的具体职责是：
1. 制定公司电子计算机信息系统的建设计划、预算方案并实施；
2. 电子计算机信息系统软硬件的购置、运行管理、维护和维修工作；
3. 拟订公司有关电子计算机信息系统专业技术管理守则、管理标准和操作规范。

计算机信息系统是担保机构进行业务管理的有效手段。近年来，越来越多的担保机构开始采用计算机业务管理系统，以提高担保业务运作效率及管理水平。担保业务具有一定规模时，设独立的信息部或设专人管理计算机信息系统，有利于加强担保机构信息化建设。

(九) 其他部门

除以上部门外，担保机构还有计划财务部、人力资源部、办公室等部门及相应职能，负责制定公司发展规划、财务管理、人力资源管理和行政管理等工作。其职责和人员配置，此处不再详述。

第十二章

担保机构的信息管理

本章提要：担保机构是信息与知识高度密集的企业，担保机构的经营管理、业务运作、分析决策都应该建立在高质量信息管理的基础上。本章介绍了我国信用担保机构信息化管理的现状，阐释了担保机构信息化的必要性、特点及作用，以及担保机构如何根据自身的业务情况，建设信息系统，实施信息化管理，提出了担保机构信息化管理的解决方案。

第一节 担保机构信息管理的作用与特点

一、信息管理的必要性

（一）我国担保业信息化状况

据不完全统计，到2005年末，全国担保机构已超过4 000家，新的担保机构仍在不断涌现，担保行业的市场化、规范化程度也在迅速提高。尤其是加入WTO后，担保机构之间的联合、外资担保机构的逐步准入及与我国担保机构的合作，将对我国担保业产生重大影响，我国担保市场将呈现国际化特征。新的市场发展态势使国内担保机构面临严峻挑战，对担保公司的经营运作能力提出了更高的要求。

我国担保机构数目虽然增长很快，但担保同业的内部信息化与行业信息化的建设却仍处于起步阶段。中国担保业联盟信息化建设委员会是中国担保业联盟下设的三个专业委员会之一，旨在通过建设中国担保网和联盟成员的协同工作平台来推动行业信息化建设。通过联盟信息化建设委员会的工作推进，目前担保业部分机构已经开始进行不同程度的信息化建设。目前担保行业信息化大致可以分三个层次。一是以中投保公司为代表的，已建立起了较先进的协同工作平台和担保业务系统，通过网络实现分支机构的管理和电子商务业务外延，基本实现业务、管理信息化和决策支持。这一层次的机构主要是中国担保业联盟发起人单位为主，数量不超过 10 家。这些机构的特点是业务规范、资金实力强、人员数量多。二是一些已经单独使用担保业务信息系统的一些机构，这些担保机构建立了基于文件共享的网络系统和基于内网的担保业务处理系统。随着业务的发展，这些机构的信息化建设逐步深入和完善。这一层次的机构目前有二三十家。三是一些已经具备网络硬件条件，计算机等初期 IT 投资已经完成，有意识也有资金，准备根据自身的业务情况选择合适的担保业务信息系统的机构。这一层次的机构占了目前担保机构中的绝大多数。

（二）国际同业信息系统应用简况

日本信用保证协会从 1973 年就开始使用计算机，到 1983 年所有的业务全部用计算机处理，1992 年日本信用保证协会又针对信用保证业务成功地开发一套系统软件，管理功能齐全，使用更方便。目前，全国信用保证协会联合会与各信用保证协会以及中小信用保险公库、城市银行、地方银行实现了计算机联网，信用保证从申请一直到求偿管理，整个过程中的客户信息管理、财务管理和审查业务都已实现了系统化、网络化。计算机的普及应用不但大大地提高了工作效率，而且很大程度地提高了工作质量。为保证日本信用保证协会的全国性网络化管理，它们建立了一整套全国统一的业务规格及操作标准，并与相关行业进行标准的网上信息交换业务。

美国、加拿大在担保业及相关行业中，从事基金、证券、担保（及保险）评价及会计、法律、专业技术等咨询服务的机构均拥有相应的计算机信息系统，各专业的相互渗透与协助，有效地发挥了网络化信息系统的作用。

欧洲主要国家的担保机构也实现了公司级的计算机网络化管理，并实现了与银行的联网，它们所处理的面向全球的担保（保险）业务，不但通过网络获取世界各地的客户业务数据，进行担保（保险）业务的处理，并且利用计算机进行业务辅助分析与决策，甚至无人干预的计算机决策，它们业务量在迅速上升，但雇员却增加较少。西班牙 ACC 担保公司是西班牙第二大专业担保公司，成立于 1987 年，从 1994 年开始开发和使用其自主知识产权的"SACRE 担保业务处理系统"和"ACCn@t 电子商务平台"。截至 2003 年底 ACC 担保公司共有雇员 50 人，在马德里、塞维利亚和瓦伦西亚设有分支机构，通过信息系统集中在总部审批项目和综合授信，2004 年保费收入 1 245 万欧元。2004 年 ACC 担保公司对运行了 10 年的基于 C/S 结构的 SCARE 系统进行向 B/S 结构系统的迁移，并开始在西班牙的担保公司中最早与银行合作开始使用基于 CA 认证的电子签名的电子担保函。

国外同业担保业务的良好表现，除了得益于有较完善的信用体系和较高水准的专业团队外，与不惜巨资采用最现代化手段，建立起先进的网络信息系统密不可分。

（三）自身发展的需要

担保行业是信息与知识应用高度密集型的行业，要求担保机构必须掌握金融、证券、投资、担保、会计、法律法规、评估、咨询等专业技术知识及国家政策等综合性知识，并且具备准确、灵活运用这些知识的技能。担保业虽经营的是自身信用，但承担的是高风险，得到的却是低回报。担保行业的特性决定了担保机构对信息获取与信息化管理的重要性，公司的经营策略、业务运作、内部管理、分析决策无一不建立在高质量信息管理的基础上。因此，一套具有行业特色，满足担保公司特殊业务需要和发展要求，融先进技术平台与成熟应用方案于一体，将国外担保机构的科学管理机制与适合中国国情的管理模式结合起来的高性能、高可靠性信息管理平台，是新的经济环境下担保机构必不可少的管理工具，是全面提升我国担保业自身竞争力、有效控制与降低担保风险并应对"入世"挑战的有力手段。

二、信息化建设的目标

担保机构通过信息化实现信息共享、协同工作、科学管理、规范流程、信息处理，从而提高工作效率、控制与降低公司风险、提升业务处理能力和分析决策能力。

最终，利用信息技术，围绕着实现公司战略目标建立一套能够辅助并推动其实现战略目标的信息系统。信息技术作为一种先进的工具和手段是辅助担保机构实现战略目标所依赖的重要措施之一，能够提升担保机构的核心竞争力。

三、信息化建设的规划

担保机构的信息化要符合我国社会主义市场经济发展阶段和自身担保业务发展阶段的客观条件。根据行业发展的实际情况，我国担保机构信息化的规划分三个阶段。

（一）机构ERP实施工程

建立能够提高企业办公效率、业务处理能力及科学化决策能力的管理信息系统及网络支撑平台，为担保机构达到以信息技术为先进手段来辅助公司实施拓展性经营策略以及业务风险分析和未来的信用服务打好基础。

（二）行业平台网络化营销工程

建立区域性和全国性的担保行业协同工作网，提供行业协同工作平台及其协同办公与协同业务处理系统，并与担保机构管理信息系统集成，达到全国性行业经营策略之目的。

（三）信用库与信息服务工程

即基于信息技术的增值业务实施工程，在充分结合行业主营业务及信息化技术优势的前提下，迎合市场需要，建立企业担保信用征信体系，建立行业担保信用信息数据库。各担保机构的信息系统的信用数据库进行信息交换，为业内与社会公众提供信用信息服务，培育担保行业新的利润增长点。

四、信息化建设整体架构和发展阶段

（一）信息化建设整体架构

在网络硬件环境的基础上，通过协同工作平台的数据整合，实现各应用模块的统一门户。通过系统及网络管理保障体系来保证信息系统的技术安全，通过制度标准及安全保障体系来保证信息系统的运行安全，如图12-1所示。

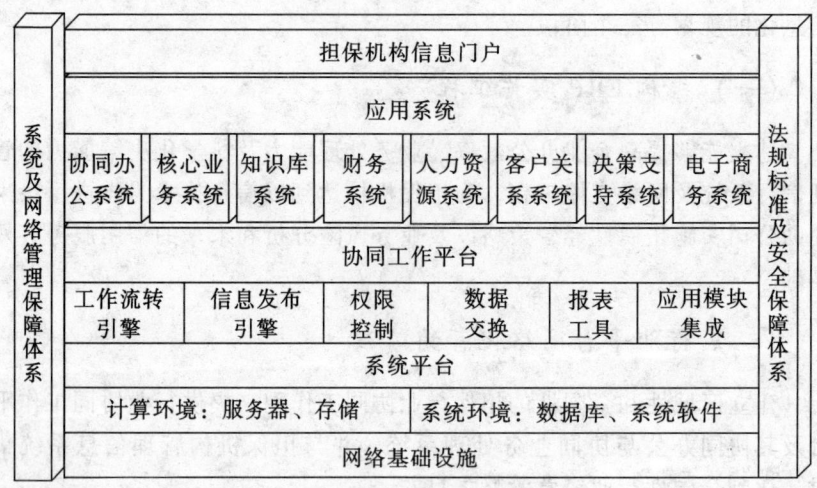

图12-1　信息化建设整体构架

（二）信息化建设发展阶段

如同社会发展的阶段，信息化建设发展阶段具有一定的规律性（如图12-2），但是由于各个担保机构的业务发展规模、资金实力、信息化意识等方面的原因，并不是每一个阶段都需要经历。一个起点高的机构进行信息化建设往往建设初期达到了第三、第四阶段的标准。

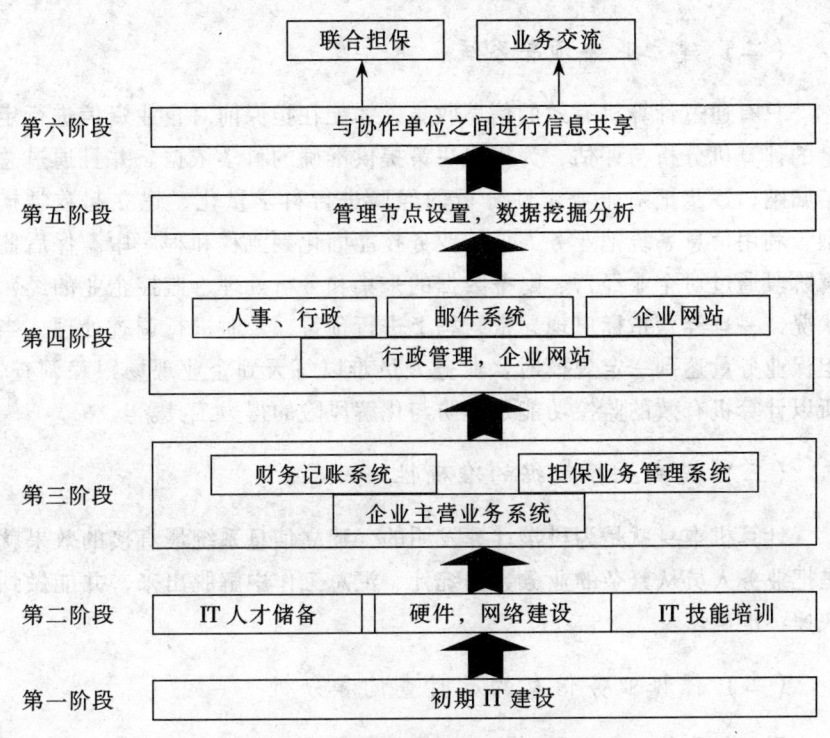

图 12-2 信息化建设发展阶段

五、担保业务信息管理的作用

(一) 规范业务流程

由于国内担保业务开展时间较短,各担保机构的组织结构、业务模式、业务层次不尽相同,业务开展迫切需要规范化操作。建立起较先进的计算机担保业务管理信息系统,有利于规范担保业务操作流程,约束业务人员的行为。基本业务流程科学化、规范化和信息化,保证了部门内部信息沟通的顺畅,有了同一基础数据环境,以及完整的业务处理和过程管理的资料及记录,不仅保证了业务处理资料和业务数据在各部门间的协同共享,同时保证了决策过程的透明度和科学性。

(二) 建立业务预警系统

只有通过计算机有效的信息收集，才能在担保前对企业资信进行定量的计算机分析与评估，为担保决策提供准确的科学依据。并且通过总结归纳，逐步把对企业定性分析的经验进行科学量化，建立起数学模型，利用信息系统把业务人员的业务技能固化到流程和程序中。保后监管阶段通过对企业经营、财务数据的采集和分析处理，监控企业的经营状况，一旦经营指标出现异常，马上进行预警，及时进行调查处理。当担保业务量达到一定规模时，业务人员难以每天到企业现场跟踪调查，所以计算机有效的监控功能是提防与化解风险的得力工具。

(三) 提高业务数据的准确性

计算机本身就是为科学计算发明的，建立信息系统最直接的效果就是把业务人员从繁杂的业务数据统计、汇总工作中解脱出来，并能做到快速、准确。

(四) 保证业务信息的及时查询和分析

当担保业务日积月累，信息量越来越大，如何能快速查询到所要查找的信息，如何推算出未来各时间段到期项目，并根据以往的项目经验预测可能发生的逾期、代偿金额，如何随时分析出担保机构目前的业务指标，有了担保业务的查询分析系统，这些问题就会迎刃而解。

(五) 提高业务运作的效率

通过网络化的信息传递，计算机的信息加工、分析与处理，会大大提高公司的业务运作效率。

六、担保业务信息管理的特点

(一) 综合性

信息系统要能基本覆盖担保机构日常办公事务、担保业务、公司及收集到的各种信息，它是一个综合性、专业性很强的信息系统，任何事务都有一套自己的工作流程，比如担保业务工作流程、项目审批工作流程和办公工作流程，但在建设信息系统时应建设一套统一的底层工作流管理系统，以适应不同的工作流程。

（二）安全性

网络审报与前端报送系统的数据审核（人工或数字认证），公司各部门之间及与外部互相传递的信息，如何保证安全，是一个非常重要的问题。要通过人工或数字认证等手段，解决安全性和保密性的问题。

（三）多样性

我国的担保机构从组建的出资形式就有政府出资、民间出资、企业集资等多种形式；机构组织形式有公司、事业单位和社团法人等；担保机构的地域、规模、业务等也不尽相同。由于各担保机构的自身情况决定了业务模式各具特色，要求信息系统建设工作在满足担保行业常规特点外，还应根据担保机构自身特点量身定制。

第二节 担保机构信息化实施前的评估工作

一、评估工作的重要性

信息化建设评估是担保机构信息化建设中的首要环节，也是最重要的环节。担保机构实施信息化的决策及目标，不能靠想像来定，要靠科学的评估。

担保机构信息化是机构自身不断应用信息技术、深入开发和应用信息资源的过程，是信息技术应用和信息资源开发由局部到全局、由内部到外部、由战术层次到战略层次不断深化的过程，其每一次的建设过程应该包括前评估（计划）、实施、后评估和改进四大环节。

对信息化建设前评估，是从公司引进信息技术的目的和战略出发，根据担保机构自身的实际情况，考察信息技术应用会给经营和管理可能带来的影响,目的是根据担保机构所面临的环境和业务,定义信息系统的目标,确定信息化建设的阶段,制订出科学、可行的信息化建设方案。

二、评估工作的具体内容

信息化建设初期评估,概括起来主要有八个方面,即规模、技术、目标、成本、时间、接受度、开发商和实施方案。

(一)规模

客观评价公司的担保基金规模、担保业务规模、实际人员规模,预测未来几年公司发展规模,从而决定信息化管理与信息系统的建设规模。规模较小的担保机构可以通过先期使用单机版担保业务管理软件,业务量增加和人员增加后再考虑上网络版担保业务处理软件和行政管理系统。

(二)技术

评估担保机构信息化管理与信息技术应用的现状,软硬件应用情况及应用环境,评价在当地环境及与同业比较时所处的技术地位,根据规模与技术决定是否进行信息化建设。同时考虑技术实现的成本、先进性、可扩展性、兼容性,采用主流技术和成熟技术。

(三)目标

确定信息系统建设的目标,明确信息化建设要解决的问题,从而确定本次信息化建设在技术上要达到的先进度。企业信息化带来的收益可以分为有形收益和无形收益,可分别从定量和定性角度来确定。在评估企业信息化经济效益时,要注意平时数据和资料的积累,还要关注信息技术带来的机会和潜力。

企业信息化的经济效益具体表现在:其具有广泛性、间接性和时滞性。在评价时可以从以下几方面入手:减少人工信息处理的工作量,从而节约人工费用和办公开支;加快信息收集、传递、处理速度,提高企业的反应速度;改善服务水平,提高企业的市场竞争能力;改善员工工作满意度；辅助决策，降低风险，增强信用度，改善企业的战略思考等。

（四）成本

根据信息化建设的目标及公司实际财力的综合考虑，初步估计系统建设费用。费用分软件和硬件两大部分，软件部分包括操作系统平台软件、数据库软件、担保业务系统建设费用、运行费用、将来的系统升级与更新换代费用等，硬件费用包括服务器、终端、网络设备等。一般对系统投入的估算可以按照软硬件各占50%计算。同时需要在一次投入的基础上考虑将来的系统维护和升级的费用。

（五）时间

确定信息化正式启用时间，按照项目实施过程的阶段与期望的信息系统启用时间，初步排定出项目实施的时间进度表。

（六）接受度

人是信息化的重要组成部分，也是信息化的参与者，即信息化的主体。在这里，人包括信息技术人员、单位工作人员和客户。对于前者的评价主要考察其计算机应用能力、软件设计开发能力以及理论和实践相结合的能力；而对后者，员工积累的信息技术应用经验与员工对新工作模式的适应力，是推动企业信息化的基础。因此，对其评价侧重于员工素质和员工参与信息化的程度，决定如何对员工进行全面的信息化培训。

（七）开发商

信息系统建设是一项复杂的系统工程，中小型担保机构一般很难依靠自身的技术实力独立完成信息系统的建设工作，选择合作伙伴——信息技术开发商来实施信息系统建设工作是较为合理的。在挑选开发商时，必须通过多方面比较，要慎重选择，在很多情况下信息技术开发商更多的承担了业务咨询和项目推进者的任务，这就要求作为业务合作伙伴的信息技术开发商具备很专业的担保业务知识和很强的担保行业项目实施能力。因此，为担保机构开发信息系统的信息技术开发商应该具备的基本条件有：对担保行业有项目实施的经验；对担保业务有深刻的理解；较高的规划咨询与应用开发能力；有良好的社会信誉和较好的经营业绩。

（八）实施方案

它是信息系统建设的指导方案，针对担保机构提出的总体需求，提出为实现客户需求所采用的整体解决方案，包括客户基本需求分析、应用架构、产品架构、技术架构、实施步骤、实施费用、服务与维护。一个良好的实施方案能保证信息系统建设能够科学、合理、规范地进行，从而保证工程的进度与质量，是系统建设成败的关键所在。

第三节 担保机构信息管理系统的基本模块和功能

一、工作流管理

（一）工作流系统概念

在企业中，工作流是无处不在的，可把流程分为简单流程和复杂流程两大类，也可以从其他方面来分，比如分为办公流程和业务流程等。一般来说，对于工作流，主要指的是比较规则的、较复杂的企业工作流程，如公文办理和业务处理的流程。至于那些非常简单的、随意性强的工作流，则可借助已有的系统来解决，如电子邮件、文档管理等。因此，工作流的定义是：对于企业（或政府）的功能和运行规则，通过与组织机构或岗位角色的对应关系，用图形化的方式，来描述其运行过程，并对过程的运行提供办理、监督、控制和跟踪的手段，规范企业（或政府）的业务过程，提高办事效率。工作流系统的目标不仅仅是处理过程，而是着眼于管理和引导作业环境运作的规则与过程，并把不同的业务系统组件有机地结合在一起，所以它是管理信息系统中的核心底层系统。

(二) 以工作流为核心的应用框架

从客户的角度来看,工作流主要用来管理和控制整个企业环境的运行规则与过程;但从计算机技术的角度来看,工作流系统实际上是作为整个企业应用系统的核心而存在的:

(1) 企业中存在各种不同的应用系统,如办公自动化、财务管理、企业资源管理及客户服务系统等,不同的行业,都会有不同的业务系统。这些系统之间都相互独立,没有一个统一的标准和接口,即使有统一的接口,应用系统间统一使用也非常困难。这样一个简单的流程就涉及到多个不同的系统,如果有了工作流作为应用框架核心,则可把不同的系统有机地结合到一个流程中。

如图 12-3 所示,每一个业务系统在完成自己的操作后,都可以通过工作流接口,把任务通过工作流引擎发到下一个业务系统,由相应的人员进行办理。这样就在工作流系统的周围形成了一个虚拟的业务循环,业务信息可以在不同的业务系统之间流转。

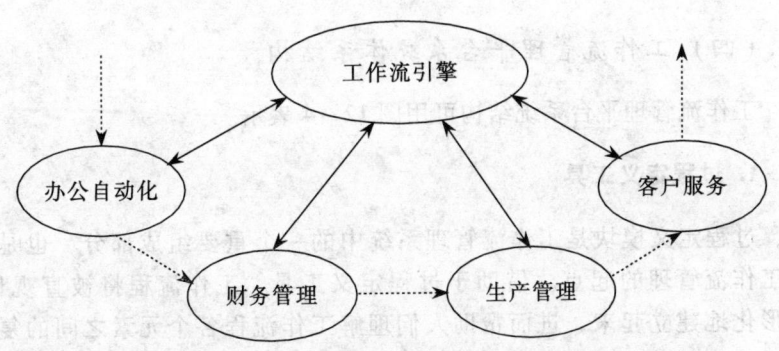

图 12-3 以工作流为核心的企业应用框架

(2) 以工作流作为企业应用框架的核心,可以简化应用系统的开发,提高系统的可扩充性和可维护性。传统的企业信息系统的开发,都是采用一次调研、一次开发成型的方法,这样开发出来的系统只能够暂时满足客户的部分需求,一旦客户的需求发生了变化,则系统难以适应和维护。如采用组件技术和工作流为核心,开发人员则可以根据客户的需求开发出各种不同的部件,并利用工作流系统把这些部件连接在一起,一旦客户的需求发生变化,则通过简单地修改某个部件来适应客户的变化,也可在流程中间增加新的部件。

(三)工作流管理平台的要求

理想工作流平台应符合以下要求:
(1) 基本符合 WFMC 标准;
(2) 简单、易用的图形化过程定义工具、组织机构定义工具;
(3) 支持分支、并发、子过程等;
(4) 强大的管理和监控能力;
(5) 统一的客户管理;
(6) 支持多种工作项办理方式;
(7) 支持自动活动节点;
(8) 完备的接口;
(9) 跨平台运行;
(10) 与群件系统的无缝集成;
(11) 与 Web 的集成。

(四)工作流管理平台系统体系结构

工作流管理平台系统结构可用图 12-4 表示。

1. 过程定义工具

过程定义模块是工作流管理系统中的一个重要组成部分,也是实施工作流管理的起点。借助于过程定义工具,工作流程将被直观地、图形化地建立起来,进而帮助人们理解工作流程各个元素之间的复杂关系。过程定义可以使用图形化的描述工具来对一个过程实体中的各个元素进行表达,使工作流引擎能够解释过程定义生成的结果以作为流转的依据。过程定义的结果可以作为模板直接存到数据库中,也可以保存到本地文件中,以便于修改和重建。在过程定义中声明参与者时要用到组织机构模型,在活动节点上要声明应用系统提供的应用程序。

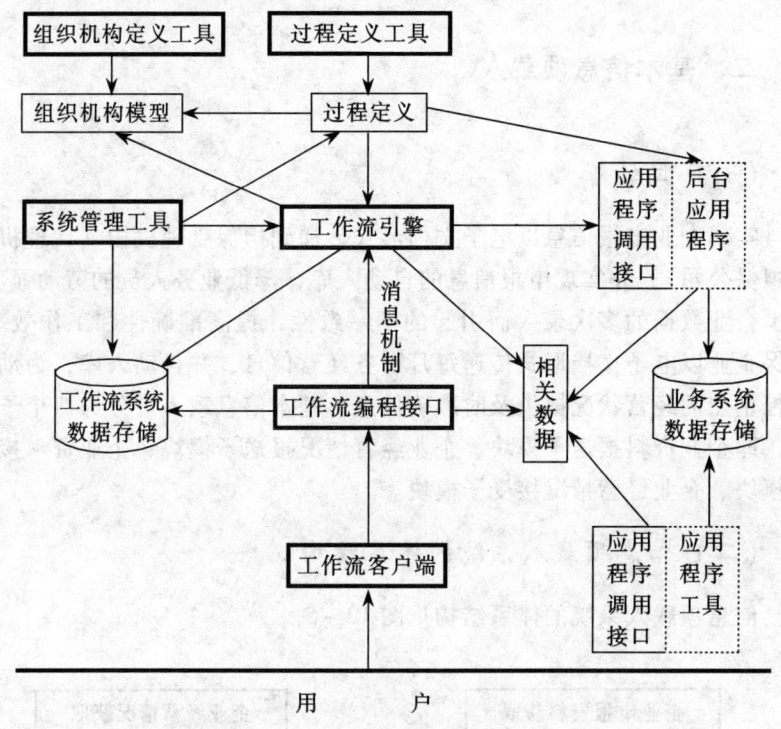

图 12-4 工作流管理平台系统结构

2. 组织机构定义工具

使用组织机构定义工具不但可以方便地构造企业的组织机构模型，并以树状图形来表示、描述企业组织机构内部各部门、组织单元之间的层次关系，而且可以方便地对企业组织机构内部的组织单元、岗位、角色、群组、人员进行维护，从而使企业的组织机构更易于管理和维护。

（五）工作流管理的基本功能要求

（1）组织机构定义。部门、组织、角色、人员定义及相互关系定义与维护；

（2）过程定义。定义工作流、工作流的工作环节、环节的执行者角色及各环节流向；

（3）事务性工作流与业务性工作流的统一。

二、基本信息项载入

(一) 目的

实现企业申报信息以电子文档形式传递到担保受理机构（代理机构或担保公司），并实现申报信息的自动入库，降低业务人员的劳动强度，减少企业数据的多次录入而引起的不一致性，提高准确性和工作效率；在保企业以电子文档形式传递每月财务经营信息，并自动入库，为动态监控企业的经营状况提供及时准确信息。基本信息载入可分为四个子模块，即企业资料报送子模块、企业经营情况报送子模块、企业资料接受子模块、企业经营情况接受子模块。

(二) 信息项载入系统的体系结构

信息项载入系统的体系结构见图 12-5。

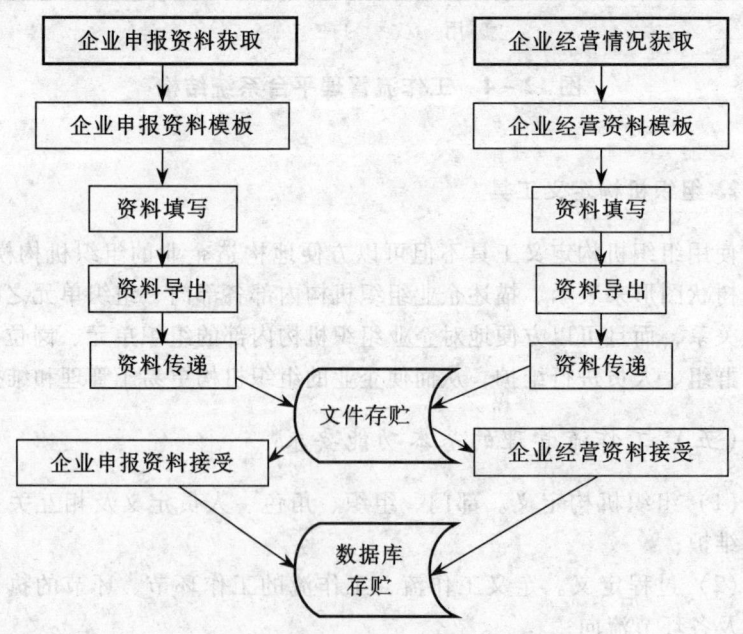

图 12-5　信息项载入系统的体系结构

（三）基本功能要求

（1）电子文档形式的填写；
（2）多种文件传递手段（网络上传、E-mail、磁盘等）；
（3）自动接受并载入数据库；
（4）填报信息项的合法性、逻辑关系自动校验。

三、公式计算

涉及到公式计算的项目主要有：
（1）申请担保企业的经营、财务指标计算分析；
（2）申请担保企业的定性指标统计分析；
（3）评审费、保费计算；
（4）担保责任金额、担保解除额、在保余额的计算；
（5）逾期、代偿额的计算；
（6）担保业务流量表的统计口径与公式；
（7）担保基金的增加量、杠杆系数、放大系数；
（8）代偿率、净损失率、追偿率、拒付率、账龄分析、风险率；
（9）发放担保平均天数、从索赔到赔付的平均天数；
（10）增加就业人数、增加税收、企业新增利润等。
对于大部分指标，可在系统初始化模块实现自定义指标的计算公式。

四、监控界面

可分为两个层次的监控，一是对被担保项目进行监控，二是对担保机构自身的风险情况进行监控与对各代理机构担保项目风险的监控。通过表格数据与图形显示进行监控指标的对比分析，通过已发生的各种统计指标信息来预测未来相关监控指标的可能走势。

（一）对担保项目监控的方式

1. 对在保企业

通过对在保企业报送的经营状况中的重要监控指标进行分析预警与

自动提醒。对在保企业发生突发性事件、经营出现异常、贷款挪作他用等情况设定重点关注。

2. 对在保项目

对在保项目通过计算机网络监控和项目人员的现场监管，实现对银行账户、抵质押物、项目开展情况、资金往来等项目情况的及时采集和分析，达到对项目监控的目的。

（二）对担保机构自身的监控方式

（1）设定担保机构规定的监控指标上下限，根据实际统计指标与预设指标进行对比分析，对于高出或低于预设值的指标醒目标注显示。并通过指标的历史值进行图形显示。

（2）通过已发生的各种统计指标值与将要发生的统计指标值来预测未来相关监控指标的可能走势。

五、统计查询

应实现两种类型的查询，一种是对项目进行记录及条件查询，一种是通过统计汇总查询，主要指满足条件的项目个数与各种指标的累计数、平均数、最大或最小数等。

由于担保业务的多样性和不定性，一个可以根据用户自定义查询条件生成业务报表是十分重要的。一套设计合理的担保信息系统应当可以对数据库中各种字段进行，包括企业基本数据、项目动态信息、项目审批承保的过程文件、业务处理的绩效等进行自由组合条件的查询。统计查询要实现两个主要的功能：

（1）应实现组合查询条件的用户自定义功能。

（2）应实现各种业务报表的自动生成与报表管理。

六、知识管理

担保业务涉及的行业极其广泛，每个业务人员和决策机构都不可能是各个行业的专家。通过信息系统对知识和经验的积累，以及利用信息技术对数据进行分析加工，为项目受理、项目监管、分析决策提供了强有力的工具。

七、权限管理

完善的权限管理是规范业务操作，控制操作风险和道德风险的要求，也是信息系统作为先进的管理工具的基本功能。良好的权限管理应当可以通过对角色、群组、个体分别授权来灵活定义每一个用户的权限。基于担保机构信息系统安全的考虑，权限和组织机构的设定应具有友好的图形界面，实现非计算机专业人员的操作和控制。

八、安全策略

担保业务涉及大量的商业机密，并且业务本身的责任金额都比较大，因此对担保业务信息系统的安全性有很高的要求。一方面要求传输过程要求加密，不可被截获和篡改；另一方面要求文档具有不可抵赖性，保证相关项目数据的真实有效。目前对于担保业务信息系统最好的安全解决方案，是使用 CA 证书电子签名的方式。通过加入 CA 认证的业务系统既可以保证文件数据传输的保密性，有可以保证文件数据的真实不可抵赖。我国从 2005 年 4 月 1 日开始实施《电子签名法》，从法律上认可了 CA 证书在计算机信息系统和电子商务中的应用。

九、系统开放接口

随着网络应用的日益丰富，更多的商业活动通过互联网来实现，一个封闭的系统在今后一定是没有生命力的。担保业务是涉及企业、银行、中介机构等各方面，担保业务信息系统也应该是可以连接各个系统的一个综合信息处理中心。担保业务信息系统的开放性将会影响担保业务通过信息系统扩展和发展的空间。

十、其他担保业务品种模块

随着中国担保业的发展，担保业务的品种也在不断增加。在融资担保业务信息系统的基础上，目前已经比较成熟的还有诉讼保全、工程履约担保、贸易市场融资担保、下岗再就业小额贷款担保等业务信息系统模块。其各业务模块有各自特色。

其中比较有代表性的有中投保公司开发应用的上海钢材市场融资担保系统。通过 VPN 和 CA 认证，该系统安全高效的实现了远程业务操作和市场监管。利用 B/S 结构业务系统良好的开放性，方便的与钢材市场的库存系统对接，实现对质押货物的实时监管。通过网上银行系统，对担保企业实行账户监管。并由第三方专业机构提供钢材价格信息和钢材市场行情分析预测报告，来辅助决策和控制项目风险。真正的实现了信息流、资金流和物流的统一。

其他比较有代表性的业务系统还有天津下岗再就业小额贷款担保系统。该系统通过与财政局、社保机构（市、区、街道）、金融机构、再就业培训中心协同业务处理以很少的人员完成了很大的业务量。

第四节 担保机构信息系统建设的实施

一、系统需求分析

（一）系统需求分析的目的

（1）为用户提供对管理信息系统的功能需求与性能需求的准确描述，并得到用户确认；

（2）为系统设计人员提供软件总体功能要求、性能需求、业务实现逻辑的描述文档，并得到设计人员的理解与认同；

（3）作为将来开发出的软件综合测试的依据。

在分析过程中，要先确定总体需求。了解担保机构的组织结构及运作机制，了解担保机构当前存在的问题并确定改进的可能性，确保客户、最终用户和开发人员就信息系统达成共识，确定支持信息系统所需的系统总体需求，即系统实现目标。要实现核心需求的目标，需要重新拟定新系统中担保机构的业务流程、角色以及职责划分，再确定详细需求,其目的是使与信息系统相关的所有人员对系统需求达成并保持一致,使系统开发人员能够更清楚地了解系统需求,定义系统边界(限定),为重新规划系统提、估算系统开发所需成本和时间提供依据。

(二)系统需求分析描述系统必须符合的条件和具备的功能

系统需求主要描述系统的功能需求、可用性、可靠性、性能和可支持性、设计约束、实施需求、接口需求和物理需求。

(1)功能性需求描述系统无须考虑物理约束而必须能够执行的动作,它规定了系统的输入、输出和行为。

(2)可用性需求可包含如下子类别:人员因素、美观、用户界面的一致性、联机帮助和环境相关帮助、向导和代理、用户文档和培训材料。

(3)需要考虑的可靠性需求有:故障的频率及严重性、可恢复性、可预见性、准确性和平均故障间隔时间(MTBF)。

(4)性能需求可对功能性需求强加条件。例如,对于一个给定行为,可以对速度、效率、可用性、准确性、吞吐量、响应时间、恢复时间及资源用途等规定性能参数。

(5)可支持性需求包括:可测试性、可扩展性、可适应性、可维护性、兼容性、可配置性、可服务性、可安装性,以及是否可本地化(国际化)。

(6)设计需求常称为设计约束,它规定或约束了系统的设计。

(7)实施需求规定或约束了系统的编码或构建。例如:所需标准、实施语言、数据库完整性策略、资源限制和操作环境。

(8)接口需求规定了系统必须与之交互操作的外部项,或对这种交互操作所使用的格式、时间或其他因素的约束。

(9)物理需求规定了系统必须具备的物理特征。例如,材质、形状、尺寸和重量。这种需求类型可用来代表硬件要求,如物理网络配置需求等。

二、业务流程的确定

根据担保机构的具体业务模式及实现计算机信息化管理后对原业务模式的影响,确定新的业务模式,相应制定新的业务流程以及流程的运行规则。结合系统需求分析说明，为下一步进行信息系统的设计打下良好基础。

担保机构的担保业务，根据担保品种、担保金额以及项目来源的不同，可能有不同的操作权限与操作规则，对应不同的业务处理过程，项目的评审、审批过程也不尽相同。这就要求必须明确不同种类的业务流程及各环节如何处理。在进行信息系统设计时，根据工作流管理的理论，设计一套能满足不同业务流程需求的工作流管理框架，最终实现网络工作平台上的协同办公与协同业务处理。

三、实施开发

（一）编制项目设计开发计划

开发计划的内容有：

（1）计划编写的依据和目的。计划依据管理信息系统需求规格说明书、项目实施方案及合同中规定的交付要求编写。编制计划的目的是规划和指导管理信息系统的设计与编码阶段的活动。保证设计开发工作按计划执行，便于对进展情况进行监控。

（2）工作量估算。软件设计负责人在充分消化理解《需求规格说明书》的基础上，估算软件开发量，为项目进度安排和资源分配提供依据。

（3）所需资源估算和配置。所需资源包括项目开发所需的开发环境、测试环境、人员类别和数量、信息以及所需时间及其他资源。

（4）阶段划分。为了便于对设计开发活动的监控，根据项目规模和复杂程度，同时考虑客户要求的交付日期将项目设计开发活动划分为几个阶段，并明确各阶段的输入要求、输出结果以及完成的时间。一般分策划阶段、概要设计阶段、详细设计阶段及编码阶段。

（5）安排各阶段的评审、验证和确认活动。根据各阶段输出结果的特点，安排阶段评审、验证和确认活动。

（6）任务分配、进度和结束条件。按规定的设计开发活动总的时间和人员条件，将软件设计开发的任务分解到设计开发组每个成员的头上。规定完成时间及完成标志。

（7）组织技术接口管理。规定设计开发活动中，设计开发组与项目内的其他小组、项目经理和客户的接口关系。包括沟通的时机、方式及与其他小组发生分歧时由谁来裁决等。

(8) 相关部门的配合。

(9) 确定设计外包事宜。对于本项目技术资源不支持的设计开发任务可采取外包形式完成，说明外包任务的内容、工作量估算、质量监控手段以及软件设计外包控制程序。

(10) 设计开发结束条件。对上述各阶段每项开发设计成果，定义开发结束标准。如：各种设计文档经过专业评审，以评审结论为"合格"为验收标准；编码完成以测试通过为结束标准等。

(二) 组织实施

在项目经理的直接领导组织下，按项目设计开发计划与要求展开各项工作，直到满足设计开发结束条件为止。

四、反馈、调整、测试

当开发阶段结束后，首先为用户代表进行实际应用的演示，然后让用户代表亲自实际试用操作，系统通过全过程走过几遍后，用户会提出一大堆的功能需求范围内的系统修改意见及一些新的建议。这时通过系统分析员的重新分析，并与用户充分沟通，确定对系统的具体的修改意见。通过项目经理批准后，通过工作单的形式交项目开发小组相应人员进行修改，修改后进行再测试。如果有功能模块的遗漏或技术上没有达到规定的性能指标，应该确定为开发事故处理。

通过反馈、调整、测试的过程，能充分体现出系统需求分析是否到位、准确、设计方案是否合理。在实际项目实施过程中，可能需要多次的反馈、调整、测试过程来完成产品的开发工作。必须通过严格的项目管理制度和质量控制手段，才能保证出现较少的程序调整工作量，确保项目保质按时成功实施。

五、培训、使用、验改

当用户代表对系统的功能、性能认可后，方可进入全面的系统培训与使用阶段。经过全员系统培训，用户基本掌握了操作技能后，系统验收，交付用户正式使用，系统进入正式使用阶段，也同时进入正式维护期。

六、维护、升级

对系统的维护主要指对计算机系统硬件与网络的维护、对系统支撑软件的维护及对应用系统的维护。对于前两种情况是软硬件系统本身的维护，而第三种情况则是由于用户需求的变更或隐藏很深的程序 BUG 引起的。不管什么方面出现问题，都应以最快速度及时排除故障，确保正常工作不受影响。采用适当的计算机系统的安全策略与安全技术是相当重要的。

系统升级分为硬件系统的升级与系统软件、应用软件的升级。一般而言，当目前的系统已不能满足实际应用的需要，并且不可能通过系统维护工作来满足时，就应该实施系统升级了。但往往也不完全是这样，由于信息技术发展很快，相应硬件的性能越来越高、软件的功能也越来越强，并且又不断出现新的实用技术，需要系统的升级换代来提高与改善自身的实力及竞争力。随着时代的变迁、激烈的市场竞争，组织机构内部要进行重大的业务变更与重组，管理与业务模式也发生巨大变化，必须使用新的信息系统才能满足变更后的实际需求，又会展开新一轮的信息系统建设工作。

第五节　担保行业信息系统产品化及选型

一、担保机构信息系统产品化及选型

（一）产品化的必然趋势

虽然担保行业还没有制定出本行业的行业标准、法规及管理规范，但担保机构具有一定的共同性与普遍性，可以提炼出一些公共的系统模

块，或较为通行的业务管理流程，从而开发出适合担保机构的信息化应用产品，再针对具体的担保机构，通过程序定制扩充功能来满足自身的特殊性要求。如果每家担保机构都自行开发本单位的信息系统，由于每家都要从头做起，一般软件开发公司又不懂担保业务，一些低水平重复建设往往造成人力、财力的极大浪费。所以担保机构信息系统的产品化是必然趋势。

（二）信息产品的多样性与系列化

根据担保行业自身的特点，即综合性、安全性、多样性，决定了信息化产品的多样性与系列化；比如OA产品、担保业务管理系统、知识管理产品、担保风险分析控制软件、辅助分析决策软件，网络化版本与单机简化版本等。

担保机构可根据自身实际情况选择适合自己的信息化产品，并根据将来业务增长的需要进行必要的产品升级。通过产品的二次开发，在原有产品基础上进行必要的个性化功能定制和功能扩充。

二、担保机构信息系统产品选型

通过选择购买成熟的担保业务软件和信息管理平台是担保机构快速、经济、有效的建立信息管理系统的捷径。目前市场上有一些担保业务软件可以供选择，担保机构完全可以通过比较，选择到符合自身要求的产品。在产品选型方面应该要注意四个原则。

（一）技术先进性

技术的先进性是保持软件生命力长久的重要保证。技术选型的失误将会极大的限制信息系统持续有效的发挥应有的作用。就目前的技术环境和将来的网络经济的发展来看，B/S结构的基于微软的操作系统和数据库平台的担保业务软件是最有生命力和发展空间的。C/S结构和其他一些操作系统的搭建的系统会造成升级困难、软件生命周期短、兼容扩展性差、性价比较底、维护困难的缺点，应该谨慎选择。

(二) 个性化定制

虽然担保业务流程基本一致，业务模式也大同小异，但是由于各担保机构之间企业性质不同、业务规模不同、人员数量和机构设置的不同、风险控制和绩效考核的方法不同，造成各担保机构之间实际业务操作细节的不同。因此一套担保业务软件是否可以灵活定制是担保机构信息化成功与否的关键。

(三) 安全性

随着信息化的深入，担保业务对信息系统的依赖程度越来越大，一套缺乏安全措施的软件是毫无实际用处的软件。因此选择具有权威可靠的安全措施的软件是信息化建设的必需。在信息技术方面，中国和世界先进水平的差距并不是很大，目前在美国和欧洲也就是二三年以前开始使用CA认证。在中国，随着《电子签名法》的颁布实施，基于CA认证的担保业务软件无疑是目前安全程度最高，最具有法律效力的软件解决方案了。而目前其他类型的安全手段和利用CA认证加密相比都有不可弥补的缺陷。

(四) 可扩展性

随着经济的发展，各种担保业务品种不断产生，担保机构持续经营要求其信息系统也能持续符合业务发展的需要。良好的担保业务信息系统应该可以扩展和整合其他类型的担保业务，并且可以随着担保机构管理信息化的推进，扩展OA系统、财务系统、人力资源系统、绩效考核系统、知识管理系统等。可扩展性的另一个方面体现在与其他软件系统的对接上。网络时代，封闭意味着失败。只有开放和可扩展，才能在业务高速发展的同时，利用网络共享和协同工作，来实现业务的信息化。

附

录

附录 1

中投保公司推进中国担保业发展若干重要事项

关于深化投融资体制改革，建立信用担保体系的思考[①]

(1998年7月10日)

目前，我国正在进一步推进投融资体制改革，目的是建立符合社会主义市场经济体制要求的投融资运行机制。这种机制的基本特征是"企业自主决策，银行独立审贷，政府宏观调控，发展资本市场，健全服务体系"。而担保作为投融资服务体系的重要组成部分，随着政府职能的转变和银行商业化进程的加快，其中介服务及资金导向功能作用将越来越明显。在新体制框架下，政府完全可以在不直接干预银行和企业投融资决策的同时，通过具有金融业务资格的中介组织，运用信用担保手段，引导资金流向，支持企业发展（特别是高科技成果转化），提高投资效率，从而达到实现政策意图的目的。应该说，这是适应改革发展，健全投融资服务体系的一个重要方面。

随着社会主义市场经济的建立和逐步完善，我国的担保业得到了一定的发展。1993年我国第一家专业担保公司的成立和1995年《担保法》的颁布，标志着我国担保业开始步入商业化、规范化的新起点。但从我国担保业整体状况来看，仍存在以下主要问题：

一是国务院早已明令禁止各级政府机关为企业融资活动提供经济担

[①] 1998年7月10日，中投保公司刘新来总裁将此文章呈报给朱镕基总理。根据朱总理的批示，国务院经济体制改革办公室做了专门研究，认为基本可行。1999年1月28日，朱镕基总理主持召开国务院专题会议，听取财政部的汇报，研究此文所涉及的问题。

保，但由于缺乏相应的具有资格和实力的担保机构从事担保业务，在银行按商业化原则自主经营的情况下，企业融资面临很多困难。

二是企业之间的相互担保，多数是在当地政府的指令下进行的，实际上是"只担不保"，并不真正承担经济和法律责任。

三是一般银行及非银行金融机构本来都做担保业务，现在鉴于担保的高风险性，从自身经营安全考虑，严格限制做出担保承诺或不做担保业务，带来的问题是企业正常的融资需要也受到限制。

四是企业以自有资产打一定折扣后以 1∶1 的比例做抵押获取信贷资金的方式，远不能满足企业生产经营的需要，因而重复抵押的现象非常普遍。

五是处于创业时期的小型科技企业，大多因为没有多少有形资产可作抵押，得不到银行贷款，发展受到严重阻碍。

六是国家积极扶持中小企业发展的信贷政策如果没有诸如信用担保等中介服务功能相配套，难以顺利实施，政策效应会受到限制。

这些问题从一个侧面说明，随着社会主义市场经济的发展和改革的不断深化，我们面临一个如何使政府的产业政策、财政政策和货币政策有效地结合起来，并通过较为健全的市场服务体系去调节和实现的问题。在这方面，可以借鉴国外较为成熟的经验，并根据我们的国情，考虑解决问题的具体办法。

在经济发达国家，现代担保业经过近一个世纪的发展，已经相当成熟。据我们考察，目前国际上的担保种类大体分为三种，一是贷款信用担保，二是各种商务活动的履约担保，三是其他担保。从各国担保机构的性质来看，有的本身就是政府机构，有的是政府出资设立的特殊法人性质的非营利性社团，也有兼顾政策性和商业性的国有公司，再就是纯粹商业性的私营公司。私营商业性担保机构一般从事各种商务活动中的信用或能力保证，属于营利性质。而贷款信用担保被作为实现政府经济政策的一种手段，由法定的政府机构、准政府机构或政府出资设立的非营利性机构、基金组织，以政府政策为导向，按商业原则操作。政府则承担最终由于不可抗拒或难以预料的情况所造成的风险责任。这种政策性担保的目的，基本上只有两个：一是支持本国设备和商品出口，争夺国际市场；二是扶持本国中小企业的创立与发展，保持社会稳定和整个国家经济的协调发展。如美国联邦政府的小企业管理局，主要职能是为小企业提供贷款、贷款担保和有关咨询服务。又如日本各地的中小企业信用保证协会，则是法定的非营利性特殊社团法人，原始资本由全国52个都、道、府、县政府各自出资，加上银行资助和净收入构成专项基金，以一定的信用放大倍数，专门为符合国家政策导向的中小企业提供商业性贷款的信用保证。直接隶属于大藏省的中小企业保险公库，则为各地信用保证协会提供再保险。政府还给予免税政策，并建立了基金赔损的核销和补充制度。这样一种具有日本特色的"信用保全制度"，在引导社会资金流向，促进日本中小企业的创新、发展方面发挥了重要作用。

担保公司成立以来，一直在努力探索如何按照社会主义市场经济发展的需要，健康有序地发展我国的担保业，在这方面积累了一些实践经验。近年来，我们与上海市财政局和城市合作银行合作，为解决当地中小企业，特别是从事高科技成果转化的中小企业贷款担保难的问题，由上海市、区（县）两级财政建立了担保专项基金，以5倍的放大额度，由城市合作银行发放小额贷款，担保公司负责业务指导、项目终审、提供信用担保，担保的风险损失锁定在担保基金额度内，按一定比例，分别由上海市各级财政和担保公司承担。这件事在上海市政府领导同志的关怀和支持下，经过两年多的充分准备，目前已开始运作，受到了当地中小企业的欢迎，得到了国家经贸委等有关部门的关注。初步总结上海方式的主要经验，一是市政府在转变政府职能的同时，没有对中小企业的发展简单地采取"一放了之"、"一卖了之"的态度，而是采取了支持、引导、服务的政策；二是财政积极支持中小企业特别是科技成果的转化，并改变了过去一些传统的支持方法，按市场经济的要求，通过金融中介服务与操作的方法，来达到支持中小企业和科技型企业发展的政策意图；三是虽然绝大部分最终风险仍然由上海市各级财政出资建立的担保基金承担，但风险损失额度已被锁定，并且完全可以通过管理加以控制，不再是"无限责任"；四是担保基金可按一定倍数放大信用额度，因而具有引导和调节社会资金流向和流量的杠杆作用。

根据我们对国外担保业的考察研究，结合我们自己5年来的摸索和实践，特别是上海经验的启迪，根据当前国民经济发展和投融资体制改革的要求，我们认为，有计划、有目标、有步骤地建立以国家产业政策和企业政策为导向、以各级政府为支撑、以高新科技成果转化和中小型企业为主要服务对象、以专业担保公司（担保基金管理机构）为运作主体、以城市商业银行网络为基础的，能够有效地分散、控制和化解风险的信用担保体系，是丰富投融资体制改革思路，完善社会主义市场经济运作机制的一个非常值得研究的问题。我们的具体构想是：

1. 以国家产业政策和企业政策为导向。即专业担保公司主要从事能够体现国家产业政策和企业政策意图的信用担保业务。其中的一个重要方面，是通过担保体系所特有的金融服务功能，促进资金、商品、高新技术等要素转化、流动的功能，在政府、银行、企业三者之间构筑桥梁和纽带，引导社会资金的流向，推动我国中小企业及高科技企业的振兴和发展，从而促进国家政策目标的实现。

2. 以政府为支撑。即由中央和地方政府为担保基金的建立和运行提供资金、税收和法规等方面的支持，并对担保体系的健康发展进行指导和监督。担保基金的作用主要有三项：首先是解决了担保体系的信用问题和难以完全避免的代偿支付甚至赔付功能；其次是以基金额度为限承担担保的最终风险损失；再就是基金产生的经济收入，如保费、利息等，可以用来补充壮大基金，支撑担保业务的发展。担保基金的资金来源，可以结合我国财税体制改革一并考虑，在取消财政周转金制度的同时，可以将部分财政周转金转化为担保基金，这样既保持了财政政策支持经济和企业发展的作用，又为深化改革，完善政府宏观调控功能，找到了一条符合市场经济要求的操作途径。地方担保基金可采取以地方财政投入为主，中央财政建立的担保基金适当参与、当地受惠企业互助为辅的办法来建立。这样有利于按照地方为主、企业参与、中央适当引导的原则来逐步形成担保合作体系，支持中小企业的发展。

3. 以高科技成果转化和中小型企业为主要服务对象。从国际上看，政府出资或支持办的专业信用担保机构或基金管理机构，主要面向中小企业。因为中小企业数量大，不仅吸纳社会劳动力就业机会多，而且是大量高新科技孵化和成果转化的摇篮，是大企业必不可少的配套体系的组成部分，但是这些中小企业的资信度比大企业差，需要通过担保来补充、增大其资信度，得到必要的融资，用于发展。

4. 以专业担保公司（担保基金管理机构）为运作主体。即中央财政出资建立的担保基金委托专业担保公司管理，并受托参与中央与地方共建的担保基金的管理。担保公司在政府政策指导和监督下，按商业原则选择项目，经营业务。国家对专业担保公司按非银行金融机构管理，准许其具有一定倍数的信用放大额度，并相应核准给予一定范围的融资权做支撑，在税收政策上给予一定优惠，从而有别于一般企业实体的担保行为。这样就可以使担保基金起到"四两拨千斤"的作用，带动若干倍的社会资金进入国家政策倡导进入的领域。

5. 以城市商业银行网络为基础。即充分利用地方财政参与出资建立的城市合作银行的经营网络，开展担保业务，包括担保基金账户、资金划拨、收支结算、担保贷款申请受理、担保贷款项目管理等。日常运行可以通过计算机网络操作，不需单独建立工作系统，而且效率也高。

如何有效地分散、控制和化解担保风险，是建立和发展担保业务体系首先要解决的问题，也是之所以要建立这样一种体系的主要目的。第一，在这样一种体系下，政府最终以担保基金额度为限，对担保债务承担有限责任，解决了担保的无限责任问题。对担保基金建立正常的补充和核销制度。第二，中央财政通过与地方和当地受惠企业联合建立担保基金的方式，层层分散了风险，而且地方要承担主要风险。在组织体系上，除了中央基金有管理机构，地方基金也要有管理机构，两者可以资产为纽带进行有机合作。对基金管理应该制定章程予以规范。第三，专业担保公司（担保基金管理机构）以国家的产业政策为导向，按照商业原则操作项目，负有明确的经营管理责任，机制上完全不同于政府部门。第四，可以采取抵押、质押或第三方信用担保等反担保措施。第五，可以结合运用财政手段和银行结算手段，有效地监督被担保企业的财务、资金状况，并追偿代偿资金。第六，对银行贷款采取比例担保或只保本金、不保利息的方式，体现共担风险和风险分散的原则，对银行和担保公司来说都降低了经营风险。第七，也是最重要的一点，是担保公司在近5年的经营实践中悉心摸索、总结出来的担保专业技术和管理规程，为担保业务体系的运行和风险的防范提供了借鉴和保障。对担保业来说，只要坚持稳健经营、审慎决策、科学设计、规范化运作的经营方针，风险是可以得到控制并且能够化解的。

中投保公司参与上海市小企业融资担保体系建设情况介绍

中国经济技术投资担保有限公司作为国务院特批的首家全国性担保机构,从 1996 年开始,与上海市财政局合作,就如何建立社会化的小企业融资担保体系问题,进行了全方位的探索,现已建立了一套高效运行的社会化操作系统,为促进上海市小企业的健康发展,探索小企业信用担保体系的建立,发挥了一定的积极作用。

一、小企业融资担保的准确定位

小企业融资担保的准确定位是为有发展潜力的小企业增补信用,而这些企业以自身资信不能取得足额银行贷款。担保机构通过为确有发展潜力的科技成长型、确有还款能力的都市型和社区服务型等小企业,提供贷款担保支持,推动小企业健康发展,培养新的经济增长点,增加税收来源,创造就业机会,保持社会稳定,促进本地区经济持续快速发展。

小企业融资担保既然是政策性业务,就离不开政府资金的强有力支撑和行政手段支持,关键是政府和担保机构要准确定位,不能越位或缺位。政府制定政策,改善社会信用环境,提高政府部门办事效率,加强对小企业合法规范经营的监督,不审批具体项目;担保机构运用专业技术手段,严格按市场化运作原则评审项目,有效控制风险总量,没有协调社会关系的能力。只有建立起完善的社会化小企业融资担保体系,社会各方形成合力,共同推动,小企业融资担保工作才能健康有序地发展,充分发挥担保比例放大效应,促进经济增长。

二、上海市小企业融资担保体系实际做法

按照 1998 年中投保公司向国务院提出的设想,即在我国有计划、有目标、有步骤地建立"以国家产业政策为导向,以政府财力为支撑,

以专业担保机构为运作主体,以商业银行网络为基础,以中小企业为服务对象的,能够有效控制、分散和化解风险的贷款信用担保体系"的思路,在上海市政府的大力支持下,1999年5月中投保公司在上海成立了中投保上海分公司。在总公司领导的综合协调与指导下,中投保上海分公司结合上海市的实际情况,在小企业融资担保的各个环节进行大胆探索,并取得了可喜的成果。主要经验与做法有以下几个方面:

(一) 建立了社会化的担保风险分散体系

融资担保是一项高风险的中介行为,出资者为此承担的风险能否得到有效控制,是建立中小企业融资担保体系的最基本和核心的问题,关系到担保体系能否长期持续、稳定、健康地发展。我们必须对此予以足够的重视。

中投保上海分公司分散风险的主要做法:

一是实行比例担保,担保机构承保的贷款风险比例逐步降低,让银行承担一定比例的风险。过去银行要求担保机构承担的贷款风险包括全部本金、利息、罚息及相关费用,银行放款后基本上只等收钱了,企业还不了钱,就找担保机构代偿;目前,针对不同的项目,中投保上海分公司只承担贷款本金90%和85%的担保责任,其他风险由签约银行承担。这就逐步理顺了债权人与担保人之间的关系,形成了一种"风险共担、共同负责"的制约机制,避免了银行对担保机构承保的项目不关心、不负责、不监管,将贷款风险转嫁给担保机构,从而有效地防止了金融风险向财政部门转移,这是通过社会化渠道,控制和分散风险最重要的一个方面。2000年,中投保上海分公司先后与10家银行开展了贷款比例担保业务,当年担保额达到15亿元的规模,此后担保额逐年上升,目前基本上维持每年30亿元左右的规模。在全国范围内,独此一家,是担保行业与银行合作的重大突破。

目前,各商业银行纷纷要求与中投保上海分公司合作,共同开展小企业贷款担保工作或开辟新的担保领域;在上海营业的几乎所有国内大银行之间展开了竞争,纷纷要求中投保上海分公司提供担保服务,形势对中投保上海分公司非常有利。

此外,为了有效地控制风险的总规模,中投保上海分公司在与银行的协议中明确规定,当某一银行的担保贷款逾期率达到5%时,即中止与该银行的担保合作,待其原有项目清理整顿完毕后,视情况决定是否继续开展新的项目。

二是按市场经济规律办事,让被担保企业承担其应承担的经营风险和还款责任,提供必要的反担保措施。反担保是小企业融资担保的两大工作难点之一(另一个是比例担保)。道理很明显,企业有足够的信用或反担保措施,银行可以直接放款了,就不存在担保问题,企业也不用付担保费。这就要求担保机构要有比银行更高的风险识别能力和更多的风险控制手段(下面会谈到社会化和专业化结合的多种手段),担保机构要有很高的社会信用度,有更加灵活的反担保措施(如企业法定代表人个人连带责任保证等),对信用好的企业可免除反担保的设置。在上海,200万元以下的项目,信用好的企业,可免除反担保。

三是以担保资金来源的多元化,有效地分散风险。担保机构、市财政局、区县财政按担保资金出资比例承担相应的担保责任。下一步将逐步引入社会力量和企业互助型担保资金成分,进一步分散担保风险。积极争取与其他社会组织的合作,如地方的商业性集团公司等,积极扩大担保资金的来源。

四是担保项目小额化,贷款的最大金额为500万元,平均每个项目150万元,即使个别项目发生代偿,也不会对整个担保体系形成太大影响。

(二)建立了社会化的担保风险控制体系

由于各方均承担相应的法律责任,形成了一种"风险共担、共同负责"的机制,担保工作就有了多种风险控制手段。如财政部门通过退税政策、财政贴息、税务报表制度等对企业经营情况进行监督或扣划代偿款;银行通过结算业务对企业的资金流量进行监控;担保机构通过商业化运作方法,运用专业技术手段,加强评审,有效识别担保风险;再加上小额化、反担保措施等风险分散体系的作用,从而有效地控制了各方的担保风险总量。风险分散体系是风险控制体系的基础,没有风险的分散,就减少了风险控制手段。

在审批程序的设计上,防止了工作人员的道德风险和政府对具体项目的行政干预。不通过银行的审查,就不存在贷款担保问题;区县不同意也不能给企业担保贷款;中投保上海分公司发现问题,也不担保。多方审查,避免主观失误。

所有手续都严格按格式合同签订，使担保机构的监管权和追偿权得到法律保障，促使企业从自身利益出发，恪守信用，按期还贷。

现阶段，针对担保业务已达到一定的规模，对担保风险的管理工作已从单个项目的监督转为对系统风险监控的这种实际情况，中投保上海分公司拟加强对银行道德风险，业务操作技术风险，以及社会经济发展的波动性，国家加入世贸组织，社会市场发展热点转换等冲击担保体系的宏观经济因素的研究工作，争取建立一套科学的系统风险评估体系并掌握相应的控制方法。

另外，针对中小企业目前存在的问题，采取措施建立良好的社会信用环境，是确保担保风险总体上得到控制的一项必不可少的基础性工作。上海市政府建立了企业的经营信用、资本信用、完税信用、法人行为信用等记录备案制度。凡有严重逃废债务、经济犯罪等记录者，在法定的时间内不得在上海注册新的公司，不得担任企业的法定代表人。对于资信状况不好或有不良记录的企业，银行和担保机构都不予支持。这些都是我们控制风险的手段。

在业务实践中还总结出"几个不做"：一是欠财政周转金的不做，二是给银行报表与税务报表不一致的不做，三是弄虚作假、信用不好的不做，四是有银行逾期贷款的不做。

（三）建立了担保业务的财力支撑体系

担保机构出一部分资金，上海市财政局出大部分资金，上海各区县按一定的比例与之配套出资，共同组成一个大的担保资金。若担保资金不足以支付代偿款，财政则从预算中列支，补充担保资金。财力支撑是担保工作能够持续稳定地发展的基础。

在这里要说明两点：一是政府不光要出资，还要建立担保资金的补偿机制。在担保市场中，担保人的权利与义务是不对等的，靠担保收入很难维持担保机构的正常运行，政府必须制定法定的补偿办法，使担保业务持续发展。二是出资形式，目前全国大部分地区是以资本金的形式对外提供担保，这势必造成国有资产保值、增值与代偿损失之间的矛盾，企业出于自身持续经营的动机，对企业要求的担保条件可能会控制得非常严，致使担保规模没法扩大，达不到政府设立担保资金的目的。担保规模有可能小于担保资金的数额，更不用说放大多少倍了，起不到担保资金放大倍数的效果。

(四)建立了担保业务的再担保体系

2004年5月,中投保上海分公司与国家开发银行、上海银行签订了《中小企业担保贷款及再担保业务合作协议》,国家开发银行将向中投保上海分公司担保且由上海银行发放的中小企业贷款提供一定比例的再担保。再担保体系的建立,进一步完善了中投保上海分公司的业务体系,为中投保上海分公司进一步扩大担保业务规模、分散担保业务风险打下了良好的基础。

(五)完善的网络服务体系

中投保上海分公司成立以后,分期分批地与上海银行、中国工商银行上海分行、中国建设银行上海分行、中国农业银行上海分行、浦东发展银行、民生银行上海分行、福建兴业银行等10家银行签订了《关于联合开展授权信用担保业务的合作协议》。联合探索开展授权信用担保业务的方式方法,并面向社会推出了200多个银行受理点,从而扩大了小企业贷款担保工作的社会覆盖面,降低了营运成本,提高了工作效率,方便了小企业。

项目受理的过程是小企业向银行申请贷款,企业资信不能满足银行的要求时,向银行提出"申请由中投保公司担保";银行按照独立审贷的原则审查企业的资信、财务、经营状况,通过银行的审贷会审查后,银行将企业案卷转交中投保公司;中投保上海分公司用固定表格形式,通知区县财政局,审查相关企业的纳税情况、资信状况、经营状况,提出初审的担保意见,若同意担保则承担相应的担保责任,若不同意担保,项目就此终止;区县反馈同意担保的意见后,担保机构复核,无特殊情况应同意担保,向银行开具保函;企业向担保机构缴纳担保费,银行放款。部分区县对小企业贷款担保工作,成立了由主管副区长牵头,财政、税务、工商、科委、经委、外经委等相关部门组成的领导小组,每个部门指定专人与银行一起,共同到企业,按严格的程序进行审查。

需要说明的是,上海几乎所有的反担保措施都是第三方信用反担保,从而避免了抵押、质押反担保所需要的评审、登记的等待时间。200万元以下、企业资信较好的企业还可以免除反担保要求。由于担保机构与银行之间签署了整体的合作框架协议，是专业担保机构运作，又有政府资金的支撑，银行也免除了每笔业务的核保程序，银行只在年终时由总行或上海分行核实担保机构财务报表一次。这些措施都大大加快了担保工作的节奏，提高了担保的工作效率。

由于10家银行的200多个银行担保业务受理点几乎覆盖了上海市的全社会，不但项目评审速度大大加快，项目来源也得到了充分的保证，使每个符合条件的小企业都能及时得到担保服务。中投保上海分公司还先后在张江高科技园区、徐汇区、杨浦区及市工商联等地开展了"一门式服务"，与银行、财政部门共同办公，进一步提高了担保工作的效率。

（六）简化操作程序，扩大担保规模

在实践工作中，中投保上海分公司不断改进工作方法，在能够有效控制风险总量的前提下简化操作程序，极大地方便了小企业办理担保业务的手续，提高了工作效率，这是担保规模得以迅速扩大的关键原因之一。

为了适应中投保上海分公司担保业务高速发展的需要，中投保公司投资建立了上海分公司业务信息系统，大大提高了中投保上海分公司的工作效率。下一步还准备通过计算机网络将中投保上海分公司与上海市财政局、上海各区县财政局、银行的贷款审批行及200多个营业网点联结起来，由银行的受理点录入基础数据（对每个受理点来说，工作量是有限的），分公司和区县财政局在网上完成对项目的审查，一切交易均在网上进行，进一步提高办公自动化水平与工作效率，可使分公司工作人员的主要精力集中于加强银行的沟通、项目保后监管和控制系统风险上来。从具体项目的烦琐事务性工作中解放出来。

（七）加强培训，建设专业人员队伍

上海市财政局从有关方面抽调业务骨干，为中投保上海分公司筹组了一支精干高效的员工队伍。他们工作认真细致，吃苦耐劳，善于学习，具有较高业务水平和一定业务开拓能力，是上海市财政局对中投保上海分公司最宝贵的支持。

除分公司自有人员以外，各区县财政局和相关银行还有大批人士在一线从事担保工作。中投保上海分公司通过举办培训班或召开研讨会等多种形式，对各区县从事担保工作的人员进行多次培训；各银行也开展了以分管及从事小企业贷款信用担保工作的同志为对象的多批次讲座，经过培训的有关人员，均能按操作规程熟练地开展工作，并提高了风险识别能力。拥有一支高素质的专业人员队伍，也是上海担保工作领先于全国其他地方的重要因素之一。

不管做什么工作，人是第一位的，不仅业务素质要高，还要有很好的道德品质，否则容易出现道德风险。

（八）扩大宣传，加强沟通，形成合力，共同推动担保的发展

小企业贷款担保是一项全社会的工作，中投保上海分公司只是其中最重要的一个环节而已。离开银行的合作，贷款担保就无从谈起；离开区县财政的支持，就没有担保体系的基础；离开政府的协调，很多问题将难以解决；小企业不如实地反映生产经营情况，信息不对称，担保工作就不能快速发展。通过与市区两级政府的相关部门以及银行、会计师事务所等社会中介机构的主动沟通，使大家认识到，只有都解放思想，胆子大一点，步子放开一些，通过共同努力，形成合力，才能将上海市的担保工作推上一个新台阶，担保业务才能快速发展。

中投保上海分公司通过报纸、杂志、电视、计算机网站等新闻媒体向社会广泛宣传担保业务的政策、信息、操作程序、联系单位的地点及电话等，满足了小企业渴望了解担保资信的要求。现在，社会各方面均已知晓中投保上海分公司是上海市政府改善小企业融资环境、为小企业增补信用的主渠道，以及如何向担保机构申请贷款担保的方法。

三、社会协同体系及信用环境体系的建立

建立社会化的小企业融资担保体系是一项系统工程，有关各方必须密切配合，通力合作，相互支持，才能形成一个高效运作的系统。

小企业融资担保是政策性业务，是政府运用宏观政策促进经济发展的手段，是积极财政政策的延伸；担保风险的大小与区域内社会信用环境息息相关；在目前现有的社会信用环境状况及社会关系的条件下，必须运用行政手段，协调并组织有关部门及单位共同推动小企业融资担保的运作，才能建立社会化的小企业融资担保体系。政府作为小企业融资

担保工作的主要受益者，除提供担保资金的财力支撑以外，还必须做好地方立法的提案工作，做好社会化小企业融资担保体系的系统设计及实施工作，政府是该项工作的组织者和策划者。不依靠政府在这些方面的有力支持，就不可能建立社会化的融资担保体系。

专业担保机构作为政府实施社会化小企业融资担保体系的工具，是该项工作社会化运作的载体，它必须按市场经济的要求，设计出严密的操作规程，有效地控制担保风险，为社会提供高效、有序的服务。

（一）政府部门主要任务：制定政策，协调关系，改善环境

首先是制定政策，改善信用环境。上海市人民政府于1999年9月14日印发了《上海市人民政府关于促进本市小企业发展的决定》及《关于促进本市小企业发展的若干政策意见》、《关于促进本市小企业发展有关工作的分工》。

该《决定》是我们在上海开展小企业贷款担保工作的"基本法"，其主要内容有以下几个方面：

一是阐明了上海市促进小企业发展的指导思想及工作方针，即以市场为导向，建立适应小企业生存、发展、更替的机制，形成社会化的金融支持和服务体系，减轻小企业负担，规范市场秩序，营造一个既公平竞争又有指导帮助的环境。

二是宽松市场准入，鼓励各类资本投资创业。在与国家法律法规不冲突的情况下，在注册资本方面降低创业者开业的初始条件。允许公司制小企业注册资本分期注入；鼓励申办非公司制小企业；允许人力资本、智力成果作为注册资本；改革前置审批程序，对基本符合设立条件但尚有欠缺的，实行企业预备期制度；放宽与外商合资合作条件；清减各类收费，降低开业成本；建立小企业的风险社会化预警制度。这些政策的目标是大力吸引不同所有制形式、不同区域、不同要素形式的资本在上海市投资创办企业。

三是信用与担保。建立企业信用备案制度，通过经济行政管理、司法、金融等相关部门提供的小企业经营信用、资本信用、质量信用、完税信用和法人行为信用等情况，监督小企业的信用记录。

建立经营者信用管理制度，凡有严重逃废债务、经济犯罪等不良信用记录者，在法定时间内不得在上海市注册新的企业，并不得担任企业

的法定代表人。建立资信评估中介机构的执业责任制度，有虚假行为的，视情节按规定程度取消其相应的服务资格，由此产生的后果由该中介机构负连带责任（特别是财务报表）。

实行企业从设立到退出的"一卡一码"制度，企业在工商注册时，赋予企业惟一的标识码，将企业在工商、技术监督、税务、社保部门、银行等分头开户设卡，改为"一卡通"。

多种形式向企业提供贷款担保，并明确中投保上海分公司是上海市政府对小企业提供贷款担保的主渠道，逐步构建由政府引导、金融单位和社会各方参与的金融支持体系。

多渠道筹集担保资金，由市和区县两级财政从预算中列出专项资金，用于小企业贷款担保资金的补充。鼓励社会向担保资金捐赠的行为，经市和区县财政部门认定，所得税可实行先征后返的办法。

该办法还在对小企业的服务与管理、鼓励与支持等方面做了详细的规定，这里就不一一列举。

另一文件，《关于促进本市小企业发展有关工作的分工》确定了各项政策的执行与责任部门，各负其责，明确分工。

在《关于小企业贷款信用担保管理的若干规定》中，对贷款担保的范围、原则及重点支持对象，担保条件、担保程序、担保总额及单个项目的担保额、期限、费率，反担保措施的设置，代位清偿，保后监督与管理等做出了详细的规定。

这一系列制度的建立，极大地推动了以企业、经营者、中介机构为主体，以信用登记、信用评估、风险预警、风险管理、风险分散等为主要环节，服务于企业经营活动的上海市全社会信用制度的建立，极大地改善了上海市小企业的融资环境，是上海能大规模开展担保工作的社会信用基础。

中投保上海分公司的小企业贷款担保工作，能在全国同行业中处于规模超前、技术领先、网络完善、支撑有力的位置，与上海市政府在社会信用环境建设方面所做的大量工作是密不可分的，是成功地建立起社会化小企业融资担保体系的最关键原因之一。

其次是协调关系，调动政府及各种社会资源，共同推动小企业融资担保体系的顺畅运行。

针对小企业财务核算不规范的问题，上海市政府专门成立了上海市财务会计管理中心，帮助小企业加强财务会计核算，开展对企业财务主管的培训，并组织会计师事务所为企业提供审计鉴证服务，提高小企业的信用度。申请担保的小企业的财务报表必须经会计师事务所审计。对于审计中弄虚作假的行为，情节严重的要吊销注册会计师和会计师事务所的执照，从而提高了企业财务报表的质量。

上海市政府于 2000 年 6 月 28 日专门召开了各区（县）区长（县长）、财政局局长及有关银行主要领导参加的全市性小企业贷款信用担保工作会议，时任副市长的陈良宇同志做了重要指示，要求各有关部门要密切合作，把担保工作的规模做大。

上海市财政局每年召开两次由各区县财政局长及相关人员参加的担保工作会议，就担保工作对各区县提出具体要求和计划安排，并协调在实践中出现的各种困难和问题；市财政局还多次组织并主持召开会议，与银行、外经贸委等有关方面协商担保比例、担保总金额及新的担保品种和领域。没有市府特别是市财政的支持，担保工作中的很多困难和问题将难以解决。

在与银行的合作过程中，市财政局运用财政信用，从地方银行突破，与银行签订《合作协议》，实行比例担保，形成竞争，迫使其他银行迅速跟进。

（二）担保机构的市场化运作

在建立了风险分散体系、风险控制体系、财力支撑体系、网络服务体系、社会协同体系、信用环境体系之后，担保机构的主要工作是两个方面：一是进一步开辟项目源，提高项目源的质量，优化操作程序，提高工作效率。项目来源质量不高，评审后不能担保，或银行不同意贷款，会浪费大量的人力；操作程序复杂，同样会耗费人力和精力，不能迅速扩大规模。二是控制风险总量，防范系统风险，加强对国家宏观经济的研究。经济进入低潮期，交易清淡，企业效益不好，代偿的风险肯定会增大；市场热点转换了，新兴行业需求量增大，但很难说是不是下一个经济增长点，对该行业提供担保存在着未知风险，也必须加强理论研究；夕阳行业竞争激烈，利润很薄，还款能力自然就比原来降低了。国家加入 WTO 对我们这套担保体系肯定会造成冲击，但如何预防，也要进行研究。另外，银行与担保机构的利益并不完全一致，要加强与银行的沟通及合作。对高代偿率的贷款行,要及时了解情况,并采取补救措施,直至停止为该行的客户提供担保为止。

中投保公司承担世界银行"EMCo贷款担保计划"项目情况介绍

2003年3月24日中国经济技术投资担保有限公司与中华人民共和国经济贸易委员会签订了《世界银行/全球环境基金(GEF)中国节能促进项目二期担保计划实施协议》(以下简称实施协议)。实施协议的签订标志着中国经济技术投资担保有限公司以自身的实力通过了世界银行的审查,得到了中国政府有关部门的认可,作为世界银行/全球环境基金(简称GEF)中国节能促进项目二期贷款担保计划的实施机构,承担了实施"EMCo贷款担保计划"的任务。2003年11月13日第一笔EMCo担保专项资金到位后,"世界银行/GEF中国节能促进项目二期"正式启动,EMCo贷款担保计划于2004年开始正式实施。

一、EMCo贷款担保计划的由来

EMCo贷款担保计划是世界银行/GEF中国节能促进项目二期的重要组成部分。世界银行/全球环境基金中国节能促进项目是中国政府与世界银行、全球环境基金共同实施的、旨在提高我国能源利用效率,减少温室气体排放,保护全球环境,同时促进我国节能机制转换的大型国际合作项目。世界银行/GEF中国节能促进项目二期是为了实现进一步推广"合同能源管理"机制的目标,在一期节能服务项目示范的基础上,建立可持续发展的适应市场要求的EMCo项目运作体系。EMCo贷款担保计划旨在通过中国经济技术投资担保有限公司的担保,提升节能企业的信用,增加各类以"合同能源管理"方式实施节能项目的企业从国内商业银行获得贷款的机会,帮助节能企业解决实施节能项目资金瓶颈的问题,并使商业银行介入到持续发展的节能事业中来,尽最大努力使EMCo在节能方面的投资最大化。

二、EMCo 贷款担保计划运作模式

世行银行为了提高全球环境基金赠款在促进中国企业节能减少二氧化碳排放过程中的使用效率，使用部分赠款建立了 EMCo 贷款担保专项资金，通过担保的"杠杆"效应，带动国内商业银行信贷资金的投入，创立了一种 GEF 赠款使用模式。中投保公司受中国政府有关部门的委托，经世界银行同意，作为 EMCo 贷款担保计划的执行机构，为符合合同能源管理要求的节能企业提供融资担保服务。节能企业实施合同能源管理项目的资金，可以通过中投保公司的信用担保，从商业银行获得贷款支持。

EMCo 贷款担保计划运作模式如图附 1-1。

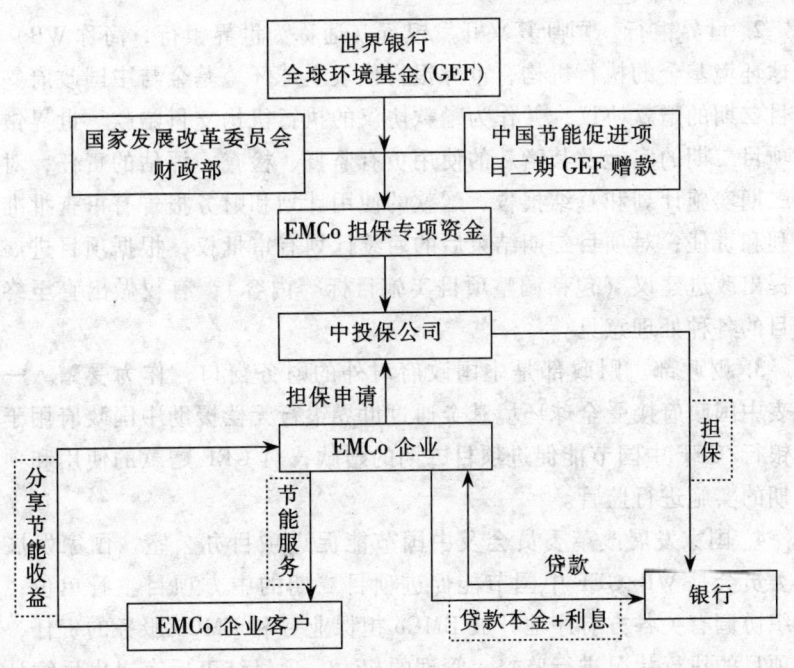

图附 1-1　EMCo 贷款担保计划

如附图 1-1 所示，除中投保公司之外，EMCo 贷款担保计划在实施过程中还有许多相关单位和部门参与项目的管理和执行，涉及的单位和部门有全球环境基金、世界银行、中华人民共和国财政部、国家发展改革委员会（承担原国家经贸委的任务）及其领导下的中国节能促进项目办公室、中投保公司、商业贷款银行、中国担保业联盟部分成员单位、EMCo 协会、节能服务企业（EMCo 或以合同能源管理机制实施节能项目的企业）以及节能服务企业的客户。相关各方在 EMCo 贷款担保计划中的作用简述如下：

1. 全球环境基金（GEF）。全球环境基金为世界各国间的合作组织，协助各国共同保护全球环境和地区环境，促进环境健康和可持续的发展。GEF 提供赠款，通过实施中国节能促进项目二期，帮助中国政府扩大能效项目的国内投资，支持中国新兴节能服务产业的发展减少二氧化碳排放。

2. 世界银行。国际复兴开发银行（通称为世界银行，简称 WB）是全球环境基金的执行机构，世界银行代表全球环境基金与中国政府签订项目二期的赠款协议，并作为赠款协议的执行机构支付赠款。世界银行对项目二期的实施及其赠款的使用负有监督、检查、评估的责任，对项目二期实施计划和总结报告、赠款的使用计划和财务报告有审查批准的权利和责任；对项目二期结束后的后续计划有审批权，根据项目进展有权提出改进建议（包括调整项目实施目标等内容），有权做出直至终止项目的各种处理意见。

3. 财政部。财政部是中国政府对外的财务窗口，作为受赠人——代表中国政府接受全球环境基金通过世界银行无偿援助中国政府用于世界银行/GEF 中国节能促进项目二期的赠款；对 GEF 赠款的使用和项目二期的实施进行监管。

4. 国家发展改革委员会及中国节能促进项目办公室。国家发展改革委员会是 WB/GEF 中国节能促进项目二期的中方项目主管单位；有组织协调有关各方有序地开展 EMCo 担保业务和 EMCo 服务的责任，有对项目的执行状况进行监督、管理的权力，项目结束后有提出后续计划的责任。

中国节能促进项目办公室（简称项目办）是经贸委对项目二期管理和监督的执行机构。在国家经贸委的领导下和世界银行的指导下，项目办承担 EMCo 贷款担保计划的协调、监督和管理等日常工作。

5. 中投保公司及合作机构。中投保公司作为 EMCo 贷款担保计划实施机构，经发改委认可，承担利用 EMCo 担保专项资金开展 EMCo 担保业务的义务，并享有相应的权利。中投保公司利用自身的商业信誉，及与金融机构的合作关系开展 EMCo 担保业务。

6. 部分中国担保业联盟成员单位。部分中国担保业联盟成员单位通过与中投保公司签订合作协议，接受中投保公司的委托，参与所在地区 EMCo 贷款担保计划的实施，与中投保公司共同培育当地 EMCo 贷款担保市场，开发 EMCo 贷款担保项目资源，共同为当地节能服务企业提供贷款担保服务。

7. 商业贷款银行。EMCo 贷款担保计划以 EMCo 贷款担保资金为风险支撑，通过中投保公司的担保，使 EMCo 企业从商业化银行获得贷款，实施节能项目。中投保公司与商业银行积极合作，对使用贷款的企业共同监管，共同防范贷款风险。

8. EMCo 协会。EMCo 协会是由各 EMCo 自愿联合，独立于政府、服务于 EMCo 行业的组织，为 EMCo 开展全方位的服务，并配合担保计划实施机构开发 EMCo 担保业务市场。

9. EMCo。EMCo（或以合同能源管理机制实施节能项目的企业）是节能项目投资主体，在项目二期中他们将接受 EMCo 协会的全方位优质服务，在 EMCo 担保计划的帮助下从商业银行获得节能项目投资贷款，实施节能项目，并在获得节能和减排二氧化碳效益的过程中，实现自身的发展壮大。

10. EMCo 的客户。EMCo 的客户是 EMCo 服务的对象。这些客户存在较大的节能潜力，由于各种原因导致这些节能项目无法实施，他们通过与 EMCo 签订节能服务合同，接受 EMCo 的节能服务，并按合同约定支付部分节能效益回报 EMCo 的服务。

三、EMCo 贷款担保计划的特点

EMCo 贷款担保计划的主要特点是以实现全球环境基金节能减排的政策目标为首要目标；以全球环境基金提供的政策性的专项资金为担保第一位的风险支撑；委托有资质的专业机构管理运作担保计划；运用商

业化的手段，最大限度的实现政策性目标。这种利用全球环境基金赠款作为担保资金，通过担保机构的信用担保拉动国内银行投资的运行机制，更加有效地实现了全球环境基金的政策性目标，提高了 GEF 赠款的使用效率。

这种做法，在世界银行的 GEF 赠款使用及支付方式上开创了新思路，在世界银行尚属首例，为世界银行其他项目的运作提供了有益的借鉴。

（一）担保的政策目标

EMCo 贷款担保计划作为世界银行/全球环境基金中国节能促进项目二期的一部分，服从"项目二期"的总体目标，通过在中国推广以"合同能源管理"机制运作的节能项目，减少二氧化碳的排放，为解决全球温室气体效应的问题做出贡献。因此，EMCo 贷款担保计划的担保对象必须是以"合同能源管理"机制实施节能项目的节能企业，其实施的节能项目必须能够减少二氧化碳的排放。

（二）政策性风险资金支撑

EMCo 贷款担保计划为实现在全球减少二氧化碳排放的目标，由全球环境基金提供的赠款作为担保风险资金，我们称为世界银行/GEF 中国节能促进项目二期 EMCo 担保专项资金。"EMCo 担保专项资金"是专门用于为 EMCo 企业实施合同能源管理项目提供融资担保，承担第一位代偿责任的专项风险准备金，资金规模 16 640 000SDR（约 2 200 万美元）。

（三）委托有资质的法人运作

世界银行和中国政府有关部门经过两年多的考察、评审、论证，在四个备选方案中，确定了中投保公司提交的《世界银行（WB）/全球环境基金（GEF）中国节能促进项目二期商务计划书》，并确认了中投保公司实施 EMCo 贷款担保计划的资质和专业能力。中投保公司接受世界银行和中国政府有关部门的委托，作为项目执行机构实施担保计划，受理 EMCo 企业的贷款担保申请，为经审查合格的 EMCo 企业及实施合同能源管理项目企业的资金需求提供贷款担保。

(四) 通过商业化运作实现政策性目标

EMCo贷款担保计划作为世界银行/GEF中国节能促进项目二期的一部分，服从"项目二期"节能减排的政策目标，但是EMCo贷款担保计划的运作宗旨是遵循商业化运作的原则，运用商业化担保的风险控制手段，通过有效的风险控制措施，在实现为EMCo提供最大程度担保的同时，最大限度地保全担保的风险准备金。

四、EMCo与"合同能源管理"

(一) 合同能源管理

"合同能源管理"是EMCo的一种经营方式，是EMCo和客户双方都能从中受益的一种双赢机制。EMCo运用合同管理模式为客户企业实施节能项目时，必须保证：(1) EMCo与客户签订节能服务合同，为客户提供一条龙的综合性服务，并确保获得合同中规定的节能量；(2) EMCo从节能项目的节能效益分享中收回投资并获得一定利润，项目的节能效益应超过该项目总效益的50%。

(二) EMCo

EMCo是以"合同能源管理"(energy performance contracting，EPC)这种节能新机制运作并为客户实施节能项目的实体，我们称为"节能服务公司"(energy management company，EMCo)。

EMCo是一种基于"合同能源管理"机制运作并以营利为直接目的专业化公司，EMCo与愿意进行节能改造的客户签订节能服务合同，向客户提供能源审计、可行性研究、项目设计、项目融资、设备及材料采购、工程施工、人员培训、节能量监测，直到改造系统的运行、维护与管理等服务，并通过与客户分享项目实施后产生的节能效益来收回投资、获得利润并滚动发展。

EMCo是商业化运作的公司，以营利为目的，营利的手段是以"合同能源管理"机制实施节能项目。

EMCo不是一般意义上的推销产品、设备或技术，而是通过实施

"合同能源管理"项目,销售节能服务。

在能源审计和改造方案设计的基础上,EMCo与客户进行节能服务合同的谈判,在合同所规定的费用全部支付完以后,EMCo把项目移交给客户,客户即拥有项目的所有权并享有全部节能效益。由于EMCo负责为项目筹措资金并承诺和保证节能量,而且EMCo还为客户承担了节能项目的绝大部分风险,因此,EMCo实施节能项目的成败关键在于对项目风险的分析和管理。

由此看出,EMCo是市场经济下的节能服务商业化实体,在市场竞争中谋求生存和发展,EMCo的赢利基于实施节能项目的合同信用,社会的信用环境对EMCo的经营风险产生直接影响。

五、对申请贷款担保企业基本要求

1. 申请担保贷款必须用于实施以"合同能源管理"机制运行的节能项目。项目能形成较好的节能和减少二氧化碳排放的效益和经济效益,并满足以下两个条件:

(1) 实施节能项目的收益至少有50%来自能源节约或者能源费用的减少。

(2) 以"合同能源管理"方式实施节能项目。

2. 申请EMCo贷款担保的项目都必须符合国家和地方环境法规,并且要有合适的调查与证明文件,证明该项目没有潜在的环境影响或环境影响可控制在允许范围内。不使用能源、或与环境没有物质交换的项目(如余热回收项目),可以没有环保部门的介入,不要求证明文件;否则申请企业应提供地方环保部门或有关部门(如电力部门)出具的对环境没有负面影响的文件;或其他能证明该节能项目的负面环境影响可以消除的文件。

3. 依法登记注册、独立核算、自负盈亏、具有法人资格和履约能力的经济实体。

4. 财务会计核算规范,依法纳税,具有必要的营运资金、经营场所及设施,有一定的注册资金。

5. 有一定的经营历史,并且持续经营期限在6个月以上。

6. 资信状况良好,具有一定的经营管理水平和持续经营能力及还款能力。

7. 拥有良好的产品销售网络或经营服务渠道，具有与贷款规模相匹配的销售或营业规模，拥有稳定的客户群和现金流。

8. 能够提供中国经济技术投资担保有限公司认可的反担保措施。

六、EMCo 贷款担保程序

本实施程序所称担保，仅指世界银行/GEF 中国节能促进项目二期 EMCo 贷款担保业务，如图附 1-2。

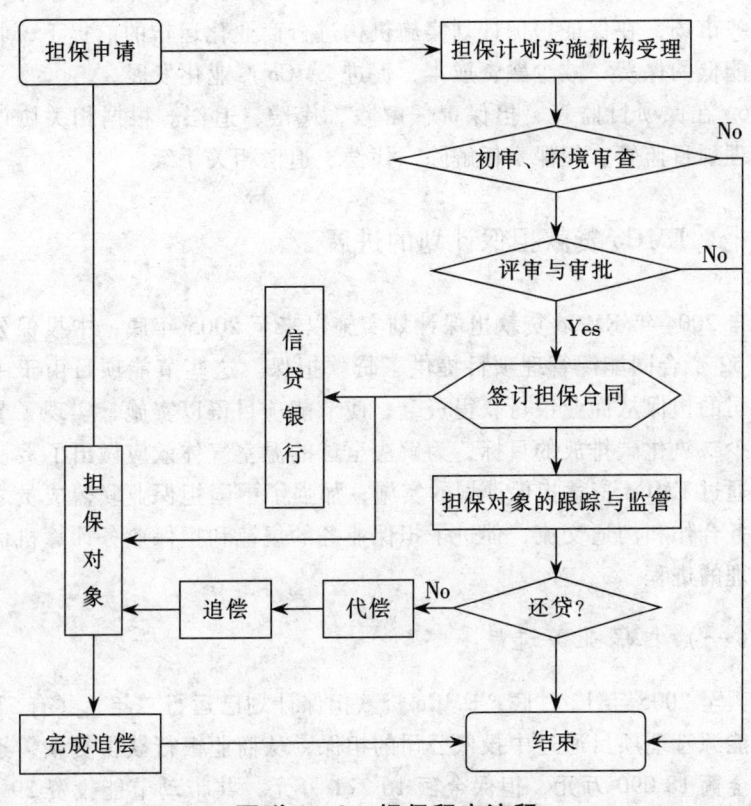

图附 1-2　担保程序流程

1. 申请和受理。申请贷款担保企业提交申请资料，提出书面申请。

2. 初审和环境评估。审查申请项目资料是否完整、符合要求。审查申请企业是否符合担保对象的条件，项目是否符合节能项目标准，是否具备申请担保的基本条件。审查确认项目的实施对环境不产生负面环境影响。

3. 担保项目的评审。申请担保企业资信评审及实施"合同能源管理"项目可行性评价。

4. 合同的签订。签订《委托保证合同》，担保申请人缴纳相关费用；办理反担保手续；担保机构与贷款银行、EMCo 签订《保证合同》或出具担保函。

5. 担保费的收取。担保费每年核定一次，基本原则是为了开拓节能服务市场，在保证担保计划实施机构进行商业化运作的前提下，收取尽可能低的保费，减少融资成本，促进 EMCo 产业化发展。

6. 在保项目监管、担保责任解除、代偿、追偿。根据相关协议约定办理项目监管、担保责任解除、代偿、追偿相关手续。

七、EMCo 贷款担保计划的进展

自 2004 年 EMCo 贷款担保计划实施以来至 2005 年底，中投保公司共为 52 个合同能源管理项目提供了贷款担保。这些节能项目由于中投保公司的担保从商业银行获得资金，使节能项目得以实施，实现了节能和减少二氧化碳排放的目标，为解决全球的温室气体效应做出了贡献。

通过 EMCo 贷款担保计划的实施，加强了中国担保业联盟成员之间的业务合作和沟通交流，促进了担保业务的规范和担保业务计算机信息化管理的进程。

（一）担保业务进展

截至 2005 年 12 月底，EMCo 贷款担保计划已运行二年，共有 52 个合同能源管理项目通过中投保公司的担保，从商业银行获得贷款，累计贷款金额 18 090 万元，担保金额 16 271 万元，共带动节能投资 29 505 万元，已有 19 个项目无代偿解除担保责任。这些项目实施后，每年节约能源 157 861 吨标煤，减少二氧化碳排放 102 743 吨碳。

（二）世界银行项目担保体系建设

为能有效地在全国开展 EMCo 贷款担保业务，充分发挥中国担保业联盟成员在各地的优势，本着风险共担、利益共享、共同为 EMCo 企业提供优质服务的原则，中投保公司与四川、深圳等地的 16 家担保机构签订了共同开展 EMCo 融资担保业务的合作协议。已与其中 5 家担保机构开始担保项目合作，合作项目 12 个，已有 5 个项目无代偿解除了担保责任。通过与中国担保联盟机构成员的合作，使各个地方的多家商业银行参与到 EMCo 贷款担保计划的执行过程中来。

与北京银行签署了共同开展 EMCo 融资担保业务的合作协议，共同开发节能服务企业市场，共同为合同能源管理项目提供融资服务。

（三）标准规范建立

针对 EMCo 贷款担保业务的特点和世界银行项目运作要求，建立了针对合同能源管理项目担保的项目开发、审核、评审及法律审核等标准规范。经过一年多的运行，这些标准逐步得到完善，为计算机信息管理系统的建设奠定了基础。

中投保公司参与工程合同担保制度建设情况介绍

随着中国加入 WTO，一些实力雄厚、管理经验先进的外国企业将进入我国建筑市场，市场竞争将日趋激烈；同时国外保证担保公司也对中国这块市场虎视眈眈。当前我国建设工程招投标体制改革已进入到法制化、市场化阶段，因此建立工程合同担保制度势在必行。中投保公司在参与推进我国工程合同担保制度建设上，与政府相关部门密切配合，为促进我国工程合同担保规范、持续发展，发挥了积极作用。

一、建立工程合同担保制度的基本法律法规已经具备

市场经济是法制经济，实行工程合同担保制度需要完善的法规制度来支持。1995年6月30日我国颁布了《中华人民共和国担保法》和《中华人民共和国保险法》并于1995年10月1日起施行。此后，最高人民法院根据实际需要和《担保法》实施以来的司法实践，制定了《关于适用〈中华人民共和国担保法〉若干规定的司法解释》。1997年11月1日我国又颁布了《建筑法》。2000年1月1日《中华人民共和国招标投标法》开始施行，为在我国推行工程合同担保提供了基本法律依据。

二、全国性规章政策相继出台

（一）政府部门出台相关文件

与发达国家相比，我国的工程担保制度的建立尚处于起步阶段。1999年2月，国务院办公厅发布了《关于加强基础设施工程质量管理的通知》，明确规定："必须实行合同管理制。建设工程的勘察设计、施工、设备材料采购和工程监理要依法订立合同。各类合同都要有明确的质量要求、履约担保和违约处罚条款。违约方要承担相应的法律责任。"同年，建设部在《关于深化建设市场改革的若干意见》中提出，要将建立以工程担保为主要内容的工程风险管理制度，作为我国今后改革政府监督管理建设活动方式、以经济手段强化工程质量管理的重要措施。同时指出可以先实行投标担保、业主支付担保、承包商履约担保和质量担保等工程担保制度。

2003年5月，国家计委、建设部等七部委联合发布《工程建设项目施工招标投标办法》，其中对工程担保的应用有了更加明确、详细、具有一定可操作性的规定，并且首次提到业主要求承包商提交履约担保的，必须相应向承包商提交业主支付担保。

2004年1月3日，建设部、发改委等八部委在"关于贯彻《国务院办公厅关于切实解决建设领域拖欠工程款问题的通知》的实施意见"

中提出，积极推行工程担保制度，包括业主工程款支付担保、建筑业企业履约和分包工程款担保、劳动者工资支付担保等。

（二）积极推进房地产开发领域实行工程合同担保

2004年，建设部组织中国经济技术投资担保有限公司有关力量，对工程担保制度进行了大量的调研工作。为加快推进工程担保制度的建设，在总结试点工作经验的基础上，结合我国建筑市场的实际情况，由中国经济技术投资担保有限公司代建设部起草、修改，并于2004年8月6日由建设部以建市［2004］137号发布了"关于印发《关于在房地产开发项目中推行工程建设合同担保的若干规定（试行）》的通知"（见附），该文件对工程担保的种类、担保形式、有效期、担保金额、担保责任做出了详细规定，成为建设行业推行工程担保的第一部规范性指导文件。该文件规定：在工程建设合同造价在1 000万元以上的房地产开发项目（包括新建、改建、扩建的项目）试行投标担保、业主工程款支付担保、承包商履约担保和承包商付款担保。

同年，建设部又委托中国经济技术投资担保有限公司牵头，由长安保证担保公司及北京首创投资担保有限责任公司共同参与起草了《工程担保合同示范文本》，在起草过程中，紧密结合国家法律法规及建设部《关于在房地产开发项目中推行工程建设合同担保的若干规定（试行）》的具体规定，尽量使合同文本的具体表述与该规定相一致。建设部于2005年5月11日以建市74号文出台了"关于印发《工程担保合同示范文本（试行）》的通知"，对全国开展工程担保业务的持续、规范发挥了积极作用。

（三）积极推进公共工程合同担保制度的建设

2004年12月，中投保公司与国家发改委共同成立课题组，对"建立我国公共工程建设合同担保制度"展开课题研究。2005年11月1日，国家发改委在北京组织召开评审会，专家委员在听取了课题汇报后，经认真讨论和评议，对"建立我国公共工程合同担保制度"课题报告给予高度评价。

课题报告总结分析了国外公共工程合同担保制度的最新发展动态，首次对公共工程合同担保制度进行了全面、系统的比较研究，为借鉴国际经验发展我国的公共工程合同担保制度提供了重要的参考依据。

同时，在进行大量调查研究的基础上，研究了我国推行公共工程合同担保制度的现状及存在的主要问题，分析了加快推行公共工程合同担保制度的必要性。课题报告框架结构设计合理，内容全面，资料翔实，对问题的分析深入、针对性强，为我国推行公共工程合同担保制度奠定了良好的理论基础。

课题报告首次提出了我国公共工程合同担保制度建设的三个基本原则，即强制性原则、公平性原则和与国际接轨原则。课题报告对我国政府相关主管部门推行公共工程合同担保制度应采取的主要政策措施提出了创新性的建议，具有重要的政策参考价值，值得政府相关主管部门高度重视。

课题所提倡的公共工程合同担保制度有助于加强公益性和公共基础设施建设，对我国加快国家投资体制改革、完善建筑业的市场机制、推动政府职能转变、促进社会主义市场信用体系的形成具有较强的现实指导意义和应用价值。

三、建立公共工程合同担保制度的意义

政府投资项目具有取之于民、用之于民的特点，因此它关系到整个国民经济的发展和每个纳税人的切身利益。政府投资项目的成败取决于两个环节，一是决策的正确性，二是项目实施管理的有效性。

实行工程合同担保制度，是为了保障债权人（项目使用单位、政府、纳税人）的利益，促进债务人（承包商）完成建设合同中规定的各项义务，而引进一个责、权、利高度统一的、独立的经济利益主体（保证人）作为重要的信用交易服务机构参与建设合同管理，可以建立市场监督和损失补偿机制。

在公共工程合同担保制度的建立中，政府作为国有资产的代表和社会公共事务管理者的身份，可以要求凡政府投资建设的工程、国有独资企业投资建设的工程、民间资本投资的公益工程和公共基础设施工程在招投标活动中所有投标人必须出具投标保证，保证善意竞标、按标价签约；中标后提供履约保证，并附付款保证、保修保证等相关的工程合同

担保。

(一) 促进公共工程合同管理机制转换

1. 有利于政府职能转变。目前我国公共工程合同管理主要有行政手段和法律手段。公共工程的立项、招标、签约、开工、履约、验收均以行政审查、审批为主；项目使用单位也不是专业的工程管理者。管理者与市场间存在着严重的信息不对称，因此有必要引进一个市场主体来参与公共工程合同管理。利用第三方提供工程合同担保的方式，对于完善建设合同管理体系具有重要作用。它既可以提高公共工程合同管理的有效性，又能使政府从烦琐的事务中解脱出来。

2. 促进社会主义市场经济和信用体系的形成。承包商的资质、信用要经得起市场的检验。行业主管部门对承包商的资质评定，既不是市场行为，也不承担连带保证责任，甚至存在灰色交易；保证人是一方市场主体，一旦提供保证就将承担连带保证责任，所以"保证"可以用"信用"换取，却难用金钱买到。合同担保在客观上起到了承包商资信"预审"的作用，促使承包商趋利避害、讲究信用。

3. 公共工程合同担保制度的实施，为推广公开的、竞争性的招标制度，使最低标价中标成为可能。得不到第三方信用保证的承包商不能参与投标；承包商恶性竞标，保证人承担连带保证责任，业主利益得到充分保障。

(二) 用经济手段保障债权人 (业主) 的权益

1. 提高履约率，降低损失风险。由于保证人是以一个独立的经济利益主体为债务人提供履约保证，公共工程建设合同执行的成败与保证人的利益连在一起，所以保证人将以高度的责任心和有效的手段来加强对建设合同执行的事前、事中、事后全程管理，工程建设合同的履约率将大大提高。从单个项目的管理来看，保证人的介入将使合同管理中的保费支出增加；从宏观的角度来看，履约率的提高和"豆腐渣工程"的减少，则可以大大减少国家建设资金的损失。公共工程合同担保制度的实施，可以使国家的担保费支出总量小于工程超概算、"豆腐渣工程"、竣工延迟等造成的经济损失，大大节约社会资源。

行政手段偏重于事前审批；法律手段偏重于事后惩罚；经济手段则

要加强全过程管理。因此只有同时运用经济手段、法律手段、行政手段才能有效强化建设合同的管理。

2. 使政府的财务风险向市场转移。当债务人不能履约，使债权人蒙受经济损失时，保证人以"代为履行"和"经济赔偿"等方式，保证工程建设合同继续执行下去，顺利完成建设工程。因此保证人具有"补缺"和"补偿"的作用。保证人在"代偿"后，再取得"追偿权"，使合同的纠纷处理与合同履行在时间上、主体间实现了分离。保证人的介入，可以避免公共工程建设停工、延迟，以及政府最终承担经济损失的状况。保证人取得的"追偿权"，使违约风险传递回风险源（承包商），迫使承包商认真履约。

3. 强化社会评审，提高交易效率。保证人有别于行政管理机关，是一个市场主体，对债务人的评审、评价将努力做到客观、公正。保证人在为债务人（承包商）提供信用保证之前，将对其资产财务、信用、能力、特长进行全面的、专业性的"预审"，节省了债权人（业主）的工作量，为业主找到一家在技术、财务、信用方面合格的承包商提供了便利。保证人在为一个新的承包商提供保证前，可能花费一定的时间和精力对其进行评审。随着保证人建立、健全"承包商信用数据库"，工程合同担保工作的效率将大大提高。

4. 降低工程建设管理费用。由于保证人的介入，使业主原来的部分建设合同管理职责向保证人转移，业主的管理费用支出将随之减少，业主向保证人支付保费。这种保费具有管理费的性质。由于保证人实行高效率的专业化管理，其收取的保费将低于业主自己的管理费用。

5. 由于承包商付款保证的存在，使交易的信用风险大大降低，业主可以间接得益于分包商、材料供应商的较低报价。保险是对不可控风险的事后处置，保证是对可控风险的过程控制。因此，保险费是对不可控风险事后处置的"公积金"、"互助金"，担保费则是一种风险管理费用。将保证引入建设合同管理就是引入一种效力更高的管理机制。

6. 业主对保证人承担如下义务：合同担保签订后，主合同中重要的、实质性的条款变更必须及时通知保证人（并经保证人同意方能在保）；应保证人的要求，向保证人提供工程报告，及时掌握承包商的工作进度和合同执行情况。

(三) 用市场机制规范债务人（承包商）行为

由于我国人口众多，劳动力成本低廉，同时经济增长速度快，所以建筑业规模庞大，竞争激烈，项目招投标暗箱操作普遍。这种状况不利于经济建设和市场规范。国家对施工企业的管理手段主要是"资质管理"。施工企业资质管理偏重于技术管理，而且是一种行政许可性质的管理，它缺少对施工企业的财务能力、诚信度方面的考评及市场主体的参与。

工程合同担保制度的实行将会促进建筑市场朝着健康的方向发展。

1. 促进建筑市场优胜劣汰机制的形成。凡能获得信用保证的承包商都将提升信用水平，增强竞争力。相反，凡有不良记录的承包商将拿不到信用保证，会被市场淘汰。

2. 保证公共工程建设的招标真正做到公开、公平、公正，促进信用经济建设。能否取得好的第三方信用保证，成为承包商能否参与有力竞争的通行证，促使承包商重承诺、讲信用。当保证人为一承包商提供履约保证时，保证人承担连带保证责任，它没有进行灰色交易的动机，而且能发觉和避免灰色交易，使招投标活动真正拿到桌面上来进行。因此能减少建筑领域的腐败和行政干预，使我国建筑市场朝着规范、有序、诚信的方向发展。

3. 避免恶性竞争。盲目压价竞标是一种不正当竞争的行为，可能导致工程无法完成。保证人不会为恶性投标人提供履约保证，这就通过制度手段和经济手段约束了承包商的恶意投标行为，使投标价趋于科学、合理及市场化。

4. 加强合同履行的过程控制。由于保证人承担连带保证责任，所以保证人将加强建设合同履行的过程管理，对采购、施工、财务等活动实行监督。

5. 合理保护承包商的权益。实行公共工程建设合同履约保证制度的根本目的是为了保护债权人（项目使用单位、政府、纳税人）的利益，但是债务人和保证人履行义务的前提是债权人要履行自身的义务，这实际是对承包商权益的保护。因此，实行工程合同担保制度，用经济手段管理建设合同，构建债权人、债务人、保证人三方权利义务平等的关系，对各方都是既制约又保护。

承包商采用专业担保机构提供的合同担保,不仅可以减少财产抵（质）押,而且能够提高承包商和业主的融资能力和授信额度。

在工程合同担保三角关系中,承包商是对合同负有主要责任的当事人。但是业主也必须履行其合同义务,包括依据合同条款按工程进度向承包商支付工程款。否则,承包商和保证人可以要求解除合同担保责任。

（四）对工人、分包商和材料供应商利益的保护

企业间三角债和拖欠工人工资是影响我国经济健康发展的重大不利因素。就工程建设领域而言,承包商拖欠工人、分包商和材料供应商的劳务费和货款,不仅损害了工人、分包商和材料供应商的权益,也会影响到工程的进展,损害业主的利益。因此,通过承包商付款保证,工人、分包商和材料供应商可以得到财务保障。

（五）辐射非公共工程合同担保市场

自1894年美国国会通过赫德法案,要求所有公共工程必须事先取得工程合同担保以来,公共工程合同担保制度在西方市场经济国家历经了100多年的历史,并且继续朝着强化的方向发展。美、欧、日诸国通过立法的方式强制推行公共工程合同担保制度,民间投资项目纷纷效仿公共工程建设合同管理方式——实行合同担保。因此,西方市场经济国家的工程建设合同履行实行第三方保证是一种普遍现象。

工程合同担保在中国还处于萌芽阶段,它的发展趋势是不会改变的;同时它又需要政策、法规的引导和参照。公共工程合同担保制度的建立,其意义远不仅限于公共工程建设合同的管理,它将辐射到整个建设市场。

1. 民间投资工程合同管理的需要。在没有保证人制度的情况下,合同双方主体之一出现违约时,另一方将根据《合同法》来解决问题。极端的方式为启用司法程序。但它存在两个弊端：一是费时费力,拖延工程建设；二是法院公正判决后,债权人不一定能够得到足额的经济补偿。因此,债权人利用信用保证的手段来保护自己的权益也是非常必要的。

民间工程合同担保是一种自愿、自发的行为,政府不能强制民间工

程建设合同实行保证制度。但是，保证没有政府的引导将会处于一种盲目、无序状态。在公共工程建设领域建立我国合同担保制度，则是政府以公共工程业主和纳税人代表的身份强制要求公共工程建设合同实行保证。有了公共工程合同担保制度后，民间非强制性的工程合同担保市场就有了参照物。这在西方市场经济国家也是一种惯例。

2. 国际建筑市场的需要。我国是劳务输出大国，国内施工企业对外承包工程的出口量较大。另一方面，外商来华直接投资项目，世界银行、亚行等国际金融组织贷款投资项目。这类项目无一不要求承包商提供合同履约保证。

在过去的20多年里，与我国有关的跨国投资建设项目中的合同担保主要由中国银行和中国建设银行以保函的形式提供。专业担保公司尚未出现。银行保函的形式不能完全发挥合同担保的功能。首先，银行开出保函时，要求债务人以存款作为保证金，占用企业资金或信用额度；银行保函的作用类似于信用保险，以经济赔付为履行责任的形式，不具有"提升信用"、"过程管理"和"代为履行"的功能。

专业担保机构提供的信用保证具有提升信用、代为履行和经济赔偿的基本功能。公共工程合同担保制度的实施，对于培育我国大型、跨国专业担保机构，适应国际市场的需要具有积极的推动意义。

四、我国公共工程合同担保制度框架设想

运用担保手段保障建设工程如期、保质完工是国外通行做法。为了进一步规范我国公共工程的投资建设，保障建设合同各方当事人的权益，与国际先进的工程建设保障制度接轨，我国应尽快建立符合我国国情的公共工程合同担保制度。

（一）建立我国公共工程合同担保制度基本目标

2003年党的十六届三中全会提出了《中共中央关于完善社会主义市场经济体制若干问题的决定》。根据党中央的部署，至2010年，我国要建立起比较完善的社会主义市场经济体制，在改革的一些重大方面取得新的突破。按照党中央经济体制改革的整体目标和部署，至2010年，对公共工程建设市场经济体制起着推动和促进作用的公共工程合同担保

制度也应当基本形成，主要体现以下几个方面：

（1）公共工程合同担保制度相关的法律法规体系和政策环境框架基本建立。

（2）公共工程建设合同中涉及到的保证品种丰富，能够基本满足建设合同当事人的需求。

（3）政府对于公共工程建设市场的一些行政管理手段被工程合同担保所部分取代。

（4）基本形成公共工程合同担保、工程保险中介服务体系，及行业管理制度。

（5）风险管理成为各类公共工程建设承包企业、中介服务组织、业主工程管理、企业管理的重要内容。

（6）形成建设企业和个人的信用体系框架。

（二）我国公共工程合同担保制度的基本原则

1. 强制性原则。在发达国家，公共工程合同担保制度是保障政府投资和纳税人利益行之有效的手段。没有制度要求，我国公共工程合同担保制度不会自发形成，合同担保也不能作为公共项目管理人的自愿选择。公共工程合同担保是对风险的一种严密防范，而不是对风险判断后的选择。对整个社会财富安全性而言，公共工程合同担保制度的成功运行（以及带动全社会工程合同担保）有赖于担保业中的风险蓄水池概念和风险转移机制的形成，而要形成风险蓄水池则需要对公共工程合同担保实施强制性要求。

2. 公平性原则。要帮助担保业形成风险蓄水池的机制，不仅要实行强制性的公共工程合同担保制度，还要对承包商一视同仁，只要参加工程投标就必须提交相应的担保。如果对一些优秀企业免除担保要求，不仅担保业难以得到素质优良的客户，而且企业间也处于不公平的竞争环境，因为未被要求提供保证的承包商将少支出一项保费支出，这违背了实行公平竞争机制的市场经济基本原则。

3. 与国际接轨的原则。国外公共工程合同担保制度历经 100 多年的历史，积累了丰富的经验。通过借鉴他国经验，可以使我们少走弯路。我国公共工程合同担保制度不仅对公共工程具有强制性的约束力，而且对国内民间工程、国际工程具有一定的指导意义。我国公共工程合同担保制度与国际接轨,有利于我国建筑市场与国际接轨。

(三) 公共工程合同担保制度模式

国际上推行合同担保制度基本上有两种模式:高保额有条件保证模式和低保额无条件保证模式。其中,北美国家采取的是高保额有条件模式(由专业保证保险机构担当保证人),而欧洲和国际商会采取的是低保额无条件模式(见索即付,由银行和专业保证保险机构担当保证人)。

在借鉴欧式低比例保证和美式高比例保证的基础上,结合我国的现实状况和推行条件,通过试点项目验证逐步建立一种适合我国国情的保证模式。确定履约保证的模式取决于几个因素:(1) 对工程的保护力度;(2) 为此付出保费的成本;(3) 国际工程合同担保制度发展趋势,倾向于向北美高比例模式靠拢;(4) 我国尚处于公共工程合同担保制度推行的起始阶段,采取分阶段地推进。

鉴于以上因素,我国应采用适当比例的有条件合同担保模式,即:

1. 投标保证担保额不低于合同价格的2%,上限为80万元;
2. 近期履约保证的保额不少于主合同价格的20%,条件成熟时提高为25%~50%;
3. 由银行和信用保证公司并行作为公共工程合同担保的保证人。

随着不断的实践摸索、经验总结、完善信用体系以及工程合同担保制度的推行,对这一模式进行完善,最终形成具有中国特色、适应社会主义市场经济发展的公共工程合同担保制度。

(四) 组织形式

设想建设合同管理体系如附图1-3所示,分两个核心关系、三个层次结构加以描述。

附图1-3中核心部分是业主、承包商和保证公司三方之间的合同及合同担保关系(阴影模块部分):业主是保证关系中的受益人(债权人),承包商是被保证人(债务人),保证公司是保证人。业主与承包商之间是建设合同契约关系:业主支付工程款,承包商履行合同;承包商与保证人之间是委托保证关系:承包商向保证公司申请保证,得到履约保证(预付款保证、付款保证、维修保证)并支付保费,保证公司代位后取得求偿权；业主与保证公司之间是保证关系，保证公司提供保证合同，承包商爽约则业主向保证公司索赔。

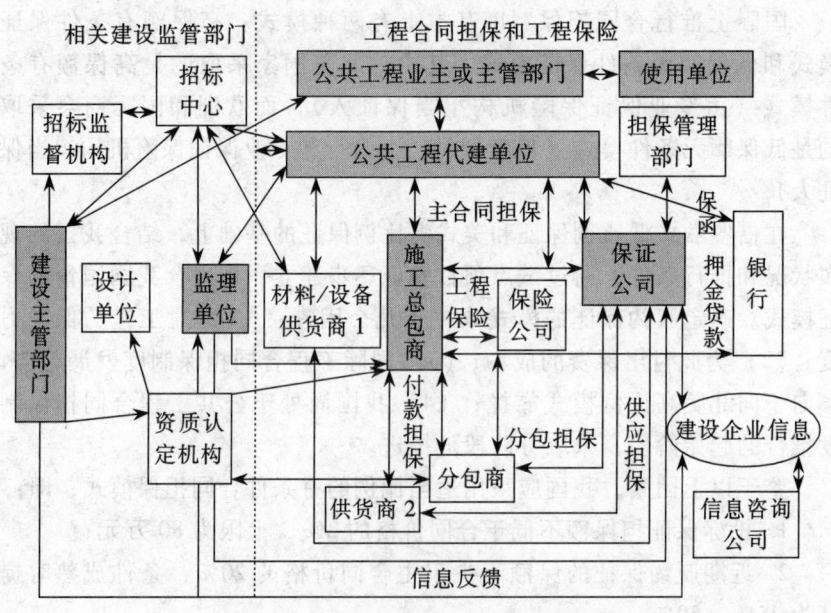

附图 1-3　工程建设各方关系

在此基本关系之下存在次级保证关系：保证公司为分包商向总包商提供分包合同投标保证和履约保证等，为供货商向总包商提供供货保证。考虑到一些建设项目存在重大材料设备与施工平行发包的情况，以及非建筑用材料设备的政府采购行为，附图 1-3 特分出材料/设备供应商模块，保证公司也为材料设备供应商向业主出具供货保证。

工程保险是合同担保机制运行的必要支撑。保险公司保险的范围包括施工安装一切险、工人意外伤害险以及设计、监理等行业的职业责任险。

三个层次：操作层、支持层和管理层。

操作层由业主、保证公司、保险公司、各建设单位——设计师事务所、监理公司、施工总包商、施工分包商、材料供应商等组成。操作层涵盖合同担保机制主群体和相互关系，所有与工程直接相关的合同契约行为均发生在这一层面。

支持层由银行、招标中心、建设企业数据库和建设信息咨询公司等形成。

银行与承包商之间一方面是基本的信贷关系，另一方面存在合同保函关系。银行对承包商提供贷款，支持承包商资金周转，也就支持了保证责任的履行。在合同担保业务不发达的前提下，银行保函是必要的保证形式之一，是对合同担保机制的补充。

招标中心是发包方，组织工程招标，发布交易信息和有关规定。附图1-3中建设企业信息数据库是广义概念，保证公司、建设行业信息咨询公司和管理机构等部门各有相应的数据库，服务于各自目的，但所有信息都是对建设工程风险管理体系的信息贡献。

管理层：指公共工程管理部门、建设管理部门、招标监督机构、企业资质认定机构和保证机构管理部门等，管理层看似处于体系的最外围，却是整个体系的设计者和管理者，通过建立各种支持机构和政策法规，指导操作层群体有序运作。

三个层次互相策动，操作层实现各种功能，支持层提供相应辅助，管理层宏观调节，最终由操作层反映支持的广度和深度，体现管理方略的效果。

（五）合同担保与代建制

在合同担保法律关系中涉及三方法律关系，包括主合同中的债权人与债务人权利义务关系、债务人与保证人之间的委托法律关系及保证人与债权人之间的保证法律关系。

代建单位具有项目建设阶段的法人地位，拥有法人的权利（包含在政府监督下对建设资金的支配权），同时承担相应的责任。在政府投资项目中引入"代建制"管理模式后，合同担保涉及的法律关系增加了一个环节。

可见，合同担保阶段成为两个阶段：代建单位向业主提供代建保证阶段和承包商与代建单位之间的建设保证阶段。从本质上讲，这样的合同关系并未改变合同担保法律关系的本质，只是保证合同增加为两个阶段。

（六）公共工程合同担保制度实施范围

强制性的工程合同担保的范围应是政府投资建设的工程、国有独资企业投资建设的工程、民间资本投资的公益工程和公共基础设施工程。这是因为：（1）政府是政府投资项目的业主，是国有资产所有人代表；（2）政府是社会公共事务管理者，对那些非纯市场化的民间资本投资的公益工程和公共基础设施工程有一定的干预权。在政府投资项目中，政府作为投资人、合同的一方，有权对公共工程合同担保提出强制性要求。对公共工程实行强制性保证制度也是国际通行的做法，它能够有效地保护公共投资，从而保护纳税人的利益。

政府向业主颁发许可证的行为可以视为政府与业主签订契约，并将自己所代理的公众责任的一部分委托给了业主，以业主自觉履行其业主责任的方式加以实现，政府与业主之间形成了一定的委托代理关系，就这一关系设定业主责任保证也是合乎法理的。

（七）实行工程合同担保制度的成本效益分析

通过实施工程合同担保制度，工程建设过程中的一些风险得到转移，能够实现工程项目参与者提高经营利润，降低风险损失的经营目标。下面利用附图 1－4A、B 说明实施公共工程合同担保制度在降低成本、转化风险方面的重要作用。

A 图示意无合同担保机制时的情况，直线 E 代表工程的中标价格，即为政府的工程预算，但承包商实际完工的费用不可能严守预算线，X 区域就表示承包商实际完工费用的波动范围，X 区域在预算 E 线之上的部分，代表承包商在该工程上亏损程度；X 区域在预算 E 线之下的部分，代表承包商在工程上赢利水平。承包商亏损，业主必然蒙受损失，即使不是全部损失，实际完工成本也超出预算；承包商赢利业主不可能分到结余，只是按预算完工，所以 S 曲线表示的业主实际完工费用是个不确定变量，只可能在预算 E 线之上或趋同，即 $S \geq E$，显然 S 的均值 $\tilde{S} \geq E$。直线 F 表示业主维护工程完工需要的管理费用。$C = \tilde{S} + F$，是业主最终平均工程成本，C 线与 E 线的距离 R 代表业主工程超预算的平均水平，即平均损失风险。

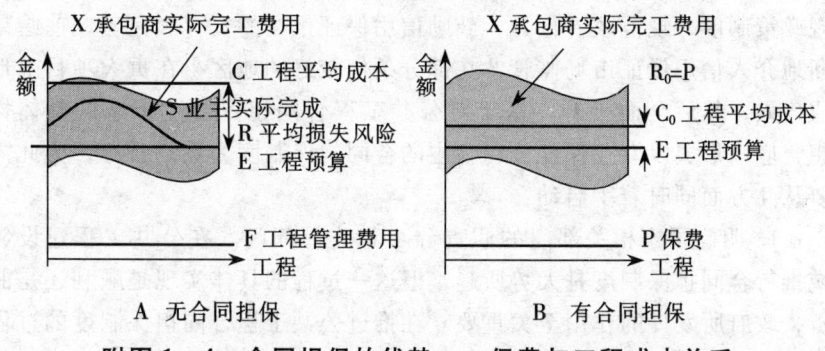

附图1-4 合同担保的优势——保费与工程成本关系

B图示意有合同担保机制的情况,同一工程的预算一定,即E线等值,由于保证公司的介入,业主免除了工程管理费用,因此B图中直线F消失而代之表示保费的直线P,保费与管理费用相比低得多,$P<F$。合同担保要求承包商按预算完工,业主工程预算不受承包商盈亏影响,因此B图中无S曲线,业主的实际完工费用就是预算E,平均工程成本$C_0=E+P$,是一个相对稳定的常量。此时C_0与E的距离$R_0=C_0-E=P$,即R_0为保费值。

比较A、B图中的工程平均成本C与C_0:$C=\tilde{S}+F$,$C_0=E+P$
$\because \tilde{S} \geqslant E$,$F>P$,$\therefore C>C_0$
$\because R=C-E=\tilde{S}+F-E$,$R_0=P$,$\therefore R-R_0=\tilde{S}+F-E-P=(\tilde{S}-E)+(F-P)>0$,$\therefore R>R_0$

$C>C_0$说明在合同担保机制下,业主工程成本降低。业主单以保费P的支出,代替了庞大的管理费用F,抵消了曲线S的不确定性变化,使工程平均成本维持在一个稳定水平。R与R_0的替换说明损失风险R在合同担保机制下转化为等值于保费的固定常数R_0。

(八) 相关制度的完善

尽管我国政府和企业已逐渐认识到建立公共工程合同担保制度的重要性,并开始采取一些相应的措施,但推行公共工程合同担保制度所面临的障碍和问题仍然很广,不是一朝一夕能解决的。这还需要政府主管部门综合部署,扎实推进,深化体制改革,调整法规政策,鼓励市场发展,严格监督管理,从点到面逐步展开。即建立、修改、完善相关的法规政策制度，规范政府行为，鼓励信用保证市场的发育和完善，前瞻果断地介入信用保证市场监管，在部分条件较好的地区、在重大项目上形成气候，然后全面推开。基于对公共工程合同担保行业未来的整体构想，应以形成以专业保证公司为主的合同担保制度为最终目标，为此需要从几方面同时着手启动：

1. 明确国家相关部门的职责分工和监管部门。在公共工程建设领域推行合同担保制度是大势所趋，但这一过程的具体实现是顺利还是曲折，政府所发挥的作用至关重要。在推进公共工程合同担保制度的过程中，政府要做的主要事情是排除体制和政策障碍，确定强制性品种，完善政策法规，严格监管公共工程合同担保市场。一是对公共工程项目是否实行了合同担保的监管；二是对保证机构的监管。与现行宏观经济管理体制和政府投资管理体制相配套。

2. 推动基本的法律法规框架形成。尽管有关合同担保的法律基础已经具备，但这方面的法律体系并不完善，而且由于公共工程合同担保具有一定的特殊性，仅凭现有的法律基础并不能完全满足推行工程合同担保制度的需要。此外，部分法律法规内容甚至存在冲突。因此，必须加快建立和完善工程合同担保的法律体系，以保证公共工程合同担保制度的顺利推行。

（1）法律法规框架仍待建立。对规范公共工程合同担保的法律法规，除了涉及到担保法和建筑法以外，还包括合同法、金融法、政府采购法、民事诉讼法或刑法等。然而，目前，我国关于工程合同担保的立法，除了《担保法》、《商业银行法》和《招标投标法》中有所涉及外，其他法律法规基本上没有提及。因此，参照其他市场经济国家的公共工程合同担保制度，构建我国公共工程合同担保基本法律框架的任务仍然十分的艰巨，需要建立专门的公共工程合同担保管理法规。

（2）修改工程领域概预算编制方法和会计制度。建立项目前期风险评估制度，即在项目建议书和可行性研究报告中增加项目风险分析的相关内容。在批准的初步设计文件中应体现担保费用；同时修改现行会计制度，增加预算支出科目，将工程合同担保费用列入投资预算，并予以单列；修改施工企业会计核算办法，在工程实施科目下的成本项目明细科目中增加担保费用。通过制定相关规定明确允许代建单位将保费列入工程造价，同时允许承包商将保费列入工程成本中。

3. 培育公共工程合同担保市场。推行我国公共工程合同担保制度，是顺应市场经济规范有序发展和规避风险的现实需要，在推行中也需运用市场经济的手段加以有序引导。

（1）通过立法确立强制性保证范围，为工程合同担保市场提供需求。推行工程合同担保就是想通过市场的力量来规避信用风险，但保证人作为市场的一员，其经营合同担保业务的目的就是要通过控制风险实现赢利。要使担保制度得以成功发挥其效力，法律制度必须要能够帮助他们清晰地衡量自己的风险和赢利机会，否则市场保证供给能力将很快耗尽，出现无人提供保证的局面。强制性公共工程合同担保作为一个制度建设的方向应该有立法加以确定，从而为工程合同担保市场的启动奠定一个坚实的法律基础。

（2）配合保证业发展状况，合理制定强制性工程合同担保制度的实施范围由于我国的公共工程合同担保制度正处于起步阶段，保证容量有一个渐进的发展过程，为了使工程合同担保的市场需求不至于大大超过保证的市场供给容量可能提供的支持，应当对强制性工程合同担保制度所创造的市场需求有所控制。随着保证供给的逐步发展，逐步扩大强制性工程合同担保的实施范围。

（3）建设工程合同担保价格由市场调节。建设工程合同担保价格应当由市场调节。以市场供求为价格调节机制可以取得多方面的效果：

A. 使承包商的资信呈现于市场，实现资信好的企业以较低价格取得保证；

B. 促使保证机构更好发挥对工程建设主体的监督制约作用；

C. 促进市场优胜劣汰，让没有信用的企业被市场清除，增强建筑业的整体竞争力。

4. 培植、规范专业保证公司。引导和推动专业保证机构强化信用保证业务能力，提高服务水平：（1）细化消费群体，进行产品增信，提供增值服务；（2）深入研究建筑市场主体的特长和交易风险，形成规范和有效的风险定价和风险控制机制；（3）加强对保证产品的宣传和推广，合理引导业主进行索赔，减少由于信息不对称造成工程合同担保市场的缩小；（4）通过持续性的再教育和培训活动，不断提高专业信用保证机构在建设工程技术和管理业务方面的能力，真正实现其对工程建设的监督和管理功能。

5. 建立行业信用信息支持系统。信用制度是建设现代市场体系的基石，也是规范市场经济秩序的治本之策。信用监督和失信惩戒制度是信用制度的重要组成部分。建筑领域信用体系建设是公共工程合同担保健康发展必不可少的支持体系。在信用体系建设过程中，应遵循政府引导，市场运作的原则。通过建立重大不良记录，规范信息采集和调查、信用咨询及评级，形成建设行业信用信息数据库，并搭建政府管理部门、银行和专业信用保证机构共享的信用平台。

附

建设部关于印发《关于在房地产开发项目中推行工程建设合同担保的若干规定（试行）》的通知

建市［2004］137号

各省、自治区建设厅，直辖市建委及有关部门，计划单列市建委（建设局），新疆生产建设兵团建设局，解放军总后营房部：

《关于在房地产开发项目中推行工程建设合同担保的若干规定（试行）》已征得有关部门原则同意，现印发给你们，请结合实际贯彻落实。

2004年8月6日

抄送：国家发展改革委、财政部、中国人民银行、中国银行业监督管理委员会、中国保险监督管理委员会

建设部办公厅秘书处　　　　　　　　　　2004年8月10日印发

关于在房地产开发项目中推行工程建设合同担保的若干规定（试行）

第一章 总 则

第一条 为进一步规范建筑市场主体行为，降低工程风险，保障从事建设工程活动各方的合法权益和维护社会稳定，根据《中华人民共和国建筑法》、《中华人民共和国招投标法》、《中华人民共和国合同法》、《中华人民共和国担保法》及有关法律法规，制定本规定。

第二条 工程建设合同造价在1 000万元以上的房地产开发项目（包括新建、改建、扩建的项目），适用本规定。其他建设项目可参照本规定执行。

第三条 本规定所称工程建设合同担保，是指在工程建设活动中，根据法律法规规定或合同约定，由担保人向债权人提供的，保证债务人不履行债务时，由担保人代为履行或承担责任的法律行为。

本规定所称担保的有效期，是指债权人要求担保人承担担保责任的权利存续期间。在有效期内，债权人有权要求担保人承担担保责任。有效期届满，债权人要求担保人承担担保责任的实体权利消灭，担保人免除担保责任。

第四条 保证人提供的保证方式为一般保证或连带责任保证。

第五条 本规定所称担保分为投标担保、业主工程款支付担保、承包商履约担保和承包商付款担保。投标担保可采用投标保证金或保证的方式。业主工程款支付担保，承包商履约担保和承包商支付担保应采用保证的方式。当事人对保证方式没有约定或者约定不明确的，按照连带责任保证承担保证责任。

第六条 工程建设合同担保的保证人应是中华人民共和国境内注册的有资格的银行业金融机构、专业担保公司。

本规定所称专业担保公司，是指以担保为主要经营范围和主要经营业务，依法登记注册的担保机构。

第七条 依法设立的专业担保公司可以承担工程建设合同担保。但是，专业担保公司担保余额的总额不得超过净资产的 10 倍；单笔担保金额不得超过该担保公司净资产的 50%。不符合该条件的，可以与其他担保公司共同提供担保。

第八条 工程建设合同担保的担保费用可计入工程造价。

第九条 国务院建设行政主管部门负责对工程建设合同担保工作实行统一监督管理，县级以上地方人民政府建设行政主管部门负责对本行政区域内的工程建设合同担保进行监督管理。

第十条 各级建设行政主管部门将业主（房地产开发商）、承包商违反本办法的行为记入房地产信息管理系统、建筑市场监督管理系统等不良行为记录及信用评估系统。

第二章 业主工程款支付担保

第十一条 业主工程款支付担保，是指为保证业主履行工程合同约定的工程款支付义务，由担保人为业主向承包商提供的，保证业主支付工程款的担保。

业主在签订工程建设合同的同时，应当向承包商提交业主工程款支付担保。未提交业主工程款支付担保的建设工程，视作建设资金未落实。

第十二条 业主工程款支付担保可以采用银行保函、专业担保公司的保证。

业主支付担保的担保金额应当与承包商履约担保的担保金额相等。

第十三条 业主工程款支付担保的有效期应当在合同中约定。合同约定的有效期截止时间为业主根据合同的约定完成了除工程质量保修金以外的全部工程结算款项支付之日起 30 天至 180 天。

第十四条 对于工程建设合同额超过 1 亿元人民币以上的工程，业主工程款支付担保可以按工程合同确定的付款周期实行分段滚动担保，但每段的担保金额为该段工程合同额的 10%～15%。

第十五条 业主工程款支付担保采用分段滚动担保的，在业主、项目监理工程师或造价工程师对分段工程进度签字确认或结算，业主支付相应的工程款后，当期业主工程款支付担保解除，并自动进入下一阶段工程的担保。

第十六条 业主工程款支付担保与工程建设合同应当由业主一并送建设行政主管部门备案。

第三章 投标担保

第十七条 投标担保是指由担保人为投标人向招标人提供的，保证投标人按照招标文件的规定参加招标活动的担保。投标人在投标有效期内撤回投标文件，或中标后不签署工程建设合同的，由担保人按照约定履行担保责任。

第十八条 投标担保可采用银行保函、专业担保公司的保证，或定金（保证金）担保方式，具体方式由招标人在招标文件中规定。

第十九条 投标担保的担保金额一般不超过投标总价的2%，最高不得超过80万元人民币。

第二十条 投标人采用保证金担保方式的，招标人与中标人签订合同后5个工作日内，应当向中标人和未中标的投标人退还投标保证金。

第二十一条 投标担保的有效期应当在合同中约定。合同约定的有效期截止时间为投标有效期后的30天至180天。

第二十二条 除不可抗力外，中标人在截标后的投标有效期内撤回投标文件，或者中标后在规定的时间内不与招标人签订承包合同的，招标人有权对该投标人所交付的保证金不予返还；或由保证人按照下列方式之一，履行保证责任：

（一）代承包商向招标人支付投标保证金，支付金额不超过双方约定的最高保证金额；

（二）招标人依法选择次低标价中标，保证人向招标人支付中标价与次低标价之间的差额，支付金额不超过双方约定的最高保证金额；

（三）招标人依法重新招标，保证人向招标人支付重新招标的费用，支付金额不超过双方约定的最高保证金额。

第四章 承包商履约担保

第二十三条 承包商履约担保，是指由保证人为承包商向业主提供的，保证承包商履行工程建设合同约定义务的担保。

第二十四条 承包商履约担保的担保金额不得低于工程建设合同价

格（中标价格）的10%。采用经评审的最低投标价法中标的招标工程，担保金额不得低于工程合同价格的15%。

第二十五条 承包商履约担保的方式可采用银行保函、专业担保公司的保证。具体方式由招标人在招标文件中作出规定或者在工程建设合同中约定。

第二十六条 承包商履约担保的有效期应当在合同中约定。合同约定的有效期截止时间为工程建设合同约定的工程竣工验收合格之日后30天至180天。

第二十七条 承包商由于非业主的原因而不履行工程建设合同约定的义务时，由保证人按照下列方式之一，履行保证责任：

（一）向承包商提供资金、设备或者技术援助，使其能继续履行合同义务；

（二）直接接管该项工程或者另觅经业主同意的有资质的其他承包商，继续履行合同义务，业主仍按原合同约定支付工程款，超出原合同部分的，由保证人在保证额度内代为支付；

（三）按照合同约定，在担保额度范围内，向业主支付赔偿金。

第二十八条 业主向保证人提出索赔之前，应当书面通知承包商，说明其违约情况并提供项目总监理工程师及其监理单位对承包商违约的书面确认书。如果业主索赔的理由是因建筑工程质量问题，业主还需同时提供建筑工程质量检测机构出具的检测报告。

第二十九条 同一银行分支行或专业担保公司不得为同一工程建设合同提供业主工程款支付担保和承包商履约担保。

第五章 承包商付款担保

第三十条 承包商付款担保，是指担保人为承包商向分包商、材料设备供应商、建设工人提供的，保证承包商履行工程建设合同的约定向分包商、材料设备供应商、建设工人支付各项费用和价款，以及工资等款项的担保。

第三十一条 承包商付款担保可以采用银行保函、专业担保公司的保证。

第三十二条 承包商付款担保的有效期应当在合同中约定。合同约定的有效期截止时间为自各项相关工程建设分包合同（主合同）约定的付款截止日之后的 30 天至 180 天。

第三十三条 承包商不能按照合同约定及时支付分包商、材料设备供应商、工人工资等各项费用和价款的，由担保人按照担保函或保证合同的约定承担担保责任。

关于以《上海协定》为基础缔结"中国担保业联盟"的联合声明

（2001 年 11 月 15 日·上海）

2001 年 11 月，国内主要专业担保机构汇集上海，共同参加"2001 中国担保论坛"会议。会上，由 14 家专业担保机构发起，46 家担保机构和中介机构参加的《上海协定》正式签署，宣告了国内专业担保机构业务合作关系的建立。

为便于更好地推进《上海协定》的实施和合作关系的发展，协定签署方经过充分磋商，一致认为，有必要在《上海协定》的基础上进一步结成更为广泛和有效的联盟关系，以平等的身份、共同的理念、一致的目标、守信的行为、合作的精神、群体的形式，推进中国担保业的健康发展。为此，协定签署方一致同意缔结"中国担保业联盟"，并以联合声明的方式正式予以宣告。

"中国担保业联盟"是以专业担保机构为主体，吸收和接纳与担保业相关的其他中介服务机构加入的业务联盟，奉行开放、自主、自律的原则。

"中国担保业联盟"以《上海协定》为基础，遵循《上海协定》确定的宗旨和权利义务规则，致力于中国信用文化事业的建设。

"中国担保业联盟"以广泛的业务合作与交流，相互促进，共同发展。

"中国担保业联盟"将加强国际合作与交流；加强联盟内专业知识、网络信息的传播与交流。

"中国担保业联盟"以中国担保论坛会议、中国担保网和中国担保论坛杂志作为联盟成员共享的财富和合作交流的平台。

联盟将进一步磋商和建立有关各项基本运行规则。

缔结方：[①]

中国经济技术投资担保有限公司

北京首创投资担保有限公司

福建省投资担保公司

深圳市高新技术投资担保有限公司

河北省经济技术投资担保有限公司

新疆投资信用保证公司

黑龙江省鑫正投资担保公司

北京中关村科技担保有限公司

山西省中小企业信用担保有限公司

山东省企业信用担保有限责任公司

四川省中小企业信用担保中心

安徽省中小企业信用担保中心

江西省企业信用担保有限责任公司

青岛市担保中心

中国资讯行

北京市中伦金通律师事务所

中联资产评估有限公司

天一会计师事务所有限责任公司

吉林省信用担保投资有限公司[②]

鞍山市中小企业信用担保中心

齐齐哈尔市信用担保有限责任公司

牡丹江市投资担保有限责任公司

鸡西市投资担保有限责任公司

伊春市投资担保有限责任公司

佳木斯市投资担保公司

辽宁科技企业创业服务有限公司

武汉高新技术产业投资担保有限公司

[①] 截至2005年11月，中国担保业联盟成员共141家。
[②] 原联盟成员吉林省中小企业信用担保有限公司和吉林省高新技术产业发展投资担保有限公司于2005年4月合并，更名为吉林省信用担保投资有限公司。

铜陵市信用担保中心
蚌埠市民生担保公司
巢湖市中小企业信用担保有限公司
阜阳市中小企业信用担保中心
泰安市基金投资担保经营有限公司
东营市高新技术投资担保有限责任公司
山东德州市企业信用担保有限责任公司
漳州市投资担保公司
南平市中小企业信用担保中心
厦门市担保投资有限公司
福安市恒实担保公司
福建民友担保公司
银基担保有限公司
疆昌吉回族自治州投资信用担保有限责任公司
新疆伊犁州中小企业信用担保服务中心
新疆哈密地区投资信用担保有限责任公司
山西信用担保协会
晋中中小企业信用担保有限公司
临汾地区正和中小企业信用担保有限公司
大同市中小企业信用担保有限公司
山西南铁集团银发担保有限公司
太原市创新信用担保有限公司
山西融邦担保有限公司
吕梁地区中小企业信用担保有限公司
晋城市民生贷款担保有限公司
丹东市中小企业信用担保中心
沈阳恒信担保服务有限公司
深圳市中小企业信用担保中心
甘肃省中小企业信用担保有限责任公司
甘肃省天水市投资担保公司
甘肃银鑫投资担保有限公司
桂林市中小企业融资担保中心

广州银达担保服务有限公司
上海中财担保有限公司
天津市泰达小企业信用担保中心
华银投资担保有限公司
山西省襄汾县中小企业信用担保有限公司
呼和浩特市中小企业信用担保中心
中英（鞍山）信用担保基金管理办公室
沈阳市中小企业信用担保中心
盘锦市中小企业担保中心
常州市民生融资担保有限公司
武汉经开担保有限公司
南昌市个体私民营企业信用担保有限公司
景德镇市中小企业信用担保中心
深圳市中科智担保投资股份有限公司
梧州市中小企业信用担保有限公司
南宁市南方担保有限公司
柳州市中小企业信用担保有限公司
山东省东西结合信用担保有限公司
山东莱芜市中小企业信用担保中心
潍坊市信用担保有限责任公司
浙江中财担保有限公司
杭州高新投资担保有限公司
宁波市鄞州区中小企业信用担保协会
南靖县中小企业信用担保有限公司
绵阳市天力信贷担保有限公司
四川省国信担保有限公司
云南省投资担保有限公司
西安市经济技术投资担保有限公司
西安创新技术担保有限公司
银川市中小企业信用担保中心
奎屯市贷款担保基金服务中心
天津市中小企业信用担保基金管理中心

太原市中小企业信用担保有限公司
内蒙古中小企业信用担保协会
鄂尔多斯市中小企业信用担保有限公司
包头稀土高新区中小企业信用担保公司
呼伦贝尔市中小企业信用担保中心
乌兰察布盟中小企业信用担保中心
包头市银通担保有限责任公司
大连市企业信用担保有限公司
长春市中小企业信用担保有限公司
吉林市中小企业信用担保有限公司
辽源市中小企业信用担保公司
延边州中小企业信用担保中心
双鸭山市融通投资担保有限公司
连云港市中小企业信用担保中心
宁海县中小企业信用担保中心
合肥市中小企业信用担保有限公司
池州市银通担保有限责任公司
芜湖市民鑫担保有限责任公司
新余市中小企业信用担保中心
萍乡市中小企业投资担保中心
枣庄市企业信用担保有限公司
烟台银桥担保有限公司
河南省中小企业信用担保服务中心
信阳市中小企业信用担保中心
武汉市中小企业信用担保有限公司
常德市中小企业信用担保中心
广州市融资担保中心
珠海市中小企业信用担保有限公司
东莞市康华信用担保公司
玉溪市融资担保有限公司
贵州省众维中小企业信用担保有限公司
陕西省中小企业信用担保有限公司

北京神州数码国信信息技术有限公司
中国华海投资担保有限公司
辽宁省信用担保中心
河南省中小企业投资担保股份有限公司
江苏省信用担保有限责任公司
烟台市信用担保有限责任公司
昆明融资担保有限责任公司
大理白族自治州融资担保有限责公司
保山市隆阳区中小企业信用担保基金
江苏诚泰投资担保有限公司
龙岩市中小企业信用担保中心
黄山市丰元信用担保公司
三明市华屹担保有限公司
蚌埠中小企业担保有限公司
广东明华融资担保有限公司
成都中小企业信用担保有限责任公司
广州市天融信用担保有限公司
广州银汇信用担保有限公司

上 海 协 定

(2001年11月15日·上海)

鉴于：2001年7月中国经济技术投资担保有限公司在昆明会议上提出各地担保机构间在业务领域开展合作的倡议得到与会担保机构的积极响应。

下列各担保机构于同年9月在贵阳对业务合作进行了充分讨论和磋商，就合作事项达成共识，并一致同意作为合作的发起人。

发起人：（排名不分先后）

中国经济技术投资担保有限公司
北京首创投资担保有限公司

福建省投资担保公司
深圳市高新技术投资担保有限公司
河北省经济技术投资担保有限公司
新疆投资信用保证公司
黑龙江省鑫正投资担保公司
北京中关村科技担保有限公司
山西省中小企业信用担保有限公司
山东省企业信用担保有限责任公司
四川省中小企业信用担保中心
安徽省中小企业信用担保中心
江西省企业信用担保有限责任公司
青岛市担保中心

鉴于：2001年11月在上海举行的"2001中国担保论坛"年会，除发起人外的其他与会担保机构有意愿加入本合作，并一致同意在本届年会正式签署合作协定。

因此，参加本协定的合作各方于2001年11月15日在上海签署本合作协定。

本合作协定为开放性协定，签署后仍可接纳认同本协定的其他担保机构加入。

本协定由签署各方定名为"上海协定"。

第一章 合 作 宗 旨

第一条 合作各方将共同致力于推动中国信用环境的改善、建立和发展中国的信用担保体系、支持和帮助中小企业以及适合于信用担保展业的各种领域的健康发展。

第二条 合作各方将通过业务领域的交流和合作，实现信息互通、资源共享、优势互补；通过业务交流，实现规范运作，提高担保行业的整体业务水平，增强行业整体和机构自身的社会信誉及抗风险能力，共同促进担保行业的健康发展。

第三条 合作各方将致力于建立并发展彼此间平等互利、相互协作、相互支持、共同发展的紧密的业务合作关系。

第四条 合作各方的业务合作是市场化行为，彼此以尊重市场经济规律为共识,以互惠互利、风险共担为原则,实行商业化操作。

第二章 合 作 方 式

第五条 合作各方根据具体合作事项和内容的不同,可采取下述合作方式,包括但不限于:委托代理、共同担保、提供协助、联合承办等。

第六条 上述合作方式分别被定义为:

委托代理,通常指下述两种情形:

代理:在不同地域或同一地域的合作各方之间,一方委托另一方以委托人的名义代为提供担保或实施其他民事法律行为,由委托人承担担保责任或其他民事责任。

委托:在不同地域或同一地域的合作各方之间,一方委托另一方以受托人的名义代为提供担保或实施其他民事法律行为,由委托人承担担保责任或其他民事责任。

共同担保:指对同一债权由数个合作方共同提供担保,共同分担对债权的清偿责任。

提供协助:指合作各方之间根据彼此的业务需要,相互提供辅助性工作支持,或提供单项服务。

联合承办:指合作各方之间共同承办某项业务,或共同完成某项工作。

第三章 合 作 领 域

第七条 合作领域包括但不限于以担保业务为主的业务性合作,以及其他相关的事务性合作。合作范围及于业务从开始到结束的全过程。

第八条 上述合作领域分别被定义为:

业务性合作:通常指合作各方在彼此的业务范围内共同或协助对方完成某项业务或工作。包括但不限于:合作各方相互委托对方对项目进行评审或咨询;合作各方共同为某一项目提供担保;为合作方提供再担保;委托合作对方代为出具担保函或签订担保合同;受托为合作方处置资产、监管项目、监管抵押物;协助或受托为合作方办理抵押物登记、处理诉讼项目等。

事务性合作:通常指合作各方在与业务相关的其他事务方面的合

作。包括但不限于：业务信息和业务知识的传播交流；从业技术资格认定；网络联系和网上信息交流；协助建立管理信息系统和编制专业管理软件；编写担保业务教材和刊物的合作；参加中国担保论坛年会活动等。

第四章 合 作 事 项

第九条 项目咨询和评审

不同地域（或同一地域）的合作各方之间，可以相互委托项目所在地的合作方对项目个案进行全部或部分评审咨询；也可采取联合评审或提供协助的方式进行合作。

第十条 共同担保（又称联保、分保）

根据本协定第六条的定义，共同担保通常指合作方之间在担保项目中以下列方式进行的合作：

按份额共同担保：指两个以上的合作方按照与同一债权人约定的担保份额共同向同一债权人承担担保责任。

连带共同担保：指两个以上的合作方按照约定共同向同一债权人承担连带担保责任。未履行担保责任的合作方应当向共同担保的合作对方清偿其应承担的份额。

再担保：指合作各方在担保项目中作为第一顺序担保人向债权人承担担保责任，其他合作的一方或几方作为第二顺序担保人向同一债权人承担补充清偿责任。

第十一条 委托担保（又称换保）

按照本协定第六条的约定，委托担保通常指合作各方之间在担保项目中以下列方式进行的合作：

代理担保：指合作各方之间根据项目具体情况，相互委托合作对方以委托方的名义向债权人提供担保，由委托方直接承担担保责任。

委托担保：指合作各方之间根据项目具体情况，相互委托合作对方以受托方的名义向债权人提供担保，合作项目的委托方为受托方提供反担保或由委托方按双方约定的其他方式承担责任。

第十二条 委托监管项目

通常指不同地域的合作各方之间相互委托项目所在地的合作方，代表委托方对已承保项目实施监管，代为行使担保人的部分权利。监管内容及方式依照委托担保合同及其他相关合同的约定和法律规定。

第十三条 委托办理抵押登记及监管抵押物

通常指不同地域的合作各方之间相互委托抵押物所在地的合作方，代表委托方办理抵押物登记手续或对抵押物实施监管，行使部分抵押权人的权利。抵押登记、抵押物监管内容和方式依照抵押合同及其他相关合同的约定及有关法律规定办理。

第十四条 委托处理资产

对不同地域的合作各方之间因承担担保责任而由债务人以实物、股权或抵押物折抵债务等方式形成的资产，合作各方之间可以相互委托资产所在地的合作方，代表委托方对资产进行处置。

第十五条 合作各方之间的上述委托行为应遵循自愿、诚信、平等、互惠的原则。

第十六条 诉讼和仲裁项目协助

合作各方之间可以相互为诉讼或仲裁项目所在地的合作方提供处理诉讼或仲裁项目所需的协助和支持。包括但不限于：协助了解案件及当事人的有关情况、当地的法规、政策情况、代为送达、转达或接收有关法律文件、材料、代为搜集证据、协助判决、裁定、裁决的执行等。

第十七条 专业知识交流

合作各方根据业务发展需要，不定期举办专业知识交流和业务学习。合作各方还可共同协商确定业务学习教材的组织和编纂。每期学习的内容、地点、主办及协办方、所需费用等由合作各方协商确定。

第十八条 从业技术资格认定

合作各方之间开展从业技术资格认定。由合作各方协商制定从业技术资格序列和从业技术资格认定体系，并制定认定标准。

合作各方可组成从业技术资格认定委员会，统一负责资格认定工作。对符合认定标准的从业人员，由资格认定委员会授予从业资格。

经从业技术资格认定委员会认定的技术资格，合作各方予以认可。

第十九条 国际交流

为学习国外担保业的先进经验，促进我国担保业的发展，合作各方共同谋求加强与国际同业的交流与合作。

鉴于中国经济技术投资担保有限公司（中投保）是两岸三地目前惟一的泛美担保协会会员，并且享有派遣人员临时出国及邀请国外人员来华的外事审批权限，合作各方根据业务需要，可委托中投保组织或联系国内外业务交流活动，派人参加中投保组织的出国考察团，或由中投保帮助联系境外学习考察、邀请国外机构来华等事宜。

第二十条 网络信息交流及 CA 认证

网站链接：拥有网站的合作各方之间可利用互联网络进行业务交流和联系、业务信息传递、开展网上担保业务合作等；合作各方同意彼此网站首页链接。

中国担保网：鉴于中投保拥有"中国担保网"网站及专业数据库，合作各方可直接登陆中投保网站申请"中国担保网"会员资格。会员单位可在网上交流研究成果、讨论热点问题；开展网上担保平台业务（在建）及网上 CA 认证业务（在建）；开展网上培训与交流等，实现会员单位之间的网络连接、信息交流与共享。

CA 认证及证书发放：鉴于中投保拥有中国担保 CA 认证中心（CGCA）及专业数据库，合作各方以"中国担保网"为经常性的联络平台，并由"中国担保网"提供与各网站的接口规范；CGCA 为合作各方发放 CA 证书，并使用 CGCA 的认证技术来保证网上信息传递的真实性、安全性和保密性；"中国担保网"提供相应服务器资源。

取得"中国担保网"会员资格的合作各方可以作为 CGCA 的代理点对外向个人和企业发证，其代理点操作应遵守《CGCA 受理点运作协议》、《CGCA 受理点安全服务规范》、《CGCA 受理点工作流程》、《CGCA 受理点审查办法》和《CGCA 举证责任条款》等技术和管理规范。

第二十一条 刊物交流

合作各方编辑的内部业务资料或正式出版刊物，可相互交换或赠送；合作各方可向合作他方约稿或向合作他方的刊物投稿。

合作各方希望并支持中投保发起创办的《中国担保论坛》杂志，作为中国担保业最具影响力的专业刊物，在传播行业信息、密切同业联系、开展专业研讨、研究信用政策、促进业务合作、推动国际交往、扩大社会影响等方面发挥更大的作用。

第二十二条 中国担保论坛年会

每两年举办一次中国担保论坛年会，开展担保理论研究和学术交流活动。合作各方作为会议组委会成员单位积极参与会议的组织工作；向年会提供论文、专题讲座文稿、参加与国内外担保（保险）机构的交流等；对年会形成的学术成果（包括会议资料、正式出版的论坛文集等）享有优先使用权。

第五章 协定执行的协调

第二十三条 为促进本协定的实施和协商解决执行中的问题，合作各方一致同意建立高层联席会议制度，每年不定期在合作各方所在地轮流举行。

合作各方高层联席会议主要通报业务情况、交流行业信息、讨论有关业务合作的重要提议、决定新合作方的加入及接受合作各方的退出。

第六章 自律与约束

第二十四条 合作各方一致认为，本协定的签署和履行将会对促进担保行业的发展产生积极的作用和广泛的影响。合作各方一致承诺，将本着积极、认真、务实的态度履行本协定，承担本协定约定的道义责任和义务。

合作各方将致力于维护本协定，并将更加努力地促进合作向更高领域发展。

第二十五条 合作各方郑重承诺将本着诚实信用的原则履行本协定，自觉履行协助、通知等义务；对相互合作中知悉的合作对方的商业秘密应予以保守，不得泄露或不正当使用；对合作中未约定或约定不明的事项，应本着善意原则，按照合作目的和交易习惯履行。

第七章 附　　则

第二十六条 合作各方可根据本协定的履行及合作的进展情况调整业务合作范围，并可根据合作需要进行业务规范。

第二十七条 合作期限与协定生效

合作各方一致同意本协定的合作期限为十年，自本协定生效之日起计算。本协定自合作各方的代表人签字或盖章之日起生效。

第二十八条 本协定一式十五份，合作各方各执一份；另存一份暂由中投保存留，待高层联席会议决定后移交其指定方保存。

第二十九条 本协定的加入与退出

本协定的加入：本协定签署后，其他担保机构在认可并接受本协定的前提下,经本协定签署方推荐,可以申请加入本协定。

申请加入本协定的担保机构应具有一定规模和实力,在所在区域或行业内具有良好的信用和业绩,具有一定影响力并得到同业的认可。

本协定的退出:合作各方可自由退出本协定。自退出通知书到达高层联席会议之日起180天后,通知方正式退出本协定。在正式退出之前,退出方按照本协定与合作对方的合作事项应履行完毕或做出妥善处理。退出本协定后,退出方仍有义务遵守本协定约定的保密等义务。

附录 2

其他担保品种及相关业务介绍

贸易融资担保

一、贸易融资的概念、特点与种类

（一）概念

贸易融资是指银行在贸易项下向企业提供的资金融通。这里所说的贸易包括国内贸易和国际贸易，因此贸易融资也包括国内贸易融资和国际贸易融资。在我国，由于国内银行与国外银行相比起步较晚等原因，国内贸易融资在近些年才开始有较大的发展，而国际贸易融资则相对发展较早，且已经形成了较为成熟的业务品种和操作规范，因此，一般而言的贸易融资多指国际贸易融资。

（二）特点

1. 贸易融资风险较低。贸易融资一般需要提供货物所有权凭证、可转让支票、应收账款等作为抵押，因此相对一般贷款融资风险较低。
2. 贸易融资可使银行派生出储蓄、结算等延伸业务。
3. 贸易融资可提供企业融资便利且资金成本较低。
4. 贸易融资形式多样，操作灵活。

(三)种类

1. 国际贸易融资。

(1) 短期国际贸易融资,指1年内的国际贸易融资,主要有出口信用证打包贷款、进出口押汇、票据贴现、进口信用证开证额度、提货担保等。

(2) 中长期国际贸易融资,指1年以上的国际贸易融资,主要有出口卖方信贷、出口买方信贷等。

(3) 其他国际贸易融资,主要有国际保理、银行保函、结构性贸易融资等。

2. 国内贸易融资。目前国内银行提供的国内贸易融资主要有开立承兑汇票、承兑汇票贴现、国内贸易信用证等。

二、贸易融资担保的种类

银行在向企业提供贸易融资时,一般需要企业缴纳保证金、提供抵押、质押、担保等。贸易融资担保是指为企业向银行申请贸易融资而提供的担保。贸易融资担保的需求一般在企业与银行关系较新、授信额度不足、或不能提供银行认可的抵押、质押时出现。目前国内企业较多采用的贸易融资方式有进口开证、出口信用证打包贷款、开立承兑汇票等。

(一)进口开证额度担保

企业在进口时向银行申请对外开出信用证,此信用证是对国外卖方提供的银行付款凭证。信用证一经开出,银行即承担了向国外卖方付款的责任,如果企业在货物运到时不支付货款,银行即须代为支付货款。因此银行只有在确保能够从进口企业得到资金偿付时,才会对外开出信用证。一般情况下,银行要求企业缴纳开证保证金(开证额度的10%以上)、提供抵押、质押,为进一步降低风险,还要求企业提供第三方信用担保。

（二）信用证打包贷款担保

企业出口时为解决生产资金短缺问题，以收到的国外买方开来的信用证作为抵押向银行申请短期贷款。企业使用贷款资金进行生产、备货、出口，并向银行交单，由银行进行议付，银行将贷款从议付货款中扣除。为控制风险，银行一般只提供信用证金额40%～80%比例的打包贷款，同时需要企业提供抵押、质押或担保。

（三）承兑汇票担保

企业在从事国内贸易购买货物时，向银行申请开立承兑汇票（最长为6个月承兑汇票），此承兑汇票作为向卖方提供的银行付款凭证，卖方可将承兑汇票贴现或到期承兑以获得货款。承兑汇票到期，企业须向银行支付此货款，企业不支付，则由银行代为支付。因此，类似进口开证，银行要确保企业有偿付能力，同时要求企业缴纳保证金（承兑汇票金额的10%～50%），提供抵押、质押或担保。

（四）其他贸易融资担保品种

1. 应收账款融资担保。企业将应收账款作为质押，由担保机构担保或直接向银行申请融资以支付贸易合同货款。

2. 仓单或库存货物质押融资担保。企业将仓单或库存货物作为质押，由担保机构担保或直接向银行申请融资以支付贸易合同货款。

三、贸易融资担保项目应考虑的主要因素

（一）进口开证担保

1. 企业的进口业务背景，资信状况，人员素质。
2. 进口合同真实性，进口商品的市场状况，价格波动情况。
3. 货物监管条件。
4. 销售回款情况。
5. 进口许可证问题等。

（二）出口信用证打包贷款担保

1. 企业的出口业务背景，资信状况，人员素质。
2. 出口合同及信用证的真实性，国外买方业务背景及资信，国外开证银行的资信。
3. 出口商品的市场状况，价格波动情况。
4. 出口商品的原材料供应、生产、运输、仓储条件。
5. 货物监管条件。
6. 出口许可证问题等。

（三）承兑汇票担保

1. 企业的业务背景，资信状况，人员素质。
2. 贸易合同真实性，商品的市场状况，价格波动情况。
3. 货物监管条件。
4. 销售回款情况。

（四）其他贸易融资担保

1. 应收账款融资担保。
（1）企业的业务背景，资信状况，人员素质。
（2）应收账款期限及销售业绩。
（3）企业账目及商业记录。
2. 仓单或库存货物质押担保。
（1）企业的业务背景，资信状况，人员素质。
（2）仓单的真实有效性，商品的市场状况，价格波动情况。
（3）货物监管条件。
（4）销售、回款情况。

四、贸易融资担保项目操作流程

以下担保项目的操作流程主要适用于进口开证担保、出口信用证打包贷款担保和承兑汇票担保，应收账款融资担保、仓单或库存货物质押担保应采用具有一定特殊性和灵活性的担保流程。

1. 受理企业担保申请。企业提供企业基本情况资料、贸易合同、信用证格式、进出口许可证等。

2. 企业资信评估。对企业的资金实力、资信状况、经营能力、人员素质等进行评估。

3. 项目评估。对贸易融资的资金用途、贸易合同履行的可行性、商品市场、价格变动情况、项目监管操作条件、企业偿付或偿还贸易融资款项的能力等进行评估。

4. 设置反担保。设置资产抵押、货物或权利质押、第三方信用反担保、个人连带责任担保等。

5. 采用监管措施。对资金、货物实施监管。

6. 合同签订。

7. 项目监管。

前期阶段：主要对贸易融资资金的使用或货物进行监管。

中期阶段：对企业的生产、销售及财务状况进行监督，对货物或回款资金进行监管。

后期阶段：敦促、监督企业落实资金或履行出口合同以偿付或偿还贸易融资款项。

工 程 保 证

一、工程保证概念及作用

（一）保证基本原理

保证是因他人欠债、违约、破产而承担法律责任。保证人对他人履行责任或合同而出具的法律文件，称为保证合同。

因而，威伯斯特字典定义了保证的基本概念。最简单的解释就是：保证是一种担保。这种保证就是担保一方（委托人）将履行向第三方（权利人）承诺他所要完成的责任。如果委托人履行了所承诺的责任，那么保证人担保责任就解除了，因为委托人已履行保证人保证所要完成的约定。如果委托人没有按照承诺履约,形成委托人违约,保证人就将担负责任,或代为履约,或对权利人的任何损失进行补偿,这就需要保证人付出代价。因此,担保的目的就是保证委托人履行他们的责任,若委托保证人没有违约,则不需要保证人介入代其履约。

涉及工程保证时,当英文中使用"surety bond"时,通常译为保证或保证担保,当英文中使用"contract surety"时,通常译为工程保证或工程合同保证。

(二) 保证与保险的不同特征

保证与保险经常容易混淆,其实二者从性质、功能及作用有明显不同特征,比较这些不同特征可以更好的帮助我们理解什么是保证。

保险合同是保险人和投保人双方之间的合约,投保人将风险转移给了保险人,在一般情况下保险公司承担直接责任,根据保单约定向被保人赔付。

形成对比的是,保证合同书是三方之间的合约,即权利人(受益方)、委托人(被保证方)、及保证人(保证方)。权利人是合约的受益方。保证人保证委托人向权利人履行责任,如果委托人履约,保证人的保证担保责任解除。

保证人的第二责任是保证与保险另一主要区别,在任何情况下,委托人都是第一责任人,保证人是第二责任人。只有委托人违约造成权利人遭受损失,权利人才有权从保证人处获得赔偿,否则,保证人对权利人不承担直接责任。保证人对负有直接责任的委托人享有追索权,保留要求委托人偿还资金的权利。

保证是全程担保,保证合同一经生效,中途不可改变,不可撤销,其法律效力与被承保的主合同期限相同,保证人不能以任何理由中止履行保证责任,除非是保函到期。保险人保函却不同,一般情况下,保险人可向投保人发出通知,其保险保单即可撤销。

保费的收取也反映了保险和保证之间的不同。保险业对风险损失有预期,通过精算而设定保险的收费费率,假定风险在可能发生的情况下,收取的保费可以弥补这些损失。而保证在理论上要求不发生任何风险,确保在不出现损失情况下完成担保。如果预测到将发生风险导致索赔,就不能承保这笔业务,因为收取再多的保费也难以弥补委托人发生违约所造成的损失。保费收取只是保证人为委托人提供服务而收取的报酬，不是用以弥补其损失的。因而，保险建立在实际可计算的预期损失基础上，保证则建立在委托人的信用等级和履约能力基础上。简言之，保险面对的是"天灾"，如意外事件、自然灾害等，而保证面对的是"人祸"，人为的违约责任。

一般情况下，保险对投保人没有选择性，只要投保人愿意，都可被保险。保证则不同，它必须通过资信审查等手段进行评估，选择有资格的委托人。委托人能够得到保函，是有信誉、实力的象征。

（三）工程保证概念

保证应用较为普遍的是在建筑领域。业主预付承包商一笔资金，承包商按约定履约（例如，建设一座房屋）作为回报。合同是签署的一种法律文件，它明确了合同双方的权利和义务。履约保证合同则涉及了三个方面，权利人（业主）、委托人（承包商）和签署承保合同的保证人。在保证合同中，保证人向权利人（业主）保证，委托人（承包商）按照合同提出的要求履行职责。如果双方对合同的约定完成满意，保证人就不涉入。如承包商不能按合同履约，签署保证合同的保证人就需承担责任。换句话说，承包商是承担履约的第一责任人，保证人是第二责任人，在承包商不能履约时代其履行合同。

所谓工程保证，是指在进行公共或私人建设工程时，所有投标人必须提供投标保证，保证善意竞标，按标价签约，中标后按所签合同价格提供全额或一定比例的履约保证及相应的其他工程保证如付款保证，维修保证等。

保证人通过承保过程，验证承包商能力。保证人出具的保证合同向业主承诺，承包商将依照所签合同，按期交付工程，履行合同价格，支付工程分包商和供应商的人工费及材料费，如果委托人一旦不能履行合同违约，由保证人按保证合同的约定承担责任。换句话说，保证人不是赔一笔钱完事，而是必须首先按合同规定的质量、工期、造价等各项条件履约。因为权利人花钱买的是工程产品，而不是耗费精力、时间后换回一笔赔款。

（四）工程保证的作用

首先，担保公司对承包商进行承保，验证了承包商能力。通过对承包商以往业绩、资格信誉、管理水平、财务状况等进行严格的评估，确保了承包商的履约能力。

其次，业主对工程完工有保证。由担保公司承诺承包商履行合同，如承包商不能按期、按合同预算完成工程，一切责任由担保公司承担，或担保公司代其履约，或对业主损失，按保证合同的约定进行补偿。业主可如期得到预期的工程。

而且，保证担保机制是最完全的风险转移工具。建筑业工期长，资金量大，风险极大，一旦工程失败所造成的损失也极大。保证担保机制保证了承包商履约、工程完工。直接化解分散了业主在建设工程上的风险，防止违约造成的损失。

同时，保证担保机制不仅是单纯的风险补偿，还是对承包商信用度的增级，提升了承包商信誉，节约了成本。是保证人对承包商的一个征信和信用增级的过程。

保证担保机制还合理保护了各方利益。包括业主、设计师、建筑师、监理和承包商各方利益。对业主讲，承包商出具担保合同，说明保证担保公司已对承包商能力进行了肯定，一旦承包商违约，保证担保公司愿承担所承诺的责任。业主的工程质量和工期得到保护。对设计师和建筑师而言，经过保证担保公司的承保，承包商具备履约能力完成工程，设计师及建筑师的工作也能得到回报。担保公司的介入，更是保护了承包商利益，筛选掉了不合格承包商，保证公平竞争。

所以，工程保证担保机制保障了建筑业的稳定发展。通过承保过程，担保公司保证了所有投标人的动机是认真的，实际承建项目的能力是真实可靠的。承保人判定申请人具备良好品质，对所涉及的工程具备丰富经验、充足的资金，可圆满完成工程。

（五）保证合同与保函的比较

国际工程保证担保市场使用的典型保证工具有无条件见索即付保函，和有条件赔偿保证合同。北美地区主要使用美国式的有条件赔偿保证合同；欧洲地区主要使用银行或其他金融机构出具的无条件的见索即付保函。

　　保证合同是对合同的保证，保证的对象是合同履行；银行保函是对资金支付的保证，保证对象是约定资金额度的违约损失补偿。

　　保证合同的担保额可以是全部合同价格、或合同价格的百分比；而保函担保额是固定的一个百分比。

　　保证合同一般是有条件赔偿性合同，即当承包商违约并发生损失时才生效，只赔偿损失费用。保证担保公司承诺的是合同履行，而非支付罚金。银行出具的保函通常是无条件惩罚性合同，只要正当持函人呈交文件，银行就见索即付。

　　保证合同不需承包商提供押金。在施工过程中，承包商需要垫付部分流动资金，本身资金周转压力大。保证的本质就是促进资金融通，为承包商提供融资便利。而从银行开具保函需提供抵押金，加重了承包商营运资金的压力。

　　与银行保函相比，保证合同对业主保护最充分，对承包商提供的融资支持和完工支持、协调纠纷等专业辅助最大，可使双方互惠互利。而银行保函是银行信誉，受益人不需要举证支持索赔，尽管避免了诉讼延迟，只是单方面有利于受益人，却不利于承包商。

二、工程保证主要品种介绍

　　在整个工程建设过程的不同时期，会出现不同形式的保证品种，偶尔也会交叠出现。工程保证的基本形式有：投标保证、履约保证、支付保证、预付款保证、保留金保证、维修保证、完工保证、分包保证、供货保证。这些保证分别在承发包合同的签订及不同阶段向业主提交保证合同，保证的标的也各不相同。

（一）投标保证

　　投标保证，是投标人在投标报价前或同时向业主提交投标保证，保证一旦中标，即签约承包工程。一般情况下，业主要求每一承包商递交投标方案的同时提交投标保证或其他投标保证金（如现金或有价证券）。投标保证担保了承包商在得到工程后，根据提交的价格在合理的时间段内履行合同，并按业主要求提供任何其他形式的担保。投标保证的违约金以合同价格的百分比（一般5%到20%）规定。

如承包商中标后，在投标期限内不能签订合同导致违约，保证人必须支付权利人（业主）一定的赔偿金。赔偿金可是该投标价与次低标价之间的差额。

投标保证的作用是：保证投标的承包商在报价时有良好的信誉，防止了轻率投标。通过承保过程向业主表明，担保公司已预审了承包商履行该项工程的能力、资信状况，限制了不合格的承包商参加投标活动。

（二）履约保证

履约保证，是业主要求投标中标人提供的履约保证，也包括总承包商要求分包商提供的履约保证。可以是合同价格的全额担保，也可以是合同价格百分比的担保。履约保证担保了承包商按合同履行责任。其有效期通常为承包商完成施工工程之后的一段时日。当中标人收到中标通知书时，须在规定时间内签署合同，并连同履约保证合同一并送交业主。

履约保证做法一般有：银行或非银行金融机构出具履约保函，如果承包商不能履行合同责任，出具保函的银行或非银行金融机构将按保函约定数额无条件向业主赔偿。或专业保证人出具的保证合同，如果承包商不能履行合同责任，保证人将承担责任。方式包括或是向承包商提供资金及技术支援使其继续履行合同；或是保证人另找经业主同意的另一承包商完成合同，业主仍旧支付原工程款；或是保证人按合同约定向业主赔偿损失。

履约保证的作用是，如果发生承包商违约，可为业主提供相当于担保额度的保护，履约保证使权利人（业主）权益受到最大保护。

（三）业主支付保证

业主支付保证，是承包商要求业主出具付款保证，保证将按照合同约定如期向承包商支付工程款。保证人根据业主信用状况和资金来源，为其提供担保，如果业主违约，保证人将代业主向承包商支付工程款。其实质是一种业主履约保证。

此保证担保品种在国外较少见到，主要基于我国国情而提出，并有较大的潜在市场需求。该品种的作用是，防止业主随意拖欠工程款，侵害承包商利益。

(四) 付款保证

当业主、分包商、供应商要求承包商出具支付工资、工程款、供货款保证时,保证人可以为具有一定信用的承包商提供保证担保。通常情况下,业主向承包商支付工程款,承包商就有责任向分包商和供应商支付相应款项。在保证人为承包商开出付款保证情况下,如果业主向承包商提供了工程款,而承包商没有适时支付分包商和供应商,分包商和供应商可向保证人提出索赔。

付款保证的作用是对分包商和供应商给予保护,因为这些分包商和供应商在建设项目时提供了人力和原材料。同时也保护业主不被索赔和为同一工程或原材料支付两次工程款的可能,让业主避免了不必要的法律纠纷。

(五) 预付款保证

一些工程的业主往往先支付一定数额的工程款供承包商周转使用。此时,业主就需要求承包商提供预付款保证,保证收到预付工程款后不挪作他用、携款潜逃或宣布破产。保证人为承包商提供同等数额的预付款保证,随业主按工程进度支付工程价款并逐步扣回预付款,保证人的责任随之减少直到全部解除。否则由保证人向业主赔偿损失。预付款保证的担保金额一般为工程合同价的 10%~30%。

(六) 保留金保证

当业主按月给承包商发放工程款时,要扣一定比例款项作为保留金,以便在工程不符合质量要求时用于返工。保留金保证,是指承包商通过保证人向业主提供的保留金保证,换回在押的全部保留金。预扣保留金的比例及限额通常在工程合同中约定,一般从每月验工计价中扣 10%,以合同价的 5% 为累计上限。

(七) 维修保证

维修保证,是保证工程完工后,如出现任何工艺或原材料问题(在规定时期内,一般为一年),承包商应当负责维修。维修保证可以包含在履约保证之内,作为履约保证责任之一。也可单独列出,有时在工程建设期间没被要求提供履约保证,工程完工时就要求提供维修保证。维修保证的违约罚金相当于原合同价格的5%~10%。有些工程则采用暂扣合同价款的5%作为维修保证金。

维修保证的作用是,可以促使承包商加强全面质量管理,尽可能避免质量问题的出现。

(八) 完工保证

完工保证是美国联邦政府要求承包商在开发中、低收入者住宅项目时提供的担保,保证承包商在自己垫付工程款情况下,完成土地开发工作。此种担保的情况是,在没有预付工程款时,政府土地管理部门允许承包商开发一片土地再细分成若干部分出售前,要求承包商完成一些特定工程,如公共设施、排水系统、人行道、街道等。否则,由保证人代其履约。此品种往往应用在业主和承包商为一体的情况,它的特点是,委托人将进行项目开发并保证将项目如期完成,而受益人无须承担为项目付款的责任。在完工保证项下,受益人是购买土地者,可以是一人,也可能是多人,更多情况下是多人,他们并不承担支付工程款的责任。购买土地者根据此保证受到保护,而承包商通过土地销售收回开发费用。完工保证实质上是融资担保。

融资性质的完工保证承保难度大,承保时需要十分谨慎。

(九) 分包保证

当工程建设存在总包时,总承包商在不同环节要求分包商和供应商提交保证,包括投标、履约、付款、保修等保证,用以保证他们将完成分包合同和购货协议。在分包担保项下,此时,总承包商是作为权利人保护他自己的利益。分包商或供应商是委托人,对于总承包商,要求相应的履约保证和支付保证是必需的。

(十) 供货保证

当业主、承包商、分包商要求供应商出具供货保证时,保证人可以为供应商按时按量供应原材料、设备提供担保。

为大型制造商、大公司出具供货保证,相对来讲比较容易。但对小型供应商或批发商来说，他们需要依靠他人首先供货然后才能供应他们的产品，所以供货保证的执行比较困难，因此出具供货保证需慎重。供货保证收费率低，除非你掌握了为大型制造商提供大笔供货担保，否则，承保不是经济可行的。

三、国外工程保证发展概况

（一）美国工程保证概况

工程保证最早起源于美国，目前，也是世界上惟一要求承包商提供担保额为合同价格100%的履约保证合同。美国工程保证制度经历了从无保证到自然人保证，第三方企业保证，再到政府认定资格的担保公司或保险公司保证四个阶段，已有100多年的发展历史。

随着社会的发展和进步，以个人身份为他人的责任、义务或债务而向权利人担保的事例非常普遍。但这种个人担保有很大的弊端，往往会因为保证人的意外亡故，或保证人无力履行担保义务，或其他原因而使承诺落空，从而给权利人造成灾难性的后果。为解决个人保证中存在的严重不足和局限性，规范建筑市场，保证所有联邦政府公共建设工程项目能够如期完成，不增加联邦政府财政支出，保护纳税人利益，1894年美国国会通过了《赫德法案》，要求所有政府公共工程必须事先取得保证担保，总承包商需提供第三人履约保证书，保证按施工计划完成工程，赔偿违约造成的损失。同时授权企业保证人从事合同保证业务。

20世纪30年代经济大萧条期间，大量承包商破产，很多企业保证人也纷纷受到牵连而倒闭。1935年美国国会又通过了《米勒法案》，替代《赫德法案》，要求所有参与联邦工程建造的总承包商，必须投保以保证该承包商履约并按时付款给材料供应商和工人，即必须向业主提供履约保证和付款担保。《米勒法案》是工程保证制度得以在美国应用并推广的保障，它从法律上规定必须进行保证担保的工程规模、范围和金额。该法案具体规定如下：10万美元以上的联邦政府建筑工程项目（楼房及公共设施建设、改建和修复等），承包商必须提供100%合同价格的履约保证合同和最高达50%的付款保证合同，10万美元以下的建筑工程，业主视情况有权要求同样的保证；付款保证的具体规定为：

100万美元以下的工程，担保额为合同价格的50%，100万～500万美元的工程，付款保证额为合同价格的40%，500万美元以上的工程，付款保证额为250万美元。

另一方面要求由财政部审查担保公司的执业资格，限定单项合同的担保额度。并于每年7月1日向社会公布资审合格的担保公司名单，业内称T‑LIST名单，有效期为一年。由于各公司净资产每年都会有变化，其单项合同承保能力也相应变化，财政部在T名单中同时调整各公司单项承保的最高限额，这个单笔最高限额是根据担保公司净资产的10%限定的，超过限额的项目，必须由T名单内的担保公司联合担保或由再保险公司再保险。这份名单不仅被联邦政府各机构采用，不少地方州及地方政府，包括私人业主作为考查担保公司实力的一个重要参考。根据美国财政部发布的资料，截止到1999年12月23日，T名单上列有301家担保公司，资格有效期自1999年7月1日至2000年7月1日。

1942年，许多州通过了"小米勒法案"，该法案要求所有州政府投资兴建的项目必须得到保证担保，现在，50个州模仿米勒法案制定了州公共建筑工程项目担保的相关条例，业内称小米勒法案，50个州有50个本质相同、条款略有差异的小米勒法案。

早在1908年，美国担保协会正式成立，它标志着担保业有了自己的行业协会，能相互进行业务交流，并开始统一收费标准。1909年，托尔保费制定局成立，直到1947年。该局一直为美国担保协会会员公司制定费率，后来该局并入美国担保协会。

美国从事担保业务的有两类公司：一类是专业担保公司；另一类是保险公司的担保分公司或担保部。禁止银行业从事工程保证业务。担保公司在开展业务时受联邦政府财政部和州保险部监督管理。担保公司首先向开展业务的所在地州政府的保险部申请执照，并且接受保险部的监管。保险部在监管担保公司时将它视同保险公司，担保公司按要求分别向财政部和州保险部报送财务报表、统计数据、风险准备金留存和费率计划。

美国是全世界最早也是最大的保证担保市场，从1894年联邦公共工程运作保证担保，已经有100多年的历史。在全世界35亿美元的担保费收入中，美国占60%以上，可见美国工程保证应用之广泛。

由于工程保证运用信用手段，加强了各方之间的责任关系，有效转移了工程风险，保障工程建设的顺利完成，许多国家及国际组织、行业协会也相继在法律中对工程保证做出了规定。国际土木工程界的"宪法"——《土木工程施工合同条件》（FIDIC 条款）的制定者，也就是国际咨询工程师联合会，在《土木工程施工合同条件应用指南》（1989 年版）中指出：持有保证合同的业主不能要求保证人支付一笔金额——业主只能要求完成合同。也就是说，如果出现委托人（承包商）违约，保证人不是赔偿一笔钱，而是必须首先按照合同规定的质量、工期、造价等各项条件履约，而不是简单地赔一笔款，从而更大程度地、更全面地保护了受益人（业主）的利益，因为业主花钱买的是工程产品，而不是耗费大量精力后买回赔款。这也是在美国工程保证的保函一般由专业化的担保公司出具而并非是保险公司等机构出具的原因所在。

（二）欧洲工程保证担保概况

欧洲各国由于历史传统习惯，多使用银行保函或信用证，以银行为主从事工程保证业务。保险公司或专业担保公司的工程保证仅占整个工程保证市场的 10%。担保额仅为施工合同价格的 10%~20%。

早在第二次世界大战后，意大利公共工程便出现需要提供担保的情形，政府也开始对有关公共工程担保进行立法，经过多年的演变改进，参照美国《米勒法案》引进工程保证制度，直到 2000 年 4 月颁发 MERLONI 法，才基本形成了较为完善的公共工程担保制度。其担保品种涵盖履约保证、预付款保证、资金留存保证等。但担保比例较低，只是工程合同价格的 20%。

意大利从事工程保证以保险公司和专业担保机构为主，约占 70%，其余 30% 由银行承做。

与意大利不同的德国担保业，以遵循《银行法》和《民法典》中的有关条款而进行业务。因而，其工程保证主要由银行承做，其中：银行承做量所占比例为 90%，保险公司为 10%。担保比例一般为工程合同造价的 10% 左右，是"有限责任"式的担保。这种欧洲式保证是一种处罚式担保，也就是说，他们并不是保证合同履行，而是保证在不履约的时候支付一笔事前约定的金额。

欧洲担保方式与北美地区的相比，其担保的比例偏低。由于欧洲低比例处罚式担保方式，在合同不履行时，担保人付给一个特定的金额，大多数情况下此笔金额少于发生的损失，结果造成被担保的总量偏低，缺少真正意义上的保证担保。

欧洲担保公司担保规模有限的原因在于，较小的担保比例以及同银行的竞争，阻碍了欧洲保证担保市场稳定的发展。目前欧洲担保领域拟通过代表协会，如国际信用保险协会（ICIA）、泛美担保协会（PA-SA）、国际保证担保协会（ISA）做工作，准备建立一个公共投资项目合同付款保证所需要的新的担保体系，包括：

调整担保覆盖的百分比；如投标保证的担保额为合同金额的5%～10%；履约保证的担保额为不小于25%～30%，最大达50%。这种类型的担保将不同于罚款式担保，其实质是保证受益人。

担保公司在被索赔时可以有新的选择；如主合同受侵害并且在受益人同意情况下，保证担保应该靠自身或者第三者使合同继续履行而不再是按保函约定支付一定金额的赔偿。

开创新型的担保。在欧洲推行"劳动力和原材料支付保证"品种，按合同价80%的担保比例发行。

由此可见，欧洲地区的低比例保证形式经过一段时间的发展，正在向北美地区的高比例保证形式靠拢，这对于我国刚开始推行工程保证制度给予了启示，提供了很好的借鉴经验。

诉讼财产保全担保

诉讼财产保全在当前的司法实践中已越来越多地被采用，因财产保全不当造成公民、法人或其他组织财产损失的情况也时有发生，如何保证这一法律手段的正确适用是司法实践中的重要课题；同时潜在的市场需求也为担保机构开展诉讼保全担保业务提供了展业的机会。

一、财产保全诉讼的概念及种类

（一）财产保全的概念

财产保全是在诉讼中或诉论前指遇到有关的财产可能被转移、隐匿、毁灭等情形，从而可能造成对利害关系人权益的损害或可能使法院将来的判决难以执行或不能执行时，根据利害关系人或当事人的申请或人民法院决定，而对有关财产采取的保护措施。其意义在于保护当事人的合法权益，维护人民法院判决的权威性。

（二）财产保全的种类

财产保全分为诉前保全和诉讼保全。

1. 诉前保全。诉前保全是指在诉讼发生前，人民法院根据利害关系人的申请，而对有关的财产采取保护措施的制度。诉前保全的适用应当符合一定的条件。其实质要件是利害关系人与他人之间存在争议的法律关系所涉及的财产处于情况紧急的状态之下，不立即采取保全措施有可能使利害关系人的合法权益遭受不可弥补的损失；其程序要件是必须由利害关系人向财产所在地的人民法院提出申请；还有一个重要的条件是，诉前保全的申请人必须向人民法院提供担保，如果不提供的，人民法院可以驳回申请。人民法院在接受申请后，对诉前保全，必须在48小时内做出裁定。诉前保全措施采取后，如果利害关系人在15日内未起诉，则保全措施解除。

2. 诉讼保全。诉讼保全是指在诉讼过程中，为了保证人民法院的判决能够顺利实施，人民法院根据当事人的申请，或在必要时依职权决定对有关的财产采取保护措施的制度。诉讼保全担保的适用，也应当符合一定的条件，其实质的要件是存在各种主客观原因可能使将来人民法院做出的判决难以执行的情况；其程序要件是在诉讼中由当事人向受诉人人民法院提出申请，或由人民法院依职权决定；人民法院可以责令申请人提供担保，申请人不提供担保的，人民法院可以驳回申请。

可以看出，诉前保全和诉讼保全的区别，主要表现在以下几个方面：

一是提出的时间不同，诉前保全在诉讼开始前提出，诉讼保全则在诉讼开始后提出；

二是产生的方式不同，诉前保全必须由申请人提出申请，诉讼保全则有些情形由法院依职权决定；

三是提供担保方面不同，诉前保全的申请人必须提供担保，诉讼保全中人民法院可以责令当事人提供担保，有人民法院不要求提供担保的情形存在。

二、财产保全的范围、措施及解除

根据我国民事诉讼法的有关规定,财产保全的范围限于请求的范围和与本案有关的财务。保全的财产的价值应与诉讼请求的数额相当;与本案有关的财物是指本案的标的物、可供法院将来执行判决的财物或利害关系人请求予以保全的财物。

根据我国民事诉讼法的有关规定,财产保全的措施有:查封、扣押、冻结或法律规定的其他方法。人民法院查封扣押被申请人的财产,应当妥善保管。被查封扣押的财产原则上任何人都不得使用、处分,但是如果查封扣押的是不动产或特定财产,如果由当事人负责保管的,其仍然可以使用,但不得处分。人民法院对不动产或不易提取、封存的动产采取查封、扣押措施时,可以采取扣押有关财产权证照的措施,并通知有关产权登记机关在财产保全期间不予办理该项财产转移手续。需要指出的是,人民法院对抵押物、留置物可以采取保全措施,但抵押权人、留置权人有优先受偿的权利。所谓法律规定的其他方法,根据最高人民法院的司法解释,主要是限制被申请人的到期收益或到期债权的行使,人民法院对被申请人的到期收益可以采取限制其支取的措施,如果被申请人的财产不能满足保全请求,且对第三人有到期债权,人民法院可以依照申请人的申请,裁定该第三人不得对本案债务人清偿,该第三人要求偿付的,由人民法院提存财物和价款。

财产保全措施解除的原因有:诉前保全的申请人在人民法院采取保全措施后15日内没有起诉;被申请人向人民法院提供担保;申请人在财产保全期间撤回申请,人民法院同意其撤回的;被申请人依法履行了人民法院判决确定的义务,财产保全已经没有实际存在的意义;被申请人申请复议意见有理,人民法院做出新裁定,撤销原财产保全裁定。在司法实践中,对被申请人的银行存款予以冻结,如果超过了六个月,而当事人没有要求人民法院继续冻结的,原冻结措施自动解封。

三、财产保全担保的概念及方式

（一）财产保全担保的概念

财产保全担保就是申请人在申请财产保全时向人民法院提供的担保，如果因保全错误为被申请人或案外人造成损失，申请人或担保人应予赔偿的制度。在司法实践中，相应的把财产保全担保分为诉前保全担保和诉讼保全担保。在提供担保方面，诉前保全与诉讼保全有所不同，诉前保全的申请人必须提供担保，如果申请人不提供担保的，人民法院可以驳回其申请；诉讼保全中人民法院可以责令当事人提供担保，也就是说存在人民法院不要求提供担保的情形存在，当然如果人民法院责令申请人提供担保，而申请人拒不提供的，人民法院也依法驳回其申请。

（二）财产保全担保的方式

在目前民事诉讼法立法中，对财产保全担保的规定内容很少，因此在司法实践中，各地法院在对财产保全担保的要求也不一样，有的法院要求申请人提供实物资产形式的担保，比如采取扣押动产、不动产证照的方式；有的法院要求申请人提供全额或部分保证金的方式；有的法院采取第三方信用保函的方式等等。

四、财产保全担保责任

民事诉讼法第九十六条规定，财产保全"申请有错误的，申请人应当赔偿被申请人因财产保全所遭受的损失。"这对于约束当事人审慎地提出财产保全申请，防止当事人滥用诉讼权利，避免诉讼侵权有着重要的意义。但应如何正确认定因财产保全造成的损失，赔偿的标准及程序等，法律都未做进一步的规定，这不仅造成了审判实践中操作的困难，也给该法律规定的落实带来了不利。民事诉讼法同时又规定了财产保全担保制度，也就是说，如果造成申请错误，申请人又向人民法院提供担保的，担保人要承担赔偿责任。

只有被申请人或案外人遭受了实际损失，才有权要求责任人做相应的赔偿。因为这种赔偿是一种民事赔偿责任，民事赔偿责任的特征之一便是补偿性。所以，实际损失的存在不仅是认定财产保全造成损失必须具备的要件，也是追究错误申请人民事责任的要件。实际损失，应当是已经出现或必然发生的物质财富的毁损或减少，包括现有财产的损失与可得利益的损失。一般而言，申请财产保全的当事人败诉，都可能会给被申请人造成损失。

在实践中，因错误申请财产保全造成损失的情况，主要有以下几种：

1. 申请人对被申请人的资金、实物、账户申请保全措施，影响被申请人的正常生产经营活动，使其在利润上遭受损失。

2. 由于财产保全，扣押、查封了被申请人的某项财物或产品，使得被申请人不能履行与他人的合法合同，而致其承担违约责任遭受损失。

3. 申请人申请对某项特定物进行财产保全，使被申请人无法从事某项特定活动而造成损失。

4. 申请人故意或过失申请对案外人的财产进行保全，从而造成了案外人的财产损失（这种情况在诉前保全中较易出现）。

5. 因错误地申请财产保全，致使被申请人在商业信誉、企业形象上遭受损失。

五、财产保全担保业务的程序

（一）项目受理

承做财产保全担保业务，必须配备专业法律人才，保证业务人员与案件当事人及人民法院在业务沟通上不存在知识障碍。业务人员受理财产保全担保业务时，须要求当事人提供下列资料：起诉书、证据材料、财产保全申请书、身份证明等材料。

（二）项目审核

业务承做人员在承做财产保全担保业务时，要对当事人提供的全部材料进行审核，注重对案件基础法律关系的分析，分析是否符合人民法院受理案件的条件，准确判断申请人胜诉的把握有多大，确定拟采取的保全措施的具体方式，查清财产保全措施标的物的权属，最后评价担保人潜在担保风险的可控程度。

（三）出具担保函

在认真分析的基础上，向人民法院出具担保函。

忠 诚 担 保

忠诚担保是保证担保的一种，也称为犯罪担保或忠诚保证担保。忠诚担保，是担保机构为雇佣机构提供对其雇员忠诚履行职责的担保。

一、忠诚担保产生的背景和适用环境

忠诚担保产生于英国。19世纪中叶，伦敦的"保证担保公司"是向雇主提供由于雇员犯罪给其造成损失担保单的第一家担保公司。最先为这一担保分支确立标准的是美国。

在自然经济条件下，雇主与雇员在多数情况下处于一个比较固定的区域，雇主对雇员本来已有了解或者信任，而且经济活动的也比较简单，这样就没有由专门机构提供第三方担保的需要。但是，在这个时期也存在通过保人举荐雇工的情形，保人一般也并不承担严格意义上的法律责任，保人一般只承担道义和道德上的责任。

19世纪中叶随着英国工业革命进入如火如荼的阶段，大批破产农民涌入城市寻找工作，而雇主对雇员缺乏了解和信任。媒体上有关违反诚信给公司造成令人震惊损失的消息引发了一个新险种的出现。于是，审计员和会计公司认为，他们不仅应当通过中介机构减少因不当行为而产生的损失，而且应当通过担保限制那些不可避免的损失。这样忠诚保证担保最早就在英国应运而生了。而在美国，随着移民的涌入，大规模的发展，新的经济领域的开启，大规模的建设施工，使得传统的雇主、雇员关系破碎并逐渐消失，寻求第三方担保成为雇主的现实需要。

起初,雇主保护他们自己免受因破坏行为导致的损失,采用雇员交纳现金担保或储存现金的方式。通过现金担保的方式是原始的概念,不能适应现代经济发展和财富集聚企业家之手的需要。忠诚担保的出现也就成为补充雇员信用,保障雇主所有权的必要的制度安排。

德国赫尔姆斯担保公司的忠诚担保从1917年成立时起就开展这方面业务。赫尔姆斯承担在险单有效期间因偷窃、挪用、诈骗、违反信用、计算机诈骗或者其他故意行为等法定侵权行为造成损失的赔偿。1971年该公司开办的计算机诈骗担保和其他品种的发展,标志着忠诚担保新的发展。该公司认为忠诚担保很有市场需求。德国犯罪统计显示,违反诚信的个案在1991年达到435 000件之多,总计损失达40亿德国马克。8年以后这个数字已经翻倍:833 000件案件,95亿德国马克的损失。另外,大量的案件没有公开出来,因为很多公司担心此类案件付诸公众讨论会带来坏的声誉。如果把没有公布的个案和已知但没有解释其原由的个案统计起来,其总数要高很多。于是年复一年,资本不能有效地发挥作用,由于雇员的不当行为对资本造成损失,仅在公司破产之后才反映出来。为避免这种情况的发生,许多公司认为应当采用忠诚保证担保。

二、忠诚担保的内容

(一)可担保的行为

根据国际上忠诚担保业务的经验,忠诚担保的内容一般包括:
1. 直接由被担保人造成的损失;
2. 第三人造成的损失,但被担保人负有法律责任的;
3. 外部人员直接用非法手段操作投保人的电子数据,从而获取收益,使得投保人财产受到损失。

担保机构在担保额范围内或直接损失的20%以内赔偿投保人经证实的以下损失:
(1)确认损失的成本。
(2)追诉成本。

（二）可担保的雇员

被担保人是在损失事件发生时，由雇用合同或服务合同所雇用的人，包括：

1. 雇员包括临时雇员、学徒和受训者；
2. 经理和董事会成员，持有不超过公司15%的股份；
3. 根据投保人的要求，在投保人的工作场所工作，类似于雇员的人或公司（如保安人员、后勤人员、清洁人员）。按照合同，这些人在投保人的工作场所工作时，被认为是被担保人。当投保人没有其他渠道得到这类损失补偿时，担保公司给予赔偿。

任何一家公司直接或间接持有另一家公司50%以上的股份，它们可以共同名义投保。

（三）赔付条件

忠诚担保的赔付是有条件的，其赔付条件一般有以下几种情况：

1. 由投保人提供了可确认的被担保人，并且犯有过失之名，在损失数额确定后才能给予赔偿。
2. 如果担保损失不能确定，赔付也可根据担保条款假定一个数量支付，但要立即向警察当局报告损失。在调查结束时向担保人出示以确定实际赔付。
3. 当计划存货和实际存货不符时，如果没有差异或统计数字合理的解释，不能认定为故意品行问题。
4. 由被起诉人责任引起损失的，应由其支付赔偿，而不由担保公司履行。

（四）免责条款

忠诚担保保单应当包括一定数量免责条款，下列类型的损失不包括在内：

1. 投保人已经知道损失是由被担保人在投保前的不法行为引起，而试图将其包含在保单之内的。
2. 损失在保单有效存续期间，但是在事故发生与报告时间之间超过两年的。

3. 由投保人造成的利润损失、合同违约罚款、行政罚款及突发事故造成的损失。

4. 由人员受伤导致的罚金。

5. 可以依据火灾、抢劫、入户盗窃保险的条款和条件得到赔偿的损失。

6. 由合作伙伴个人负责或者掌握多于公司15%股份的合伙人或他们的配偶及孩子引起的损失。

7. 损失是由被担保人引起的，但如果这种损失不是为了他们自己得到非法金钱利益而加害于投保人。如果被担保人仅是为了得到更多的报酬（薪金、指导费等）则不被认为是为了牟取非法金钱利益。

三、担保总额和担保费

忠诚担保可根据不同情况确定担保总额和适当的担保费率。被担保人的数量、计算机系统的规模和容积、公司结构和安全保障方法都在保费计算中起到关键作用。理解风险将有助于决定担保总额。尽管确定担保总额有很多困难，但它非常重要，因为忠诚担保的运作基于清晰的担保总额。

担保于保单约定的日期生效，在保单有效期间内第一次被雇用的人，当其开始为投保人工作时，自动成为被担保人，但在工作当年不用支付担保费。

对曾导致担保损失的被担保人，其将来任一行为的担保终止于担保人知道其先前非法行为之时。

当被担保人辞去在投保人单位的工作时，担保将在他们对投保人责任终止后30日内到期。对共同担保的公司，担保将于对多数股东停止担保之日到期。对其他情况，保单将于到期之日失效。

总而言之，忠诚担保是细致而严谨的工作。分析风险需要理解公司结构、计算机系统、安全系统和内部规章、业内状况等因素。这些都是必须考虑的因素，对于评估损失是很重要的。

保 付 代 理

在近20年的时间内,随着经济全球化的到来和卖方市场向买方市场的转变,国际贸易竞争日趋激烈。这种竞争一方面是商业价格和质量的竞争,另一方面则体现在结算方式上。作为主要的结算方式之一的信用证,一方面需要在较长时间内占有买方一定的资金或信用额度,同时还要收取相对较高的银行费用。在这种市场环境下,信用证受到了一种新型金融工具的严峻挑战,这就是保理业务。

保理商通过依靠其全球资信网络和对当地商家资信控制优势,不仅能够有效消除赊销贸易带来的商业风险和外汇风险,克服信用证方式中的资金占有、机制僵化的弊端,还具有账务管理、资金融通等功能,深受广大贸易行业有关各方的欢迎,并得到了迅速地发展。目前在欧美国家,特别是在欧盟内部,80%的进出口业务都是采用保理方式。根据联合国贸发中心1996年的统计数据,在国际贸易结算中,信用证的使用率已降至18%,在发达国家甚至降到了10%以下,保理业务已经成为在国际贸易结算和融资领域广泛应用的金融工具。

一、保理业务的概念

(一) 保理业务的定义

保理一词来自于欧美的"factoring"业务。尽管保理业务有着悠久的历史,但由于世界各国和地区的商业习惯不同、金融传统做法各异,以及所承袭的保理历史渊源有较大的差异,因此迄今为止,在国际商界和金融界尚未就保理业务的定义形成统一的结论。《简明牛津词典》对保理业务的定义是:从他人手中以贴现方式买入属于该人的债权并负责收回债款从而获得赢利的行为。这个定义一方面视点过窄,仅从债权人受让人的角度出发,而未反映出债权出让人出售债权的目的和动机;另一方面,这个定义包括的业务活动范围很广,将许多仅与债权转让有关而实质上并非保理的业务包含在内。与此相反,美国《商业律师》一书则对保理业务做了限制性很强的定义：保理是保理商与以赊销方式提供商品或劳务的销售商之间的一项持续性安排。根据这一安排，保理商对由销售商品或劳务所产生的应收账款提供如下服务：

1. 用立即付款方式购买所有的应收账款；
2. 负责相关应收账款的会计分录及其他记账工作；
3. 到期收取应收账款；
4. 承担因债务人无力支付而造成的损失。

多数人认为，只要保理商能够承担两个或两个以上的美国关于保理定义中的服务职能，这个保理商所做的该项服务或有关安排即可视为保理。但在实践中，仍有人坚持认为，仅提供立即付款的融资而不提供其他服务的安排并非保理，除非通知债务人有关安排令其直接向保理商付款，否则该项业务也不能视为保理。

（二）国际保理公约的规定

1988年5月，国际统一私法协会通过了《国际统一私法协会国际保理公约》（UNIDROIT Convention on International Factoring）。这个公约是截至目前，对保理业务，特别是国际保理业务最具有权威的各国公认的最高法律框架文本。公约规定，保理是指保理商向以赊销方式出售商品或提供服务的供应商（卖方）提供的综合性的金融服务。供应商将其与买方（债务人）签订的货物买卖合同或服务合同所产生的应收账款的所有权转让给保理商，保理商则向供应商履行提供资金融通、进行账务管理、收取应收账款和承担信用风险中的两种或全部服务的义务。

二、保理业务的功能

尽管美国《商业律师》一书和《国际统一私法协会国际保理公约》对保理业务做了不尽相同的定义，但两者共同认为保理业务应包括四项基本功能：贸易融资、销售分户账管理、收取到期应收账款和承担坏账风险。

（一）贸易融资（trade financing）

保理商在承做保理业务时，卖方保理商一般先从卖方处购买应收账款,或对卖方的应收账款进行质押贷款,保理商通过这种服务方式向卖方提供贸易融资。这种贸易融资相对于其他融资方式而言,一方面手续比较简便,不像信用放款那样需要办理复杂的审批手续,也不像抵押放款那样需要办理抵押品评估并到相关部门登记。根据保理协议,卖方只要向保理商提交发票等单据后即可取得发票金额80%左右甚至全部的款项,从而有效地解决了贸易中在途以及信用销售过程中的资金占有,保持良好的资金流动性。另一方面,由于这种贸易融资通常是无追索权的,卖方可作为已收回货款而非或有负债,这样可以改善公司的财务状况,有利于增强公司的资信情况。

(二) 销售分户账管理 (maintenance of the sales ledger)

在贸易中,卖方针对众多的买方要建立细致的账目,到期催收货款,还要经常关注和分析各类债权的情况,这样不可避免地产生了许多繁杂的簿记与分析工作和应收账款管理及催收,相关的成本和费用支出也很高。一般说来,从事保理业务的公司大多是经营规模较大的商业银行或其附属机构。这些金融机构在为客户提供贸易销售账务服务方面具有明显的优势。由于这些机构或公司都拥有完善的账务管理制度,应用计算机及其他先进的现代化办公设备比其他行业要更为广泛,并且还具有由广泛的国内外业务网络以及分支或代理机构形成的高效运行的网络系统,从而保证了保理商可以向卖方提出如下的服务:在保理商电脑系统中为卖方设立管理账户,并记录卖方及买方的有关信息;保理商在收到卖方交来的销售发票后,依据上述管理账户记载的有关信息进行账务处理,包括清算债务金额、利息结算、债务收取往来记录、定期出具账务清单等;保理商对卖方的应收账款负责催收,并及时传递买卖双方之间有关贸易及法律文书,随时或定期提供各种资料;在贸易结算完成后,保理商还要负责结清有关账目,并汇报给卖方。保理商通过训练有素的专业人员和完善的网络系统,大规模地处理这些事务,可以有效地帮助卖方在财务处理方面的负担,降低卖方的管理成本,使其更专注地进行生产、研制和销售。

(三) 收取到期应收账款 (collection of due debt)

应收账款回收是一项将金融、贸易、法律融为一体的复杂工作。特别是国际贸易中产生的应收账款,由于各国家、各地区的贸易交易习惯、法律规则、语言等方面存在着巨大的差别,一般的企业都普遍缺乏这种收账的技术和知识。当需要用法律手段解决有关的贸易纠纷或相关事宜时,这些出口商更是往往感到力不从心。复杂的诉讼程序、漫长的诉讼期限和高昂的律师费用,使出口商很难收回应收账款,使大量的营运资金被束缚在应收账款上。如果这种状况不能得到及时的改善和解决,日益沉重的资金负担就会在某个时候或某个条件下给企业带来致命的打击,甚至会造成企业的破产。

这些问题在保理业务中可以得到较好地解决。保理商拥有专门的收账人员以及专业的收账知识,并设有专门的部门处理相关的法律事务,因此处理此类事务比较得心应手,知道在什么时候该用何种方式对何种债务人收债。保理商在与卖方签订保理协议之前,一般就要议定将来的收债方式、程序和最后的手段。为保护卖方的长远利益,保理商在未征求卖方意见之前,一般不好擅自采取法律手段来解决债务问题。即便要采取法律途径解决债务问题,由此产生的一切诉讼费用和律师费用也将由保理商全部承担。

(四)承担坏账风险(guarantee against bad debts)

保理协议签订后,保理商通常会在协议生效前或为卖方的商品销售提供保理项目前,对卖方的客户进行资信调查,根据调查结果对每一个买方核定一个卖方可以销售商品或提供劳务的信用限额。并在协议执行过程中,根据买方的货款支付情况、企业经营情况和资信变化和卖方的业务需求等情况,随时调整每一个买方的信用销售限额。卖方在信用限额以内的销售称为已核准应收账款(approved receivables),超出限额部分的销售称为未核准应收账款(unapproved receivables)。保理商对卖方承担在其核准信用限额内的100%的坏账担保。即如果买方因为贸易争端以外的因素拒绝对卖方支付货款,则由保理商代买方承担付款责任。但是,如果卖方与买方的贸易额超过了保理商所核准的信用限额,则保理商只承担核准信用限额以内的货款,其余的坏账损失则由卖方自行承担。即如果卖方能将每个买方的销售控制在保理商核定的信用限额以内,并且提供的商品销售或技术服务是买方所接受,由此产生的应收账款是正当和毫无异议的债务求偿权时,卖方就能有效地消除因买方信用造成的坏账风险。

三、保理业务的类型

保理业务可以分为国际保理和国内保理两大部分。国际保理和国内保理的差异主要在于服务的贸易领域不同。国际保理服务于国际贸易，而国内保理则服务于国内贸易。由于国际保理业务是保理业务的主要构成，而国内保理的各种形式从理论上讲都可用于国际保理，因此本节主要从国际保理的角度对保理业务进行分类。

（一）单保理（single-factor system）和双保理（two-factor system）

根据涉及保理商数量的不同，国际保理可以分为单保理和双保理。在国际保理业务中，保理商分为进口保理商和出口保理商。位于进口商所在地的保理商为进口保理商，位于出口商所在地的保理商为出口保理商。仅涉及一方保理商的保理业务称为单保理业务，涉及双方保理商的保理业务则称为双保理业务。

当进出口商其中一方所在国家或地区未有保理商时，则适用于单保理业务。在单保理运作模式中，出口商与保理商（一般是进口商所在国家或地区的保理商）提出申请，签订保理业务协议，并将需要核定信用限额的进口商清单交给该保理商。该保理商对各进口商进行资信调查，逐一核定信用限额。出口商在信用限额内发货后，将发票和货运单据直接寄给进口商，并将发票副本提交给该保理商。如果出口商有融资要求，该保理商即以预付款方式向出口商提供不超过发票金额80%的无追索权短期贸易融资贷款，并负责应收账款的管理和催收。货款到期后，进口商将全部货款付给该保理商，该保理商将剩余20%的发票金额的货款在扣除有关费用和贴息之后再付给出口商。

目前，国际上比较通行的是双保理业务。即在保理业务过程中，出口商将其对进口商的应收账款转让给本国的出口保理商，出口保理商再与进口商所在国的进口保理商签订协议，委托进口保理商负责信用限额的审核、货款回收并提供坏账担保。由于一笔保理业务中涉及两个保理商，故称为双保理。在双保理业务运作模式中，出口商委托本国的出口保理商。出口保理商在从进口国的保理商中选择进口保理商。出口商将需要核定信用限额的进口商清单交给出口保理商，由其立即转交给进口保理商。由进口保理商负责对每一个进口商进行资信调查和信用限额的审定，并通过出口保理商通知出口商执行。出口商在信用限额内发货后，将发票和货运单据直接寄给进口商，并将发票副本提交给该出口保理商。如果出口商有融资需求，出口保理商则提供相应的融资安排，并定期将应收账款清单寄给进口保理商，由其负责协助催收货款。货款到期后，进口商将全部货款支付给进口保理商，进口保理商则立即将款项转交给出口保理商。出口保理商将剩余的20%发票金额的货款在扣除有关费用和贴息之后再付给出口商。

（二）无追索权保理（non-recourse factoring）和有追索权保理（recourse factoring）

根据保理商对保理业务项下融通的资金是否有追索权，保理业务可以分为无追索权保理和有追索权保理。

在无追索权的保理业务中，保理商一旦根据出口商提供的进口商的名单进行资信调查，并逐一核定了信用限额后，需要在此信用限额内购买出口商对进口商的应收账款，并放弃向出口商追索货款的权利。如果进口商因为贸易纠纷以外的原因无力或拒绝支付货款时，保理商不能再向出口商追回款项，只能自己承担进口商无力支付货款的信用风险。由于国际贸易的复杂性，以信用方式销售商品或提供服务的出口商往往迫切需要保理商解决货款的后顾之忧，因此无追索权的保理业务特别受出口商的欢迎。但采用此种方式，保理商则承担了较高的风险。

在有追索权的保理业务中，保理商不负责核定进口商的信用限额，也不提供担保，仅提供包括融资服务在内的其他服务。当保理商与出口商签订保理协议并向出口商提供资金融通后，不论进口商由于何种原因不能支付形成呆账或坏账，保理商都有权力向出口商索回已付的款项或拒付应付的款项。在这种方式的保理业务中，保理商不承担进口商的信用风险，适用于进口商信用较好、出口商仅需要融资和货款回收管理的情况。由于其具有一定的局限性，因此在国际保理中应用较少。

(三) 融资保理 (financed factoring) 和非融资保理 (non-financed factoring)

根据保理商是否向出口商提供融资款项，保理业务可以分为融资保理和非融资保理。

融资保理，又称预付保理 (advanced factoring)。保理商在收到出口商提交的证明债权转让的发票副本及有关文件后，即对出口商提供不超过发票金额 80% 的垫付款项。贷款到期后，保理商扣除掉垫付款项和有关的费用和贴息之后，再将余额支付给出口商。

非融资保理，又称到期保理 (maturity factoring)。当出口商向保理商提交了证明债权转让的发票副本及有关文件后，保理商不立即付款而是在付款到期日向出口商支付发票金额。付款到期日通常是保理商根据出口商给予进口商的付款期限计算出的平均到期日，即平均预计收款日，并于平均到期日将应收账款的收购价款支付给出口商。这种方式适用于没有融资需求但希望获取应收账款管理和回收以及坏账担保服务的出口商。由于资金的稀缺性，目前在国际贸易中非融资保理应用得越来越少，正逐步被融资保理所取代。

(四) 公开型保理 (disclosed factoring) 和隐蔽型保理 (undisclosed factoring)

根据出口商与保理商签订协议后，是否应将债权转让给保理商的事实通知债务人，保理业务可以分为公开型保理和隐蔽型保理。

公开型保理是指出口商在债权转让之后，必须通知相应的进出商，并指示其于货款到期日直接将货款支付给保理商。根据大多数国家法律的规定，债权的转让必须通知债务人，因此保理业务大多采用公开型保理。在实际业务引进中，因为将债权的转让通知给债务人会有利于保理商直接向债务人收取货款，能更好地保护保理商的利益，因此大多数国家的保理业务实际上也采用公开型保理。

隐蔽型保理则是指出口商与保理商之间的债权转让行为不需要通知相应的进口商。货款到期后，进口商将货款支付给出口商，再由出口商将货款交付给保理商。这是因为有些出口商较为保守，害怕进口商知道了保理商收购了他们的债权而以为他们面临经营上的压力，因此影响业务关系,所以倾向于采用隐蔽型保理。

(五) 完全保理与不完全保理

根据保理业务提供得是否全面,保理业务又可以分为完全保理与不完全保理。

完全保理是指保理商为客户提供服务内容全面的保理方式,包括为资金融通、应收账款相关账目的管理、向债务人催收应收账款以及承担债务人无力付款时的风险等等。

不完全保理则是保理商根据客户的需求和实际情况,为客户提供上述服务中的两项或三项服务。

四、保理业务的运作机制

保理业务因采取的形式不同,其运作程序也不尽相同。特别是国际保理业务,由于保理商所在国家的贸易交易习惯、法律规则、语言等的不同,决定了不同类型或者是不同国家的保理业务在程序上存在着差异性。但从总体上看,保理业务在主要的环节上都是相同的,我们下面以目前最为广泛应用的国际双保理业务为例,介绍其具体的运作程序。其他保理业务基本上都是在此基础上的翻版和衍生。

(一) 国际双保理业务各方

国际双保理业务主要包括四方当事人:出口商、出口保理商、进口保理商及进口商。

1. 出口商

在承做保理业务之前,出口商首先要向出口保理商提出承做保理业务的申请并得到批准。然后,出口商按照销售(或服务)合同规定向进口商交付货物或提供服务。当出口商产生了对进口商的应收债权后,出口商将保理商核准信用限额内的应收账款转让给保理商,并应及时将转让的事实及相关信息通知进口商。

2. 出口保理商

如果出口保理商决定向该出口商提供保理业务服务，应根据出口商的保理业务申请填写《信用限额申请书》并交寄给进口保理商，请进口保理商对进口商做资信调查，并逐一给出信用限额。当出口商将证明债权转让的发票副本和其他文件提交给出口保理商时，出口保理商根据出口商的需要提供不超过发票金额80%的资金融通，并定期将应收账款清单提交给进口保理商，请其协助催收应收账款。当进口保理商将进口商支付的货款交付国外出口保理商时，出口保理商将剩余的20%的发票金额的款项扣除掉费用和贴息后支付给出口商。

3. 进口保理商

进口保理商在收到出口保理商的《信用限额申请书》后，如果同意接受出口保理商的委托，首先需要与出口保理商签订保理代理协议。根据保理代理协议和《信用限额申请书》的内容，进口保理商对指定的进口商进行资信调查并逐一核准一定的信用限额。当出口保理商获知该信用限额后，将会把从出口商处购买的信用限额内的应收账款转让给进口保理商。进口保理商负责应收账款的催收、向出口保理商的转付，并承担进口商因贸易纠纷之外的无力付款或拒绝付款的风险。

4. 进口商

首先进口商需要与出口商达成一致，同意使用保理业务作为双方的贸易结算方式。当出口商履行完毕销售（或服务）合同项下义务时，进口商应按销售（或服务）合同规定的时间、金额向出口商通知中制定的保理商付款。

（二）国际双保理业务具体流程

1. 出口商向出口保理商申请承做保理业务。出口商根据某项、某几项赊销贸易的需要，向出口保理商提出承做保理业务的申请，这是保理业务的开始；

2. 出口保理商对出口商的经营状况进行审查；

3. 出口商和出口保理商签订保理业务协议。签订协议之后，双方首先要考虑决定何时正式开始承做业务,并于开始之日将出口商销售分户账中已有的所有合格应收账款转让给或出售给出口保理商。这样可以避免业务混乱,否则进口商将不清楚哪些货款应直接付给保理商,哪些应付国外出口商。并很可能将出口商对以前销售所出具的货款清单和允许的价格折让从现行的应付货款中扣除;

4. 根据出口商的客户的分布情况,出口保理商选择进出口保理商,并签订保理代理协议;

5. 根据出口保理商提供的关于出口商与其客户之间的贸易情况,以及出口商对客户的信用限额要求,进口保理商对相应的进口商进行资信调查并逐一确定信用限额;

6. 进口保理商将其对进口商核准的信用限额或拒绝核准信用限额的通知书传递给出口保理商;

7. 出口保理商将进口保理商核准的关于进口商的信用限额或拒绝核准信用限额的通知书转给出口商;

8. 出口商与进口商签订货物销售合同或服务合同;

9. 出口商发运货物或提供服务,并将证明债权转让的发票副本及有关文件提交给出口保理商。在公开型保理业务中,出口商应注意在发票上载明由此产生的应收账款已转让,债务人应将款项付给进口保理商;

10. 出口保理商向出口商提供一般不超过发票金额80%的资金融通;

11. 出口商将《应收账款转移通知单》和相应的单据分别转让给进口保理商;

12. 进口保理商凭受让的应收账款向进口商催收货款;

13. 进口商到期后向进口保理商支付货款;

14. 进口商将收到的货款全部转付给出口保理商。如果是无追索权的保理业务,即使进口商到期未能付款,进口商也应向出口保理商支付核定信用限额内的货款。如果进口商提出贸易纠纷而不支付货款时,进口商则不需要向出口保理商支付相应的款项,但应出口保理商的要求可以协助解决贸易纠纷;

15. 出口保理商扣除预付货款、贴息和其他费用外,将货物余款支付给出口商并及时向出口商提供对账单。

贸易信用保险

按照保险学的原理和分类，担保可归类为保险业务中的保证保险。在贸易领域中，赊销或分期付款方式下买方由于各种原因拖延和逃避应承担的付款义务而给卖方所造成的风险和损失，既可通过保证保险的方式得到补偿，即由保证人提供延期付款担保；也可通过信用保险的方式进行规避。近20年来，信用保险在世界各国均得到了不同程度的发展，贸易信用保险在欧美等发达国家也已成为较成熟的业务。我国的出口信用保险发展较快，但国内（贸易）信用保险才刚刚开始起步。本文希望通过对国外贸易信用保险业务的介绍，为国内开展商品交易延期付款担保及贸易信用保险提供参考。

一、贸易信用保险的概念

（一）信用保险的概念及与保证保险的区别

所谓信用保险，是指承保被保险方因他人（被保证其资信的第三者）不诚实、不守信或主观原因不履约而造成的经济损失的保险。保证保险是由保险人为被保证人向权利人提供担保的保险，当被保证人的作为或不作为致使权利人遭受经济损失时，保险人负经济赔偿责任。

信用保险和保证保险都是承保信用风险的保险业务，它们在承保内容和承保方式上大同小异，但区别在于投保关系人的不同。凡被保证人根据权利人的要求，要求保险人担保自己（被保证人）信用的保险，属保证保险；凡权利人要求保险人担保对方（被保证人）信用的保险，属信用保险。

（二）贸易信用保险的概念

贸易信用保险主要是指为商品买卖双方，主要是买方在规定的时间内向卖方支付货款的信用保险，是销售商以延期付款的方式销售商品或提供服务时向保险公司投保，由保险公司承保其购买人信用的一种保险。贸易信用保险的保证人向他们的客户（卖方）提供因买方不履行贸易合同而使其遭受经济损失时所给予的经济保障，以保证客户在得不到或不能及时得到货款支付的情况下所给予的赔付。

销售商以延期付款方式销售产品或提供服务时，形成了一种销售信贷关系，即购买商成为债务人，销售商成为债权人的一种债务关系。这种关系由于购买商可能无偿还能力，存在不能偿还货款的风险。销售商（即信用关系中的债权人）向保险公司投保，成为受保销售商。当购买商不能偿还货款及服务费时，保险公司为受保销售商补偿到期未回收的货款。补偿后，保险公司取得债权人地位，可以向购买商索赔。

二、贸易信用保险的产生及作用

（一）贸易信用保险的产生

贸易信用保险的产生已有一百多年的历史，在19世纪末20世纪初，国家之间的战争和内战频繁，世界经济发展的波动较大，国际贸易存在较大的国家风险，这是出口商自身难以判断和承受的。于是，许多西方国家为了支持其产品的出口和对外提供劳务，组建了国家进出口银行或类似机构。这些机构一方面直接提供卖方信贷及买方信贷形式的直接融资给出口商以资金支持；另一方面，对出口商的应收账款提供信用保险，承担由于进口国的政治、经济因素而导致的国家风险。贸易信用保险在其发展初期主要是出口信用保险，其目的是支持贸易出口，属于政策性的信用保险。一般商业信用保险则是近二三十年才发展起来的。销售商为了促进销售，增加销售利润，常以延期付款方式向购买商提供信用，并提供优惠的信用条件，如增加信用限额、延长信用期限、放宽付款条件，这些措施一方面促进了产品的销售，另一方面也增加了信用成本，加大了信用风险，不仅会影响企业赢利水平，而且一旦出现大量应收账款的拖欠和坏账损失，会影响企业营运资金的正常周转和生产的顺利进行，甚至造成支付困难和企业破产。市场对商业信用保险的需求越来越大，于是，一些保险公司逐步涉入商业信用保险业。

目前，国际上从事信用保险的保险公司基本上可以分为两大类：一类是以承保出口贸易信用保险为主的,不以营利为目的的政策性出口信用保险机构;另一类是以国内贸易信用保险业务为主,同时也从事贸易信用期限较短的出口信用保险业务的商业性信用保险机构。

(二)贸易信用保险的作用

贸易信用保险在西方国家发展迅速,在国际贸易和国内贸易中,信用保险占总贸易额的比例已高达30%~50%。信用保险的作用主要表现在以下几个方面:

1. 有效地避免投保人的坏账损失

投保人投保信用保险后,当债务人因破产、法律纠纷等原因而无力偿付其债务时,承保人一般会在六个月内向投保人进行赔偿,这样,投保人就能够避免因债务人破产而遭受坏账损失。

2. 保证了投保人经营的稳定性与良性循环

当投保人的应收账款发生逾期不能回收时,投保人可首先从保险公司得到补偿,而不致发生营运资金短缺无法及时解决,以致影响正常生产的情况。

3. 便于投保人资金融通

企业的应收账款经保险公司承保后,增加了其信用等级,其债权可以连同信用保险单一起到金融机构进行融资,筹资成本较低。

4. 有助于投保人提高信用管理水平

信用保险公司是专门从事信用管理的机构,具有专业管理经验,其在信用管理方面与投保人有共同的利益,保险公司参与投保人的信用管理,有利于减少信用风险和信用损失。

三、贸易信用保险的种类

贸易信用保险按国际贸易及国内贸易可分为出口(贸易)信用保险和国内(贸易)信用保险。

(一) 出口信用保险和国内信用保险

1. 出口信用保险

出口信用保险是指销售商为将其货物销售给国外的购买商而投保的信用保险。出口信用保险是出口信用保险人与作为被保险人的出口商之间订立的一种特殊保险协议。按照保险协议,保险公司将赔偿出口商因债务人不能按合同规定支付到期的部分或全部债务所遭受的经济损失。出口信用保险具有政策性比较强、风险大、赢利可能性比较小等特点,出口信用保险一般由政府资助或参与业务管理。它是国家为了鼓励并推动本国的出口贸易,保障出口企业收汇权益而采取的一种重要的经济措施。因此,大多数经营出口信用保险的公司由国家直接经营,或者由支付资助的民间保险机构经营。

出口信用保险承保的风险主要是政治风险,也包括商业风险。

出口信用保险按承保的信用期限不同分为短期出口信用保险(信用期不超过180天)、中长期出口信用保险(信用期从180天到2年及信用期在2年以上)。

2. 国内信用保险

国内信用保险是指销售商为将其货物销售给国内的购买商而投保的信用保险。国外信用保险机构所开展的国内信用保险的承保对象一般为本国的企业法人,而不对政府、公共部门及自然人承保信用保险,保险只对所承保额度内造成的经济损失部分进行赔付,其余部分由销售商自己承担或向其他保险机构投保进行补偿。承保期限一般在12个月以内。

国内信用保险承保的主要是商业风险。信用风险包括由于破产、法律纠纷、财务危机等原因导致购买商无力偿还到期债务,以及购买商拖延到期债务的风险。

(二) 贸易信用保险的基本原则

1. 总体保险原则

保险公司一般要求销售商将自己的全部销售信用投保,而避免投保人只将与信誉较差的购买商的贸易进行投保,这样使信用保险更符合大数法则,有利于降低保险公司的风险。如投保人仅选定他们认为风险较大的业务进行投保,则保险公司将收取较高保险费。

2. 最终损失保险原则

在购买商没有按期付款时,受保销售商应首先自己向购买商追偿,当应收账款逾期超过一定期限,或经诉讼程序仍不能清偿或者购买商破产的情况下,保险公司在提交有关证据后才进行赔付。即保险公司仅对确定的未付信用进行赔付。

3. 风险共担原则

一些国家的法律规定,保险公司的信用保险赔偿比例为销售形成的信用额的65%~80%,不能赔100%,即仅对销售商损失的成本进行赔付,而不包括利润。承保人与投保人风险共担的机制,有利于降低风险。

目前,由于信用保险行业竞争的加剧,越来越多的承保人同投保人就承保的范围、承保的条件、保费率等方面进行协商,采用灵活多样的方式提供信用保险服务。

(三) 承保贸易信用保险的基本程序

保险公司在投保人提出保险申请后,首先要对销售商所在的行业及企业的经营情况进行评估,根据风险程度设定保费率及保险条款。销售商购买了保单后,实际确定了和保险公司的受保关系,这时受保销售商开始向保险公司要求给予每一个购买商延期付款的最高信用限额。保险公司对每一个购买商进行评估后确定其信用限额。保险公司只对其授予该购买商的信用限额内的信用进行保险。当购买商无力向受保销售商付款时,保险公司为受保销售商补偿没有收到的销售信用款,保险公司补偿后即取得了受保销售商的债权人地位,向购买商进行追偿。

(四) 保险费的确定

确定保险费需要考虑以下几大因素:
1. 担保额度的大小;

2. 担保企业的行业划分;
3. 投保企业的经营情况、资信状况;
4. 投保企业的销售信用期限;
5. 购买商的资信状况
6. 购买商所在的国别(对出口信用保险业务)等。

一般来讲,保费率的高低与所承担的风险成正比。目前国外信用保险机构开展的国内信用保险业务保费率一般介于已开出发票销售额的 0.25%~0.5% 之间,出口信用保险业务的保费率一般按合同总额 0.8%~3%/年收取。

附录 3

担保业务法律法规及政策文件

中华人民共和国担保法

(1995年6月30日第八届全国人民代表大会
常务委员会第十四次会议通过)

第一章 总 则
第二章 保 证
　第一节 保证和保证人
　第二节 保证合同和保证方式
　第三节 保证责任
第三章 抵 押
　第一节 抵押和抵押物
　第二节 抵押合同和抵押物登记
　第三节 抵押的效力
　第四节 抵押权的实现
　第五节 最高额抵押
第四章 质 押
　第一节 动产质押
　第二节 权利质押
第五章 留 置
第六章 定 金
第七章 附 则

第一章 总　　则

第一条　为促进资金融通和商品流通，保障债权的实现，发展社会主义市场经济，制定本法。

第二条　在借贷、买卖、货物运输、加工承揽等经济活动中，债权人需要以担保方式保障其债权实现的，可以依照本法规定设定担保。

本法规定的担保方式为保证、抵押、质押、留置和定金。

第三条　担保活动应当遵循平等、自愿、公平、诚实信用的原则。

第四条　第三人为债务人向债权人提供担保时，可以要求债务人提供反担保。

反担保适用本法担保的规定。

第五条　担保合同是主合同的从合同，主合同无效，担保合同无效。担保合同另有约定的，按照约定。

担保合同被确认无效后，债务人、担保人、债权人有过错的，应当根据其过错各自承担相应的民事责任。

第二章 保　　证

第一节　保证和保证人

第六条　本法所称保证，是指保证人和债权人约定，当债务人不履行债务时，保证人按照约定履行债务或者承担责任的行为。

第七条　具有代为清偿债务能力的法人、其他组织或者公民，可以作保证人。

第八条　国家机关不得为保证人，但经国务院批准为使用外国政府或者国际经济组织贷款进行转贷的除外。

第九条　学校、幼儿园、医院等以公益为目的的事业单位、社会团体不得为保证人。

第十条　企业法人的分支机构、职能部门不得为保证人。

企业法人的分支机构有法人书面授权的，可以在授权范围内提供保证。

第十一条　任何单位和个人不得强令银行等金融机构或者企业为他人提供保证；银行等金融机构或者企业对强令其为他人提供保证的行

为，有权拒绝。

第十二条 同一债务有两个以上保证人的，保证人应当按照保证合同约定的保证份额，承担保证责任。没有约定保证份额的，保证人承担连带责任，债权人可以要求任何一个保证人承担全部保证责任，保证人都负有担保全部债权实现的义务。已经承担保证责任的保证人，有权向债务人追偿，或者要求承担连带责任的其他保证人清偿其应当承担的份额。

第二节 保证合同和保证方式

第十三条 保证人与债权人应当以书面形式订立保证合同。

第十四条 保证人与债权人可以就单个主合同分别订立保证合同，也可以协议在最高债权额限度内就一定期间连续发生的借款合同或者某项商品交易合同订立一个保证合同。

第十五条 保证合同应当包括以下内容：
（一）被保证的主债权种类、数额；
（二）债务人履行债务的期限；
（三）保证的方式；
（四）保证担保的范围；
（五）保证的期间；
（六）双方认为需要约定的其他事项。
保证合同不完全具备前款规定内容的，可以补正。

第十六条 保证的方式有：
（一）一般保证；
（二）连带责任保证。

第十七条 当事人在保证合同中约定，债务人不能履行债务时，由保证人承担保证责任的，为一般保证。

一般保证的保证人在主合同纠纷未经审判或者仲裁，并就债务人财产依法强制执行仍不能履行债务前，对债权人可以拒绝承担保证责任。

有下列情形之一的，保证人不得行使前款规定的权利：
（一）债务人住所变更，致使债权人要求其履行债务发生重大困难的；
（二）人民法院受理债务人破产案件，中止执行程序的；
（三）保证人以书面形式放弃前款规定的权利的。

第十八条 当事人在保证合同中约定保证人与债务人对债务承担连带责任的,为连带责任保证。

连带责任保证的债务人在主合同规定的债务履行期届满没有履行债务的,债权人可以要求债务人履行债务,也可以要求保证人在其保证范围内承担保证责任。

第十九条 当事人对保证方式没有约定或者约定不明确的,按照连带责任保证承担保证责任。

第二十条 一般保证和连带责任保证的保证人享有债务人的抗辩权。债务人放弃对债务的抗辩权的,保证人仍有权抗辩。

抗辩权是指债权人行使债权时,债务人根据法定事由,对抗债权人行使请求权的权利。

第三节 保 证 责 任

第二十一条 保证担保的范围包括主债权及利息、违约金、损害赔偿金和实现债权的费用。保证合同另有约定的,按照约定。

当事人对保证担保的范围没有约定或者约定不明确的,保证人应当对全部债务承担责任。

第二十二条 保证期间,债权人依法将主债权转让给第三人的,保证人在原保证担保的范围内继续承担保证责任。保证合同另有约定的,按照约定。

第二十三条 保证期间,债权人许可债务人转让债务的,应当取得保证人书面同意,保证人对未经其同意转让的债务,不再承担保证责任。

第二十四条 债权人与债务人协议变更主合同的,应当取得保证人书面同意,未经保证人书面同意的,保证人不再承担保证责任。保证合同另有约定的,按照约定。

第二十五条 一般保证的保证人与债权人未约定保证期间的,保证期间为主债务履行期届满之日起六个月。

在合同约定的保证期间和前款规定的保证期间,债权人未对债务人提起诉讼或者申请仲裁的,保证人免除保证责任;债权人已提起诉讼或者申请仲裁的,保证期间适用诉讼时效中断的规定。

第二十六条 连带责任保证的保证人与债权人未约定保证期间的,

债权人有权自主债务履行期届满之日起六个月内要求保证人承担保证责任。

在合同约定的保证期间和前款规定的保证期间，债权人未要求保证人承担保证责任的，保证人免除保证责任。

第二十七条 保证人依照本法第十四条规定就连续发生的债权作保证，未约定保证期间的，保证人可以随时书面通知债权人终止保证合同，但保证人对于通知到债权人前所发生的债权，承担保证责任。

第二十八条 同一债权既有保证人又有物的担保的，保证人对物的担保以外的债权承担保证责任。

债权人放弃物的担保的，保证人在债权人放弃权利的范围内免除保证责任。

第二十九条 企业法人的分支机构未经法人书面授权或者超出授权范围与债权人订立保证合同的，该合同无效或者超出授权范围的部分无效，债权人和企业法人有过错的，应当根据其过错各自承担相应的民事责任；债权人无过错的，由企业法人承担民事责任。

第三十条 有下列情形之一的，保证人不承担民事责任：

（一）主合同当事人双方串通，骗取保证人提供保证的；

（二）主合同债权人采取欺诈、胁迫等手段，使保证人在违背真实意思的情况下提供保证的。

第三十一条 保证人承担保证责任后，有权向债务人追偿。

第三十二条 人民法院受理债务人破产案件后，债权人未申报债权的，保证人可以参加破产财产分配，预先行使追偿权。

第三章 抵　　押

第一节　抵押和抵押物

第三十三条 本法所称抵押，是指债务人或者第三人不转移对本法第三十四条所列财产的占有，将该财产作为债权的担保。债务人不履行债务时，债权人有权依照本法规定以该财产折价或者以拍卖、变卖该财产的价款优先受偿。

前款规定的债务人或者第三人为抵押人，债权人为抵押权人，提供担保的财产为抵押物。

第三十四条 下列财产可以抵押：

（一）抵押人所有的房屋和其他地上定着物；

（二）抵押人所有的机器、交通运输工具和其他财产；

（三）抵押人依法有权处分的国有的土地使用权、房屋和其他地上定着物；

（四）抵押人依法有权处分的国有的机器、交通运输工具和其他财产；

（五）抵押人依法承包并经发包方同意抵押的荒山、荒沟、荒丘、荒滩等荒地的土地使用权；

（六）依法可以抵押的其他财产。

抵押人可以将前款所列财产一并抵押。

第三十五条 抵押人所担保的债权不得超出其抵押物的价值。

财产抵押后，该财产的价值大于所担保债权的余额部分，可以再次抵押，但不得超出其余额部分。

第三十六条 以依法取得的国有土地上的房屋抵押的，该房屋占用范围内的国有土地使用权同时抵押。

以出让方式取得的国有土地使用权抵押的，应当将抵押时该国有土地上的房屋同时抵押。

乡（镇）、村企业的土地使用权不得单独抵押。以乡（镇）、村企业的厂房等建筑物抵押的，其占用范围内的土地使用权同时抵押。

第三十七条 下列财产不得抵押：

（一）土地所有权；

（二）耕地、宅基地、自留地、自留山等集体所有的土地使用权，但本法第三十四条第（五）项、第三十六条第三款规定的除外；

（三）学校、幼儿园、医院等以公益为目的的事业单位、社会团体的教育设施、医疗卫生设施和其他社会公益设施；

（四）所有权、使用权不明或者有争议的财产；

（五）依法被查封、扣押、监管的财产；

（六）依法不得抵押的其他财产。

第二节 抵押合同和抵押物登记

第三十八条 抵押人和抵押权人应当以书面形式订立抵押合同。

第三十九条 抵押合同应当包括以下内容：
（一）被担保的主债权种类、数额；
（二）债务人履行债务的期限；
（三）抵押物的名称、数量、质量、状况、所在地、所有权权属或者使用权权属；
（四）抵押担保的范围；
（五）当事人认为需要约定的其他事项。
抵押合同不完全具备前款规定内容的，可以补正。

第四十条 订立抵押合同时，抵押权人和抵押人在合同中不得约定在债务履行期届满抵押权人未受清偿时，抵押物的所有权转移为债权人所有。

第四十一条 当事人以本法第四十二条规定的财产抵押的，应当办理抵押物登记，抵押合同自登记之日起生效。

第四十二条 办理抵押物登记的部门如下：
（一）以无地上定着物的土地使用权抵押的，为核发土地使用权证书的土地管理部门；
（二）以城市房地产或者乡（镇）、村企业的厂房等建筑物抵押的，为县级以上地方人民政府规定的部门；
（三）以林木抵押的，为县级以上林木主管部门；
（四）以航空器、船舶、车辆抵押的，为运输工具的登记部门；
（五）以企业的设备和其他动产抵押的，为财产所在地的工商行政管理部门。

第四十三条 当事人以其他财产抵押的，可以自愿办理抵押物登记，抵押合同自签订之日起生效。
当事人未办理抵押物登记的，不得对抗第三人。当事人办理抵押物登记的，登记部门为抵押人所在地的公证部门。

第四十四条 办理抵押物登记，应当向登记部门提供下列文件或者其复印件：
（一）主合同和抵押合同；
（二）抵押物的所有权或者使用权证书。

第四十五条 登记部门登记的资料，应当允许查阅、抄录或者复印。

第三节 抵押的效力

第四十六条 抵押担保的范围包括主债权及利息、违约金、损害赔偿金和实现抵押权的费用。抵押合同另有约定的，按照约定。

第四十七条 债务履行期届满，债务人不履行债务致使抵押物被人民法院依法扣押的，自扣押之日起抵押权人有权收取由抵押物分离的天然孳息以及抵押人就抵押物可以收取的法定孳息。抵押权人未将扣押抵押物的事实通知应当清偿法定孳息的义务人的，抵押权的效力不及于该孳息。

前款孳息应当先充抵收取孳息的费用。

第四十八条 抵押人将已出租的财产抵押的，应当书面告知承租人，原租赁合同继续有效。

第四十九条 抵押期间，抵押人转让已办理登记的抵押物的，应当通知抵押权人并告知受让人转让物已经抵押的情况；抵押人未通知抵押权人或者未告知受让人的，转让行为无效。

转让抵押物的价款明显低于其价值的，抵押权人可以要求抵押人提供相应的担保；抵押人不提供的，不得转让抵押物。

抵押人转让抵押物所得的价款，应当向抵押权人提前清偿所担保的债权或者向与抵押权人约定的第三人提存。超过债权数额的部分，归抵押人所有，不足部分由债务人清偿。

第五十条 抵押权不得与债权分离而单独转让或者作为其他债权的担保。

第五十一条 抵押人的行为足以使抵押物价值减少的，抵押权人有权要求抵押人停止其行为。抵押物价值减少时，抵押权人有权要求抵押人恢复抵押物的价值，或者提供与减少的价值相当的担保。

抵押人对抵押物价值减少无过错的，抵押权人只能在抵押人因损害而得到的赔偿范围内要求提供担保。抵押物价值未减少的部分，仍作为债权的担保。

第五十二条 抵押权与其担保的债权同时存在，债权消灭的，抵押权也消灭。

第四节 抵押权的实现

第五十三条 债务履行期届满抵押权人未受清偿的,可以与抵押人协议以抵押物折价或者以拍卖、变卖该抵押物所得的价款受偿;协议不成的,抵押权人可以向人民法院提起诉讼。

抵押物折价或者拍卖、变卖后,其价款超过债权数额的部分归抵押人所有,不足部分由债务人清偿。

第五十四条 同一财产向两个以上债权人抵押的,拍卖、变卖抵押物所得的价款按照以下规定清偿:

(一)抵押合同以登记生效的,按照抵押物登记的先后顺序清偿;顺序相同的,按照债权比例清偿;

(二)抵押合同自签订之日起生效的,该抵押物已登记的,按照本条第(一)项规定清偿;未登记的,按照合同生效时间的先后顺序清偿,顺序相同的,按照债权比例清偿。抵押物已登记的先于未登记的受偿。

第五十五条 城市房地产抵押合同签订后,土地上新增的房屋不属于抵押物。需要拍卖该抵押的房地产时,可以依法将该土地上新增的房屋与抵押物一同拍卖,但对拍卖新增房屋所得,抵押权人无权优先受偿。

依照本法规定以承包的荒地的土地使用权抵押的,或者以乡(镇)、村企业的厂房等建筑物占用范围内的土地使用权抵押的,在实现抵押权后,未经法定程序不得改变土地集体所有和土地用途。

第五十六条 拍卖划拨的国有土地使用权所得的价款,在依法缴纳相当于应缴纳的土地使用权出让金的款额后,抵押权人有优先受偿权。

第五十七条 为债务人抵押担保的第三人,在抵押权人实现抵押权后,有权向债务人追偿。

第五十八条 抵押权因抵押物灭失而消灭。因灭失所得的赔偿金,应当作为抵押财产。

第五节 最高额抵押

第五十九条 本法所称最高额抵押,是指抵押人与抵押权人协议,在最高债权额限度内,以抵押物对一定期间内连续发生的债权作担保。

第六十条 借款合同可以附最高额抵押合同。

债权人与债务人就某项商品在一定期间内连续发生交易而签订的合同，可以附最高额抵押合同。

第六十一条 最高额抵押的主合同债权不得转让。

第六十二条 最高额抵押除适用本节规定外，适用本章其他规定。

第四章 质 押

第一节 动产质押

第六十三条 本法所称动产质押，是指债务人或者第三人将其动产移交债权人占有，将该动产作为债权的担保。债务人不履行债务时，债权人有权依照本法规定以该动产折价或者以拍卖、变卖该动产的价款优先受偿。

前款规定的债务人或者第三人为出质人，债权人为质权人，移交的动产为质物。

第六十四条 出质人和质权人应当以书面形式订立质押合同。

质押合同自质物移交于质权人占有时生效。

第六十五条 质押合同应当包括以下内容：

（一）被担保的主债权种类、数额；

（二）债务人履行债务的期限；

（三）质物的名称、数量、质量、状况；

（四）质押担保的范围；

（五）质物移交的时间；

（六）当事人认为需要约定的其他事项。

质押合同不完全具备前款规定内容的，可以补正。

第六十六条 出质人和质权人在合同中不得约定在债务履行期届满质权人未受清偿时，质物的所有权转移为质权人所有。

第六十七条 质押担保的范围包括主债权及利息、违约金、损害赔偿金、质物保管费用和实现质权的费用。质押合同另有约定的，按照约定。

第六十八条 质权人有权收取质物所生的孳息。质押合同另有约定的，按照约定。

前款孳息应当先充抵收取孳息的费用。

第六十九条 质权人负有妥善保管质物的义务。因保管不善致使质物灭失或者毁损的，质权人应当承担民事责任。

质权人不能妥善保管质物可能致使其灭失或者毁损的，出质人可以要求质权人将质物提存，或者要求提前清偿债权而返还质物。

第七十条 质物有损坏或者价值明显减少的可能，足以危害质权人权利的，质权人可以要求出质人提供相应的担保。出质人不提供的，质权人可以拍卖或者变卖质物，并与出质人协议将拍卖或者变卖所得的价款用于提前清偿所担保的债权或者向与出质人约定的第三人提存。

第七十一条 债务履行期届满债务人履行债务的，或者出质人提前清偿所担保的债权的，质权人应当返还质物。

债务履行期届满质权人未受清偿的，可以与出质人协议以质物折价，也可以依法拍卖、变卖质物。

质物折价或者拍卖、变卖后，其价款超过债权数额的部分归出质人所有，不足部分由债务人清偿。

第七十二条 为债务人质押担保的第三人，在质权人实现质权后，有权向债务人追偿。

第七十三条 质权因质物灭失而消灭。因灭失所得的赔偿金，应当作为出质财产。

第七十四条 质权与其担保的债权同时存在，债权消灭的，质权也消灭。

第二节　权利质押

第七十五条 下列权利可以质押：

（一）汇票、支票、本票、债券、存款单、仓单、提单；

（二）依法可以转让的股份、股票；

（三）依法可以转让的商标专用权，专利权、著作权中的财产权；

（四）依法可以质押的其他权利。

第七十六条 以汇票、支票、本票、债券、存款单、仓单、提单出质的，应当在合同约定的期限内将权利凭证交付质权人。质押合同自权利凭证交付之日起生效。

第七十七条 以载明兑现或者提货日期的汇票、支票、本票、债券、存款单、仓单、提单出质的，汇票、支票、本票、债券、存款单、仓单、提单兑现或者提货日期先于债务履行期的，质权人可以在债务履行期届满前兑现或者提货，并与出质人协议将兑现的价款或者提取的货物用于提前清偿所担保的债权或者向与出质人约定的第三人提存。

第七十八条 以依法可以转让的股票出质的，出质人与质权人应当订立书面合同，并向证券登记机构办理出质登记。质押合同自登记之日起生效。

股票出质后，不得转让，但经出质人与质权人协商同意的可以转让。出质人转让股票所得的价款应当向质权人提前清偿所担保的债权或者向与质权人约定的第三人提存。

以有限责任公司的股份出质的，适用公司法股份转让的有关规定。质押合同自股份出质记载于股东名册之日起生效。

第七十九条 以依法可以转让的商标专用权，专利权、著作权中的财产权出质的，出质人与质权人应当订立书面合同，并向其管理部门办理出质登记。质押合同自登记之日起生效。

第八十条 本法第七十九条规定的权利出质后，出质人不得转让或者许可他人使用，但经出质人与质权人协商同意的可以转让或者许可他人使用。出质人所得的转让费、许可费应当向质权人提前清偿所担保的债权或者向与质权人约定的第三人提存。

第八十一条 权利质押除适用本节规定外，适用本章第一节的规定。

第五章 留　　置

第八十二条 本法所称留置，是指依照本法第八十四条的规定，债权人按照合同约定占有债务人的动产，债务人不按照合同约定的期限履行债务的，债权人有权依照本法规定留置该财产，以该财产折价或者以拍卖、变卖该财产的价款优先受偿。

第八十二条 留置担保的范围包括主债权及利息、违约金、损害赔偿金、留置物保管费用和实现留置权的费用。

第八十四条 因保管合同、运输合同、加工承揽合同发生的债权，债务人不履行债务的，债权人有留置权。

法律规定可以留置的其他合同，适用前款规定。

当事人可以在合同中约定不得留置的物。

第八十五条 留置的财产为可分物的，留置物的价值应当相当于债务的金额。

第八十六条 留置权人负有妥善保管留置物的义务。因保管不善致使留置物灭失或者毁损的，留置权人应当承担民事责任。

第八十七条 债权人与债务人应当在合同中约定，债权人留置财产后，债务人应当在不少于两个月的期限内履行债务。债权人与债务人在合同中未约定的，债权人留置债务人财产后，应当确定两个月以上的期限，通知债务人在该期限内履行债务。

债务人逾期仍不履行的，债权人可以与债务人协议以留置物折价，也可以依法拍卖、变卖留置物。

留置物折价或者拍卖、变卖后，其价款超过债权数额的部分归债务人所有，不足部分由债务人清偿。

第八十八条 留置权因下列原因消灭：

（一）债权消灭的；

（二）债务人另行提供担保并被债权人接受的。

第六章 定 金

第八十九条 当事人可以约定一方向对方给付定金作为债权的担保。债务人履行债务后，定金应当抵作价款或者收回。给付定金的一方不履行约定的债务的，无权要求返还定金；收受定金的一方不履行约定的债务的，应当双倍返还定金。

第九十条 定金应当以书面形式约定。当事人在定金合同中应当约定交付定金的期限。定金合同从实际交付定金之日起生效。

第九十一条 定金的数额由当事人约定，但不得超过主合同标的额的20％。

第七章 附 则

第九十二条 本法所称不动产是指土地以及房屋、林木等地上定着物。

本法所称动产是指不动产以外的物。

第九十三条 本法所称保证合同、抵押合同、质押合同、定金合同可以是单独订立的书面合同，包括当事人之间的具有担保性质的信函、传真等，也可以是主合同中的担保条款。

第九十四条 抵押物、质物、留置物折价或者变卖，应当参照市场价格。

第九十五条 海商法等法律对担保有特别规定的，依照其规定。

第九十六条 本法自1995年10月1日起施行。

最高人民法院
关于适用《中华人民共和国担保法》
若干问题的解释

（2000年9月29日最高人民法院审判委员会第1133次会议通过）

为了正确适用《中华人民共和国担保法》（以下简称担保法），结合审判实践经验，对人民法院审理担保纠纷案件适用法律问题做出如下解释。

一、关于总则部分的解释

第一条 当事人对由民事关系产生的债权，在不违反法律、法规强制性规定的情况下，以担保法规定的方式设定担保的，可以认定为有效。

第二条 反担保人可以是债务人，也可以是债务人之外的其他人。

反担保方式可以是债务人提供的抵押或者质押，也可以是其他人提供的保证、抵押或者质押。

第三条 国家机关和以公益为目的的事业单位、社会团体违反法律规定提供担保的，担保合同无效。因此给债权人造成损失的，应当根据担保法第五条第二款的规定处理。

第四条 董事、经理违反《中华人民共和国公司法》第六十条的规定，以公司资产为本公司的股东或者其他个人债务提供担保的，担保合同无效。除债权人知道或者应当知道的外，债务人、担保人应当对债权人的损失承担连带赔偿责任。

第五条 以法律、法规禁止流通的财产或者不可转让的财产设定担保的，担保合同无效。

以法律、法规限制流通的财产设定担保的，在实现债权时，人民法院应当按照有关法律、法规的规定对该财产进行处理。

第六条 有下列情形之一的，对外担保合同无效：

（一）未经国家有关主管部门批准或者登记对外担保的；

（二）未经国家有关主管部门批准或者登记，为境外机构向境内债权人提供担保的；

（三）为外商投资企业注册资本、外商投资企业中的外方投资部分的对外债务提供担保的；

（四）无权经营外汇担保业务的金融机构、无外汇收入的非金融性质的企业法人提供外汇担保的；

（五）主合同变更或者债权人将对外担保合同项下的权利转让，未经担保人同意和国家有关主管部门批准的，担保人不再承担担保责任。但法律、法规另有规定的除外。

第七条 主合同有效而担保合同无效，债权人无过错的，担保人与债务人对主合同债权人的经济损失，承担连带赔偿责任；债权人、担保人有过错的，担保人承担民事责任的部分，不应超过债务人不能清偿部分的二分之一。

第八条 主合同无效而导致担保合同无效，担保人无过错的，担保人不承担民事责任；担保人有过错的，担保人承担民事责任的部分，不应超过债务人不能清偿部分的三分之一。

第九条 担保人因无效担保合同向债权人承担赔偿责任后，可以向债务人追偿，或者在承担赔偿责任的范围内，要求有过错的反担保人承担赔偿责任。

担保人可以根据承担赔偿责任的事实对债务人或者反担保人另行提起诉讼。

第十条 主合同解除后，担保人对债务人应当承担的民事责任仍应承担担保责任。但是，担保合同另有约定的除外。

第十一条 法人或者其他组织的法定代表人、负责人超越权限订立的担保合同，除相对人知道或者应当知道其超越权限的以外，该代表行为有效。

第十二条 当事人约定的或者登记部门要求登记的担保期间,对担保物权的存续不具有法律约束力。

担保物权所担保的债权的诉讼时效结束后,担保权人在诉讼时效结束后的二年内行使担保物权的,人民法院应当予以支持。

二、关于保证部分的解释

第十三条 保证合同中约定保证人代为履行非金钱债务的,如果保证人不能实际代为履行,对债权人因此造成的损失,保证人应当承担赔偿责任。

第十四条 不具有完全代偿能力的法人、其他组织或者自然人,以保证人身份订立保证合同后,又以自己没有代偿能力要求免除保证责任的,人民法院不予支持。

第十五条 担保法第七条规定的其他组织主要包括:

(一)依法登记领取营业执照的独资企业、合伙企业;

(二)依法登记领取营业执照的联营企业;

(三)依法登记领取营业执照的中外合作经营企业;

(四)经民政部门核准登记的社会团体;

(五)经核准登记领取营业执照的乡镇、街道、村办企业。

第十六条 从事经营活动的事业单位、社会团体为保证人的,如无其他导致保证合同无效的情况,其所签订的保证合同应当认定为有效。

第十七条 企业法人的分支机构未经法人书面授权提供保证的,保证合同无效。因此给债权人造成损失的,应当根据担保法第五条第二款的规定处理。

企业法人的分支机构经法人书面授权提供保证的,如果法人的书面授权范围不明,法人的分支机构应当对保证合同约定的全部债务承担保证责任。

企业法人的分支机构经营管理的财产不足以承担保证责任的,由企业法人承担民事责任。

企业法人的分支机构提供的保证无效后应当承担赔偿责任的,由分支机构经营管理的财产承担。企业法人有过错的,按照担保法第二十九条的规定处理。

第十八条　企业法人的职能部门提供保证的,保证合同无效。债权人知道或者应当知道保证人为企业法人的职能部门的,因此造成的损失由债权人自行承担。

债权人不知保证人为企业法人的职能部门,因此造成的损失,可以参照担保法第五条第二款的规定和第二十九条的规定处理。

第十九条　两个以上保证人对同一债务同时或者分别提供保证时,各保证人与债权人没有约定保证份额的,应当认定为连带共同保证。

连带共同保证的保证人以其相互之间约定各自承担的份额对抗债权人的,人民法院不予支持。

第二十条　连带共同保证的债务人在主合同规定的债务履行期届满没有履行债务的,债权人可以要求债务人履行债务,也可以要求任何一个保证人承担全部保证责任。

连带共同保证的保证人承担保证责任后,向债务人不能追偿的部分,由各连带保证人按其内部约定的比例分担。没有约定的,平均分担。

第二十一条　按份共同保证的保证人按照保证合同约定的保证份额承担保证责任后,在其履行保证责任的范围内对债务人行使追偿权。

第二十二条　第三人单方以书面形式向债权人出具担保书,债权人接受且未提出异议的,保证合同成立。

主合同中虽然没有保证条款,但是,保证人在主合同上以保证人的身份签字或者盖章的,保证合同成立。

第二十三条　最高额保证合同的不特定债权确定后,保证人应当对在最高债权额限度内就一定期间连续发生的债权余额承担保证责任。

第二十四条　一般保证的保证人在主债权履行期间届满后,向债权人提供了债务人可供执行财产的真实情况的,债权人放弃或者怠于行使权力致使该财产不能被执行,保证人可以请求人民法院在其提供可供执行财产的实际价值范围内免除保证责任。

第二十五条　担保法第十七条第三款第（一）项规定的债权人要求债务人履行债务发生的重大困难情形,包括债务人下落不明、移居境外,且无财产可供执行。

第二十六条　第三人向债权人保证监督支付专款专用的,在履行了监督支付专款专用的义务后，不再承担责任。未尽监督义务造成资金流失的，应当对流失的资金承担补充赔偿责任。

第二十七条 保证人对债务人的注册资金提供保证的，债务人的实际投资与注册资金不符，或者抽逃转移注册资金的，保证人在注册资金不足或者抽逃转移注册资金的范围内承担连带保证责任。

第二十八条 保证期间，债权人依法将主债权转让给第三人的，保证债权同时转让，保证人在原保证担保的范围内对受让人承担保证责任。但是保证人与债权人事先约定仅对特定的债权人承担保证责任或者禁止债权转让的，保证人不再承担保证责任。

第二十九条 保证期间，债权人许可债务人转让部分债务未经保证人书面同意的，保证人对未经其同意转让部分的债务，不再承担保证责任。但是，保证人仍应当对未转让部分的债务承担保证责任。

第三十条 保证期间，债权人与债务人对主合同数量、价款、币种、利率等内容做了变动，未经保证人同意的，如果减轻债务人的债务的，保证人仍应当对变更后的合同承担保证责任；如果加重债务人的债务的，保证人对加重的部分不承担保证责任。

债权人与债务人对主合同履行期限做了变动，未经保证人书面同意的，保证期间为原合同约定的或者法律规定的期间。

债权人与债务人协议变动主合同内容，但并未实际履行的，保证人仍应当承担保证责任。

第三十一条 保证期间不因任何事由发生中断、中止、延长的法律后果。

第三十二条 保证合同约定的保证期间早于或者等于主债务履行期限的，视为没有约定，保证期间为主债务履行期届满之日起六个月。

保证合同约定保证人承担保证责任直至主债务本息还清时为止等类似内容的，视为约定不明，保证期间为主债务履行期届满之日起二年。

第三十三条 主合同对主债务履行期限没有约定或者约定不明的，保证期间自债权人要求债务人履行义务的宽限期届满之日起计算。

第三十四条 一般保证的债权人在保证期间届满前对债务人提起诉讼或者申请仲裁的，从判决或者仲裁裁决生效之日起，开始计算保证合同的诉讼时效。

连带责任保证的债权人在保证期间届满前要求保证人承担保证责

的，从债权人要求保证人承担保证责任之日起，开始计算保证合同的诉讼时效。

第三十五条 保证人对已经超过诉讼时效期间的债务承担保证责任或者提供保证的，又以超过诉讼时效为由抗辩的，人民法院不予支持。

第三十六条 一般保证中，主债务诉讼时效中断，保证债务诉讼时效中断；连带责任保证中，主债务诉讼时效中断，保证债务诉讼时效不中断。

一般保证和连带责任保证中，主债务诉讼时效中止的，保证债务的诉讼时效同时中止。

第三十七条 最高额保证合同对保证期间没有约定或者约定不明的，如最高额保证合同约定有保证人清偿债务期限的，保证期间为清偿期限届满之日起六个月。没有约定债务清偿期限的，保证期间自最高额保证终止之日或自债权人收到保证人终止保证合同的书面通知到达之日起六个月。

第三十八条 同一债权既有保证又有第三人提供物的担保的，债权人可以请求保证人或者物的担保人承担担保责任。当事人对保证担保的范围或者物的担保的范围没有约定或者约定不明的，承担了担保责任的担保人，可以向债务人追偿，也可以要求其他担保人清偿其应当分担的份额。

同一债权既有保证又有物的担保的，物的担保合同被确认无效或者被撤销，或者担保物因不可抗力的原因灭失而没有代位物的，保证人仍应当按合同的约定或者法律的规定承担保证责任。

债权人在主合同履行期届满后怠于行使担保物权，致使担保物的价值减少或者毁损、灭失的，视为债权人放弃部分或者全部物的担保。保证人在债权人放弃权利的范围内减轻或者免除保证责任。

第三十九条 主合同当事人双方协议以新贷偿还旧贷，除保证人知道或者应当知道的外，保证人不承担民事责任。

新贷与旧贷系同一保证人的，不适用前款的规定。

第四十条 主合同债务人采取欺诈、胁迫等手段，使保证人在违背真实意思的情况下提供保证的，债权人知道或者应当知道欺诈、胁迫事实的，按照担保法第三十条的规定处理。

第四十一条 债务人与保证人共同欺骗债权人，订立主合同和保证合同的，债权人可以请求人民法院予以撤销。因此给债权人造成损失的，由保证人与债务人承担连带赔偿责任。

第四十二条 人民法院判决保证人承担保证责任或者赔偿责任的，应当在判决书主文中明确保证人享有担保法第三十一条规定的权利。判决书中未予明确追偿权的，保证人只能按照承担责任的事实，另行提起诉讼。

保证人对债务人行使追偿权的诉讼时效，自保证人向债权人承担责任之日起开始计算。

第四十三条 保证人自行履行保证责任时，其实际清偿额大于主债权范围的，保证人只能在主债权范围内对债务人行使追偿权。

第四十四条 保证期间，人民法院受理债务人破产案件的，债权人既可以向人民法院申报债权，也可以向保证人主张权利。

债权人申报债权后在破产程序中未受清偿的部分，保证人仍应当承担保证责任。债权人要求保证人承担保证责任的，应当在破产程序终结后六个月内提出。

第四十五条 债权人知道或者应当知道债务人破产，既未申报债权也未通知保证人，致使保证人不能预先行使追偿权的，保证人在该债权在破产程序中可能受偿的范围内免除保证责任。

第四十六条 人民法院受理债务人破产案件后，债权人未申报债权的，各连带共同保证的保证人应当作为一个主体申报债权，预先行使追偿权。

三、关于抵押部分的解释

第四十七条 以依法获准尚未建造的或者正在建造中的房屋或者其他建筑物抵押的，当事人办理了抵押物登记，人民法院可以认定抵押有效。

第四十八条 以法定程序确认为违法、违章的建筑物抵押的，抵押无效。

第四十九条 以尚未办理权属证书的财产抵押的，在第一审法庭辩论终结前能够提供权利证书或者补办登记手续的，可以认定抵押有效。

当事人未办理抵押物登记手续的，不得对抗第三人。

第五十条 以担保法第三十四条第一款所列财产一并抵押的，抵押财产的范围应当以登记的财产为准。抵押财产的价值在抵押权实现时予以确定。

　　第五十一条　抵押人所担保的债权超出其抵押物价值的，超出的部分不具有优先受偿的效力。

　　第五十二条　当事人以农作物和与其尚未分离的土地使用权同时抵押的，土地使用权部分的抵押无效。

　　第五十三条　学校、幼儿园、医院等以公益为目的的事业单位、社会团体，以其教育设施、医疗卫生设施和其他社会公益设施以外的财产为自身债务设定抵押的，人民法院可以认定抵押有效。

　　第五十四条　按份共有人以其共有财产中享有的份额设定抵押的，抵押有效。

　　共同共有人以其共有财产设定抵押，未经其他共有人的同意，抵押无效。但是，其他共有人知道或者应当知道而未提出异议的视为同意，抵押有效。

　　第五十五条　已经设定抵押的财产被采取查封、扣押等财产保全或者执行措施的，不影响抵押权的效力。

　　第五十六条　抵押合同对被担保的主债权种类、抵押财产没有约定或者约定不明，根据主合同和抵押合同不能补正或者无法推定的，抵押不成立。

　　法律规定登记生效的抵押合同签订后，抵押人违背诚实信用原则拒绝办理抵押登记致使债权人受到损失的，抵押人应当承担赔偿责任。

　　第五十七条　当事人在抵押合同中约定，债务履行期届满抵押权人未受清偿时，抵押物的所有权转移为债权人所有的内容无效。该内容的无效不影响抵押合同其他部分内容的效力。

　　债务履行期届满后抵押权人未受清偿时，抵押权人和抵押人可以协议以抵押物折价取得抵押物。但是，损害顺序在后的担保物权人和其他债权人利益的，人民法院可以适用合同法第七十四条、第七十五条的有关规定。

　　第五十八条　当事人同一天在不同的法定登记部门办理抵押物登记的，视为顺序相同。

　　因登记部门的原因致使抵押物进行连续登记的，抵押物第一次登记的日期，视为抵押登记的日期，并依此确定抵押权的顺序。

第五十九条 当事人办理抵押物登记手续时,因登记部门的原因致使其无法办理抵押物登记,抵押人向债权人交付权利凭证的,可以认定债权人对该财产有优先受偿权。但是,未办理抵押物登记的,不得对抗第三人。

第六十条 以担保法第四十二条第(二)项规定的不动产抵押的,县级以上地方人民政府对登记部门未作规定,当事人在土地管理部门或者房产管理部门办理了抵押物登记手续,人民法院可以确认其登记的效力。

第六十一条 抵押物登记记载的内容与抵押合同约定的内容不一致的,以登记记载的内容为准。

第六十二条 抵押物因附合、混合或者加工使抵押物的所有权为第三人所有的,抵押权的效力及于补偿金;抵押物所有人为附合物、混合物或者加工物的所有人的,抵押权的效力及于附合物、混合物或者加工物;第三人与抵押物所有人为附合物、混合物或者加工物的共有人的,抵押权的效力及于抵押人对共有物享有的份额。

第六十三条 抵押权设定前为抵押物的从物的,抵押权的效力及于抵押物的从物。但是,抵押物与其从物为两个以上的人分别所有时,抵押权的效力不及于抵押物的从物。

第六十四条 债务履行期届满,债务人不履行债务致使抵押物被人民法院依法扣押的,自扣押之日起抵押权人收取的由抵押物分离的天然孳息和法定孳息,按照下列顺序清偿:

(一)收取孳息的费用;

(二)主债权的利息;

(三)主债权。

第六十五条 抵押人将已出租的财产抵押的,抵押权实现后,租赁合同在有效期内对抵押物的受让人继续有效。

第六十六条 抵押人将已抵押的财产出租的,抵押权实现后,租赁合同对受让人不具有约束力。

抵押人将已抵押的财产出租时,如果抵押人未书面告知承租人该财产已抵押的,抵押人对出租抵押物造成承租人的损失承担赔偿责任;如果抵押人已书面告知承租人该财产已抵押的,抵押权实现造成承租人的损失,由承租人自己承担。

第六十七条 抵押权存续期间，抵押人转让抵押物未通知抵押权人或者未告知受让人的，如果抵押物已经登记的，抵押权人仍可以行使抵押权；取得抵押物所有权的受让人，可以代替债务人清偿其全部债务，使抵押权消灭。受让人清偿债务后可以向抵押人追偿。

如果抵押物未经登记的，抵押权不得对抗受让人，因此给抵押权人造成损失的，由抵押人承担赔偿责任。

第六十八条 抵押物依法被继承或者赠与的，抵押权不受影响。

第六十九条 债务人有多个普通债权人的，在清偿债务时，债务人与其中一个债权人恶意串通，将其全部或者部分财产抵押给该债权人，因此丧失了履行其他债务的能力，损害了其他债权人的合法权益，受损害的其他债权人可以请求人民法院撤销该抵押行为。

第七十条 抵押人的行为足以使抵押物价值减少的，抵押权人请求抵押人恢复原状或提供担保遭到拒绝时，抵押权人可以请求债务人履行债务，也可以请求提前行使抵押权。

第七十一条 主债权未受全部清偿的，抵押权人可以就抵押物的全部行使其抵押权。

抵押物被分割或者部分转让的，抵押权人可以就分割或者转让后的抵押物行使抵押权。

第七十二条 主债权被分割或者部分转让的，各债权人可以就其享有的债权份额行使抵押权。

主债务被分割或者部分转让的，抵押人仍以其抵押物担保数个债务人履行债务。但是，第三人提供抵押的，债权人许可债务人转让债务未经抵押人书面同意的，抵押人对未经其同意转让的债务，不再承担担保责任。

第七十三条 抵押物折价或者拍卖、变卖该抵押物的价款低于抵押权设定时约定价值的，应当按照抵押物实现的价值进行清偿。不足清偿的剩余部分，由债务人清偿。

第七十四条 抵押物折价或者拍卖、变卖所得的价款，当事人没有约定的，按下列顺序清偿：

（一）实现抵押权的费用；

（二）主债权的利息；

（三）主债权。

第七十五条　同一债权有两个以上抵押人的,债权人放弃债务人提供的抵押担保的,其他抵押人可以请求人民法院减轻或者免除其应当承担的担保责任。

　　同一债权有两个以上抵押人的,当事人对其提供的抵押财产所担保的债权份额或者顺序没有约定或者约定不明的,抵押权人可以就其中任一或者各个财产行使抵押权。

　　抵押人承担担保责任后,可以向债务人追偿,也可以要求其他抵押人清偿其应当承担的份额。

　　第七十六条　同一动产向两个以上债权人抵押的,当事人未办理抵押物登记,实现抵押权时,各抵押权人按照债权比例受偿。

　　第七十七条　同一财产向两个以上债权人抵押的,顺序在先的抵押权与该财产的所有权归属一人时,该财产的所有权人可以以其抵押权对抗顺序在后的抵押权。

　　第七十八条　同一财产向两个以上债权人抵押的,顺序在后的抵押权所担保的债权先到期的,抵押权人只能就抵押物价值超出顺序在先的抵押担保债权的部分受偿。

　　顺序在先的抵押权所担保的债权先到期的,抵押权实现后的剩余价款应予提存,留待清偿顺序在后的抵押担保债权。

　　第七十九条　同一财产法定登记的抵押权与质权并存时,抵押权人优先于质权人受偿。

　　同一财产抵押权与留置权并存时,留置权人优先于抵押权人受偿。

　　第八十条　在抵押物灭失、毁损或者被征用的情况下,抵押权人可以就该抵押物的保险金、赔偿金或者补偿金优先受偿。

　　抵押物灭失、毁损或者被征用的情况下,抵押权所担保的债权未届清偿期的,抵押权人可以请求人民法院对保险金、赔偿金或补偿金等采取保全措施。

　　第八十一条　最高额抵押权所担保的债权范围,不包括抵押物因财产保全或者执行程序被查封后或债务人、抵押人破产后发生的债权。

　　第八十二条　当事人对最高额抵押合同的最高限额、最高额抵押期间进行变更,以其变更对抗顺序在后的抵押权人的,人民法院不予支持。

　　第八十三条　最高额抵押权所担保的不特定债权,在特定后,债权已届清偿期的,最高额抵押权人可以根据普通抵押权的规定行使其抵押权。

抵押权人实现最高额抵押权时,如果实际发生的债权余额高于最高限额的,以最高限额为限,超过部分不具有优先受偿的效力;如果实际发生的债权余额低于最高限额的,以实际发生的债权余额为限对抵押物优先受偿。

四、关于质押部分的解释

(一)动产质押

第八十四条 出质人以其不具有所有权但合法占有的动产出质的,不知出质人无处分权的质权人行使质权后,因此给动产所有人造成损失的,由出质人承担赔偿责任。

第八十五条 债务人或者第三人将其金钱以特户、封金、保证金等形式特定化后,移交债权人占有作为债权的担保,债务人不履行债务时,债权人可以以该金钱优先受偿。

第八十六条 债务人或者第三人未按质押合同约定的时间移交质物的,因此给质权人造成损失的,出质人应当根据其过错承担赔偿责任。

第八十七条 出质人代质权人占有质物的,质押合同不生效;质权人将质物返还于出质人后,以其质权对抗第三人的,人民法院不予支持。

因不可归责于质权人的事由而丧失对质物的占有,质权人可以向不当占有人请求停止侵害、恢复原状、返还质物。

第八十八条 出质人以间接占有的财产出质的,质押合同自书面通知送达占有人时视为移交。占有人收到出质通知后,仍接受出质人的指示处分出质财产的,该行为无效。

第八十九条 质押合同中对质押的财产约定不明,或者约定的出质财产与实际移交的财产不一致的,以实际交付占有的财产为准。

第九十条 质物有隐蔽瑕疵造成质权人其他财产损害的,应由出质人承担赔偿责任。但是,质权人在质物移交时明知质物有瑕疵而予以接受的除外。

第九十一条 动产质权的效力及于质物的从物。但是,从物未随同质物移交质权人占有的,质权的效力不及于从物。

第九十二条 按照担保法第六十九条的规定将质物提存的,质物提存费用由质权人负担;出质人提前清偿债权的,应当扣除未到期部分的利息。

第九十三条 质权人在质权存续期间,未经出质人同意,擅自使用、出租、处分质物,因此给出质人造成损失的,由质权人承担赔偿责任。

第九十四条 质权人在质权存续期间,为担保自己的债务,经出质人同意,以其所占有的质物为第三人设定质权的,应当在原质权所担保的债权范围之内,超过的部分不具有优先受偿的效力。转质权的效力优于原质权。

质权人在质权存续期间,未经出质人同意,为担保自己的债务,在其所占有的质物上为第三人设定质权的无效。质权人对因转质而发生的损害承担赔偿责任。

第九十五条 债务履行期届满质权人未受清偿的,质权人可以继续留置质物,并以质物的全部行使权力。出质人清偿所担保的债权后,质权人应当返还质物。

债务履行期届满,出质人请求质权人及时行使权力,而质权人怠于行使权力致使质物价格下跌的,由此造成的损失,质权人应当承担赔偿责任。

第九十六条 本解释第五十七条、第六十二条、第六十四条、第七十一条、第七十二条、第七十三条、第七十四条、第八十条之规定,适用于动产质押。

(二)权利质押

第九十七条 以公路桥梁、公路隧道或者公路渡口等不动产收益权出质的,按照担保法第七十五条第(四)项的规定处理。

第九十八条 以汇票、支票、本票出质,出质人与质权人没有背书记载"质押"字样,以票据出质对抗善意第三人的,人民法院不予支持。

第九十九条 以公司债券出质的,出质人与质权人没有背书记载"质押"字样,以债券出质对抗公司和第三人的,人民法院不予支持。

第一百条 以存款单出质的,签发银行核押后又受理挂失并造成存款流失的,应当承担民事责任。

第一百零一条 以票据、债券、存款单、仓单、提单出质的,质权人再转让或者质押的无效。

第一百零二条 以载明兑现或者提货日期的汇票、支票、本票、债券、存款单、仓单、提单出质的,其兑现或者提货日期后于债务履行期的,质权人只能在兑现或者提货日期届满时兑现款项或者提取货物。

第一百零三条 以股份有限公司的股份出质的,适用《中华人民共和国公司法》有关股份转让的规定。

以上市公司的股份出质的,质押合同自股份出质向证券登记机构办理出质登记之日起生效。

以非上市公司的股份出质的,质押合同自股份出质记载于股东名册之日起生效。

第一百零四条 以依法可以转让的股份、股票出质的,质权的效力及于股份、股票的法定孳息。

第一百零五条 以依法可以转让的商标专用权,专利权、著作权中的财产权出质的,出质人未经质权人同意而转让或者许可他人使用已出质权利的,应当认定为无效。因此给质权人或者第三人造成损失的,由出质人承担民事责任。

第一百零六条 质权人向出质人、出质债权的债务人行使质权时,出质人、出质债权的债务人拒绝的,质权人可以起诉出质人和出质债权的债务人,也可以单独起诉出质债权的债务人。

五、关于留置部分的解释

第一百零七条 当事人在合同中约定排除留置权,债务履行期届满,债权人行使留置权的,人民法院不予支持。

第一百零八条 债权人合法占有债务人交付的动产时,不知债务人无处分该动产的权利,债权人可以按照担保法第八十二条的规定行使留置权。

第一百零九条 债权人的债权已届清偿期,债权人对动产的占有与其债权的发生有牵连关系,债权人可以留置其所占有的动产。

第一百一十条 留置权人在债权未受全部清偿前,留置物为不可分物的,留置权人可以就其留置物的全部行使留置权。

第一百一十一条 债权人行使留置权与其承担的义务或者合同的特殊约定相抵触的,人民法院不予支持。

第一百一十二条 债权人的债权未届清偿期,其交付占有标的物的义务已届履行期的,不能行使留置权。但是,债权人能够证明债务人无支付能力的除外。

第一百一十三条 债权人未按担保法第八十七条规定的期限通知债务人履行义务,直接变价处分留置物的,应当对此造成的损失承担赔偿责任。债权人与债务人按照担保法第八十七条的规定在合同中约定宽限期的,债权人可以不经通知,直接行使留置权。

第一百一十四条 本解释第六十四条、第八十条、第八十七条、第九十一条、第九十三条的规定,适用于留置。

六、关于定金部分的解释

第一百一十五条 当事人约定以交付定金作为订立主合同担保的,给付定金的一方拒绝订立主合同的,无权要求返还定金;收受定金的一方拒绝订立合同的,应当双倍返还定金。

第一百一十六条 当事人约定以交付定金作为主合同成立或者生效要件的,给付定金的一方未支付定金,但主合同已经履行或者已经履行主要部分的,不影响主合同的成立或者生效。

第一百一十七条 定金交付后,交付定金的一方可以按照合同的约定以丧失定金为代价而解除主合同,收受定金的一方可以双倍返还定金为代价而解除主合同。对解除主合同后责任的处理,适用《中华人民共和国合同法》的规定。

第一百一十八条 当事人交付留置金、担保金、保证金、订约金、押金或者定金等,但没有约定定金性质的,当事人主张定金权利的,人民法院不予支持。

第一百一十九条 实际交付的定金数额多于或者少于约定数额,视为变更定金合同;收受定金一方提出异议并拒绝接受定金的,定金合同不生效。

第一百二十条 因当事人一方迟延履行或者其他违约行为，致使合同目的不能实现，可以适用定金罚则。但法律另有规定或者当事人另有约定的除外。

当事人一方不完全履行合同的，应当按照未履行部分所占合同约定内容的比例，适用定金罚则。

第一百二十一条 当事人约定的定金数额超过主合同标的额百分之二十的，超过的部分，人民法院不予支持。

第一百二十二条 因不可抗力、意外事件致使主合同不能履行的，不适用定金罚则。因合同关系以外第三人的过错，致使主合同不能履行的，适用定金罚则。受定金处罚的一方当事人，可以依法向第三人追偿。

七、关于其他问题的解释

第一百二十三条 同一债权上数个担保物权并存时，债权人放弃债务人提供的物的担保的，其他担保人在其放弃权利的范围内减轻或者免除担保责任。

第一百二十四条 企业法人的分支机构为他人提供保证的，人民法院在审理保证纠纷案件中可以将该企业法人作为共同被告参加诉讼。但是商业银行、保险公司的分支机构提供保证的除外。

第一百二十五条 一般保证的债权人向债务人和保证人一并提起诉讼的，人民法院可以将债务人和保证人列为共同被告参加诉讼。但是，应当在判决书中明确在对债务人财产依法强制执行后仍不能履行债务时，由保证人承担保证责任。

第一百二十六条 连带责任保证的债权人可以将债务人或者保证人作为被告提起诉讼，也可以将债务人和保证人作为共同被告提起诉讼。

第一百二十七条 债务人对债权人提起诉讼，债权人提起反诉的，保证人可以作为第三人参加诉讼。

第一百二十八条 债权人向人民法院请求行使担保物权时，债务人和担保人应当作为共同被告参加诉讼。

同一债权既有保证又有物的担保的，当事人发生纠纷提起诉讼的，债务人与保证人、抵押人或者出质人可以作为共同被告参加诉讼。

第一百二十九条 主合同和担保合同发生纠纷提起诉讼的,应当根据主合同确定案件管辖。担保人承担连带责任的担保合同发生纠纷,债权人向担保人主张权利的,应当由担保人住所地的法院管辖。

主合同和担保合同选择管辖的法院不一致的,应当根据主合同确定案件管辖。

第一百三十条 在主合同纠纷案件中,对担保合同未经审判,人民法院不应当依据对主合同当事人所做出的判决或者裁定,直接执行担保人的财产。

第一百三十一条 本解释所称"不能清偿"指对债务人的存款、现金、有价证券、成品、半成品、原材料、交通工具等可以执行的动产和其他方便执行的财产执行完毕后,债务仍未能得到清偿的状态。

第一百三十二条 在案件审理或者执行程序中,当事人提供财产担保的,人民法院应当对该财产的权属证书予以扣押,同时向有关部门发出协助执行通知书,要求其在规定的时间内不予办理担保财产的转移手续。

第一百三十三条 担保法施行以前发生的担保行为,适用担保行为发生时的法律法规和有关司法解释。

担保法施行以后因担保行为发生的纠纷案件,在本解释公布施行前已经终审,当事人申请再审或者按审判监督程序决定再审的,不适用本解释。

担保法施行以后因担保行为发生的纠纷案件,在本解释公布施行后尚在一审或二审阶段的,适用担保法和本解释。

第一百三十四条 最高人民法院在担保法施行以前作出的有关担保问题的司法解释,与担保法和本解释相抵触的,不再适用。

中小企业融资担保机构风险管理暂行办法

(财政部财金 [2001] 77号,2001年3月26日)

第一条 为了规范和加强中小企业融资担保机构管理,防范和控制担保风险,促进中小企业融资担保工作积极稳妥地开展,根据国家有关法律法规,制定本办法。

第二条 本办法所称中小企业融资担保机构（以下简称担保机构）是指政府出资（含政府与其他出资人共同出资）设立的以中小企业为服务对象的融资担保机构。

第三条 设立担保机构需依照法律及有关规定办理注册。担保机构经注册后方可开展业务。

第四条 担保机构应建立完善的法人治理结构和内部组织结构。鼓励担保机构采取公司形式。目前难以采用公司形式的担保机构，应按照上述要求逐步规范，在条件成熟时改组为公司。

第五条 担保机构应自主经营，独立核算，依照规定程序对担保项目自主进行评估和做出决策。担保机构有权不接受各级行政管理机关为具体项目提供担保的指令。

第六条 担保机构应为受托运作的担保基金设立专门账户，并将担保基金业务与担保机构自身业务分开管理、核算。

第七条 担保机构收取担保费可根据担保项目的风险程度实行浮动费率，为减轻中小企业负担，一般控制在同期银行贷款利率的50%以内。

第八条 担保机构对单个企业提供的担保责任金额最高不得超过担保机构自身实收资本的10%；担保机构担保责任余额一般不超过担保机构自身实收资本的5倍，最高不得超过10倍。

第九条 担保机构的业务范围主要是：对中小企业向金融机构贷款、票据贴现、融资租赁等融资方式提供担保和再担保，以及经主管财政部门批准的其他担保和资金运用业务。担保机构不得从事存、贷款金融业务及财政信用业务。

第十条 担保机构要按照"利益共享，风险共担"的原则与贷款金融机构建立业务合作关系，对贷款实行比例担保。担保机构应与贷款金融机构密切协作，及时交换和通报投保企业的有关信息，加强对投保企业的监督，共同维护双方的权益。

第十一条 担保机构应建立严格的担保评估制度，配备或聘请经济、法律、技术等方面的相关专业人才，采用先进的项目评价系统，提高评估能力，加强对担保项目的风险评估审查；注重建立长期、稳定的客户群，积累完整、翔实的客户资料，为项目评估建立可靠的信息基础；严格执行科学的决策程序，切实防止盲目决策；加强对担保项目的跟踪，完善对投保企业的事前评估、事中监控、事后追偿与处置机制；

强化内部监控，防范道德风险，保证合规经营。

第十二条 担保机构应积极采取反担保措施，可要求投保企业以其合法的财产（包括股权）抵押或质押，提供反担保。

第十三条 担保机构应按当年担保费的50%提取未到期责任准备金；按不超过当年年末担保责任余额1%的比例以及所得税后利润的一定比例提取风险准备金，用于担保赔付。风险准备金累计达到担保责任余额的10%后，实行差额提取。

第十四条 担保机构必须遵循安全性、流动性、效益性原则运用资金。担保机构设立后应当按照其注册资本的10%提取保证金，存入主管财政部门指定的银行，除担保机构清算时用于清偿债务外，任何机构一律不得动用。担保机构提取的风险准备金必须存入银行专户。其他货币资金，不低于80%的部分可用于银行存款，以及买卖国债、金融债券及国家重点企业债券；不高于20%的部分，经主管财政部门批准，可用于买卖证券投资基金等其他形式。

第十五条 各级财政部门对按照本办法规范运作的担保机构，可给予适当的支持。

第十六条 各级财政部门应积极会同有关部门为担保机构落实反担保提供支持。

第十七条 各级财政部门应会同有关部门对担保机构的业务状况进行定期检查，对发现的问题采取有效措施及时处理，重大问题应报告当地政府和上级财政部门。

第十八条 建立对担保机构资信的定期评级制度。担保机构定期聘请经财政部门认可的资信评级机构进行资信评级，并向社会公布评级结果。

第十九条 各级财政部门要结合本地的实际情况，逐步建立健全对以财政性资金出资设立的担保机构的绩效考核指标体系。绩效考核指标体系应综合考虑担保机构的中小企业融资担保业务规模、代偿损失、资产结构及其社会和经济效益而确定。

第二十条 担保机构定期向主管财政部门报送资产负债表、损益表、现金流量表以及其他报表和资料，于每月底前将上月的营业统计报表报送主管财政部门；于每一会计年度终了后3个月内，将上一年度的营业报告、财务会计报告及其他有关报表报送主管财政部门。各级财政部门应认真做好对担保信息的收集、整理与分析工作，并定期向有关金融机构，必要时可向担保机构的注册机关通报情况。

第二十一条 对已经设立的担保机构，由各级财政部门会同有关部门按照本办法的要求进行规范。

第二十二条 各省级财政部门根据本办法制定实施细则，报财政部备案。

第二十三条 本办法自发布之日起施行。

境内机构对外担保管理办法

（中国人民银行令第3号，1996年9月25日）

第一条 为促进对外经济技术合作，支持对外贸易发展，促进劳务出口和引进国外先进技术、设备及资金，顺利开展对外经济活动，规范对外担保行为，加强对外担保的管理，根据《中华人民共和国担保法》和国家有关外汇管理的行政法规，制定本办法。

第二条 本办法所称对外担保，是指中国境内机构（境内外资金融机构除外，以下简称担保人）以保函、备用信用证、本票、汇票等形式出具对外保证，以《中华人民共和国担保法》中第三十四条规定的财产对外抵押或者以《中华人民共和国担保法》第四章第一节规定的动产对外质押和第二节第七十五条规定的权利对外质押，向中国境外机构或者境内的外资金融机构（债权人或者受益人，以下称债权人）承诺，当债务人（以下称被担保人）未按照合同约定偿付债务时，由担保人履行偿付义务。对外担保包括：

（一）融资担保；

（二）融资租赁担保；

（三）补偿贸易项下的担保；

（四）境外工程承包中的担保；

（五）其他具有对外债务性质的担保。担保人不得以留置或者定金形式出具对外担保。对境内外资金融机构出具的担保视同对外担保。

第三条 中国人民银行授权国家外汇管理局及其分、支局（以下简称外汇局）为对外担保管理机关，负责对外担保的审批、管理和登记。

第四条 本办法规定的担保人为：

（一）经批准有权经营对外担保业务的金融机构（不含外资经营机构）；

（二）具有代为清偿能力的非金融企业法人，包括内资企业和外商投资企业。

除经国务院批准为使用外国政府或者国际经济组织贷款进行转贷外，国家机关和事业单位不得对外担保。

第五条 金融机构的对外担保余额、境内外汇担保余额及外汇债务余额之和不得超过其自有外汇的资金的20倍。

非金融企业法人对外提供的对外担保余额不得超过其净资产的50%，并不得超过其上年外汇收入。

第六条 内资企业只能为其直属子公司或者其参股企业中中方投资比例部分对外债务提供对外担保。

贸易型内资企业在提供对外担保时，其净资产与总资产的比例原则上不得低于15%。

非贸易型内资企业提供对外担保时，其净资产与总资产的比例原则上不得低于30%。

第七条 担保人不得为经营亏损企业提供对外担保。

第八条 担保人为外商投资企业（不含外商独资企业）提供对外担保，应坚持共担风险、共享利润的原则，同时被担保人的对外借款投向须符合国家产业政策，未经批准不得将对外借款兑换成人民币使用。

担保人不得为外商投资企业注册资本提供担保。

除外商投资企业外，担保人不得为外商投资企业中的外方投资部分的对外债务提供担保。

第九条 外汇局在审批担保人为中国境外贸易型企业提供对外担保时，应审查被担保人的贸易规模、资产负债比例、损益情况，核定被担保人应接受的对外担保上限。

外汇局在审批担保人为中国境外承包工程型企业提供对外担保时，应审查被担保人的承包工程量、工程风险、资产负债比例、损益情况，核定被担保人应接受的对外担保上限。

第十条 对外担保的审批权限：

（一）为境内内资企业提供对外担保和为外商投资企业提供1年期

以内（含 1 年）的对外担保，由担保人报其所在地的省、自治区、直辖市、计划单列市或者经济特区外汇管理分局审批；

（二）为外商投资企业提供 1 年期以上（不含 1 年）的对外担保和为境外机构提供对外担保，由担保人报经其所在地的省、自治区、直辖市、计划单列市或者经济特区外汇管理分局初审后，由该外汇管理分局转报国家外汇管理局审批。

第十一条 担保人办理担保报批手续时，应当向外汇局提供下列或者部分资料：

（一）担保项目可行性研究报告批准件和其他有关批复文件；

（二）经注册会计师审计的担保人的资产负债表（如担保人是集团性公司的，应报送其合并资产负债表和其本部的资产负债表）；

（三）经注册会计师审计的被担保人的资产负债表；

（四）担保合同意向书；

（五）被担保项下主债务合同或者意向书及其他有关条件；

（六）本办法第八条、第九条规定的有关资料；

（七）外汇局要求的其他资料。

第十二条 经外汇局批准后，担保人方能提供对外担保。

第十三条 担保人提供对外担保，应当与债权人、被担保人订立书面合同，约定担保人、债权人、被担保人各方的下列权利和义务：

（一）担保人有权对被担保人的资金和财产情况进行监督；

（二）担保人提供对外担保后，债权人与被担保人如果需要修改所担保的合同，必须取得担保人的同意，并由担保人报外汇局审批；未经担保人同意和外汇局批准的，担保人的担保义务自行解除；

（三）担保人提供对外担保后，在其所担保的合同有效期内，担保人应当按照担保合同履行担保义务。担保人履行担保义务后，有权向被担保人追偿；

（四）担保人提供担保后，在担保合同的有效期内债权人未按照债务合同履行义务的，担保人的担保义务自行解除；

（五）担保人有权要求被担保人落实反担保措施或者提供相应的抵押物；

（六）担保人有权收取约定的担保费。

第十四条 担保人提供对外担保后，应当到所在地的外汇局办理担保登记手续。

非金融机构提供对外担保后,应当自担保合同订立之日起 15 日内到所在地的外汇局填写《对外担保登记表》,领取《对外担保登记书》;履行担保合同所需支付的外汇,须经所在地的外汇局核准汇出,并核减担保余额及债务余额。

金融机构实行按月定期登记制,在每月后的 15 天内填写《对外担保反馈表》,上报上月担保债务情况。

第十五条 担保期限届满需要展期的,担保人应当在债务到期前 30 天到所在地的外汇局办理展期手续,由外汇局依照本办法第十条规定的权限审批。

第十六条 非金融机构的担保人应当自担保项下债务到期、担保义务履行完毕或者出现终止担保合同的其他情形之日起 15 天内,将《对外担保登记证书》退回原颁发证书的外汇局办理注销手续。金融机构按月办理注销手续。

第十七条 担保人未经批准擅自出具对外担保,其对外出具合同无效。

担保人未经批准擅自出具对外担保或者担保人出具对外担保后未办理担保登记的,由外汇局根据情节,给予警告、通报批评、暂停或者撤销担保人对外担保业务。

第十八条 本办法适用于对外反担保。

第十九条 本办法自 1996 年 10 月 1 日起施行。1991 年 9 月 26 日公布的《境内机构对外提供外汇担保管理办法》同时废止。本办法由国家外汇管理局负责解释。

下岗失业人员小额担保贷款管理办法

(中国人民银行、财政部、国家经贸委、劳动和
社会保障部,2003 年 1 月 10 日)

第一条 贷款的对象和条件。凡年龄在 60 岁以内、身体健康、诚实信用、具备一定劳动技能的下岗失业人员,自谋职业、自主创业或合

伙经营与组织起来就业的，其自筹资金不足部分，在贷款担保机构承诺担保的前提下，可以持劳动保障部门核发的《再就业优惠证》向商业银行或其分支机构申请小额担保贷款。

第二条 贷款程序和用途。小额担保贷款按照自愿申请、社区推荐、劳动保障部门审查、贷款担保机构审核并承诺担保、商业银行核贷的程序，办理贷款手续。商业银行自收到贷款申请及符合条件的资料之日起，应在三周内给予贷款申请人正式答复。借款人应将贷款用作自谋职业、自主创业或合伙经营和组织起来就业的开办经费和流动资金。

第三条 贷款额度与期限。小额担保贷款金额一般掌握在两万元左右，还款方式和计结息方式由借贷双方商定，对下岗失业人员合伙经营和组织起来就业，可根据人数，适当扩大贷款规模。贷款期限一般不超过两年，借款人提出展期且担保人同意继续提供担保的，商业银行可以按规定展期一次，展期期限不得超过一年。

第四条 贷款利率与贴息。小额担保贷款利率按照中国人民银行公布的贷款利率水平确定，不得向上浮动。从事微利项目的小额担保贷款由中央财政据实全额贴息，展期不贴息。微利项目是指由下岗失业人员在社区、街道、工矿区等从事的商业、餐饮和修理等个体经营项目，具体包括：家庭手工业、修理修配、图书借阅、旅店服务、餐饮服务、洗染缝补、复印打字、理发、小饭桌、小卖部、搬家、钟点服务、家庭清洁卫生服务、初级卫生保健服务、婴幼儿看护和教育服务、残疾儿童教育训练和寄托服务、养老服务、病人看护、幼儿和学生接送服务。每年年底，国有独资商业银行各地市经办银行的贴息发生额度经当地财政部门审核同意后，经财政部专员办核准后，由经办银行上报其总行汇总，总行汇总后报财政部审核后拨付；股份制商业银行的各地市经办银行向当地财政部门据实报告贴息发生额度，经当地财政部门审核，并报财政部专员办核准后，由省级财政部门报财政部审核后拨付。

第五条 贷款担保基金。各省、自治区、直辖市以及地级以上市都要建立下岗失业人员小额贷款担保基金，所需资金主要由同级财政筹集，专户储存于同级财政部门指定的商业银行，封闭运行，专项用于下岗失业人员小额担保贷款。小额担保贷款责任余额不得超过贷款担保基金银行存款余额的五倍。贷款担保基金收取的担保费不超过贷款本金的1%，由地方政府全额向担保机构支付。

第六条 贷款担保机构。下岗失业人员小额贷款担保基金委托各省（自治区、直辖市）、市政府出资的中小企业信用担保机构或其他信用担保机构运作，尚未建立中小企业信用担保机构的地区，由同级财政部门会同经贸部门、劳动保障部门报经当地政府批准后可成立新的担保机构。受托运作的信用担保机构应建立贷款担保基金专门账户，贷款担保基金的运作与信用担保机构的其他业务必须分开，单独核算。

第七条 贷款管理与考核。商业银行地级以上城市分支行小额担保贷款不良率达到20%时，应停止发放新的贷款，担保基金代位清偿降低贷款不良率后，可恢复受理贷款申请。贷款到期不能归还至担保机构履行代位清偿责任之间的期限，最长不得超过三个月，这期间，小额担保贷款质量考评情况不纳入商业银行不良贷款考核体系。

第八条 贷款担保基金的风险管理。省级政府设立的下岗失业人员小额贷款担保基金应适当分担地市贷款担保基金的损失，具体分担比例和运作方式由省级财政部门会同经贸部门、劳动保障部门确定。贷款担保基金对单个经办银行小额贷款担保代偿率达到20%时，应暂停对该行的担保业务，经与该行协商采取进一步的风险控制措施并报经同级财政部门商经贸部门、劳动保障部门批准后，再恢复担保业务。同级财政部门应会同经贸部门、劳动保障部门确定贷款担保基金的年度代偿率的最高限额，对限额以内、贷款担保基金自身无法承担的代偿损失，由同级财政部门审核后予以弥补。

第九条 贷款服务。商业银行要简化手续，为申请贷款的下岗失业人员提供开户和结算便利。因申请人不符合贷款条件而不能提供贷款的，应向申请人说明理由，提出改进建议，并将有关情况定期向上级行报告。贷款期间，贷款银行要定期与借款人联系，了解其资金使用和经营情况，提供必要的财务指导。

第十条 监督与审计。各商业银行要根据本办法的要求，结合本行和当地的实际情况，制定切实可行的具体措施；要确保分支机构发放小额担保贷款所需的资金和额度；随时掌握本行开展小额担保贷款业务的情况和存在的问题，主动与就业工作主管部门沟通信息、协调工作。中国人民银行及各分支机构，要对当地商业银行贯彻落实情况加强督促检查。各省级财政部门应结合本地的实际情况，会同经贸部门、劳动保障部门制定和完善本地区的贷款担保基金管理措施，积极支持商业银行开展小额担保贷款业务,防范和控制风险,加强对贷款担保基金和财政贴息监督检查,确保政策落到实处。各地要将小额担保贷款运行中的经验及发现的问题,及时报送中国人民银行、财政部、国家经贸委及劳动和社会保障部。

国家经济贸易委员会《关于建立中小企业信用担保体系试点的指导意见》

(1999年6月14日)

为指导和推动中小企业服务体系建设,切实解决中小企业融资难特别是贷款难问题,根据中央经济工作会议精神和全国经贸工作会议关于开展中小企业信用担保试点的要求,依据《合同法》、《担保法》的有关规定,提出本意见。

一、中小企业信用担保体系试点的指导原则

(一)中小企业信用担保的性质

1. 本意见所指中小企业信用担保,是指经同级人民政府及政府指定部门审核批准设立并依法登记注册的中小企业信用担保专门机构与债权人(包括银行等金融机构)约定,当被担保人不履行或不能履行主合同约定债务时,担保机构承担约定的责任或履行债务的行为。

2. 中小企业信用担保属《担保法》规定的保证行为,各类中小企业信用担保机构均属非金融机构,一律不得从事财政信用业务和金融业务。

3. 中小企业信用担保机构创办初期不以营利为主要目的。其担保资金和业务经费以政府预算资助和资产划拨为主,担保费收入为辅。

4. 中小企业信用担保机构依合同约定,承担一般保证责任或连带保证责任。

(二) 建立中小企业信用担保体系试点的指导原则

1. 支持发展与防范风险相结合的原则。
2. 政府扶持与市场化操作相结合的原则。
3. 开展担保与提高信用相结合的原则。

二、中小企业信用担保体系

中小企业信用担保体系由城市、省、国家三级机构组成,其业务由担保与再担保两部分构成,担保以地市为基础,再担保以省为基础。

(一) 城市(含地区、自治州、盟,下同)中小企业信用担保机构

中小企业信用担保机构应以城市为单位组建,以辖区内中小企业为服务对象。为有效控制风险,县(区)级信用担保机构一般不独立组建,经济总量大的县(区)可建立分支机构。

(二) 省(含自治区、直辖市,下同)中小企业信用担保机构

中小企业信用再担保机构应以省为单位组建,以辖区内城市中小企业信用担保机构为服务对象,开展一般再担保和强制再担保业务。省级中小企业信用担保机构可受省中小企业信用担保监督管理部门的委托,对地市中小企业信用担保机构实施业务指导和监督。

(三) 全国性中小企业信用担保机构

为防范担保风险,试点期间,暂不设立全国性中小企业信用担保机构,各类中小企业信用担保机构、企业互助担保机构不得跨省市设立分支机构。

从事中小企业担保业务的商业担保机构和企业互助担保机构是中小企业信用担保体系的补充,各类商业性担保机构从事中小企业担保业务的,也可参照本意见执行。

三、中小企业信用担保机构的资金来源

（一）城市中小企业信用担保机构的资金来源

1. 由市本级财政预算编列的资金；
2. 市级政府划拨的土地使用权和其他经营性及非经营性国有不动产；
3. 区县本级政府出资和划拨的土地使用权等；
4. 社会募集的资金；
5. 会费（风险保证金）或认股；
6. 国内外捐赠；
7. 其他来源。

（二）省中小企业信用再担保机构的资金来源

1. 由省本级财政预算编列的资金；
2. 由省政府划拨的土地使用权和其他经营性及非经营性国有不动产；
3. 社会募集的资金；
4. 城市中小企业信用担保机构按规定比例上存的担保保证资金；
5. 国内外捐赠；
6. 其他来源。

四、中小企业信用担保机构的形式、担保对象和担保种类

（一）中小企业信用担保机构的形式

依据《担保法》和有关法规规定，中小企业信用担保机构的法律形式可以是：企业法人、事业法人、社团法人。

为规范操作和控制风险，城市中小企业信用担保机构可实行会员制，吸收符合条件的中小企业作为会员单位；省中小企业信用再担保机构也可试行会员制，吸收符合条件的城市中小企业信用担保机构作为会员单位。经批准，从事中小企业担保业务的商业性担保机构和企业互助担保机构也可以作为省中小企业信用再担保机构的会员。

1. 城市中小企业信用担保机构可以选择的形式有：中小企业信用担保公司（企业法人）、中小企业信用担保中心（事业法人）、中小企业信用担保协会（社团法人）。

2. 省中小企业信用再担保机构可以选择的形式有：中小企业信用再担保中心（事业法人）、中小企业信用再担保协会（社团法人）。

3. 全国性中小企业信用再担保或保险机构的形式，待国务院批准后确定。

（二）中小企业信用担保的对象

中小企业信用担保的对象为符合国家产业政策，有产品、有市场、有发展前景，有利于技术进步与创新的技术密集型和扩大城乡就业的劳动密集型的各类中小企业。

（三）中小企业信用担保的种类

中小企业信用担保种类主要包括中小企业短期银行贷款、中长期银行贷款、融资租赁以及其他经济合同的担保。试点阶段中小企业信用担保的重点为中小企业短期银行贷款。

五、中小企业信用担保机构的职能和业务程序

（一）中小企业信用担保机构的主要职能

对被担保者进行资信评估；开展担保业务；实施债务追偿。

在组建中小企业信用担保机构时，城市中小企业信用担保机构可按上述职能设立内部业务机构；省级中小企业信用再担保机构以对城市中小企业信用担保机构的资信评估、对中小企业信用担保机构进行再担保和对中小企业信用担保机构进行业务监督为主要业务，并以此设内部机构。

（二）中小企业信用担保与再担保业务程序

1. 担保程序。

（1）由债务人提出担保申请，并附债权人签署的意见；

（2）进行资信评估与担保审核；

（3）在债权人与债务人签订主合同的同时，由担保机构与债权人签订保证合同；需要时，担保机构与债务人签订反担保合同；

（4）按约定支付担保费；

（5）主合同不能履约，由担保机构按约定代偿；

（6）担保机构实施追偿。

2. 再担保程序。

（1）担保机构提出再担保申请或达到强制再担保界限；

（2）根据担保机构的资信进行再担保审核；

（3）签订再担保合同；

（4）按约定支付再担保费；

（5）主合同不能履约，担保机构代偿后，再担保机构按约定比例承担相应责任；

（6）再担保机构与担保机构共同对债务人实施追偿。

六、协作银行选择和担保资金管理

（一）协作银行的选择

在省市经贸委、财政和同级人民银行的指导下，担保机构应选择有积极性和资信度好的商业银行（包括国有商业银行、股份制银行、城市商业银行、城市信用合作社和农村信用合作社以及经批准可以经营人民币存贷款业务的非银行金融机构、外资银行等）作为开办中小企业信用担保业务的协作银行。

担保机构与协作银行应签订协作合同，明确保证责任形式、担保资金的放大倍数、责任分担比例、资信评估标准等内容。协作合同要报省市经贸委和同级人民银行备案。

（二）担保资金的管理

1. 担保机构货币形态的担保资金，要存入省市经贸委和同级人民银行指定的银行，也可以按协作合同约定存入协作银行。

2. 担保机构要按再担保协议要求，将担保资金和会员交纳的风险保证金按约定比例上存再担保机构指定的银行专门账户。

3. 担保机构货币形态的担保资金可按国家规定购买国库券、国债。

4. 担保机构非货币形态的担保资金可按国家规定进行管理。

（三）担保业务收费与经费来源

1. 担保业务收费。

为减轻中小企业财务费用负担，中小企业信用担保机构的担保收费标准一般控制在同期银行贷款利率的 50% 以内，具体收费标准由同级政府有关部门审批。

商业性担保机构和企业互助担保机构从事中小企业担保业务的收费标准经同级政府物价部门审批，可以在上述标准基础上适当浮动。

2. 业务经费来源。

（1）财政拨款；

（2）担保收费；

（3）担保资金存款利息所得；

（4）其他来源。

七、风险控制与责任分担

（一）风险控制

1. 放大倍数的选择。担保放大倍数是指担保资金与担保贷款的放大比例，一般在 10 倍以内，再担保放大倍数可大于担保倍数，具体倍数由担保机构和协作银行协商，并报省市经贸委和有关部门审定。

2. 事前控制。通过资信评估、按规定比例上存担保资金、项目审核与反担保措施等以实现事前控制。

3. 事中控制。通过控制代偿率和设定强制再担保系数（是指担保实际放大倍数达到进行再担保的约定比例）等日常监督与强制再担保措施以实现事中控制。

4. 事后控制。通过及时有效的追偿实现事后控制。

（二）责任分担

1. 债权人与担保机构之间的责任分担。按照分散风险的原则，担保机构可以对银行贷款进行部分担保,担保责任分担比例由担保机构和协作银行协商。

2. 担保机构与再担保机构之间的责任分担。以担保机构承担主要风险,再担保机构分担部分风险为原则,以确保担保和再担保机构稳健运营。具体责任比例由省、市中小企业信用担保机构和再担保机构商议提出,并报省经贸委审定。

3. 担保机构与债务人之间的责任分担。以扶持发展与防范风险相结合为原则,防止被担保人随意逃废债务和转嫁风险。担保合同可以抵押、质押为反担保措施,并明确反担保条款。

八、担保机构的内外部监督

(一) 政府对中小企业信用担保的监督管理

为加强对中小企业信用担保行为的监督管理,防范担保风险,省市设立由经贸委会同财政、人民银行、工商行政管理及商业银行等部门组成的中小企业信用担保监管委员会,负责对辖区内中小企业担保、再担保业务和机构(包括企业互助担保机构和商业性担保机构从事的中小企业担保业务)的监督管理。

(二) 担保机构内部的约束机制

中小企业信用担保和再担保机构应设立内部监督机构,负责对内部运行情况的监督。内部监督机构的人员构成和议事规则可参照有关规定执行。

九、中小企业信用担保体系试点的组织实施与工作步骤

(一) 试点的要求、范围和政策

各省、市经贸委可根据本意见制定本地区的试点指导意见和扶持中小企业信用担保机构的政策,组织和选择有条件的城市进行中小企业信用担保工作试点。在此基础上,有条件的省可有组织地进行省级中小企

业信用再担保体系的试点。

为规范操作、总结经验和制定政策,国家经贸委将选择若干省市作为全国重点联系点,各省也可以选择若干城市作为省级重点联系点。

(二) 试点工作步骤

试点工作分为三个阶段:

第一阶段为试点方案制定阶段。由省和城市经贸委按照国家经贸委的统一要求,起草试点指导意见、扶持政策和试点方案,报省经贸委审核,经同级政府同意后实施,同时报国家经贸委备案。

第二阶段为组织实施阶段。组建中小企业信用担保机构并确定担保资金来源,选择协作银行和若干中小企业进行担保试运行。

第三阶段为总结推广阶段。在总结重点联系省市中小企业信用担保和再担保体系试点经验的基础上,及时规范和改进试点工作。

(三) 试点组织

全国中小企业信用担保体系建设试点的指导工作由国家经贸委负责。

省级再担保和城市担保体系试点具体工作由省级经贸委负责。

关于加强地方财政部门对中小企业信用担保机构财务管理和政策支持若干问题的通知

(财政部财企 [2003] 88号,2003年7月17日)

各省、自治区、直辖市、计划单列市财政厅(局):

为了规范中小企业信用担保机构的财务行为,加强各级财政部门对中小企业信用担保机构的财务监管,防范和控制担保风险,进一步加大对中小企业信用担保机构的政策支持,更好地发挥信用担保促进中小企业发展的作用,现就有关事项通知如下:

一、各级财政部门应切实履行对包括政府出资(指有国有资本投入,包括政府部门或直属事业单位及政府管理的社会团体的投入和国有企业的投入,下同)在内的各类中小企业信用担保机构的财务监管职责,制定和完善中小企业信用担保机构的各项财务管理措施,做好对担保风险的事前防范、事中监控和事后化解工作,同时,应进一步加大对中小企业信用担保机构的政策支持力度,鼓励和支持中小企业信用担保机构开展担保业务。

二、各级财政部门应加强对中小企业信用担保机构的负债管理,建立中小企业信用担保机构以负债形式筹集资金的报告制度和信息披露制度,监督中小企业信用担保机构向有协作关系的金融机构披露有关信息。

政府出资的中小企业信用担保机构以负债形式筹集资金,应报主管财政部门审核备案后实施。

三、各级财政部门应加强对政府出资的中小企业信用担保机构的代偿损失管理,比照金融企业呆账核销的管理规定,建立中小企业信用担保机构代偿损失核销制度,严格核销条件,防止借担保套取信贷资金,向财政转嫁风险。

政府出资的中小企业信用担保机构,以及接受当地财政部门风险补偿的其他类型中小企业信用担保机构的代偿损失,据实核销后,应逐笔报主管财政部门备案。

四、各级财政部门应建立健全中小企业信用担保机构的待处理抵债资产管理制度,控制接收待处理抵债资产的范围,并按照规定对抵债资产进行评估,严格接收标准。

中小企业信用担保机构接收的待处理抵债资产原则上不准自用,必须及时组织拍卖变现。特殊情况需要自用的,转增后的固定资产净值不得超过该机构自身净资产的20%。政府出资的中小企业信用担保机构将抵债资产转为自用,须经主管财政部门批准。

五、各级财政部门可按照规范管理与政策支持相结合的原则,在防范和控制担保风险的同时,进一步加大对中小企业信用担保机构的政策支持,应根据当年财政预算平衡的要求和中小企业信用担保机构业务的开展情况,对担保机构出现的代偿损失核定适当的风险补偿资金,纳入当年财政预算。各级财政部门对中小企业信用担保机构的代偿损失实行限率补偿,不得承担无限责任。具体要求如下:

(一)给予财政风险补偿的中小企业信用担保机构必须运作规范,

内控制度完善，接受财政部门的监管，发生代偿损失的担保项目符合国家产业政策和企业政策；

（二）政府出资的中小企业信用担保机构发生的代偿损失，在年末担保责任余额5%以内、担保机构提取的风险准备金不足以弥补的，主管财政部门审核后可给予一定补偿，有条件的地区可适当提高补偿比率；

（三）对非政府出资的中小企业信用担保机构，主管财政部门可根据实际情况决定是否给予风险补偿，对明确风险补偿方式的，应加大监督审核力度，提高财政资金的使用效益；

（四）兼营中小企业信用担保业务的担保机构应对中小企业信用担保业务实行单独核算，才能取得当地财政部门的风险补偿。

六、各级财政部门应建立政府出资的中小企业信用担保机构财务计划申报和审批制度，加强对担保机构风险补偿的事前控制。政府出资的中小企业信用担保机构应认真编制年度财务计划，在1月31日以前报主管财政部门，主管财政部门在3月底以前予以批复。批复的财务指标包括营业费用率（或费用额）、实现利润（或亏损控制数）、风险补偿资金规模、代偿率、代偿损失率、固定资产购建。

主管财政部门对政府出资的中小企业信用担保机构的营业费用实行费用额或费用率控制办法。实行费用额控制办法的，由主管财政部门核定营业费用的总额；实行营业费用率控制办法的，由主管财政部门核定营业费用占营业收入的比率。政府出资的中小企业信用担保机构营业费用超过计划控制的，主管财政部门相应核减风险补偿资金或下一年度费用指标。

主管财政部门对政府出资的中小企业信用担保机构的固定资产购建规模按年度实行绝对规模控制。

七、各级财政部门应当建立健全中小企业信用担保机构财务会计报告和担保业务统计报告制度，要求中小企业信用担保机构认真编制财务会计报告，按季、年向主管财政部门报送财务会计报告，财务会计报告包括会计报表、会计报表附注和财务情况说明书。会计报表包括资产负债表、利润表、现金流量表及相关附表。

中小企业信用担保机构应认真编制担保业务统计报告，如实反映担保业务形成的或有负债情况，按季、年向主管财政部门报送担保业务统计报告。担保业务统计报告应至少包括每笔在保业务的贷款金额、担保责任金额、期限和剩余期限、利率、担保费率、贷款本息偿还情况、代偿情况、被担保企业所属行业、所在地等内容。

八、各级财政部门应加强对接受财政风险补偿的中小企业信用担保机构财政风险补偿资金使用情况的追踪问效和监督审核。政府出资的中小企业信用担保机构于每年3月底前,将上年度的财务会计报告(决算),连同会计师事务所的审计报告,以及上年度的担保业务报告,报送主管财政部门,主管财政部门结合上年度的财务计划以及中小企业信用担保业务的开展情况,于5月底前批复决算。非政府出资的中小企业信用担保机构于每年3月底前,将上年度的财务会计报告,连同会计师事务所的审计报告,以及中小企业信用担保业务报告,报送主管财政部门,财政部门审核后作为以后年度风险补偿的参考。

九、各级财政部门应和有关部门共同组织实施对中小企业信用担保机构的绩效评价,作为政策支持和有关部门对政府出资的中小企业信用担保机构主要经营人员任免奖惩的参考。绩效评价要综合反映中小企业信用担保机构的社会效益、经济效益、风险控制情况以及财政资金使用成本等情况,主要反映以下内容:担保业务量增加情况、担保促进就业和税收增加情况、担保代偿和代偿损失情况、担保的单位交易成本(即提供担保业务所需的营业费用和代偿损失)情况等。主管财政部门可根据实际情况,与有关部门共同制定具体的绩效考核方案。

十、各级财政部门应加大对中小企业信用担保机构的监督检查力度,发现问题及时处理,遇有重大问题,及时报告地方人民政府和财政部。

十一、各省、自治区、直辖市、计划单列市财政部门可以根据本通知的精神和当地人民政府的要求,制定具体的实施意见,并报财政部备案。

国家税务总局《关于中小企业信用担保、再担保机构免征营业税的通知》

(国税发[2001]37号,2001年4月5日)

各省、自治区、直辖市和计划单列市地方税务局:

根据《国务院办公厅转发国家经贸委关于鼓励和促进中小企业发展

若干政策意见的通知》（国办发〔2000〕59号，以下简称《意见》）中"对纳入全国试点范围的非营利性中小企业信用担保、再担保机构，可由地方政府确定，对其从事担保业务收入，3年内免征营业税"的规定，现就有关免税的具体问题明确如下：

一、免税范围

（一）"纳入全国试点范围的非营利性中小企业信用担保、再担保机构"是指经国家经贸委审核批准，纳入全国中小企业信用担保体系，并按地市级以上人民政府规定的标准收取担保业务收入的单位。凡收费标准超过地市级以上人民政府规定标准的，一律征收营业税。

（二）"从事担保业务收入"是指本条第一款所称单位从事中小企业信用担保或再担保取得的担保业务收入，不包括信用评级、咨询、培训等收入。

二、免税程序

省、自治区、直辖市、计划单列市经贸委向同级财政、地方税务局提供本地区经国家经贸委审核批准纳入全国试点范围非营利性中小企业信用担保、再担保机构名单，由财政、地方税务局审核后上报本省、自治区、直辖市、计划单列市人民政府批准免征营业税。

三、免税期限

营业税免税期限为3年，免税时间从纳税人享受免税之日起计算。

四、各省、自治区、直辖市、计划单列市地方税务局可结合本地区实际情况，制定免税管理办法。

国际商会《无条件担保通则》

（自1993年1月1日起生效）

第一章 本通则适用的范围及应用

第一条 本通则适用于担保人（如下所述）奉命提供的任何无条件担保及其附件，该无条件担保及附件声明遵守国际商会的《无条件担保通则》（第458号出版物），通则对所有有关各方有约束力，但担保书中或附件中有明确不同规定例外。

第二章 定义和总则

第二条

a. 就本通则而言，无条件担保（以下称为"担保"）指银行、保险公司或其他机构及个人（以下称为"担保人"）在收到符合保证条件的书面索款要求和其他文件（如一位建筑师或工程师出具的证明，法庭判决或仲裁决定）后，以书面形式提供的无论用什么名义命名的任何担保、保证或其他付款保证。付款保证是：

1. 根据承担赔偿责任一方（以下称为"被担保人"）的要求或指示提供的，或

2. 根据承担赔偿责任的银行、保险公司或其他任何根据被担保人的指示行事的机构或个人（以下称为"指示人"）的要求和指示向另一方（以下称为"担保受益人"）提供的。

b. 担保本身的性质决定其为不同于合同或合同的可能支付条件的单独交易。尽管担保协议中提到这些合同或支付条件，它们对担保人并不重要，担保人也不受其约束。担保人根据担保协议所应做的是，在收到担保协议中载明的书面索款要求或其他文件后，如就其本身看符合担保条件，即支付上述书面索款要求或其他文件中列出的一笔或几笔款项。

c. 就本通则而言，"反担保"指指示人收到符合付款保证条件的书面付款要求或其他反担保协议中载明的其他文件后，如上述书面付款要求或其他文件就其本身看符合反担保协议条件，即为向担保人支付款额而以书面方式提供的无论用什么名义命名的任何担保、保证或其他付款保证。反担保本身的性质决定其为不同于与之有关的担保，或任何有关合同或付款条件的单独交易；尽管反担保协议中提到上述担保、基本合同或付款条件，它们对指示人并不重要，指示人也不受其约束。

d. "书面"一词包括真实的电讯传送或证实的电子数据交换（EDI）信息传送。

第三条 所有关于提供担保及附件的指示和担保协议及附件本身应清楚、明确，避免过于繁杂。因此，所有担保协议应载明：

a. 被担保人；

b. 担保受益人；

c. 担保人；

d. 要求提供担保的有关交易；

e. 所应支付的款额限度和支付货币；

f. 担保到期日或到期完成；

g. 要求索款的条件；

h. 任何减少担保的条款。

第四条 担保受益人根据担保协议所享有的要求索款的权利不可转让，除非担保协议或其附件中有明确例外规定。但本条不影响担保受益人转让其根据担保协议可能有权得到的收益。

第五条 除有明确规定外，所有的担保和反担保均不可撤销。

第六条 担保自提供之日起生效，除非该担保协议的条件明确规定，担保在其后日期生效，或其生效应满足担保协议中规定的条件，或其生效应由担保人根据担保协议中载明的有关文件决定。

第七条

a. 如担保人接到提供担保的指示，但如执行该指示，由于提供担保所在国的法律和规定的原因，担保人将无法履行担保条款，该指示将不予以执行。担保人应立即通过电讯通知指示人无法执行的理由并要求其给予适当指示。如无法通过电讯联系，应迅速用其他方式通知指示人。

b. 如担保人未同意提供担保，本条并不要求担保人有提供担保的义务。

第八条 担保协议可含有明确规定，即担保人收到担保协议中载明的有关文件后，可在一个或几个具体日期减少不确定数目或可决定数目的担保。

第三章 赔偿责任和其他责任

第九条 担保人将以合理的方式对所有根据担保协议中规定提出的文件，包括索款要求，进行认真审查，以确认这些文件就其自身看是否符合担保协议的条款。如这些文件不符合担保协议的条款或自身互相矛盾，将不予接受。

第十条

a. 担保人应有合理的时间以审查根据担保协议提出的索款要求，

并决定支付或拒绝该索款要求。

b. 如担保人决定拒绝索款要求,他应立即通过电讯通知担保受益人。如无法用电讯联系,则应迅速使用其他方式联系。所有根据担保协议提供的文件将由担保受益人保管。

第十一条 对于提交的任何文件的格式,其是否完整、准确、真实、伪造,以及其法律效力,对于该文件中所做的一般或特指的声明,或对于无论任何人的信誉、行为等,担保人和指示人不承担赔偿责任或其他责任。

第十二条 对于由于交送的过程中拖延和/或丢失任何信息、信件,索款要求或文件所产生的后果,以及通过任何电讯方式传送过程中信息丢失、减少或出现的其他错误,担保人和指示人不承担赔偿责任或其他责任。担保人和指示人对翻译中或技术词汇的理解错误不承担赔偿责任,并保留交送不经翻译的担保协议文本或文本任何部分的权力。

第十三条 对于由于不可抗拒原因、暴动、骚乱、叛乱、战争或其他任何无法控制的原因,或者由于罢工、停业或任何性质的工业行动导致其业务中断造成的后果,担保人和指示人不承担赔偿责任和其他责任。

第十四条

a. 担保人和指示人为使被担保人的指示生效而使用另一方的服务是为被担保人而使用的,其风险由被担保人承担。

b. 如担保人和指示人传达的指示未被执行,即使是他们主动选择的该另一方,担保人和指示人对此不承担赔偿责任和其他责任。

c. 对于外国法律和习惯可能要求承担的所有义务和责任,被担保人应向担保人或指示人予以赔偿。

第十五条 如担保人和指示人未能守信和合理认真行事,他们将不被排除根据上述第十一、十二和十四条规定所应承担的赔偿责任和其他责任。

第十六条 担保人对于担保受益人的赔偿责任只限于担保协议书及任何附件和本通则的相应规定范围,其数额不超过担保协议书及任何附件所规定的数额。

第四章 索款要求

第十七条 提出索款要求时，担保人在与第十条规定不冲突的情况下，应立即通知被担保人，或在适用时通知其指示人。在此情况下，指示人也应通知被担保人。

第十八条 担保协议下应支付的款额在担保人为满足索款要求支付款额后将相应减少。担保协议下应支付的最高限额在全部支付和/或减少后，无论该担保协议或任何附件是否被退还，该担保协议即为终止。

第十九条 索款要求应根据担保协议的规定在担保协议到期前提出，即在到期日当天或之前，并在第二十二条定义的到期完成之前提出。特别是，所有担保协议中载明的要求索款的文件以及第二十条所要求的声明应在担保协议到期前在担保提供地向担保人提交。否则索款要求将被担保人拒绝。

第二十条

a. 根据担保协议要求索款应以书面方式提出，应（除担保协议中载明的其他文件外）附有书面声明（可列于索款要求书内，或列于其他一份或几份随同索款要求书一同提出并提及该索款要求书的文件中），声明以下内容：

1. 被担保人未履行在有关合同中所承担的义务，或在涉及付款担保时违反付款条件，以及

2. 被担保人有关违约情况。

b. 根据反担保协议提出的索款要求应附有书面文件，声明担保人已收到根据担保协议的条件和本条提出的索款要求。

c. 本条 a 段适用，除非被担保协议条件明确排除。

本条 b 段适用，除非被反担保协议条件明确排除。

d. 本条内容不影响第二条 b 段和 c 段以及第十一条的适用。

第二十一条 担保人应立即将担保受益人的索款要求和任何有关文件递交被担保人，或在适用情况下递交指示人以转交被担保人。

第五章 到期条款

第二十二条 担保协议书中规定的提出索款要求的到期日期应为具体确定的日期（"到期日"），或为担保人收到关于期满的文件时（到期

"完成")。如担保协议中对到期日和完成均有规定,无论担保协议及任何附件是否退还,只要到期日或到期完成其中之一发生,担保协议即为到期。

第二十三条 无论担保协议中任何关于终止的条款规定如何,担保人收到担保协议本身或担保受益人不再承担担保协议下赔偿责任的书面声明后,担保协议将予取消。在后一种情况中,无论担保协议及附件是否退还,担保协议将予以取消。

第二十四条 担保协议由于付款、到期、取消或其他原因终止后,担保受益人持有担保协议或其任何附件并不保留其在担保协议下的任何权利。

第二十五条 担保人得知担保协议由于付款、到期、取消或其他原因终止或担保协议下应付款总额已减少,担保人应立即通知被担保人,并在适用时通知指示人。在后一种情况下,指示人应立即通知被担保人。

第二十六条 如担保受益人要求延长担保协议的有效期,以替代根据担保协议的条款和本通则提出的索款要求,担保人应立即通知向担保人发出指示的一方。担保人将在合理时间内暂停支付索款,以使被担保人和担保受益人就延长担保协议的有效期达成协议,并使被担保人安排延长事宜。

除非在前一段所述的延长的时间内延长担保协议,担保人有义务支付担保受益人符合规定的索款要求,而不应要求担保受益人一方再采取任何行动。如由于上述程序导致任何向担保受益人付款拖延,担保人不负赔偿责任(利息等)。

即使被担保人同意或要求上述担保协议的延长,除非担保人和一位或几位指示人也予以同意,否则担保协议将不予延长。

第六章 管辖法律

第二十七条 除非担保协议或反担保协议另有规定外,担保协议或反担保协议的管辖法律应为担保人或指示人(如有指示人)业务所在地的法律;如担保人和指示人在一地以上经营业务,其管辖法律应为提供担保或反担保的分支机构所在地的法律。

第二十八条 除担保协议或反担保协议另有规定外,任何担保人和担保受益人之间关于担保协议的纠纷，或指示人和担保人之间关于反担保协议的纠纷应完全由担保人或指示人（如有指示人）业务所在地国家的有关法庭审理；如担保人或指示人在一地以上经营业务，上述纠纷由提供担保或反担保的分支机构所在国的有关法庭审理。

简　　介

《无条件担保通则》（国际商会第 458 号出版物）是由国际商会联合工作委员会讨论后设立的起草小组定稿的。联合工作委员会的成员来自国际商业委员会和银行技术与实务委员会，制定的通则在全球范围内适用于无条件担保（无条件担保指担保、保证和其他付款保证），根据这些担保、保证和其他付款保证，担保人或提供人在收到担保协议中规定的书面索款要求或任何其他文件后有义务付款，付款不以被担保人在有关交易中的实际违约为条件。

无条件担保不同于押汇信用证之处在于，只有被担保人违约后，才能引用无条件担保。但是，担保人同押汇信用证的提供方一样，对其重要的是文件，而不是违约事实。

《押汇信用证统一惯例与实务》（UCP）（1983 年修订，No. 400）对备用信用证已有规定。备用信用证已发展成为目的广泛的支持性金融工具，其适用的金融和商业活动远远超过无条件担保。备用信用证经常涉及无条件担保不常用的实务与程序（即，确认，为银行本身提供，向非提供方提供文件），这些实务与程序使备用信用证与押汇信用证更加接近。因此，虽然备用信用证从定义上讲属于无条件担保的范畴之内，人们预期备用信用证的担保方将继续使用 UCP，因为后者更详细，更适于满足备用信用证的具体要求。

无条件担保通则不适用于保证金、有条件保证金、担保或其他辅助性保证金。上述保证金规定，担保人只有在被担保人实际违约时才有责任付款。这些金融工具广泛适用，但性质与无条件担保不同，因此在无条件担保通则的范围之外。

之所以制定这些新的通则是因为国际商会于 1978 年制定的《合同担保通则》（第 325 号出版物）未获得普遍接受。新的通则更密切地反映了无条件担保交易有关各方的不同利益。但是由于第 325 号出版物仍在一定范围内使用，因此在目前将继续有效，以供不愿使用新的通则者使用。今后将根据经验再决定第 325 号出版物是否继续使用。

担保受益人

担保受益人希望避免由于被担保人未履行在提供无条件担保的有关交易中对担保受益人承担的义务而产生的风险。如这些义务未得到履行，担保协议通过快速向担保受益人提供一笔款额而达到避免风险的目的。

被担保人

在承认担保受益人的需要时，基于公平和诚信的原因，也应向被担保人提供关于其被指称为违反承诺以及在哪一方面违反承诺的书面通知。这有助于在一定程度上消除担保受益人提出不公平的索款要求而滥用担保的行为。

担保人

为使通则得以适用，担保协议除规定应提供书面索款和其他载明的文件外，不应规定任何付款条件。特别是，担保协议要求的条件不应要求担保人决定担保受益人和被担保人是否已经履行对有关交易所承担的义务，因为这与担保人无关。担保协议的措辞应清楚、明确。

指示人

新的通则承认目前广泛使用的做法，即指示人可向担保人转达所收到的被担保人的指示，或代表被担保人向担保人发出指示，并为该指示进行反担保。

一般性说明

国际商会鼓励推行对所有有关各方都公正的良好的无条件担保，为该通则承认所有各方的权利和义务，将导致公正的利益平衡。该通则同 1978 年发表的国际商会通则相比，进行了有利于担保受益人的重大改动，即担保受益人不再只限于下述担保协议，这些担保协议要求提供支持任何索款要求的仲裁决定或其他独立文件证据。但新的通则适用于仍要求这些证据的担保协议。新通则也增加了关于反担保的规定。

所有受通则管辖的担保协议有一个共同的特点，即在收到一份或几份文件后即应付款。各种无条件担保在对于要求提供的文件规定方面有很大不同：一种是在收到简单的书面索款要求即应付款的担保协议，该担保协议不要求关于违约的声明或其他文件。而另外一种担保协议则要求提供法庭判决或仲裁决定。

在这两种极端形式的担保协议之间有各种中间形式的担保协议。有的担保协议规定担保受益人应提供违约声明，是否说明违约性质均可。有的担保协议则要求提供工程师或测量师出具的证明。新的通则适用于所有上述担保协议。

但是，在担保受益人的利益和保护受担保人免受对担保协议不公平的索求之间必须保持平衡。国际商会认为，根据公平交易的原则，合理的做法是，索款要求应以书面方式提出，应至少附有一份担保受益人的声明，说明被担保人违约，以及在哪一方面违约。通则第二十条对此也有相应的规定。如果一方甚至连这一条也想避免或修改，当然可以这样做，但应在担保协议的条款中明确声明第二十条不适用或对其修改。但是，第二十条连同第二条 b 段和 c 段以及第九条和第十一条也明确说明，担保人所关心的并不是任何关于违约的声明是否充分。当然，有关文件就其自身而言应同担保协议一致。这样，如有关文件同担保协议明显不一致，担保受益人无权得到付款。除此之外，此通则也不影响有关涉及利用担保协议诈骗，或明显滥用或不公正利用担保协议的国家法律。

新的无条件担保通则同《押汇信用证统一惯例与实务》（UCP）一样，在担保协议中得到明确同意后才可使用；该通则的适用性取决于国际工商业界对其的使用。国际商会将通过其国家委员会并在国际会议上强烈督促工业和金融界遵守该通则，这将有助于使无条件担保所规定的要求在实践中得到一致实行。

主要参考文献

1. 中国经济技术投资担保有限公司编:《中国担保论坛》(季刊),总第 1~19 期。
2. 中国经济技术投资担保有限公司编译:《泛美担保协会第十五届年会论文集》,2001 年。
3. 中国经济技术投资担保有限公司编:《各国信用担保业概况》,中国财政经济出版社 2000 年版。
4. 中国经济技术投资担保有限公司编:《2000 中国担保论坛文集》,经济科学出版社 2001 年版。
5. 中国经济技术投资担保有限公司编:《2001 中国担保论坛》,经济科学出版社 2002 年版。
6. Sarah Gray, Thierry Mahieux, Gabirel Reyes, Peter vail Rooij, James Roth 著,中国国际经济技术交流中心、中国经济技术投资担保有限公司、北京大学中国中小企业促进中心译:《小型/微型担保基金操作指南》,经济科学出版社 2002 年版。
7. 魏杰:《企业前沿问题——现代企业管理方案》,中国发展出版社 2001 年版。
8. 国家经贸委青年理论研究会"社会信用体系建设"课题组编著:《中国社会信用体系建设——理论、实践、政策、借鉴》,机械工业出版社 2002 年版。
9. 李振宇、李信宏、邵立强等:《资信评级原理》,中国方正出版社 2003 年版。
10. 魏华林、林宝清:《保险学》,高等教育出版社 1999 年 8 月版。
11. 易溪亭:《企业经营分析》,中国金融出版社 1998 年版。
12. 鲁桂华:《企业财务分析》,立信会计出版社 2001 年版。
13. 吴晶妹:《资信评估》,中国审计出版社 2001 年版。

14. 林均跃：《社会信用体系原理》，中国方正出版社 2003 年版。

15. 王立军：《商业银行授信管理实务》，中国金融出版社 2001 年版。

16. 许先丛、陈正川：《金融担保法律实务》，中国金融出版社 2002 年版。

17. 中国证监会从业人员资格考试委员会办公室：《证券基础知识》，上海财经大学出版社 1999 年版。

18. 中国证监会从业人员资格考试委员会办公室：《证券投资分析》，上海财经大学出版社 1999 年版。

19. 全国人大常委会办公厅、研究室、经济室：《中华人民共和国合同法释义及实用指南》，中国民主法制出版社 1999 年版。

20. 李国光、溪晓明、金剑峰、曹士兵，最高人民法院：《关于适用〈中华人民共和国担保法〉若干问题的解释》理解与适用，吉林人民出版社 2000 年版。

21. 陈景艳、蔡岳：《企业资产评估》，中国铁道出版社 1995 年版。

22. 全国注册资产评估师考试辅导教材编写组：《新编资产评估学》，中国财政经济出版社 1999 年版。

23. 北京市工程咨询协会、北京市城市金融学会：《注册咨询业常用法规手册》，中国计划出版社 2001 年版。

24. 苏玉军、邵武军：《贷款项目评估实用手册》，1994 年。

25. 投资项目可行性研究指南编写组：《投资项目可行性研究指南》，中国电力出版社 2002 年版。

26. 吴德礼：《银行不良资产化解方式方法》，中国金融出版社 2001 年版。

27. 中华人民共和国财政部：《企业会计制度（2001）》，经济科学出版社 2001 年版。

28. 李明：《金融企业会计制度释疑》，中国物价出版社 2002 年版。

29. 王荣奎：《成功企业组织管理制度范本》，中国经济出版社 2002 年版。

30. 张念：《保险学原理》，西南财经大学出版社 1997 年版。

31. 郑功成：《财产保险》，中国金融出版社 2001 年版。

32. 单建保：《保付代理和包买票据》，中国金融出版社 1993 年版。

33. 于立新：《现代国际保理通论》，中国物价出版社 2002 年版。

34. 朱宏文：《国际保理法律实务》，中国方正出版社 2001 年版。

35. 王立军：《国际贸易结算与贸易融资》，中国金融出版社。

36. 石俊志：《国际保理》，湖南科学出版社 1993 年版。

37. 秦定、邱斌：《国际结算与贸易融资实践教程》，东南大学出版社 2002 年版。

38. 张宏伟：《国际贸易融资研究》，中国社会科学出版社 2002 年版。

39. The Fidelity and Deposit Company, Surety Sel-Study Program, 1987.

40. 建设部工程风险管理课题组编：《关于在我国建立工程风险管理制度的课题研究报告》（送审稿），2001 年。

41. 北京市建委建立工程风险管理制度课题组编：《北京市建立工程风险管理制度的研究报告》（送审稿），2005 年。

再版后记

《信用担保概论与实务》是中国经济技术投资担保有限公司 10 多年业务探索的结晶。主编刘新来总裁最初提出了总体设想及编纂思路，对编纂工作进行全程指导，并主持审核和论证工作；副主编执行总裁张立平、行政总裁马占春，负责该书编纂工作的具体策划、组织和实施，提出了该书的具体框架方案，组织编写及审定工作。本书总纂人员为徐捷（组长）、黄智、曹瑾、张福君。总纂小组主要负责该书的统编、统稿及各章节内容的调整和审核，并具体组织再版统编工作。公司 11 个部门的 16 名总经理和主要业务骨干参加了该书的编写工作。第一、第二章由曹瑾编写，第三章由孙茂强、傅素芝编写，第四章由张明峰、黄智编写，第五章由徐捷、王建果编写，第六章由王建果编写，第七章由傅素芝编写，第八章由郝双耀编写，第九章由黄智编写，第十章由李明编写，第十一章由张福君编写，第十二章由吴志刚编写；附录一由张明峰、张福君、李静雯编写、编辑，附录二由颜红力、傅素芝、莫翠红、谷建军、魏文美、孙茂强编写，附录三由张福君整理。

本书编辑、出版过程中，得到了经济科学出版社的大力支持，公司有关人员参与了资料收集、文字录入等工作，在此一并表示感谢。

本书主要是依据中投保公司本部及分公司的业务探索和实践，对国内、外担保业发展状况及担保专业技术进行的总结，各地担保机构有各自的特点和独到之处，仅以此书作为交流，并与业界同行共勉。由于经验和水平有限，疏漏和不当之处在所难免，敬请读者批评指正。

编　者
2006 年 1 月

责任编辑：卢元孝
责任校对：董蔚挺　杨晓莹
版式设计：代小卫
技术编辑：潘泽新

信用担保概论与实务（修订版）

主编　刘新来

经济科学出版社出版、发行　新华书店经销
社址：北京海淀区阜成路甲28号　邮编：100142
总编室电话：88191217　发行部电话：88191540
网址：www.esp.com.cn
电子邮件：esp@esp.com.cn
北京季蜂印刷有限公司印装

787×1092　16开　38.5印张　610000字
2006年1月第2版　2008年9月第2次印刷
ISBN 978-7-5058-5379-9/F·4639　定价：73.00元
（图书出现印装问题，本社负责调换）
（版权所有　翻印必究）